미학 깊이 읽기

AESTHETICS

이미지는 어떻게 읽어야 하는가

**미학
깊이
읽기**

초판 2쇄 발행 2022년 6월 27일

지은이	조희원
펴낸이	이문수
교정·편집	이만옥
펴낸곳	바오출판사

등록	2004년 1월 9일 제313-2004-000004호
주소	서울시 마포구 신수동 448-6 한국출판콘텐츠센터 422-7호
전화	02)323-0518 / 문서전송 02)323-0590
전자우편	baobooks@naver.com

ⓒ 조희원, 2021

ISBN 978-89-91428-31-7 03600

이 저서는 2017년 정부(교육부)의 재원으로 한국연구재단의
지원을 받아 수행된 연구임(NRF-2017S1A6A4A01020502)

미학 깊이 읽기

조희원 지음

AESTHETICS

머리말

우리가 살고 있는 21세기는 이미지의 시대이다. 우리는 언제 어디서나 이미지에 노출되어 있으며, 그 영향 아래 살아가고 있다. 이미지가 우리 삶에서 빼놓을 수 없는 중요한 요소가 된 것이다. 당장 사진 이미지를 만들어내지 못하는 스마트폰을 상상할 수 있을까. 우리가 직접 찍는 사진이나, 즐겨 사용하는 이모티콘이 보여주듯 일상적인 의사소통에서 이미지는 음성언어나 문자언어 이상으로 중요하게 사용되고 있으며, 문화·예술은 물론 정치 영역에서도 널리 활용되고 있다. 따라서 이미지에 대한 대중의 관심도도 점차 높아지고 있으며, 예술작품으로 승인된 이미지들을 직접 관람하기 위해 미술관이나 박물관을 찾는 일도 일반화되었다.

이런 이미지 시대에 필요한 것은, 우리를 둘러싸고 있는 이미지를 읽어내는 일이다. 이미지가 어떤 배경에서 제작되었고, 어떤 의미를 담고 있는지 올바르게 파악하는 것이 중요하다는 것이다. 이미지에 관심을 갖게 된 대중이 미술관이나 박물관, 책자 등 많은 매체를 통해 과거와 현재의 이미지들을 접하지만 그것들을 올바르게 읽어내는 것은 생각만큼 쉽지 않다. 간혹 접하는 설명이나 해설은 지나치게 파편적이고 일방적인 경우가 많아서 이미지가 의미하는 바를 종합적이고 올바르게 이해하는 데에 어려움이 있었던 것이 사실이다.

지금까지 이미지에 대한 설명은 일반적으로 미술사적 견해에 근거한 것이 많았다. 작가 개인의 정보와 이미지 제작 당시의 상황 등 소위 작품에 관한 내적·외적 정보를 바탕으로 이미지를 설명하는 미술사적 입장은 특정 이미지에 대한 다양한 정보를 제공한다는 면에서 커다란 이점을 갖는다. 그렇지만 이런 미술사적 입장은, 대중의 관심을 끄는 이미지들 중에 뚜렷한 이유 없이 예술작품으로 분류된 이미지를 설명하는 데에는 한계를 갖는다. 이미지에 관한 몇 가지 정보만으로는 그 이미지가 예술작품으로 승인받은 이유를 설명할 수 없기 때문이다.

예를 들어보자. 이 책에서도 소개하고 있는 뒤샹의 〈샘〉이라는 작품이 있다. 이 작품의 소재는 변기다. 어떤 관람객이 작가 뒤샹에 관한 자세한 개인 정보와 〈샘〉의 소재인 변기에 관한 정보를 속속들이 안다고 해서 〈샘〉을 뛰어난 예술작품이라고 생각할 수 있을까? 도자기 재질로 된 변기의 유려한 곡선이 가치가 있어서? 아마 그렇지는 않을 것이다. 〈샘〉이 예술작품으로 승인받으려면 무언가가 더 필요한 것이 아닐까. 그게 무엇일까. 누구나 한 번쯤은 봤을 워홀의 〈마릴린 먼로〉 연작은 어떨까. 마릴린 먼로의 미모 때문에 이 작품들이 가치를 갖는 것일까.

본문에서 자세히 다루겠지만 뒤샹의 〈샘〉은 일상용품과 예술작품을 나누는 이분법적 미술관례에 대한 도전이라는 의미에서 예술로 인정받는다. 다시 말하면, 기존의 관례를 과감하게 깨버렸기 때문에 예술작품이 되었다는 것이다. 〈마릴린 먼로〉는 이미 후기산업사회로 진입한 20세기 중

후반 미국이 맞닥뜨린 소비사회의 민낯을 고발하려는 의도로 제작되었기에 그 가치를 승인받은 것이다. 어떤 작품이 예술로 인정받기 위해서는 철학적인 논의의 근거가 필요한데, 예술에서 철학적 논의가 바로 미학이다. 이 책이 지향하는 바가 바로 그것이다. 미학이론을 바탕으로 작품을 분석하여, 그 작품이 예술로 인정받게 되는 지점을 밝히고 그 가치를 설명하려는 것이다.

필자는 작품, 즉 이미지에 관심을 가진 대중이 미술작품들을 해석하고 이해하는 데에 미학이론이 실제적인 도움을 주어야 한다고 생각한다. 특히 지나치리만큼 다양하게 전개되어 관람자들을 어리둥절하게 만들고 있는 현대미술 이후의 상황에는 각각의 작품에 들어맞는, 다양하면서도 일관된 설명이 필요하다. 기존의 설명이 영미 미술사나 미술이론을 따르는 일이 많았던 만큼, 그와는 다른 시각을 대중에게 소개하는 것 또한 반드시 해야 할 일이라고 생각한다. 따라서 필자는 기존의 영미식 논의와 시각에서 벗어나 19세기 이후 전개되고 있는 프랑스의 미술사 연구와 미술이론의 성과들을 이 책을 통해 소개하려고 한다. 그런 바탕 위에서 새로운 이미지 읽기의 사례를 선보이고자 한다.

이 책은 필자가 서울대를 비롯한 여러 대학에서 약 10여 년 간 강의했던 〈현대예술의 이해〉 강의록을 바탕으로 한 것이다. 강의 자료를 작성하고, 학생들과 함께 공부하는 과정에서 발견했던 크고 작은 문제점들을 보완하면서 이 책의 집필을 기획하게 되었다. 강의를 하는 동안 해당 분야에 대한 연구를 진행하였고, 그 연구는 학술논문으로, 이는 다시 강의 자료로 활용하는 과정을 거쳤다.

미학이론은 철학적 방법론을 따르는 철학의 일부이기에 당연히 복잡할 뿐더러 그 이해가 쉽지 않은 것이 사실이다. 미학의 모든 이론은 개념들의 연속체이다. 한 작품을 설명하는 데에도 무수한 개념들이 꼬리에 꼬리를 물고 펼쳐진다. 그렇지만 실제 작품 분석에 이론을 적용하면 각각의 이론은 작품에 대한 깊은 이해로 우리를 이끄는 마법의 열쇠가 되곤 한다. 그러므로 이 책을 읽으면서 어렵다는 느낌이 들 때는 잠시 건너뛰고 작품 분석 부분으로 바로 넘어가기를 권한다. 즉 이미지(그림)가 있는 곳을 펼쳐서 작품 해설을 찾아서 읽어도 된다는 뜻이다. 사실 작품에 대한 온전한 이해도 중요하지만(이 책이 지향하는 바다!) 작품 자체가 주는 느낌이나 감성도 중요한 법이다. 이론에 대한 이해가 쉽지 않다면 작품이 가진 온기나 숨결을 느껴보는 것도 충분히 의미가 있을 것이다. 그것이 이 책을 읽는 좋은 방법 가운데 하나가 될 것이다.

이 책은 크게 3부로 구성되어 있다. 1부에서는 미학의 성립과정을 설명하고 모던 이전 시기의 미술론에 대해 개괄한다. 2부에서는 모던 시기의 미술론을 다루고, 현대미술에서 잘 알려진 작품들을 분석할 것이다. 마지막으로 3부에서는 포스트모던 미술론과 이미지를 다루게 될 것이다.

복잡한 양상으로 전개되는 현대미술을 설명하기 위해 그동안 많은 시도가 있었다. 하지만 현대미술을 이야기하기 위해서는 먼저 예술과 그것을 다루는 학문인 미학을 둘러싸고 진행되는 논의를 개괄해야 할 것이다. 필자는 이러한 점을 염두에 두고 1부를 구성하였다. 먼저 1강에서는 예술이라는 용어의 출현과 예술을 대상으로 하는 학문분과인 미학을 개괄하고, 2강에서 근대미학의 확립과 낭만주의의 출현에 대해 살펴볼 것이다. 이 책에서는 중세의 예술론은 다루지 않는다. 우상숭배를 꺼렸던 서양의 중세는 아름다움에 대해 논의했을 뿐 이미지에 대해서는 관심을 두지 않았다. 그랬기에 이미지를 중심으로 미학에 관해 살펴보려는 이 책의 의도에 부합하지 않는다고 판단했기 때문이다.

2부에서는 '모던'(modern)이라는 용어의 출현과 그 변천을 살펴본 다음 현대미술에 대해 본격적으로 설명하고자 한다. 현대미술은 산업혁명으로 인한 사회 대변혁 이후에 등장한 미술을 일컫는다. 그렇기에 산업혁명을 가능하게 했던 요소들과, 그로 인한 인간 삶의 변화를 설명하기 위해서는 '모더니티'라는 개념에 대한 이해가 선행되어야 한다. 이에 해당하는 부분이 3강의 내용이 될 터인데, 여기서는 부르주아를 비판하기 위한 모더니티, 즉 미적 모더니티(aesthetic modernity)의 특징을 설명하고, 이를 실현하기 위해 고안되었던 이미지들을 분석할 것이다. 4강에서는 보들레르의 현대예술론을 구현하려고 했던 마네의 작업을 주로 다룰 것이다. 5강에서는 전쟁이라는 참혹한 현실 속에서 실존의 문제를 고민해야만 했던 독일화가들의 작업을 '표현'(expression)이라는 입장에서 조망할 것인데, 여기서는 실존의 문제를 다루기 위해 예술가들이 왜 표현을 선택할 수밖에 없었는가 하는 문제를 고찰할 것이다. 6강에서는 '새로움의 미학'을 바탕으로 전개된 두 개의 미술운동(입체주의와 미래주의)에 대해 살펴볼 것이다. 다음으로 7강에서는 프로이트의 '승화' 개념을 중심으로 예술과 성(性)의 문제에 대해 다루어보고자 한다. 8강에서 필자는 아방가르드 미술론의 두 가지 대표 사례인 그린버그의 형식주의 미술론과 뷔르거의 역사적 아방가르드론에 대해 다룰 것이다. 2부의 마지막인 9강에서는 '예술의 자율성' 개념을 중심으로 보들레르와 그린버그의 견해를 비교해볼 것이다.

3부에서는 모던 이후의 미술과 지금 시대의 이미지들에 대해 고찰할 것이다. 예술 분야에서는 일상적인 것과 구별되지 않는 예술작품에 대한 논의가 항상 논쟁의 대상이 되었다. 그런 문제의식에서 10강에서는 보드리야르의 시뮬라크르 이론을 바탕으로 팝아트의 문제를 살펴볼 것이다.

11강에서는 최근 미술계에서 가장 많이 언급되는 들뢰즈의 회화론을 다룰 것이다. 필자는 베이컨에 대한 들뢰즈의 설명을 철학이 아닌 색채론의 입장에서 해설함으로써 다소 '기괴해' 보이는 베이컨의 작품을 깊이 이해하는 기회를 제공하고자 한다. 마지막으로 12~14강에서는 애니메이션을 다룬다. 만화와 함께 제9의 예술로 자리 잡은 애니메이션은 이미 하나의 예술 장르가 되었다. 이에 필자는 그동안의 연구를 바탕으로 애니메이션 논의에 대한 이론적 근거를 제공하고자 한다. 아직까지 애니메이션에 대해 정립된 이론이 많지 않은 것이 현실이다. 필자는 포스트구조주의의 시각에서 프랑스 작가 미셸 오슬로의 작업(12강)과 미야자키 하야오의 작업(13강)을 분석함으로써 애니메이션에 대한 실제 분석을 어떻게 진행할 수 있는지 보여줄 것이다. 마지막으로 14강에서는 한국 작가 연상호의 〈돼지의 왕〉을 동시대 미학의 한 갈래인 '불쾌의 미학'이라는 시각에서 다루어 볼 것이다.

이처럼 이 책은 기존의 미술교양 서적이 갖는 한계를 넘어 조금 더 이론적이고 전문적인 지식을 얻고자 하는 독자들의 요구를 수용하기 위해 기획한 것이다. 기존의 미술교양서가 갖는 겉핥기식의 해석에서 벗어나 고급 교양서를 지향하는 것이 이 책의 목적이다. 이 책을 바탕으로 앞으로 독자들이 어떤 이미지를 만나더라도 스스로의 힘으로 이미지를 바라보고, 이해할 수 있는 힘을 기를 수 있기를 진심으로 희망한다.

마지막으로, 원고를 읽고 솔직한 의견으로 필자를 깨어 있게 해준 미학과 대학원 학생들, 조은과 수인에게 감사 인사를 전한다. 쉽지 않을 글을 비전공자의 시각으로 읽고 보다 가독성 있는 문장으로 변신하도록 도와

준 '투덜이' 남편에게도 고마움을 표한다. 마지막으로 힘겨웠을 수험생활을 혼자서 버텼을 딸 정연에게도 인사를 전하고 싶다. "순도 100% 너만의 엄마가 되지 못해 미안해. 연구자로 사는 반쪽짜리 엄마를 언제나 응원해줘서 고마워!"

2021년 봄
조희원

차례

- 머리말 | 5

제1부 | 미학 이전 - 예비적 고찰

제1강 근대적 예술개념과 미

1. 예술을 어떻게 볼 것인가 | 21
2. 세계관의 변화 : 합리론의 대두 | 24
    1) 십자군전쟁과 새로운 사유의 탄생 | 24
    2) 인식의 궁극적 주체로서의 인간 : 데카르트의 합리론 | 28
3. 예술 개념의 탄생 | 29
    1) 인문학적 예술과 장인적 예술 : 시와 음악은 어떻게 예술이 되었는가 | 29
    2) 미술은 어떻게 예술로 승인받았을까 : "고귀한 활동" | 31
    3) 과학과 예술의 분리 | 33
4. 미 개념과 예술 | 35

제2강 근대미학의 성립과 낭만주의의 출현

1. 영국의 경험론적 미학 : 취미론 | 40
2. 합리론적 근대미학 : 바움가르텐 | 44
    1) 합리론적 근대미학의 탄생 배경 | 44
    2) 바움가르텐의 『미학』 | 46
3. 지성과 상상력의 자유로운 놀이 : 칸트의 『판단력 비판』 | 48
    1) 미적 판단의 가능 조건들 | 50
    2) 칸트 미학과 예술가 천재론 | 57

4. 낭만주의 미술 | 59
   1) 낭만주의의 등장 | 59
   2) 영국 낭만주의 | 60
   3) 프랑스 낭만주의 | 64

제2부 | 모던 시기의 미술론과 이미지들

제3강 모더니티 개념의 출현과 확립
– 역사적 모더니티 vs. 미적 모더니티

1. 주변 환경에 대한 인식으로서의 모더니티 | 71
   1) 모더니티, "지금, 여기"에 대한 의식 | 72
   2) 자연에 대한 태도 : 루소로부터 드 메스트르까지 | 73
   3) '역사적 모더니티' vs. '미적 모더니티' | 77

2. 미적 모더니티의 화가들 | 80
   1) 쿠르베 | 80
   2) 도미에 | 83

제4강 모던 회화의 출현 – 보들레르의 현대회화론과 마네

1. 보들레르와 마네 | 90
   1) 마네 – 우정을 믿다 | 91
   2) 보들레르 – 몰이해로 일관 | 92

2. 보들레르의 회화론 : "현대적 삶의 화가" 개념을 중심으로 | 94

3. 마네의 의도 : 종합 또는 재해석? | 97
   1) 마네는 과거 거장들의 작품을 종합한 것일까? | 97
   2) 마네는 과거 거장들의 작품을 재해석한 것일까? | 102

제5강 독일표현주의 - 실존의 문제와의 관계

1. 표현주의의 탄생 | 115
  1) 표현주의의 맹아 | 115
  2) 독일의 시대적 상황과 젊은 예술가들의 반성 | 118

2. 실존주의와 표현주의 회화 | 120
  1) 실존주의 철학의 전개 | 120
  2) 표현주의 회화의 전개 | 122

3. 독일 표현주의의 세 유파 | 128
  1) 다리파(Die Brücke, 1905~1913) | 128
  2) 슈투름파(Der Strum, 1910~) | 131
  3) 청기사파(Der Blaue Reiter, 1911~1914) | 133

제6강 '새로움의 미학'의 역설 - 입체주의와 미래주의

1. 현재에 대한 의식으로서의 모더니티에서 아방가르드한 모더니티로 | 138
  1) 모던과 신구 논쟁 | 138
  2) 아방가르드 | 143

2. '새로움의 미학'과 새로운 미술 운동 : 입체주의와 미래주의 | 146
  1) '아방가르드 미술론'과 '새로움의 미학' : 신인상주의의 전개 | 146
  2) 입체주의와 미래주의를 중심으로 | 151
  3) 입체주의(Cubisme) : 형식적 혁신을 통한 새로움의 추구 | 151
  4) 미래주의 : 예술을 통한 현대적 삶의 새로운 모습 추구 | 161

제7강 승화와 탈승화 - 프로이트의 미술 이해

1. 프로이트와 정신분석학 | 170

2. 승화와 탈승화 | 174
  1) 승화의 사례 - 앙리 루소 | 175
  2) 탈승화의 사례 - 마르셀 뒤샹 | 180

제8강 **아방가르드 논의의 두 가지 사례 – 그린버그 vs. 뷔르거**

  1. 그린버그의 아방가르드 미술 : 아방가르드 vs. 키치 | 189

    1) 대중문화를 키치로 규정하다 | 189

    2) 아방가르드로서의 고급 미술 : 평면성을 추구하다 | 194

    3) 추상회화의 발흥과 그 이면 | 197

  2. 뷔르거의 '역사적 아방가르드' : 다다이즘 | 202

    1) 다다이즘 : 관례예술 비판을 통한 예술과 삶의 변증법적 종합 | 203

    2) 다다이즘의 세계 | 205

제9강 **아방가르드 미술론과 '예술의 자율성'**
    – 그린버그의 형식주의 미술론에 대한 비판적 고찰

  1. '예술의 자율성' | 219

    1) 부르주아의 위선을 넘어서 | 220

    2) 참된 예술과 예술의 자율성 | 223

  2. 보들레르와 그린버그의 미학 | 224

    1) 주체 | 225

    2) 시간성 | 228

    3) 미술사 | 231

    4) '예술의 자율성' | 235

제3부 | **포스트모던 시기의 미술론과 이미지,
       그리고 애니메이션**

제10강 **보드리야르의 워홀 읽기 – 시뮬라크르를 중심으로**

  1. 시뮬라크르와 시뮬라시옹 | 243

2. **시뮬라크르의 질서** | 244

   1) 첫 번째 질서 : 위조의 시대 | 244

   2) 두 번째 질서 : 생산의 시대 | 246

   3) 세 번째 질서 : 시뮬라시옹의 시대 | 246

3. **시뮬라크르 시대의 예술 : 팝아트** | 248

   1) 원본성의 문제 | 249

   2) 희소성의 문제 | 253

제11강 들뢰즈의 회화론 – 색채론을 중심으로

1. **들뢰즈와 회화론** | 261

   1) 지금까지의 회화론 | 262

   2) 들뢰즈의 회화론 – 감각을 그리기 | 263

2. **색채론을 중심으로 들뢰즈 회화론 다시 보기** | 274

   1) 다이어그램과 색채 : 반 고흐의 선례를 통하여 | 276

   2) 변조와 색채 : 세잔과 피카소의 선례를 통하여 | 282

3. **눈으로 만지기와 비인간(inhumain)** | 287

제12강 탈(脫)이원론의 예술 실제 : 미셸 오슬로의 <아주르와 아스마르> 분석을 중심으로

1. **오슬로 애니메이션의 특징 : 내용과 형식을 중심으로** | 294

   1) 내용적 특징 | 294

   2) 형식적 특징 | 298

2. **오슬로의 <아주르와 아스마르> 분석 : 탈이원론적 성격을 중심으로** | 301

   1) 내용적 특징 | 302

   2) 형식적 특징 | 313

3. **오슬로가 제시하는 화합** | 321

제13강 미야자키 하야오, 예술을 가장한 프로파간다?

1. 미야자키 하야오 애니메이션의 문화적 배경 : 신도와 일본 선불교 | 326
   1) 신도는 무엇인가? : 『고사기』 신화로부터 국가신도에 이르기까지 | 329
   2) 프로파간다로서의 일본 선불교 : 스즈키와 교토학파 | 332

2. 미야자키 하야오의 작업 분석 : 일본 선불교와의 비교를 중심으로 | 336
   1) 서구문명에 대한 비판적 시각 : <바람계곡의 나우시카>, <천공의 성 라퓨타>, <이웃집 토토로>, <붉은 돼지> | 337
   2) 일본 고유의 정신성의 보편화와 내셔널리즘의 변주 : <모노노케히메>, <센과 치히로의 행방불명> | 340
   3) 잃어버린 것에 대한 노스탤지어 : <바람이 분다> | 343

3. 위험한 프로파간다를 경계해야 | 346

제14강 <돼지의 왕> : 부조리한 세계, 불협화의 미학

1. <돼지의 왕> 분석의 이론적 근거 : 보들레르 미학 | 351
   1) 보들레르와 재현의 문제 | 352

2. <돼지의 왕> 분석 | 358
   1) 내용적 특징 : 단일하고 고정된 의미작용의 부재 | 358
   2) 형식적 특징 : 불협화를 통한 새로운 재현의 가능성 | 366

3. 왜 불쾌하게 만드는가 : 부조리한 현실 속 실존에 대한 진정한 경험의 결과 | 372

- 맺음말 : "예술, 나와 작품이 하나가 되는 것" | 377
- 찾아보기 | 380

제1부

모던 시기 이전
- 예비적 고찰

제1강

근대적 예술개념과 미

1. 예술을 어떻게 볼 것인가

예술을 보는 다른 시각

서구에서는 오래 전부터 예술 작품이라는 독특한 존재에 대해 관심을 기울여왔다. 그렇지만 고대의 논의들은 오늘날 예술 작품이라고 불리는 개별 대상들이 현실의 삶에 갖는 영향력에 관심을 집중한 것으로, 그 대상들의 속성이나 특수성에 관한 것은 아니었다. 예를 들어, 누군가 개별 대상으로서의 예술 작품에 관심을 갖는다고 해보자. 이 경우 그가 개별 '작품'에 대해 논할 때 반드시 '그 대상이 어떤 종류이며, 어떤 활동에서 비롯되었는가' 하는 속성이나 특수성에 대한 명확한 개념을 필요로 하지 않았다는 것이다.

실제로 오늘날 예술 또는 예술 작품이라고 불리는 대상들에 대한 플라톤과 아리스토텔레스의 설명은, 예술이 갖는 정치적 기능에 보다 초점을 맞추고 있다. 그들의 논의는 국가의 안정을 위해 예술이 어떤 기능을 수행하는가를 검토한 다음, 그것을 반대하거나(플라톤) 아니면 옹호하는(아리스토텔레스) 입장으로 나아갔다.

결론적으로 말하면, 플라톤은 예술에 대해 부정적이었던 반면 아리스토텔레스는 옹호하는 입장이었다. 그런데 겨우 한 세대 차이밖에 나지 않는데다 심지어 사제관계였던 플라톤과 아리스토텔레스는 왜 예술에 대해 이처럼 상반된 평가를 내렸을까?

플라톤은 오늘날의 미학처럼 예술을 미적 가치라든지 미적 경험에 토대를 두고 평가했다기보다는 존재론적·도덕적 관점에서 평가했다. 예술이 이상적인 세계, 합리적이고 조화로운 질서의 세계를 이루는 데 도움이 되지 않는다고 봤던 것이다. 플라톤은 이데아를 모방하여 만들어진 세계에 존재하는 것들을 다시 한번 모방한 것이 예술이라고 여겼다. 따라서 이중 모방의 결과물인 예술은 이데아의 진리를 추구하는 데 있어 일종의 방해물로 작용할 뿐이기에 부정적으로 볼 수밖에 없었다. 가령 현실 세계의 목수가 우연히 '침대의 이데아'를 떠올려 실제로 침대를 제작할 때, 그는 침대의 이데아를 어느 정도 아는 상태에서 작업에 임할 것이다. 그는 침대의 이데아를 실제 침대에 최대한 반영하려 할 것이다. 그러나 목수가 만든 침대의 외관에 반한 화가가 그 침대를 그린다면, 화가는 침대의 이데아를 알지 못한 채 눈으로 본 침대의 겉모습만 그리게 될 것이다. 또한 그리는 과정에서 그의 사적인 견해(doxa, 억견臆見)마저 덧붙여지기에 화가는 결국 이데아로부터 더없이 멀어진 헛된 이미지만을 그려낼 뿐이다.

플라톤과 달리 아리스토텔레스는 예술을 긍정적으로 평가한다. 아리스토텔레스는 모방을 통해 배울 바가 많을뿐더러 인식에도 도움이 된다고 보았다. 그는 인간의 모방행위가 자연스러운 것이며, 모방을 하기에 다른 동물과 구분된다고 말하기도 한다. 플라톤이 이데아를 향한 이성적인 사유에 집착하여 모방을 부정적으로 보았던 반면, 아리스토텔레스는 모방을 일종의 인식으로 간주했던 것이다. 아리스토텔레스는 모방을 통해 무언가를 알아가는 즐거움은 인간 본성에 해당한다고 보았다. 예를 들어 화가가 멋진 산이나 아름다운 나무를 그릴 때, 단순히 눈에 보이는 외관만을 그리지 않는다는 것이 아리스토텔레스의 견해이다. 자신이 그리는 대상에 대한 정확한 인식을 바탕으로 하여 대상에 부합하는 모방이 가능하기 때문이다. 대상에 대한 정확한 인식 위에 만들어진 모방 이미지는 관람자들에게도 그 그림이 무엇을 그린 것인지를 정확하게 알려준다. 화가가 자신

플라톤과 아리스토텔레스
<아테네 학당> 부분화, 라파엘로,
1509~1511, 바티칸)

의 인식을 바탕으로 그린 대상을 관람자들이 재인식하게 되는 것이다. 인식과 재인식의 과정은 언제나 즐거움을 유발하는데, 이는 우리가 그려진 대상이 무엇인지를 알지 못하는 그림, 예를 들어 추상화를 처음 보았을 때 갖는 당혹감을 떠올려보면 쉽게 이해할 수 있을 것이다.

이처럼 오늘날 예술로 불리게 될 대상들에 대해 서로 다른 견해를 보인 플라톤과 아리스토텔레스는, 이 대상들이 인간의 삶에 대해 직접적으로 미치는 영향에 대해 많은 관심을 보였다는 공통점을 갖기도 한다.

플라톤과 아리스토텔레스 이후 오랜 세월이 지난 중세에는 이미지 자체를 부정적으로 보는 종교적 입장 때문에 예술 작품에 대한 연구가 커다란 진전을 이루지 못했다. 우상숭배를 꺼렸던 중세에는 이미지 대신 아름다움에 관한 논의가 계속되었다. 하느님이야말로 아름다움 그 자체여야 한다는 믿음에 기인한 것이었다. 플라톤의 영향을 받은 신플라톤주의자들은 모

든 것의 근원인 하느님이 아름다움 그 자체라 주장했다. 그리고 아리스토텔레스의 주장을 받아들여 스콜라 철학을 전개했던 토마스 아퀴나스는 아름다움에 관한 기존의 논의에 신의 특성인 빛을 첨가하여 비슷한 견해를 이어나갔다. 중세라 불리는 1천여 년이 흘러 르네상스 시대를 지나면서 점차 예술 작품에 대해 설명하거나 그 대상이 갖는 특수성에 대해 철학적으로 논의하려는 움직임이 나타났다. 그리고 그와는 별개로 그 대상을 나름의 방식으로 평가하려는 행위, 즉 '비평'의 등장과 함께 예술이라는 것의 개념을 정립할 필요성이 생겨났다. 실제로 예술 개념의 정립은 이후 비평이 의식적이고 체계적인 작업으로 자리매김 하는 데에 커다란 도움을 주었다.

서구에서 시, 음악, 회화, 조각, 건축이 '예술'이라는 이름의 같은 종류의 활동으로 인식되기 시작한 것은 18세기에 접어들면서부터였다. 그 이전에는 오늘날과 같은 의미에서의 예술이라는 개념은 존재하지 않았다. 개인의 자율성과 취미를 중시하는 분위기가 형성되고, 사회적으로도 근대로의 이행이 이루어지면서 비로소 예술의 개념이 정립되었고, 그와 동시에 감성적 인식을 다루는 학문으로서의 미학이 하나의 독립된 분과로서 성립되었다. 이러한 변화는 어떻게 일어나게 되었을까?

2. 세계관의 변화 : 합리론의 대두

1) 십자군십자군전쟁과 새로운 사유의 탄생

그리스도교를 바탕으로 하여 신을 중심으로 모든 것을 설명하고자 했던 중세는 길고 길었던 십자군전쟁의 종식과 함께 서서히 황혼이 찾아오기 시작했다. 중세의 질서가 그 밑바닥에서부터 흔들리기 시작했던 것이다.

십자군전쟁은 11세기 말에서 13세기 말까지 200여 년 가까이 진행된, 서유럽의 그리스도교도들이 성지 팔레스티나와 성도(聖都) 예루살렘을 이슬람교도들로부터 탈환하기 위해 무려 여덟 차례에 걸쳐 감행한 대원정을 일컫는다. 겉으로는 그리스도교도와 이슬람교도들 사이의 전쟁, 즉 종교전쟁으로 보이는 십자군전쟁은 사실 각 계급별로 저마다 고유한 목적에 의해 수행된 전쟁이기도 했다. 봉건영주와 하급기사들은 새로운 영토 획득의 야망에서, 상인들은 경제적 이익에 대한 욕망에서, 토지에 종속된 존재로 다루어졌던 농노 신분의 농민들은 봉건사회의 굴레로부터 벗어나려는 희망에서 저마다 원정에 가담하였다. 제1차 십자군은 콘스탄티노플(지금의 이스탄불)을 지나 투르크 지배하에 있던 소아시아의 고대도시 니케아(Nicaea)를 공격하여 점령(1097)하는 전과(戰果)를 세우기도 하였다.

그러나 전쟁이 장기화하면서 생각지도 못했던 많은 문제들이 터져 나왔다. 우선적으로 드러났던 문제는 병사들의 침략과 살육, 그리고 약탈이었다. 전쟁의 끝 무렵에는 아시아 내륙으로부터 전파되어 전 유럽을 죽음

십자군의 콘스탄티노폴리스 정복
(다비드 오베르, 15세기, 프랑스 국립도서관)

의 공포로 몰아넣었던 흑사병, 즉 페스트가 창궐했는데 이 또한 십자군전쟁이 가져온 부작용이다. 1347년에 시작되어 1352년까지 맹위를 떨친 이 병으로 인해 약 2천 5백만 명이 사망했는데, 이는 당시 유럽 인구의 약 3분의 1에 해당하는 것이다. 이러한 대규모의 인구 손실은 곧 노동력의 손실로, 이는 다시 유럽 경제와 사회의 근간인 장원제도와 봉건제도를 뒤흔드는 결과를 낳게 되었다. 사실 십자군의 목적은 표면상으로는 종교적인 것이었기에, 교황들이 전쟁에서 주도적인 역할을 담당하는 것은 매우 자연스러워 보였다. 그러나 전쟁이 장기화되면서 교황권은 실추되었고, 봉건제도의 약화와 교황권의 실추는 이후 강력한 왕권 성립의 기반이 되었다. 말하자면 십자군전쟁은 봉건제도로 대표되는 중세의 종말을 가져오는 중요한 계기가 된 것이다.

뿐만 아니라 십자군전쟁 동안 그리스도교도들은 유대인을 학살하고 재산을 몰수하기도 했다.[1] 유대인들은 목숨을 부지하기 위해서는 강제로 개종해서 가톨릭 세례를 받아야 했다. 십자군전쟁 전에는 동양의 상품을 유럽 지역으로 수입하는 일을 거의 독점하던 유대인들이 학살당하자, 전쟁 후에는 이런 역할이 자연스럽게 그리스도교도의 손에 넘어가게 되었다. 유대인들이 장악하던 교역로를 독차지하여 자본을 축적하게 된 그리스도교도 상인들은 차츰 시민(부르주아) 계급으로 상승하여 경제력을 바탕으로 한 권력을 행사하기 시작하였고, 이는 르네상스와 함께 문화사에 새로운 지평을 여는 토대가 되었다.

---

[1] 십자군전쟁은 당시 유럽 각지에 살고 있던 유대인들에게 충격과 공포 그 자체였다. 종교적 광기로 이성을 상실한 병사들과 민중들이 유대인들을 학살하는 일은 12세기와 13세기 초까지 빈번히 일어났다.

동서 교류는 단순히 상업적인 교역에 그치지 않았다. 십자군전쟁은 문화 교류에도 적지 않은 기여를 했는데, 대표적인 사례가 유럽 본토와 콘스탄티노플 간의 문화 교류다. 십자군전쟁을 수행하기 위해서는 반드시 콘스탄티노플을 거쳐야만 했기에 12~13세기 초에 걸쳐 그리스어로 된 많은 서적들이 유럽에 소개되고 라틴어로 번역됨으로써 서유럽 지식인들의 고전 연구도 새로운 전기를 맞게 되었다. 이로써 철학자들은 고대 그리스와 로마의 고전을 바탕으로 인간에 대한 새로운 이해를 시도하게 되는데, 이러한 노력이 합리론이라고 하는 새로운 사유의 방식을 만들어내게 된다.

르네상스 시대를 지나 17세기에 들어서게 되면 자연의 섭리나 신의 질서에 수동적으로 종속되는 인간상을 거부하는 움직임이 본격적으로 나타난다. 인간을 절대자가 만든 자연의 일부로 여기던 중세의 시각으로부터 벗어나, 절대자와 자연으로부터 인간이 해방될 수 있다는 믿음이 생겨나게 된 것이다. 당시에는 이러한 해방이 가능하기 위해서는 무엇보다 세계에 대한 정확한 인식이 우선되어야 한다는 생각이 지배적이었는데, 바로 여기에서 발생한 인식론이 이후 근대철학의 주된 관심사로 부상하게 된다. 코페르니쿠스나 갈릴레이의 경우에서 알 수 있듯이, 인간의 과학적 사유와 인식을 차단했던 중세와 달리 17세기에 들어서서는 인간을 인식의 궁극적 주체로 세우려는 활동들이 전면화 되었던 것이다. 이 새로운 사유에 따르면, 인간은 세계를 인식할 때 세계 속에 내재하거나 신 안에 간직되어 있는 진리를 한갓 '관조'하는 것이 아니라 자신의 의도에 따라 세계질서를 포착하는 존재이다. 따라서 이제 문제는 세계질서를 포착하는 방법, 즉 어떻게 세계질서를 포착해야 틀림이 없는 바른 앎을 얻을 수 있을 것인가에 대한 탐구로 옮겨가게 된다. 이에 대해 하나의 유용한 설명을 제공했던 이가 바로 데카르트이다.

2) 인식의 궁극적 주체로서의 인간 : 데카르트의 합리론

데카르트는 인간이 자신과 신을 포함한 자연 일반을 인식할 때 초자연적인 빛이나 은총의 빛에 의존하지 않고 인간 자신이 천부적으로 부여받은 이성에 따라 능동적으로 세계의 구조를 파악하고자 하는 존재라는 사실을 조금도 의심하지 않았다. 그래서 그는 세계 속에 깃들어 있는 신의 뜻을 찾기보다는 스스로가 능동적인 방식으로 앎을 얻어나가기를 원했다. 따라서 그의 철학은 인식의 범위와 방법에 대한 관심으로 나아갔고, 결국 그는 '인간이 무엇을 어떻게 인식할 수 있는가'에 대한 연구에 매진하게 되었다. 이는 곧 인간 지성의 능력을 탐구하는 것이었고, 그의 문제의식은 우리가 어떻게 바른 앎을 얻고 그것을 견지해나갈 수 있는가 하는 것이었다.

데카르트는 연구 끝에 인간이 인식을 하기 위해 반드시 갖추어야 할 기본 조건을 밝혀내고 그것을 '코기토'(Cogito)라고 불렀다. 그는 "내가 명증하게 진리라고 인정한 것 외에는 어떠한 것도 진리로 받아들이지 말아야 하며, 그럼으로써 속단과 편견에서 해방되어야 한다"고 주장했다. 그의 주장에 따르면, 바른 앎을 추구하는 자는 누구든지 개인의 고유한 주체성 위에서, 그리고 주체가 자신의 고유한 사유를 통해 세계에 대한 총체적 인식의 체계를 세워야 한다. 그러한 인간이 바로 코기토의 참 모습을 보여주는 자가 되는 것이다.

이처럼 인간의 정신능력을 진리의 토대로 삼는 데카르트의 합리론은 이성만을 순수한 정신능력으로 간주하기에 이르렀고, 그 인식과정에서 인간에 고유하게 속해 있는 이성에만 전적인 신뢰를 보내게 된다. 그 결

데카르트
"나는 생각한다. 고로 존재한다."

과 합리론은 상상력과 감각, 감성 등의 능력을 인식의 한갓 보조수단으로 치부해버렸다. 이후 데카르트를 따르는 합리론자들은 경험과 무관하게 오로지 '순수이성'에 의해 인식되는 보편적이고 필연적인 지식만을 옹호하고 상상력, 감각, 감성 등은 논의의 대상에서 제외해버렸다.

3. 예술 개념의 탄생

1) 인문학적 예술과 장인적 예술 : 시와 음악은 어떻게 예술이 되었는가

예술이라는 개념으로 시, 음악, 회화, 조각, 건축이 한데 묶이기 전에 이들 각각은 어떻게 이해되고 있었을까? 예술을 가리키는 영어 '파인 아트'(fine art) 또는 '아트'(art)의 어원은 라틴어 '아르스'(ars)인데, 이는 그리스어 '테크네'(techne)를 번역한 것이다. 그러나 아르스와 테크네는 오늘날 '예술'이 갖는 의미와는 다른 의미를 가지고 있었다. 고대 그리스의 테크네는 '기술'(skill)을 가리키는 말이었다. 여기에는 건축이나 조각 같은 활동들뿐 아니라 침대, 도기, 의복 등을 만드는 데 필요한 기술은 물론 군대를 지휘하거나 땅을 측량하거나 청중을 사로잡는 기술에서부터 수사학이나 기하학 등에 이르는 모든 종류의 기술들이 포함되었다.

그리스인들이 이해하고 있었던 테크네의 가장 중요한 특징은 "일반적인 규칙에 의해 의식적으로 인도되는 제작 활동"이라는 점이다. 즉 어떤 목적이 있어야 하고 그것을 이루기 위해서 따라야 할 보편적인 규칙이 있는, 이성적이고 지적인 작업이라는 것이다. 따라서 규칙이나 법칙이 없는 것은 테크네가 아니었다. 시는 고대 그리스에서 이성에 의한 활동의 소산이 아니라 뮤즈(muses) 여신으로부터 받은 영감(inspiration)에 의해 만들어지는 것이라 생각되었기에 테크네에 포함되지 못하였다. 오히려 오늘날 우리가 '순수 예술'에는 포함시키지 않는 직조나 도예 같은 공예가 테크네에 포함되었다.

이처럼 넓은 범위의 활동들을 포함하는 테크네는, 오늘날처럼 순수 예술과 수공업 예술로 나누어지는 것이 아니라 그것이 정신적 노력만을 필요로 하는지 아니면 신체적 노력까지 동반하는지에 따라 구분되었다. 정신적 노력만을 요구하는 예술은 '인문학적'(liberales) 예술로서, 신체적 노력을 필요로 하는 '장인적' 예술 혹은 '통속적'(vulgares) 예술에 비해 우월한 것으로 간주되었다. 중세에 들어서면서 이러한 구분은 더 명확해졌는데, 인문학적 예술에는 문법, 수사학, 논리학, 산수, 기하, 천문학, 음악 등 일곱 가지만 포함되었다. 이들 인문학적 예술들은 사실상 학문으로 여겨져서 대학의 문학부에서 가르치는 분야가 되었다. 이에 비해 장인의 예술에는 직조술, 건축술, 항해술, 설비술, 의료술, 공연술 등의 다양한 활동들이 포함되었다. 음악이 인문학적 예술에 포함된 것에 비해 건축술은 장인적 예술에 포함되었다. 회화와 조각은 인문학적 예술에 포함되지 못했으며, 장인적 예술에서도 유용성이 별로 없다는 점 때문에 거의 주목받지 못하였다.

이처럼 각각 다르게 이해되고 있었던 활동들은 어떻게 '예술'이라는 이름으로 한데 묶이게 되었을까? 그것은 이미 인문학적 예술로서의 위치를 확보하고 있던 음악이 다른 학문들로부터 떨어져 나오면서, 우선 시가 예술로서 승격되고 뒤이어 회화, 조각, 건축이 시와의 유비를 통해 예술로 포함되는 과정을 통해 이루어진 결과였다. 음악은 원래 고대 그리스에서 시와 함께 여신들에 의한 영감이 만들어낸 결과물이라고 생각했다. 그러나 음악의 규칙(nomos)이 피타고라스와 그 제자들에 의해 수학적으로 연구되어 수와 비례와 척도의 산물로서 설명되면서 음악은 테크네의 일환으로 여겨지게 되었다. 이에 비해 시는 플라톤에게까지만 하더라도 신에 의한 광기의 소산으로서 부정적으로 평가되었으나, 아리스토텔레스에 이르러서는 규칙에 입각한 인간의 제작 활동으로 여겨지면서 테크네의 일환이 되는 계기가 마련되었다. 아리스토텔레스의 『시학』은 시가 준수해야 할 규칙을 논한 시의 입법서로서, 여기서 시는 "보편적인" 인간 행위의 모방으로 규정되면서 개별적 인간 행위의 기록인 역사보다 더 철학적이라고 규정된다. 따라서 아리스토텔레스에 이르러 시는 그것이 인식활동의 일환이라는 점을 승인받고 광기가 아닌 정신활동으로 인정받게 된다. 16세기 중엽에 이르러 아리스토텔레스의 『시학』이 이탈리아어로 번역·출판되어 널리 알려지면서, 시는 당연히 예술의 하나로 받아들여지게 되었다. 그에 비해 회화, 조각, 건축이 예술에 포함되기까지는 더 오랜 시간을 필요로 했다. 이 활동들이 예술로서 인정받기 위해서는 다른 수공업 활동들과 구분되는 '고귀한' 활동이라는 인식이 필요했다.

2) 미술은 어떻게 예술로 승인받았을까 : "고귀한 활동"

회화, 조각, 건축이 고귀한 활동으로 인정받기 위해서는 우선 이 세 가지 활동이 동일한 종류의 활동으로 인식되어야 했다. 16세기에 접어들면서 회화, 조각, 건축이 어떤 공통적인 요소를 가진 활동이라는 인식을 갖게 되었는데, 그것은 '디자인'(disegno)이라는 개념을 통해서였다. 디자인은 화가나 조각가, 또는 건축가의 마음에 떠오른 '이념'(idea)을 지시하는 동시에 '드로잉'(drawing)이라는 제작 수단을 뜻하는 것이기도 했다. 따라서 회화, 조각, 건축은 마음에 떠오른 이념을 드로잉을 통해 나타나게 하는 활동들이라는 점에서 동일한 종류의 활동들로 인식되게 되었다. 이런 과정을 통해 16세기의 이론가들은 "arti del disegno"(arts of design)라는 말로써 오늘날 우리가 미술이라고 이해하고 있는 회화, 조각, 건축을 하나의 개념으로 묶어놓기에 이르렀던 것이다.

미술이 이념을 추구하는 활동이라고 할 때, 미술가는 이제 단순한 장인이나 기술자가 아닌 학식 있는 직업의 하나로 간주될 계기가 마련된다. 미술가들은 미술 활동이 도제적인 기술 습득 과정이 아닌 고도의 지적 원리들에 입각한 제작 활동이 되어야 한다고 생각했고, 그러했을 때 미술가는 학식 있는 문인 과학자의 대열에 들 수 있다고 생각했다. 그래서 미술가들은 인문학적 예술뿐 아니라 원근법, 기하학, 해부학, 광학 등 다양한 이론적 지식에 통달해야만 했다. 미술가의 사회적 신분 상승은 이러한 자부심을 바탕으로 하며, 실제적으로 그러한 지식을 전수할 수 있는 "아카데미"라는 미술학교의 설립에 의해 점차적으로 이루어져 나갔다. 그리고 아카데미는 교황이나 왕과 같은 절대적인 권력으로부터 제도적 후원을 받음으로써 공인된 사회적 기구가 되었다.

이처럼 미술이 더 이상 기술(craftsmanship)이 아니라고 했을 때 그것은 어떤 종류의 활동인가? 이에 대한 미술가들의 전략은, 이미 고귀한 활동으로서 인정받고 있던 시나 음악과 미술과의 유비를 통해, 미술 역시 '인문학적 예술'(liberal arts)에 속하는 활동이라고 주장함으로써 그 활동의 권위를 인정받는 것이었다. 16세기 이후 미술에 관한 이론들은 대부분 회화와 시의 긴밀한 관계를 강조하면서, 시와 회화는 표현 수단과 방식에는 차이가 있으나 그 내용과 목적에서는 같은 종류의 활동이라는 주장을 펴고 있다. 그래서 당시의 미술 이론가들은 "시는 회화와 같이"(ut pictura poesis)[2]라는 고대의 경

---

[2] 시학(詩學)상의 규칙 중 하나. 고대 로마의 시인 호라티우스의 『시론』에 나오는 말이다. 바로크 시학에서 "시는 회화와 같이, 회화는 시와 같이"로 확장되었다.

구를 하나의 구호처럼 사용하였다. 17세기 고전주의 시대에 들어 이러한 주장은 드 필르(Roger de Piles)의 『화론(De arte graphica)』(1668)에 이르러 이론적 체계를 완성하게 되었고, 이후 그의 책은 미술 아카데미의 교본이 되었다.

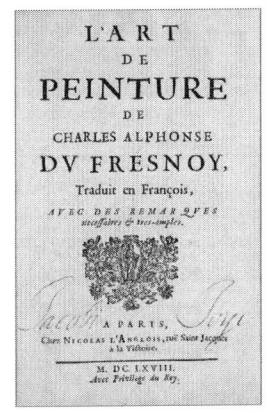

드 필르의 『화론』(1668)

3) 과학과 예술의 분리

그렇다면 회화와 시가 동일한 목적을 추구하는 활동이라고 할 때 그 동일한 목적이란 무엇인가? 그것은 바로 '미'(beauty)라는 것이다. 이 시기의 화론 및 시론 등에 등장하는 '이념' 혹은 '자연'이라는 개념은 이상적인 미, 아름다운 자연을 의미하는 것이었다. 즉 시, 음악, 회화, 조각, 건축은 미를 모방하는 활동으로서 동일한 종류의 활동으로 이해되기 시작한 것이다. 이러한 인식 하에서 미와 기술(art)을 결합시킨 "beaux-arts"(fine arts)라는 용어가 17세기에 들어 사용되기 시작하였다. 그러나 예술이라는 용어가 사용되기 시작하였다고 해서 그것이 근대적인 의미의 예술을 의미하는 것은 아니었다. 이 시기의 이론가들에게 예술이 모방하는 "보편적 자연"이란 과학이 추구하는 보편적 자연의 질서와 같은 것으로서, 예술은 과학적 탐구가 그러한 것처럼 엄격한 규칙에 종속되었다. 예술은 이성적 법칙의 체계를 갖고 있는 지적 활동으로서 과학과 함께 인문학적 예술 속에 포함될 수 있었다.

그러나 '리버럴 아트'(liberal art)로서의 예술 개념은 18세기에 들어서면서 서서히 과학과 분리되기 시작한다. 그로 인해 이른바 '신구 논쟁'(Querelle des Anciens et des Modernes)³이 발화한다. 이 논쟁은 완전한 예술의 규범을 남겨준 고대와 과학을 발전시킨 근대 중 어느 시기가 더 우월한가를 따지는 논쟁이다. 이 논쟁에서 사람들은 수학적 계산과 지식의 축적이 적용되는 분야에서는 근대가 우월하지만 상상이나 취미와 밀접한 예술과 같은 분야에서는 근대가 반드시 고대보다 우월하다고 주장할 수 없다는 결론으로 나아갔다. 이러한 논의는 예술과 과학의 개념이 분리되는 데 결정적인 역할을 하였다. 여기서부터 예술의 제작이나 판단은 수학적 법칙이나 규칙에 입각하여 이루어지는 것이 아니라 감정과 상상에 의해 이루어져야 한다는 근대적인 예술 개념이 서서히 태동하게 되었다. 이러한 변화는 미가 객관적인 것이 아니라 주관적인 것이라는 근대적인 사고와 병행하는 것이기도 했다. 예술 개념의 변화는 또한 비평의 변화도 불러오게 되었다. 즉 예술이 엄격한 규칙에 입각한 활동이 아니라고 할 때, 예술의 좋음과 나쁨에 대한 판단 또한 규칙에 입각하여 이루어지는 것이 아니라 그것이 감상자에게 환기시켜준 정감에 의해서 이루어져야 한다는 입장이 나타나게 된다.

---

3   신구 논쟁의 결론은 유명한 "거인 어깨 위에 앉은 난쟁이"라는 비유로 요약할 수 있다. 고대인은 위대한 거인이고 그에 비해 근대인은 난쟁이지만, 근대인이라는 난쟁이는 고대인이라는 거인 어깨 위에 앉아 있기 때문에 고대인보다 더 멀리 내다볼 수 있어 더 우월하다는 논리다. 이 논쟁은 르네상스 이래 고대인 숭배에 대한 반역이며, 또한 17세기 과학의 진보와 대작가의 배출을 배경으로 하고 있다. 논쟁 자체는 다소 유치하지만 진보사상의 출현으로 함께 18세기, 즉 모던의 시작을 알렸다는 점에서 의의가 있다고 할 수 있다.

4. 미 개념과 예술

미학의 미 개념

저명한 미학자 W. 타타르키비츠(W. Tatarkiewicz)는 미를 다음과 같이 설명하고 있다.

> 현대 영어에서 beautiful이라 칭하는 것을 희랍인들은 칼론kalon이라 했고, 로마인들은 풀크룸pulchrum이라 했다. 풀크룸이라는 이 라틴어는 고대와 중세 동안 계속 사용되었고, 르네상스 때는 이 말이 사라지면서 대신 벨룸bellum이라는 새 단어가 사용되었다. …풀크룸의 파생어를 채택한 현대어는 하나도 없지만 이런 저런 형태로 벨룸을 이어받고 있는 현대어들은 많다. 예를 들면, 이탈리아어와 스페인어의 bello, 불어의 beau, 영어의 beautiful, 그 외의 다른 유럽어들은 각기 고유한 파생어들을 가지고 있다. …사실 미에 대해서는 두 개의 명사가 있을 필요가 있다. 하나는 미의 추상적 특징을 의미하는 것으로, 다른 하나는 어떤 특정한 아름다운 사물을 가리킬 때 필요한 것이다. 희랍인들은 형용사를 명사로 사용함으로써 이러한 요구를 충족시켰다. 즉 토 칼론to kalon이 바로 그것이며, 칼로스kalos는 추상적 의미로 사용되었다. 로마인들도 형용사 풀크룸pulchrum을 비슷하게 사용했다. 독일어의 das Schöne, 불어의 le beau 역시 같은 경우이다.[4]

그는 미학사적인 맥락에서 미 개념을 크게는 다음과 같은 세 가지 관점

---

4 W. 타타르키비츠, 『미학의 기본개념사』, 손효주 옮김, 미술문화, 1999, 149쪽.

에서 논의할 수 있다고 설명한다.[5] 첫째, 미를 가장 넓은 의미로 파악하는 관점이 있을 수 있는데, 선한 것은 곧 아름답다는 식의 그리스적 미 개념까지도 포함하는 것이다. 즉 미학과 윤리학이 밀접한 관련 하에서 논의되는 관점이다. 둘째, 순수한 의미에서 미란 미적 경험을 환기시키는 것이며, 이때 적용되는 것은 색채와 소리 등만이 아니라 정신적 산물 등도 포함하는 것이다. 셋째, 시각으로 파악되는 사물에 한정해서 미를 파악하는 것인데, 이 경우 형태와 색만이 아름다운 것일 수 있다.

타타르키비츠는 미 개념이 매우 다층적이며 모호한 개념이기 때문에 혼란을 가중시키기도 하지만 여전히 유효한 개념이라고 주장한다. 그리고 위에서 설명한 미의 세 가지 개념 중에서 두 번째로 언급한 미의 개념이 오늘날 미학에서 가장 중요하다고 말한다. 또한 그는 사전에서 미의 동의어들과 미에서 파생된 단어들(예를 들어, 영어의 경우 fine, lovely, charming, pretty, handsome, graceful, attractive, fair, good-looking 등)을 많이 찾아볼 수 있지만, 이것들은 "미의 진정한 동의어들이 아니라 한낱 의미가 같은 단어들에 지나지 않는다"고 지적하고, 특히 위에 언급한 두 번째에 해당하는 미 개념은 사실상 어떠한 동의어도 갖고 있지 않다고 설명한다.[6] 이처럼 타타르키비츠의 설명만 보더라도 미 개념이 매우 다양한 의미로 이해된다는 것을 알 수 있다. 따라서 우리는 미 개념을 어떻게 이해하느냐에 따라 예술의 의미와 가치가 크게 달라질 수 있다는 것을 쉽게 이해할 수 있다.

---

5 같은 책, 151쪽.
6 같은 책, 151~2쪽.

제2강

근대미학의 성립과 낭만주의의 출현

낭만주의는 어떻게 탄생했는가

18세기에 들어 르네상스를 기초로 한 고전주의적 이론 체계가 와해되고, 예술이 고대라는 권위로부터 해방되면서 사람들은 엄격한 고대적 규칙에 따라 예술 작품을 판단하는 일에 회의를 느끼게 된다. 고대의 예술이 현재의 예술가들에게 가르침이 되는 것은 분명하지만 고대의 결점까지 숭배하면서 규칙화하는 것에 대해 반발하는 움직임이 이미 18세기 초에 또렷하게 나타나기 시작했다. 주관화된 미의 관념과 더불어 예술은 즐거움을 주기 위해 존재하는 것이며, 취미를 법칙에 종속시키는 것은 위험한 일이라는 사고가 대두되기 시작한 것이다.

뒤보스(Du Bos)는 『시와 회화에 관한 비평적 성찰(Réflexions critiques sur la poésie et la peinture)』(1719)에서 예술의 목적은 즐거움이며, 즐거움은 "취미"(taste)의 결과라고 말하고 있다. 취미란 미를 파악하는 인간의 주관적인 능력을 의미한다. 그런데 이 세상에는 습관, 연령, 국적 등에 따라 다양한 취미가 존재한다. 이처럼 다양한 취미를 획일적인 규칙으로 만족시키는 것은 불가능한 일이다. 규범적인 비평은 이후 칸트의 『판단력 비판』(1790)에 이르러 결정적으로 거부된다.

칸트는 모든 이해관계나 실제적 관심에서 벗어나서 대상을 판단했을 때 보편적으로 필연적인 만족감을 주는 대상을 아름다운 것이라고 정의하였다. 칸트에게 취미 판단은 보편성을 요구하나 그것은 객관적인 규칙에 의해서가 아니라 인간이라면 누구나 갖고 있는 보편적인 주관의 능력에 의해서다. 예술 작품에 대한 판단이 기계적 규칙이 아니라 예술 작품이 감상자의 감정에 불러일으키는 즐거움에 따라 이루어져야 한다고 할 때, 이제 예술가가 아닌 감상자에게도 작품에 대해 말할 권리가 주어지게 된다. 개인의 고유한 취미와 감정에 따라 작품을 판단하는 아마추어 비평의 시대가 열린 것이다. 이제 세부적인 지식과 규칙에 경도된 직업 예술가들보다는 취미로 판단하는 사심 없고 식견 있는 관중이야말로 예술에 대한 진정한 판단자라는 생각이 받아들여지게 되었다. 특히 칸트가 예술 작품의 창작자로서의 '천재예술가'를 설명하게 되면서 신이 아닌 인간이 만든 대상 또한 미적 대상으로 자리 잡을 수 있다는 사실에 젊은 예술가들의 관심이 집중되었다.

진정한 판단자의 특징인 "향유하는 정신"과 더불어 마치 신이 자연에 질서를 부여하는 것과 유사한 방식으로 대상에 질서를 부여하는 "창조하는 정신"의 소유자는 다름아닌 천재예술가다. 그는 모든 세속적인 관심사를 초월하는 강인한 정신력의 소유자로서 아름다운 대상을 만들어내는 일을 담당한다고 칸트는 설명한다. 이러한 설명은 이념을 중시하여 관람자들에게 교훈을 주고자 역사적·문학적 사건으로부터 주제를 차용하도록 했던 고전주의에 지친 젊은 예술가들에게 커다란 반향을 불러일으켰다. 젊은 예술가들은 자신들이 진정한 천재예술가임을 자처하며 자연, 신비, 이국적인 것들을 대상으로 매우 개성적인 필치로 자신만의 고유한 아름다움을 펼쳐 내기 시작했다. 이러한 흐름을 가리켜 미술사에서는 낭만주의라고 부른다.

근대미학의 철학적 배경

예술은 예술가가 상상력을 가지고 수행하는 창조적 활동이고 예술 작품의 미가 우리의 마음속에 자리 잡은 정감에 의해 판단되는 것이라고 할 때, 예술을 통한 미의 경험은 다른 경험 영역과는 다른 고유한 영역을 요구한다. 이로써 이제까지 동물적이거나 무익한 것이라고만 인식되었던 감정의 영역이 새로운 평가를 받게 되었다. 인간의 마음은 이성적인 지적 능력과 인간의 욕망과 관련된 의지의 영역, 그리고 어떤 것을 아름답다고 판단하는 능력의 세 영역으로 나누어진다는 사고가 18세기를 거치면서 서서히 정립되었다. 근대미학의 기원에 대해서는 의견이 분분하지만 독일의 바움가르텐이 "감성적 인식에 관한 학"이라는 의미로 "에스테티카"(aesthetica, 1750)라는 용어를 쓴 것을 일반적으로 근대미학의 효시로 보고 있다.

앞서 살펴본 것처럼, 근대인들은 자연의 섭리나 신, 그리고 정치·경제적 질서에 수동적으로 종속되는 것을 가능한 한 차단하려고 했다. 자연과 절대자 그리고 정치권력으로부터의 해방은 그것에 대한 정확한 인식을 필연적으로 요구한다는 점에서 근대철학에서는 인식론이 주된 관심 분야였다. 세계에 대한 확고한 지식을 얻기 위해 근대철학자들은 먼저 이러한 인식을 방해하는 장애물을 제거하려고 했다. 베이컨의 우상론과 데카르트의 방법론적 회의에서 극명하게 드러나듯이, 중세까지 지속되었던 입장, 즉 인간을 세계에 대한 과학적 인식으로부터 차단시켰던 선입견에서 벗어나 인식의 궁극적 주체로서 인간을 세우는 입장이 전면에 부각되었다. 데카르트는 『방법서설(Discours de la Méthode)』(1636)에서 세계를 인식할 때 인간은 세계 속에 내재하거나 신 안에 간직되어 있는 진리를 관조하는 것이 아니라, 세계질서를 자신의 의도에 따라 포착한다고 주장했다. 이처럼 근대철학자들은 인간이 무엇을 어떻게 인식할 수 있는가 하는 인식의 범위와 방법에 관심을 가졌기 때문에 근대철학은 인간 지성의 능력을 탐구하는 데 심혈을 기울였다. 인식이 제대로 작동할 수 있는 가능성의 조건을 철학의 일차 과제로 설정한 근대철학은 로크를 필두로 한 영국의 경험론과 데카르트와 라이프니츠의 대륙 합리론으로 전개된다.

인간의 정신능력을 진리의 토대로 삼는 합리론은 이성만을 순수한 정신능력으로 간주하여 인간에게만 속해 있는 이성에 전적인 신뢰를 보내며, 상상력과 감각 등의 능력은 인식의 보조수단으로 본다. 합리론자들은 감각경험과 무관하게 오로지 순수 이성에 의해서만 인식되는 보편적이고 필연적인 지식이 있다고 주장한다. 반면에 경험론은 개별적 감각경험을 인식의 근원으로 여긴다. 경험론자들에게는 내적인 반성적 경험이든 외적인 감각적 경험이든 모든 지식은 경험에서 비롯되기 때문에 경험의 영역을 벗어나는 인식은 있을 수 없다. 이 두 입장은 미적 판단에 대해 어떤 설명을 제공할까?

1. 영국의 경험론적 미학 : 취미론

베이컨, 홉스, 로크 등의 영국 경험주의자들은 오랫동안 상상력과 감정에 대한 철학적 논의를 지속해왔다. 당시 영국의 비평적 경향은 상상력과 감정에 대한 철학적 의미를 회복하고자 노력하는 가운데, 그 이전까지 지배적이었던 형이상학적·객관주의적 미의 개념에 대해 강력히 반발하는 입장이었다. 로크는 미를 "색과 형상으로 이루어진 구성이 보는 이에게 즐거움을 환기시키는" 복합관념을 지칭하는 말에 불과한 것으로 파악한다. 미 개념에 대한 로크의 전향적인 변화는 그의 사상적 배경이 되었던 중세의 유명론과 근대의 입자철학에서 볼 때 이미 예정된 것이었다. 존재하는 모든 것은 개별자이며 보편자는 실재하는 존재자가 아니라 언어와 개념으로만 존재할 뿐이다. 더 이상 보편자가 개별자에 참여하거나 내재하는 것으로 여겨지지 않는다. 또한 정신 속에만 완전하게 존재하는 그러한 보편자도 없다. 이렇게 해서 세계의 형이상학적 위계질서가 단순화된다.

이전까지 지배적이었던 형이상학적·객관주의적 미론에서 미는 언제나 조화·비례·균형과 같은 수학적 속성으로 설명되었고, 이런 속성을 가진 한에서만 아름다운 대상으로 판별되었다. 게다가 아름다움이란 그것의 상위개념인 참됨(眞), 좋음(善)으로 나아가는 방향성 위에서 논의되었기에 미는 언제나 특정한 형이상학적 위계질서 속에 놓여 있었다. 그렇지만 여기에 반대하는 로크의 미론은 위계보다는 개인의 개별적 경험에 주목함으로써 미적 가치의 다양성이 강조될 수 있는 포석을 제공했다. 모든 지식의 근거를 개인의 외적 감각과 내적 반성으로 이루어지는 경험에서 찾았던 로크의 경험론적 사유는 이후 영국 근대 취미론자들에게 확실한 방법론으로 자리 잡았다.

다른 한편 섀프츠베리의 '무관심성'(disinterestedness) 개념은 미의 다른 속성을 알려준다. 신플라톤주의자인 섀프츠베리는 종교와 과학의 통일 내지 조화에 주로 관심을 기울였다. 그는 모든 인간을 이기적 욕구의 충족 여부로 설명하는 입장에 반대하여, 신에 대한 인간의 사랑을 자신의 이익을 추구하는 본능에서 비롯된 도구적 가치에 대한 관심을 배제하는 무관심적인 사랑의 감정으로 설명한다. 그것은 세계의 궁극적 원리로서의 영혼을 직관적으로 알아가는 과정에서 나타나는 어떤 강렬한 감정으로서의 무관심적인 열광이다. 우리의 자아는 자신보다 존재론적으로 우월한 것에 대한 심상을 가질 때 이러한 무관심적 열광을 통해 어떤 내적 혁명과정을 겪는다. 이러한 과정을 통해 인간은 보다 나은 존재가 됨을 경험하게 된다. 자연이나 예술 작품은 인간의 지속적 자기초월을 가능하게 하는 수단인 바, 시인은 인간이라기보다는 신적 존재에 보다 가까운 영혼을 마음에 품어야 하며, 스스로 존재론적으로 더 우월한 것에 대한 통찰을 가져야 하는 것이다.

결국 섀프츠베리가 사용한 '무관심성'은 종교적인 맥락을 지닌 것으로 신 그 자체에 대한 무관심적 사랑으로부터 유래한다. 그에 따르면, 이 무관심적 사랑은 "존재 자체의 위대함 이외에는 다른 대상을 가지지 않는, 그리고 이 유일한 기쁨 이외에는 행복에 대한 어떠한 다른 생각도 허용하지 않는 단순하고, 순수하며, 불순하지 않은 사랑"을 의미하는 말로 이때의 'dis-interest'가 부정하는 관심(interest)은 정확히 '자기-관심'(self-interest)이라고 한다.[1] 즉 무관심성이란 대상과 일체의 사적인 이해관계를 떠났음을 나타내는 말로 대상에 대한 냉담함을 의미하지 않는다. 이 무관심성은 정신이 오직 대상에 대해서만 집중하는 열정적인 관심의 표명이기도 하다.

허치슨은 종교적 색채가 짙은 섀프츠베리의 무관심성 개념에서 종교적 성격을 약화하여 자신의 미학적 논의에 이 개념을 받아들인다. 이기적 목적을 배제한 무관심적 태도를 견지한 채 어떤 대상에게서 즐거움을 느꼈다면, 그것은 이론적 설명이나 반성 없이 직접적으로 느껴지는 즐거움이다. 달리 말해 그것은 추론하는 데 사용되는 지성과 구분되는 어떤 고급한 지각능력이 가져다주는 즐거움, 즉 인간의 취미 능력에 의한 무관심적인 즐거움이다. 대상이 지니는 의미 있는 형식에 반응하여 나타나는 미적 즐거움은 미적 가치를 판단하는 능력인 취미판단 능력에 의해 주어진 것으로서 주관적인 미적 감정이다.

---

1 김한결, 「섀프츠베리와 허치슨」, 『미학대계 제1권: 미학의 역사』, 미학대계간행회, 218쪽.

주관적·상대주의적 영국 경험론의 전통은 흄에 이르러 그 절정에 다다른다. 흄 또한 미를 즐거움이라는 정감을 야기하는 어떤 힘으로 파악한다. 흄은 "미는 대상 자체에 있는 성질이 아니다. 그것은 그 대상들을 관조하는 정신 내에만 존재하며 각각의 정신은 다른 미를 지각하는 것"이라고 단언한다. 이처럼 그는 미적 판단은 도덕적 판단과 마찬가지로 개인적인 정감에 기반을 둔 것임을 주장한다. 이러한 흄의 주장은 플라톤 이후 전통적인 미론으로 여겨졌던 객관주의 미론에 도전하여 '주관화된 미'를 주장해왔던 영국 취미론자들 중 가장 강한 견해라고 할 수 있다. 하지만 흄은 "다양한 취미 판단이 있을 수 있지만, 어떤 것은 승인하고, 다른 것은 비난할 수 있는 기준이 있다"고 주장한다. 그것은 우리가 '진정한 판단자들'이라는 개인들의 정감에서 취미의 기준을 찾기 때문이다. 하지만 진정한 판단자들 개인의 정감에 취미판단의 기준을 둔다는 점은 기준으로서의 객관성을 의심하게 한다. 흄은 우선 '진정한 판단자'로서의 개인에게 '섬세함', '연습', '비교', '선입견의 배제'와 '양식'이라는 자격 조건을 부여하여 개인의 정감에서 발생할 수 있는 오류와 가변성을 줄임으로써 공통적인 정감을 산출할 수 있다고 보았다. 기준을 한 명의 개인의 정감이 아닌 복수의 사람들의 취미판단에 의존하도록 한다면 객관성을 확보할 수 있을 것이라고도 주장한다.

그러나 이러한 흄의 결론은 많은 이론가들이 지적한 대로 순환론의 문제, 무한퇴행의 문제, 진정한 판단자의 범위 설정에 대한 문제 등 정당화의 문제를 안고 있다. 취미판단이 갖는 주관성, 즉 감성의 자율성 문제를 해결하는 듯했던 영국 취미론의 설명은 취미판단의 기준과 관련된 문제, 즉 보편성과 필연성의 문제에 관해서는 정당한 주장을 내놓지 못했던 것이다. 결국 주관적 취미판단의 보편적·필연적 의미의 획득 가능성에 관한 좀 더 진전된 철학적 논의는 칸트에 의해 본격적으로 이루어진다.

2. 합리론적 근대미학 : 바움가르텐

1) 합리론적 근대미학의 탄생 배경

중세를 극복하는 철학 혁명인 영국 근대경험론은 필연적인 이성의 진리 대신 단순히 사실적인 것에 초점을 맞춘다. 반면에 대륙 합리론은 경험적 사실의 존재를 인정하면서도 근원적인 중심으로서 진리를 인식하는 능력을 지닌 인간의 이성을 중요시한다. 그러한 방법론적 차이에도 불구하고 양쪽 모두 세계를 주관화하고 개인의 고유한 주체성에 관한 이념 위에서 모든 가치를 재구성한다는 점에서는 기본정신을 같이 한다고 하겠다. 이러한 근대정신은 미학이라는 학문의 등장에서 절정을 맞는다.

  미학의 탄생은 인본주의의 새로운 부활을 알리는 르네상스 시대부터 이미 예견되어 있었다. 이 시대는 인간이 자의식에 눈을 뜬 시대이자 신의 권위가 비판되기 시작하는 시대였다. 이러한 비판은 인간의 개별성을 강조함과 더불어 천재, 상상력, 그리고 독창성의 존중으로 이어지며, 아울러 예술가를 기술자로 평가하는 관례도 사라진다. 그러나 르네상스 시대의 현실적 변화가 미학을 통해 철학적으로 이해되기까지는 오랜 시간이 요구되었다. 근대미학에 대한 논의의 발단은 멀리는 데카르트의 방법론적 회의에 의한 인간 이성능력에 대한 체계적 고찰에 그 뿌리를 두고 있다고 할 수 있다. 그는 수학적 이성을 진리 판단의 근거로서 삼는다. 하지만 인간의 수학적 이성능력에 대한 과도한 관심으로 인해 인간을 개별적인 주관성을 가진 존재로 이해하려는 시도는 아직 맹아의 단계에 머물고 있었다.

  프랑스에서는 미학을 둘러싼 본격적 논의가 수학적 이성 자체에 대한 비판과 함께 진행되었다. 우리는 이러한 논의를 17세기 후반에서 18세기 초엽에 걸쳐 있었던 프랑스의 신구 논쟁에서 찾아볼 수 있다. 예술의 가치문제를 둘러싸고 벌어진 신구 논쟁은 데카르트식의 이성과 파스칼식의 정감론의 충돌에서 비롯되었다. 사실 이 논쟁은 인간의 이원성에 대한 사유를 촉발시킨 하나의 사건이었다. 진정한 인본주의는 인간의 합리적 요소와 비합리적 요소 중 어느 하나도 빠뜨림 없이 통일적으로 파악해야 성립가능하며, 그때에야 비로소 참된 자기파악을 위한 토대를 마련할 수 있다. 신은 감성에 얽매이지 않으며 짐승에게는 이성이 없기에 이성과 감성을 통일하는 이러한 문제는 인간 고유의 것이다. 따라서 인간을 중심으로 세계를 이해하려는 인본주의는 개별성이 제외된 보편성이나 보편성을 도외시하는 개별성의 강조를 타파해야 했고, 신구 논쟁은 인간에게 내재하는 두 가지의 이율배반적 요소를 부각시키는 데에 성공했다. 그렇지만 인간의 보편적 이성 이외에 개별적 감성이 함께 강조되고 있다는 점에서 보다 성숙한 인간 이해에는 도달했지만 완전한 종합에 도달하지는 못하였다는 점에서 프랑스의 논의는 한계를 드러냈다.

한편 독일의 라이프니츠에 의해 장차 근대미학 발생의 진정한 형이상학적 사유체계가 나타난다. 미분을 창시한 라이프니츠는 개체의 총체성이 인간이 만든 개념을 통해 인식될 수 없음을 의미하는 중세의 명제에 맞서서 개체와 개념 간의 거리가 미분소를 통한 분할에 의해 무한히 축소될 수 있다고 주장했다. 그는 거리에 기반을 두는 종교적 권위를 축소하는 대신 인간 이성의 범위를 확장하고자 시도하였다. 이러한 라이프니츠 형이상학을 근거로 하여 바움가르텐(Alexander Gottlieb Baumgarten)은 공식적인 학명으로 새롭게 불리게 될 자신의 『미학(Aesthetica)』(1750)을 통해 이 간격을 메우고자 하였다.

2) 바움가르텐의 『미학』

"미적"(aesthetic)이라는 형용사는 고대 그리스에서 지적인 사유를 의미하는 "노에시스"(noesis)와 대비해 감각적 인상을 뜻하는 "아이스테시스"(aisthesis)라는 단어에서 유래하였다. 이 단어는 중세 라틴어에서 "센사티오"(sensatio)로 번역되었다. 바움가르텐은 이러한 전통을 따라 "이성적 인식"(cognitio intellectiva)과 대비되는 "감성적 인식"(cognitio sensitiva)을 구분하고, 감성적 인식에 관한 연구를 "에스테티카"(aesthetica)라고 지칭하였다. 그는 시

바움가르텐의
『미학(Aesthetica)』(1750)

를 통해 감성적으로 파악된 완전성을 미로 규정하고, 시나 예술은 이러한 미를 추구하는 활동이라고 생각했다. 여기서 감성적 인식과 미적 인식은 동일한 것으로 파악된다. 이로부터 미와 예술에 관한 연구로서의 미학(aesthetics)은 하나의 독립된 분과로 성립해나가게 되었다.

미학이란 학문명은 라이프니쯔-볼프 학파에 속하는 18세기 중엽의 독일 철학자 바움가르텐이 저술한 『미학』(제1권은 1750, 제2권은 1758에 출간)에 그 기원을 두고 있다.[2] 바움가르텐은 미학을 "감성적 인식의 학"(scientia

---

[2] 바움가르텐이 명명한 미학 아이스테티카(Aestheica)의 어원은 그리스어 아이스테시스(aisthesis)에서 유래한다. 아이스테시스는 "감각적 지각"을 뜻하는 말인데, 그 의미는 다층적이다. 몇몇 현대 미학적 논의는 근대의 관념론 미학에서 비교적 소홀히 다루었던 아이스테시스의 의미를 다시 강조하려는 경향을 보여주고 있다. 예를 들면, 게르노트 뵈메의 감각 지각이론 등이 그렇다.

cognitionis sensitivae)으로 규정함으로써 감성적 인식의 논리학이라는 측면에서 철학의 한 분과로 정립하였다. 그런데 바움가르텐이 감성을 학문의 영역으로 끌어들이기는 했지만, 감성에 관한 학문인 미학이 이성학과 동등한 지위를 갖는다고 생각한 것은 아니었다. 그러니까 그는 높은 차원의 인식능력인 이성과는 달리, 미학은 단지 이성과 유사한 것일 뿐 낮은 단계의 인식으로 분류하였다. 따라서 바움가르텐의 미학은 감성적 인식능력의 자율성을 강조하는 데 초점을 두었다기보다는 이성적 인식의 논리학을 보다 더 잘 이해하기 위한 차원에서 고안한 것이라고 보아야 할 것이다.

바움가르텐은 추상적 특성을 지닌 지성적인 인식(개념인식)으로 환원될 수 없는 미적·감성적 인식의 필연성을 강조한다. 지성적·추상적 인식은 하나의 개념을 만들기 위해 우연적인 개별이 갖는 풍요로운 다양성을 탈각시켜야만 한다. 추상화 작업으로서의 지성적 활동을 통해 개념적인 명확성은 확보될 수 있지만, 개별적인 생동감 내지 구체성은 희생될 수밖에 없다. 그와는 대조적으로 미적 합리성 내지 미적 인식은 존재자들을 복합적인 풍요성을 통해 가능한 한 많은 특성을 구체적으로 묘사한다. 이를 통해 개성이나 구체적인 특성이 배제되지 않은, 모든 개별적 존재자들의 형이상학적 존엄성이 존중된다.

따라서 지성적 인식만이 유일한 세계인식으로 간주된다면 세계와 인간에 대한 온전한 이해가 어렵게 된다. 우리는 개념 인식을 통해 사유해야 하는 동시에 아름답게 사유해야 한다. 바움가르텐은 이렇듯 아름답게 사유할 수 있는 기관으로서의 감성에 대한 강조를 통해 감성적 자율성을 부각시키고자 하였다. 이처럼 감성에 근거를 둔 미적 합리성은 우주의 완전성(조화와 질서)을 감각적으로 체험할 수 있는 인간의 소중한 능력이다. 그러므로 예술작품은 각각의 작품이 가진 다양성을 통일적인 구조로 인식하는 능력인 미적 종합에 근거를 두고, 그 내면에서 사물의 의미 연관체를 창출해냄으로써 대상에 대한 개념과 감성적 인식을 통해 세계를 있는 그대로 보게 한다. 세계가 미적 주관에 의해 새로운 방식으로 구체화됨으로써 일상은 새로운 의미로 드러난다. 이때 우리는 지성적 인식을 통해서는 도저히 경험할 수 없는, 존재자와 개념이 일치되는 경이로운 경험을 하게 되는 것이다. 하지만 아쉽게도 신에 의해 창조된 가장 완벽한 세계에 대한 명료한 인식이 궁극적으로 요구되는 라이프니츠적 형이상학에 기반을 두고 있는 바움가르텐은 대상 속에 깃들어 있는 완전성의 인식, 즉 객관적이고 보편적인 속성을 강조하는 가운데 감성적 자율성을 끝까지 관철할 수 없었다. 주관적인 동시에 보편적인 감성의 문제를 제대로 다루기 위해서 우리는 칸트의 등장을 기다려야 한다.

3. 지성과 상상력의 자유로운 놀이
   : 칸트의 『판단력 비판』

칸트 미학을 논하기 전에 우선 칸트 철학의 근본 물음을 한 번 생각해보자. 칸트 철학의 궁극적인 물음은 무엇인가? 칸트의 세 비판서인 『순수이성비판』, 『실천이성비판』, 그리고 『판단력 비판』은 그가 평생 동안 천착했던 문제, "나는 무엇을 알 수 있는가?", "나는 어떻게 행위해야 하는가?", 그리고 "나는 무엇을 희망해도 되는가?" 하는 물음과 맞닿아 있다. 이 세 가지 물음은 그가 『논리학 강의』에서 밝히고 있듯이 궁극적으로 "인간이란 무엇인가?"라는 물음으로 귀결된다. 18세기 계몽주의 시대를 살았던 칸트는 이 물음을 이성에 대한 비판을 통해 구명하고자 했던 철학자였다.

칸트 철학에서 이성은 다층적인 의미를 지닌 개념이다. 이성이란 인식 이론적 이성, 곧 지성이기도 하고, 생각만 할 수 있을 뿐 결코 인식할 수 없는 이념인 이성이기도 하다. 그런데 인간의 이성은 인식 이론적 이성이나 이성 이념으로만 해명될 수는 없다. 인간은 느낌, 즉 감정을 지닌 존재이다. 따라서 가장 넓은 의미에서 인간의 능력인 이성을 파악하기 위해서는 느낌(감정)에 대해서도 당연하게 논의해야 한다. 즉 인간은 무엇을 알고자 하는 존재, 어떻게 행위할 것인지를 묻는 존재일 뿐만 아니라 동시에 무엇을 느끼는 존재이다. 따라서 칸트는 자신의 앎(인식)과 행위(윤리)의 영역에 이어 이 두 영역을 매개하는 느낌(미학)의 영역까지 나아가 자신의 비판철학의 과제를 수행하고 있다. 칸트는 판단력 비판에서 느낌의 문제를 다룸으로써 이성에 대한 사유를 확장하는 계기를 마련한다.

칸트 미학을 알기 쉽게 요약하거나 설명하는 것은 결코 쉽지 않은 일이다. 실제로 칸트 미학은 『순수이성비판』, 『실천이성비판』 등에 대한 예비적 학습이 없을 경우, 쉽게 이해할 수 없다. 따라서 칸트 미학을 보다 심도 깊이 연구하기 위해서는 칸트 철학 전반에 대한 공부가 선행되어야 한다. 따라서 여기에서는 『판단력 비판』의 미의 분석(1~22절)을 중심으로 칸트 미학의 핵심 쟁점들을 간단하게 살펴보도록 하겠다.[3]

---

[3] 『판단력 비판』 인용은 이석윤 번역(박영사, 1996)에 따르고, 괄호 안에 해당 번역본 쪽수를 표시하였다. 단 필요한 경우 몇몇 단어나 구절 등은 번역을 그대로 따르지 않고 고쳐 인용하였다.

1) 미적 판단의 가능 조건들

칸트는 『판단력 비판』의 미의 분석에서 미적 판단[4]의 네 가지 계기, 즉 무관심성, 무개념성, 목적 없는 합목적성, 그리고 필연성 등을 설명하고 있다. 미적 판단의 계기들을 살펴보기에 앞서 기본적인 사항을 좀 짚고 넘어가는 것이 필요해 보인다. 칸트는 '취미'(Geschmack)를 "아름다움을 판정하는 능력"이라고 정의한다. 그런데 칸트는 취미의 문제를 논리적으로 논증하는 것이 가능하지 않다는 데는 동의하지만, 적어도 취미에 대해 논쟁을 할 수는

칸트의 『판단력 비판』

있다고 주장한다. 즉 취미에 관해 "논리적으로 증명"하기는 가능하지 않지만, 적어도 '논쟁'은 가능하다는 입장이다. 이때 논쟁은 비판의 본래적 의미와 연관되어 있다.

칸트의 이 말을 좀 더 쉽게 생각해보자. 인간이 단순히 감각적인 취향에 따르기만 하는 존재라면 논의도 논쟁도 필요 없을 것이다. 단지 자신의 개인적이고 이기적인 취향 또는 감각적 반응에 따라 살면 그만이다. 그런데 칸트가 말하는 취미는 단순한 감각적인 취미나 취향, 또는 감각적 반응과는 다르다.

칸트에게 취미란 누군가가 아름다움을 느낄 때 그에게 떠오르는 이미

---

[4] 취미는 취미판단이며 이는 곧 미적 판단이다. 여기에서는 가능한 한 취미 또는 취미판단이란 용어 대신 미적 판단이란 용어를 사용하도록 하겠다.

지를 다른 사람과 함께 공유할 수 있는 가능성을 열어가는 능력이다. 이런 점에서 취미는 타자에 대한 배려가 없는 이기적·감각적 반응이 결코 아니다.

이제 『판단력 비판』의 미의 분석에 나타난 미적 판단의 네 가지 계기들을 살펴보자. 칸트는 자신이 즐겨 사용했던 네 범주인 질, 양, 관계, 그리고 양상에 따라 이를 체계화하고 있다.

- 제1계기 질(Qualität) : "취미란 어떤 대상 또는 어떤 표상방식을 일체의 관심을 떠나서 만족 또는 불만족에 의하여 판정되는 능력이다. 그와 같은 만족의 대상이 아름답다고 일컬어진다."(66~67쪽)
- 제2계기 양(Quantität) : "미란 개념 없이 보편적으로 만족을 주는 것이다."(78쪽)
- 제3계기 관계(Relation) : "미는 대상의 목적이 무엇인지 알 수 없을 때조차도 그 대상의 형식을 통해 그 대상이 그것의 목적에 부합한다는 사실을 짐작할 수 있도록 하는 것이다"(98쪽, 필자 수정)
- 제4계기 양상(Modalität) : "미란 개념 없이 필연적 보편의 대상으로서 인식되는 것이다." (103쪽)

칸트가 체계화한 미적 판단의 네 가지 계기들을 여기서 상세하게 설명하기는 어렵다. 그렇지만 우리는 이 계기들과 관련된 몇 가지 문제들을 간단하게 살펴볼 필요가 있다.

제1계기 – 미적 판단은 미적 관심 외에 일체의 관심을 배제한다

칸트는 미적 판단이 무관심적이라고 주장한다. 감각적인 쾌적함과 관련된 만족과 도덕적인 것에 관한 만족은 관심에 결부되어 있는 반면, 미적 판단은 이런 모든 관심에서 해방되어 있다. 그러니까 미적 판단은 일체의 관심이 수반되지 않고 오로지 무관심적으로 마음에 드는 독특한 경험에 관한 것이다. 그런데 여기서 말하는 무관심이란 냉담함이나 지루함 또는 그야말로 아무런 관심을 보이지 않는 것을 의미하지 않는다. 칸트는 무관심이란 개념을 통해 우리가 미적 판단을 내릴 때 개인의 감각적인 취향이나 혹은 어떤 도덕적인 판단에 좌우되어 판단을 내려서는 안 된다는 점을 강조하고 있다. 달리 말하면, 순수한 미적 판단은 미적 관심 외에는 다른 관심이 개입되는 것을 허용하지 않는다.

제2계기 – 미적 판단은 개념을 경유하지 않고 일어난다.

칸트 미학을 이해하기 어려운 이유 중 하나는 그가 미적 판단을 "개념 없이" 보편적으로 만족을 준다고 주장한다는 데 있다. "개념 없이" 보편적으로 만족을 준다는 것은 도대체 무엇을 의미하는가? 칸트는 『판단력 비판』에서 미의 분석을 통해 미적 판단이 객관적이고 인식적인 판단이 아니라는 점을 분명히 한다. 왜냐하면 미적 판단의 근거는 본질적으로 쾌(lust)를 느끼는 주관의 감정이기 때문이다. 그런데 미적 판단의 주관은 단지 개인적이고 이기적인 감각적 주관을 넘어선다. 칸트는 미적 판단이 주관의 느낌에서 출발하는 것이지만, 그럼에도 불구하고 모든 사람에게 보편타당한 판단이어야 한다고 주장한다. 이러한 칸트의 주장에 대해 다음과 같은 의문이 제기될 수 있다. 도대체 "개념 없이" 어떻게 보편성을 획득할 수 있을까?

우선 우리는 칸트가 사용하고 있는 "개념 없이"라는 용어를 좀 더 정밀하게 분석해볼 필요가 있다. "개념 없이"라는 용어를 말 그대로 해석하여 미적 판단은 개념을 전적으로 배제하는 판단이라고 이해할 수는 없다. 왜냐하면 미적 판단이 개념 없이 이루어진다는 말은 개념을 배제한다는 말이 아니라 미적 판단이 개념에 근거하거나 개념에 의존해서 이루어지는 판단이 아니라는 말로 이해해야 하기 때문이다. 그러니까 미적 판단은 인식적 판단이 아니며, 따라서 개념이 주도적인 역할을 하지 못한다는 말이다. 미적 판단에서 주도적인 역할은 상상력이 담당하고 있으며, 상상력은 지성과 어떤 식으로 결부된다. 이런 까닭에 칸트는 미적 판단이 상상력과 지성 사이의 자유로운 놀이라고 말한다.

인식 판단은 주어진 대상의 객관성 확보에 있다. 그러나 미적 판단은 인식을 위한 판단이 아니다. 꽃을 예로 들어보자. 인식 판단에는 "꽃"과 관련된 개념의 객관적 보편성이 중요하지만 미적 판단에서는 "꽃"과 관련해 내 마음 속에 무언가 일어나는 상태, 즉 주관이 느끼는 마음의 상태가 중요하다. 따라서 "개념 없이"라는 표현은 미적 판단이 개념에 기초하여 성립하는 판단이 아님을 강조하는 표현인 것이다.

제3계기 – 목적 없는 합목적성

미적 판단은 즉각적으로 일어난다. 우리는 어떤 대상을 보거나 듣자마자 즐겁거나 불쾌하다는 판단을 하게 된다. 이러한 판단은 어떤 작동방식을 따르는 것일까? 칸트는 아름다움은 형식으로부터 나온다고 주장한다. 어떤 대상을 감각하고 그것의 형식이 그 대상의 목적에 부합한다고 느낄 때 우리는 그 대상을 아름답다고 판단한다. 그런데 문제는 장미꽃이나 알프스산 같은 자연 대상의 목적을 도무지 알 수 없다는 데 있다. 대상의 목적은 그것을 만든 이 외에는 알 수 없다. 자연 대상의 경우 그것을 만든 이는 신 또는 조물주라는 초월적 존재다. 인간은 자연 대상의 목적을 알 수 없다! 목적이 무엇인지 알 수 없는데, 장미꽃이나 알프스산의 형식이 목적에 알맞게 만들어져 있는지 어떻게 알 수 있다는 말인가!

장미꽃이나 알프스산의 목적이 무엇인지 알지 못하는데도 그것을 아름답다고 판단한다면 그것은 그 대상의 형식이 너무나도 그럴듯해 목적에 부합하는 것으로 여기는 것이라고 칸트는 설명한다. 사실 우리는 장미꽃이나 알프스산의 목적이 무엇인지는 모르지만 그것들의 기막힌 형식에 탄복하여 목적에 부합하는 형식이라고 즉각적으로 알아보고 아름답다는 판단을 내린다는 것이다. '목적 없는 합목적성의 형식'이란 결국 우리가 목적을 알 수는 없지만 목적에 부합하는 형식을 가졌다고 판단할 수밖에 없는 특수한 대상, 즉 아름다운 대상에만 해당한다. 그렇다면 이 특수한 판단은 어떤 특징을 가질까?

규정적 판단과 비규정적 판단

칸트는 미적 판단을 인식적 판단, 감각적 판단, 도덕적 판단과 구별한다. 미적 판단은 주관성과 보편성을 동시에 포함하기 때문이다. 하지만 칸트가 말하는 미의 보편성은 객관적이고 규정적인 차원에서의 보편성이 아니다. 칸트는 판단력을 규정적 판단력과 비규정적(반성적) 판단력으로 구분하여 설명한다.

규정적 판단력은 미리 주어진 규정에 따라 개별자를 보편적인 것으로 무조건 편입하는 능력이다. 예를 들어 내가 볼펜을 갖고 있다고 하자.

내가 그것에 대한 인식 행위를 할 때 그것은 볼펜이라는 범주로 편입되어 나는 그것을 볼펜이라고 인식한다. 아무리 특별한 디자인의 볼펜이라 하더라도 그것이 인식의 대상인 한 그것은 볼펜이라는 개념의 범주에서 벗어날 수 없다. 미리 주어진 규정에 따른 판단은 미적 판단에 적용되기 어렵다. 왜냐하면 미적 판단은 그것이 무엇인지를 알아보는 판단이 아니라 그것이 아름다운지를 판단하는 것이며 개별자의 주관성이 무엇보다 강조되어야 하기 때문이다.

비규정적 판단력은 나의 주관성이 존중되고 개별적인 것을 개별적인 것으로 인정하는 한에서 이루어지는 판단력이다. 비규정적 판단력에서 개별적인 것은 보편성에 간단하게 포섭되지 않는다. 오히려 개인의 주관이 최대한 존중되면서 개별적인 것이 개별적인 것으로 존중받는 한에서 의미를 갖는다. 내가 아름답다고 판단하는 볼펜은 볼펜의 범주에 속하는 아무 볼펜이 아니라 "다른 어느 것도 아닌 바로 그것"이어야 한다. 따라서 미적 판단에서 적용되는 판단력은 규정적 판단력이 아니라 비규정적 판단력이다.

그런데 볼펜의 아름다움은 다른 사람들과의 소통을 통해 보편성으로 만들 수 있다. 내가 아름답다고 느끼는 그 볼펜을 보고 다른 사람도 비슷하게 판단한다면 '그 볼펜이 아름답다'는 판단은 나의 주관에서 시작되었지만 사람들의 동의를 얻어 보편적인 것이 될 수 있다. 자연 대상이건 인공물이건 상관없이 우리는 언제 어디서나 완전히 새로운 아름다운 대상을 만날 수 있다. 그 경우 우리는 완전히 새로운 형식의 미적 판단을 내리게 될 것이다. 이러한 까닭에 미적 판단에서 언급되는 주관성은 닫혀 있는 형식으로서의 객관적 보편성이 아니라 열린 형식으로서의 주관적 보편성으로 이야기된다.

제4계기 – 필연적 보편성

칸트는 미적 판단이 모든 사람의 동의를 구할 수 있는 보편타당성을 지니며, 상호 소통 가능한 판단이라고 주장한다. 그런데 이렇게 주장할 수 있는 근거는 어디에 있는가? 칸트는 그 근거를 '공통감'(sensus communis)에서 찾는다. 칸트에 따르면, 미적 판단은 주관의 느낌(감정)에서 출발한다고 해도 항상 보편적으로 소통될 수 있는데, 그 이유가 바로 공통감이 우리 인간에게 전제되어 있기 때문이라는 것이다. 그러기에 공통감에 근거한 미적 보편성은 사심가득한 개인의 감정이 아니라 공통의 보편적 감정에 기초한 것이다.

칸트가 말하는 공통감은 보편에 의해 강제된 공통감이 결코 아니다. 그런데 칸트의 글을 읽다보면 칸트가 미적 판단에서 "다른 의견을 허용하지 않는다"고 말하는 대목에서 의아해진다. 왜 칸트가 이렇게 강하게 표현하고 있을까? 이 표현은 미적 판단이 단지 사적이고 이기적인 감정이 아니라 모든 사람에게 타당할 수 있는 보편성을 지닌 판단임을 강조하기 위해 사용된 것이라고 보아야 할 것이다.

> 우리가 어떤 것을 아름답다고 언명하는 모든 판단에 있어서, 우리는 그 누구도 다른 의견을 가지는 것을 허용하지 않는다. 그러나 그럼에도 불구하고 우리는 우리의 판단의 기초를 개념에 두고 있는 것이 아니라, 감정에 두고 있을 뿐이다. 그러므로 우리는 이 감정을 사적 감정으로서가 아니라 하나의 공통적 감정으로 (판단의) 기초에 두고 있는 것이다. 그런데 이 공통감은 일종의 당위를 내포하고 있는 판단의 정당성을 확립하려는 것이요, 그것은 모든 사람들이 우리의 판단과 일치할 것이라고 함을 의미하는 것이 아니라 우리의 판단과 합치해야만 한다고 함을 의미하는 것이기 때문이다.(102쪽)

미적 판단과 공통감의 격률

칸트는 미적 판단이 "이기적인" 판단이 아니라 "복수적인"(pluralistisch) 판단이라는 점을 강조하고 있는데, 이는 칸트가 말하는 공통감의 격률 중 두 번째 격률과도 깊은 연관관계를 갖고 있다. 칸트는 공통감의 격률에서 1) 자기 스스로 사유할 것 2) 다른 사람의 입장에 서서 사유할 것 3) 사유에 있어 일관성이 있을 것 등을 말하고 있다. 그중에서 특히 타인의 입장에서 사유하는 두 번째 격률은 미적 판단에서 중요한 의미를 지닌다. 이 격률은 단지 인식능력에 관계하는 것이 아니라, 인식능력들이 어떻게 합목적적으로 사용될 수 있는가를 고찰하는 "확장된 사유방식"을 나타낸다. 달리 말하면, 미적 판단은 이성의 영역을 보다 확장하는 사유의 여지를 마련해주는 판단이며, 타자에 대한 배려를 충분히 담고 있는 판단이다.

칸트가 말하는 미적 주관성은 단지 편견이나 선입견에 치우친 감각적이고 이기적인 사적 판단에 얽매인 주관성이 아니라 반성의 활동 속에서 보편성을 추구하는 주관성이다. 또한 반성이 작동하는 속에서 이루어지는 미적 보편성이란 타인의 입장을 무시하고 강제하는 보편성이 아니라 강제나 억압 없이 타인의 동의를 항상 기대하고 또한 희망하는 소통 지향적인 보편성이다.

2) 칸트 미학과 예술가 천재론

칸트는 『판단력 비판』의 말미에서 인간이 만들어내는 미적 대상에 대해 설명하면서 그런 작업을 하는 특별한 인간들을 천재라고 부른다. 그는 인간이 만들어낸 인공물로서의 미술 작품들이 인식능력들의 자유로운 놀이를 타인에게 전달 가능하게 한다는 점에서 천재의 창조활동은 미적 이념들과 관계된다고 주장한다. 말하자면, 취미는 판단의 능력이고 따라서 반성의 성격을 갖기 때문에 사후적이긴 하지만 즐거움을 얻은 이는 누구든지 인식능력들의 자유로운 놀이를 경험하게 된다. 그렇기에 이 놀이는 타인에게도 전달가능하다는 것이다. 하지만 칸트는 자연미에서의 취미판단과 달리 천재 개념의 체계적 의미는 예술미라는 특수한 사례만으로 제한한다. 그렇다면 우리가 궁금한 것은 천재가 어떻게 예술 작품을 창조할 수 있을까 하는 문제에 대한 칸트의 설명이 될 것이다.

칸트에게 천재란 창조하는 정신과 향유하는 정신의 통일체이다. 천재가 만들어내는 창조물들은 모방할 수 없는데, 천재는 마치 신이 자연에 규칙을 부과했던 것처럼 자연을 따라 예술에 규칙을 부여하는 자인 까닭이다. 물론 이때 창조하는 정신의 능력인 규칙부과는 창조하는 자인 예술가의 의지의 소산은 아니다. 창조를 하는 천재예술가는 자신도 모르게 대상에 규칙을 부과한 다음 향유하는 정신에 의해서 자신이 만들어낸 대상이 미적 대상임을 알아보게 된다. 따라서 이러한 천재의 작업은 오로지 예술에만 존재하고, 이런 이유로 칸트는 미술을 천재의 기술로 정의하게 되었던 것이다. 결국 칸트에 의하면 소위 예술 작품이란 우월한 정신을 가진 천재가 하는 행위의 소산이 된다.

칸트의 천재예술가론은 당시 주류이던 고전주의에 지친 젊은 예술가들에게 커다란 충격을 안겨주었다. 칸트가 설명하는 천재예술가는 전통과 사회규범으로부터 독립적일 수 있으며 일상의 행위를 이루는 세속적인 관심사를 아무렇지도 않게 초월할 수 있는 강인한 정신을 가리킨다. 바로 이 우월한 정신을 소유하는 자는 고전주의가 부과하는 여러 규칙들로부터 벗어나 자신의 개성을 오롯이 담아낼 수 있는 특권을 가질 수 있을 것으로 여겨졌기 때문이다. 특히 강인한 정신의 소유자인 천재가 이루어내는 혁신은 미치광이의 작업과 다르다고 주장하는 칸트의 입장은 새롭고 개성적인, 따라서 독창적인 작업을 열망하던 당시의 젊은 예술가들에게 중요한 이론적 근거를 제공했고, 이를 계기로 낭만주의 운동이 보다 단단한 입지를 구축할 수 있게 되었다.

4. 낭만주의 미술

1) 낭만주의의 등장

사실 낭만주의 미술의 핵심개념인 천재예술가는 이미 중세적 도그마를 극복한 르네상스 시대의 삶과 예술 속에서 등장하기 시작했으며, 레오나르도 다 빈치, 미켈란젤로, 라파엘로 같은 인물들이 대표적이다. 이들이 알려준 개인으로서의 천재는 개성을 중시하며, 이들의 독특한 개성은 상상력이라는 정신능력을 통해 세상에 그 모습을 드러냈다. 이처럼 르네상스 시대부터 예술적 천재라는 개념에 대한 정신적·문화적 토양이 형성되었는데, 바로 이 천재 개념은 상상력, 독창성, 감정 등을 중시하는 근대미학과 낭만주의의 중심 개념이 된다. 이처럼 르네상스의 천재 개념은 근대에 이르러 개인의 힘을 중시하는 것으로 받아들여지고, 이성보다 감성을 중시하고 규범보다 개성과 자유를 중시하는 것으로 일반화되기 시작한다.

    일반적으로 낭만주의는 규범을 중시하고 경직된 태도를 고수했던 고전주의에 대한 반발로 이해된다. 이러한 입장은 18세기 말에서 19세기 초반에 유럽을 풍미했던 것으로 알려져 있는데, 당시 문명으로부터 얻게 된 악덕을 덜어내고 인간 본연의 선한 본성을 회복하기 위해 "자연으로 돌아가

자"고 주장했던 루소의 주장 또한 이러한 입장에 힘을 실어주었다. 낭만주의는 이성과 경험, 과도한 도덕적 교훈주의를 바탕으로 한 계몽주의에 대한 반동이라 할 수 있다. 이성을 잘 활용하여 자연을 개척하고 길들이기를 원했던 계몽주의에 반대하여 낭만주의를 추구하는 예술가들의 작품은 현실이 아니라 이상적인 세계를 동경하는 모습을 많이 보이고 있다. 그들은 꿈이나 신비를 추구하고 무한성을 갈구하며 현실로부터 초월하기를 원했다. 이러한 것을 작품에 담아내려다 보니 자연스럽게 작가의 자유분방한 창조적 상상을 중시하게 되었고, 가까운 것보다는 먼 것, 나아가 미지의 세계를 동경하는 방향으로 나아갔다. 또한 작가에 따라서는 이국적 분위기를 중시하거나 무한한 자연을 동경하기도 하였다. 이러한 낭만주의 미술은 지역에 따라, 혹은 작가에 따라 매우 다양한 방식으로 나타난다.

2) 영국 낭만주의

첫 번째로 살펴볼 작품은 영국화가 컨스터블이 그린 〈백마〉(1819)이다. 오늘

〈백마〉(컨스터블, 1819, 뉴욕 프릭 컬렉션)

날의 시각으로 보면 단순한 풍경화로 보인다. 그렇지만 풍경이 그림의 주제가 된 것이 인상주의 이후라는 점을 생각해보면, 시골의 일상풍경을 거대한 규모로 그려낸 이 그림은 당시 사람들의 눈에 매우 이상하게 비쳤을 것이라고 쉽게 짐작해볼 수 있다. 이에 더하여 컨스터블의 풍경은 묘사와 색채 모두 매우 사실적이기까지 하다. 이전 주류 미술을 담당했던 아카데미 화가들의 풍경화와 비교해보면 이러한 차이는 더욱 두드러진다.

<뱀에게 물려죽은 남자가 있는 풍경>
(푸생, 1648, 런던 내셔날 갤러리)

푸생의 〈뱀에게 물려죽은 남자가 있는 풍경〉을 살펴보면, 뱀에게 물려죽은 남자를 발견한 장면은 전경의 일부를 이룰 뿐 이 그림의 대부분을 차지하는 것은 풍경이라는 점을 쉽게 알 수 있다. 그러나 푸생의 풍경은 일상적 자연을 사실적인 필치로 담아낸 것과는 거리가 멀다. 푸생은 언제나 고대 세계의 장엄하고 이상적인 풍경을 화폭에 담고자 했다. 그의 풍경은 인간과 자연, 그리고 신이 공존하는 모습을 보여주려는 목적 하에 그린 것임을 알 수 있다. 따라서 푸생은 이상적인 자연의 모습을 담아내기 위해 화사한 톤이나 햇빛의 효과를 사용하는 대신 갈색이 주조를 이루는 풍경을 선호

<건초마차>(컨스터블, 1821, 런던 내셔널 갤러리)

했다. 이후 고전주의를 표방하는 아카데미 화가들은 관례적으로 갈색톤의 풍경화를 그리게 되었다. 이와 달리 컨스터블은 화창한 날의 일상 풍경을 사실적으로 담아내기 위해 많은 습작을 하였고, 빛과 대기의 느낌을 오롯이 포착하려했던 노력을 거대한 화폭에 그려내었던 것이다.

그러한 시도는 <건초마차>에서 더욱 분명하게 드러난다. 이 작품 또한 그에게 매우 친숙한 풍경을 몇 년간이나 스케치하고 연구하여 완성한 작품이다. 여기서도 컨스터블은 다양한 빛이 만들어내는 효과와 분위기 등 대자연이 만들어내는 조화를 작품 속에 표현하려 했다. 그렇게 하기 위해 햇살, 바람과 같은 자연의 느낌을 담아내고자 빛과 공기가 만들어내는 분위기를 통해 자연의 활기를 표현해냈다. 작가가 직접적인 관찰을 통해 얻게 된 자연의 활기나 분위기를 표현하기 위해서는 친숙한 자연을 대면할 수밖에 없었고, 그러한 태도는 실제 태양빛의 효과나 대기의 움직임을 포착하는 작업으로 그를 이끌 수밖에 없었을 것이다. 실제로 컨스터블의 이러한 작업은 이후 프랑스 인상주의자들에게 적지 않은 영향을 주게 된다.

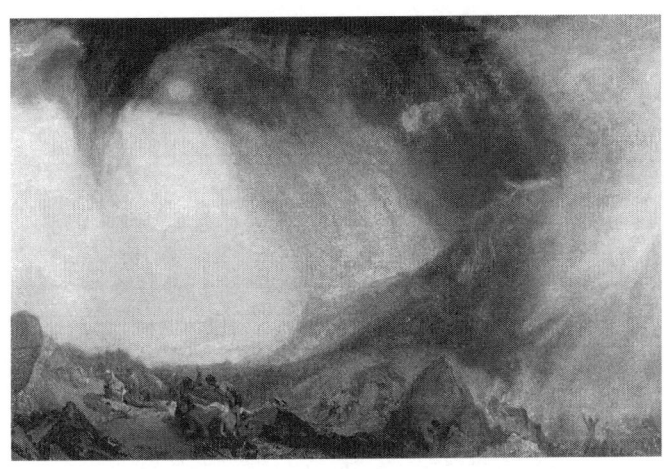

<눈보라-알프스를 넘는 한니발>(터너, 1812, 테이트 갤러리)

　이처럼 자연에 대한 관찰을 통해 사실적인 풍경을 그려내고자 했던 것과는 다른 방향의 낭만주의 미술 또한 존재하였다. 자연 앞의 인간이 얼마나 무력한 존재인지를 그려내고자 했던, 즉 자연의 무한한 힘을 화폭에 담아내고자 했던 터너의 작업들을 살펴보도록 하자.
　자연의 위대한 힘과 그 앞에서는 무기력한 인간의 모습을 보여주고자 했던 터너는 자신이 요크셔에서 목격했던 드라마틱한 눈 폭풍을 자연스럽게 그려내고자 고민하다가 역사의 한 장면으로부터 서사를 차용한다. 북아프리카에서 상업을 중시하던 해상제국 카르타고와 떠오르는 신흥 강국이었던 로마 사이에서 벌어졌던 제1차 포에니 전쟁(기원전 264년~기원전 241년)에서 로마는 승리한다.
　그렇지만 복수를 꿈꾸는 카르타고의 명장 한니발은 대규모 군대와 코끼리와 말, 소 등을 이끌고 한겨울에 알프스를 넘었다. 터너는 이 역사적 사실을 자신의 그림에 활용했다. 그림의 대부분이 눈 폭풍을 표현하는 데에 할애되고 있다는 사실은 그림을 보기만 하면 단번에 알 수 있다. 엄청난 눈 폭풍 앞에 속수무책인 인간들의 모습을 담아내기 위해 터너는 처음으로 소용돌이 구도를 시도한다. 누가 보더라도 이 작품은 한니발의 원정보다는 자연의 격노 그 자체를 보여주기 위함이라는 것을 알 수 있다.

3) 프랑스 낭만주의

자연의 분위기를 그려내거나 자연의 엄청난 에너지를 표현하려 했던 영국의 낭만주의 화가들과 달리, 프랑스 낭만주의는 이국적인 것을 동경하는 모습을 보이고 있다. 고대 아시리아 제국의 마지막 왕이었던 사르다나팔루스는 통치보다는 향락에 빠져 민의를 살피지 않았던 나쁜 왕으로 묘사되고 있다. 이에 분개하여 반란을 일으킨 폭도들이 왕의 군대를 섬멸하고

<사르다나팔루스의 죽음> (들라크루아, 1827, 루브르 박물관)

궁으로 진격해오자 왕은 반란에 맞서 싸우는 대신 자결을 선택한다. 그러나 왕은 자신에게 기쁨과 쾌락을 주었던 모든 것을 불태울 것을 명하고, 스스로도 침대 아래 장작을 쌓아 불을 지피도록 한다. 마지막 순간까지도 그가 아끼던 모든 것들이 불타는 것을 지켜보고자 했던 것이다.

들라크루아는 바로 이 장면을 〈사르다나팔루스의 죽음〉에서 독특한 방식으로 표현해냈다. 붉은색이 주조를 이루는 이 그림은 색채의 격렬함과 너무나도 이국적인 주제,[5] 그리고 하렘 여성들의 신체에서 드러나는 극단적인 관능성과 작품의 주조를 이루는 절망 등을 이유로 대중의 많은 비난을 받았다. 고전주의와 신고전주의의 원칙인 안정적인 구도, 도덕적 교훈, 냉정함, 명확함, 우아함과 대비되는 표현적 특징을 가진 이 작품은 지나칠 정도로 폭력적이고 선정적인 개인적 환상의 표현으로 극단적 낭만주의의 선언으로 받아들여졌다.

---

5 이국적인 동양에 대한 낭만적 호기심은 나폴레옹 보나파르트의 이집트 원정으로 인해 증폭되었다.

제 2부

모던 시기의 미술론과 이미지들

제3강

모더니티 개념의 출현과 확립
- 역사적 모더니티 vs. 미적 모더니티

문화와 철학을 포함하는 것은 물론 인문학 전반을 관통하지만 여전히 하나의 개념으로 쉽사리 규정하기 힘든 모더니티(modernité)란 도대체 무엇인가? 우선 modernité라는 용어를 한국어로 옮기는 데에도 많은 어려움이 있다. 17세기 데카르트의 등장 이후 철학에서 말하는 모더니티를 '근대성'으로 번역하는 데에는 커다란 무리가 없어 보인다. 사실 철학에서의 모더니티는 인식 주체의 특성 전반에 관한 것으로 보이기 때문이다. 그러나 문화, 특히 미학의 영역에서 모더니티를 근대성으로 번역한다면, 이는 산업화와 그것의 바탕이 되었던 이성중심주의의 특성만을 담아내게 되어 오히려 이를 비판하는 입장을 고수했던 예술가들의 모더니티를 아우를 수 없다는 문제에 부딪히고 만다. 그렇다고 해서 모더니티를 '현대성'으로 번역한다면 우리가 흔히 '동시대성'(contemporanéité)이라 부르는 것과 모더니티 사이의 관계 설정에 애를 먹게 될 것이다.[1]

하지만 번역어를 정하는 문제가 복잡하다고 해서 우리가 이 용어의 특

---

1 따라서 필자는 이 글에서만은 이 용어를 모더니티라고 표기하고자 한다.

성을 정리하는 일을 소홀히 할 수는 없다. 모더니티는 모던함의 특징이 될 것이므로 우리는 moderne라는 형용사형의 어원을 따져보는 것으로부터 이 용어의 특성을 추적할 수 있을 것이다. moderne이라는 용어의 첫 출현은 5세기 무렵 로마 시대까지 거슬러 올라간다. 야우스(H. R. Jauß)에 의하면, moderne의 어원은 모데르누스(modernus)이며 이 용어는 당시 로마가 그리스도교를 국교로 확립하면서 사람들이 갖게 된 인식과 관련이 있다.[2] 모데르누스는 스스로 그리스도교 국가로 인정한 로마가 이전까지의 로마와는 다르다는 점, 다시 말해 그들의 입장에서 "현재의 로마"와 "과거의 로마"와의 단절을 지칭하기 위한 말로 처음 사용되었다고 한다. 이를테면, 다신교를 믿던 이교도 집단인 과거 로마인들과 유일신을 믿는 자신들을 구별하고 대비시키기 위해 고안한 용어가 바로 모데르누스라는 것이다.[3] 따라서 당시의 모데르누스는 과거를 의미하는 안티쿠스(antiqus)와 대구를 이루어 사용되던 말이며, 과거와 다른 현재를 나타내기 위한 용어였다. 하지만 모데르누스라는 이 용어는 이후 거의 천 년 동안 사용될 기회가 없었다. 중세 천 년 동안 사람들은 정지된 시간관을 고수했으며, 이 시기에는 신과 인간의 관계나 인간과 자연 사이의 관계를 인식하는 태도에 별다른 변화가 없었기 때문이다. 달라진 주변 환경에 대한 의식이자 과거와 대비되는 현재라는 시간에 대한 의식으로서의 모더니티는 실제로는 어떤 하나의 대

---

2 여기에 관해서는 한스 로베르트 야우스,『도전으로서의 문학사』, 장영태 옮김, 문학과지성사, 1983, 21~23쪽을 참고하라.

3 "원시 그리스도교적 시대전환의 모델은 옛것에서 새것으로 나아가는 행보를, 기존의 모든 것에 대한 엄정한 거부를 대가로 요구하는 전향의 행위로 이해한다. 이 모델은 그리스도교 시대 전체의 역사적 경험에서 신기원의 파토스로 계속 작용하고 있다." 야우스,『미적 현대와 그 이후』, 김경식 옮김, 문학동네, 1999, 90쪽.

상을 의식하고 인식하는 새로운 인간상의 등장과 더불어 시작된다. 따라서 우리의 논의 또한 새로운 인간상에서 비롯된 새로운 세계관의 출현으로부터 모더니티 개념의 궤적을 쫓을 것이다.

1. 주변 환경에 대한 인식으로서의 모더니티

콰트로첸토(Quattrocento)라 일컬어지는 르네상스 시기 초입에서 시작된 인간 자신에 대한 사유는 17세기에 들어 인간이 스스로에게 이전과는 다른 이미지를 부여하는 것으로 귀결되었다. 사실 데카르트가 인식주체로서의 코기토(cogito)를 정립한 이래 인간은 더 이상 신의 피조물이라는 자신의 모습에 만족하지 못했으며, 신이 만들어놓은 세계 속에서 신의 뜻을 알아차리는 것에만 몰두하지 않았다. 코기토로서의 인간은 이성을 중심으로 세계 모든 존재들의 본질을 증명해낼 수 있으리라 믿었다. 실제로 이러한 믿음은 18세기에는 계몽주의라는 이름으로 출현했고, 19세기에 이르러서는 실증주의의 기치 아래 자연을 인간의 발아래 굴복시키면서 산업화를 가속화했다. 다른 한 편으로 인간은 신이 자신에게 부여한 이성을 잘 활용하여 스스로 도덕적 이상 국가를 세울 수 있을 것이라고도 믿었다. 프랑스 대혁명 직후 많은 유럽의 지식인들은 혁명 이후 프랑스가 이념 또는 최상위 이성의 지도를 따르는 도덕적 국가가 되리라 믿었는데, 이러한 입장의 한 가운데에도 이성중심주의가 있었다.

그러나 인간의 이성은 모든 것을 해결할 수 있는 만능열쇠가 아니었다. 인간의 이성은 그 자체로 목적이 되거나 다른 목적-예컨대 진보(progrès)-을 위한 도구로 쓰일 경우 많은 문제를 야기했다. 예컨대 물질적 혁명으로부터 시작된 것을 정신적 혁명이 완수하리라는 당시 유럽 지식인들의 기대는 프랑스 대혁명 이후 프랑스에 휘몰아쳤던 처형의 광풍이나 나폴레옹이라는 새로운 황제의 등장이 의미하는 정치적 후퇴 등으로 커다란 타격을 입게 되었다. 또한 나폴레옹이 전 유럽을 상대로 벌였던 전쟁을 기점으로 1·2차 대전에 이르기까지 유럽에서 벌어졌던 숱한 전쟁들을 통해 등장한 대량살상무기는 사실상 이성중심주의의 소산인 기술혁신의 결과이기도 했다. 이에 유럽의 많은 지식인들과 예술가들은 이성중심주의에 반대하는 입장으로 돌아서게 되었다. 실존주의의 등장과 함께 인간 이성에 대한 비판이 제기되었던 것도 이러한 입장과 맥을 같이 하는 것이었다. 이렇듯 복잡한 상황으로부터 현재를 보는 다른 시각이 생겨나게 된다.

1) 모더니티, "지금, 여기"에 대한 의식

프랑크푸르트학파의 대표적 이론가인 아도르노는 인간이 근본적인 소외의식을 가질 수밖에 없다고 주장한다. 자연과 문명을 분리하는 계몽주의의 출현으로 인간이 인간 외부에 있는 자연을 지배하게 되었지만, 정작 인간 자신의 내부에 존재하는 자연을 부인해야 하는 참혹한 대가를 치러야만 하기 때문이다. 아도르노는 이성을 도구로 사용하려는 계몽주의의 진보가 인간을 오히려 야만의 상태로 내몰고 있다고 주장하였다. 전체주의가 위력을 발휘하고 원자폭탄과 같은 살상무기가 과학이라는 합리성의 이름으로 등장하고, 반유태주의처럼 비합리적 편견에 의한 대량살육이 행해지는 현실이 바로 야만의 상태라는 것이다.

야만에서 문명으로 이행할 것을 주장하는 계몽은 실은 문명에서 야만으로 전락해간 과정에 다름 아니었다. 결국 계몽주의는 그 자체로 언제나 퇴

행을 포함하는 것일 수밖에 없다.[4]

2) 자연에 대한 태도 : 루소로부터 드 메스트르까지[5]

1750년 이후에 거의 동시적으로 나타난 철학적 인간학과 철학적 미학은 '세계의 탈주술화'라는 명목 하에 진행된 계몽주의 아래서 인간을 새롭게 규정하려는 작업이었다. 소위 철학적 인간학이란 인간이 자신의 본질을 파악하고 우주 내에서의 자신의 위치를 반성하는 학문이다. 17세기에 들어 데카르트의 코기토, 즉 인식주체로서의 인간 개념이 점차 자리를 잡게 되면서 인간은 더 이상 신의 피조물로 머무는 것에 감사하는 존재가 아니었다. 인간 스스로가 자신의 본질을 밝혀보려 했던 야심찬 목적을 가진 이러한 탐구는 인간의 인식 능력, 즉 대상을 개념화하는 능력뿐 아니라 인간의 감성까지도 인식론의 영역으로 끌어들였다. 바움가르텐이 그의 저작 『에스테티카』에서 했던 작업은 데카르트 식의 이성과 파스칼 식의 정감론의 종합, 다시 말해 이성과 감정, 합리성과 비합리성의 통일체로서 인간을 파악하기 위한 토대를 마련하려는 것이기도 했다. 더 나아가 인간은 바른 인식과 더불어 실천적·도덕적 이성 또한 갖추어야 했는데, 특히 독일 계몽주의자들은 이러한 실천적·도덕적 이성이 우위를 점해야 한다는 입장을 고수했다. 그러나 편견이라는 무거운 짐에서 인간을 해방시키고 이성의 통제 아래 누구나 행복을 누리는 더 나은 시대를 열기 위해서는 계몽만 있

---

4 계몽이란 결국 일의적인 진보라기보다는 역설과 역전의 계기를 내장한 "변증법적"인 과정이라 하겠다.

5 이 부분은 조희원(2013), 「모더니티, 끝나지 않은 여정」, 『프랑스학연구』 제66집의 내용을 쉽게 풀어쓴 것이다.

으면 된다는 계몽주의의 입장에 대해 당시의 모든 사상가들이 동의한 것은 아니었다.

장 자크 루소는 비이성적인 요소라 할 수 있는 것들, 즉 충동과 열정, 그리고 이성보다 더 높은 것을 추구하려는 욕망을 추구했다. 1750년 발표한 『학문예술론』에서 그는 '예술과 학문이 도덕성과 인간의 행복을 증진시켰는가?'라는 질문에 단호히 아니라고 답했다. 그가 보기에 예술과 학문은 진보가 아니라 퇴보의 기념비에 불과한 것이었다. 뒤이어 1753년의 『인간 불평등 기원론』에서 그는 인간이 자연의 품에서는 선량했으나 사회의 형성과 더불어 타락했다고 주장한다. 따라서 루소에게 올바른 교육만큼 중요한 것은 없으며, 이때의 올바른 교육이란 원칙적으로 모든 인간의 내부에 자리 잡고 있는 선한 자연적 소질을 자연스럽게 성장시키는 일, 즉 사회의 모든 나쁜 영향을 막아내는 것이었다. 이것이 바로 『에밀』의 주된 내용이다. 자연과 문명, 감정과 이성 사이의 모순에 대한 루소의 탐구는 이후 독일의 칸트와 쉴러에게로 이어져 자연과 문명 사이의 변증법적 해결책을 모색하는 데로 나아가게 된다.

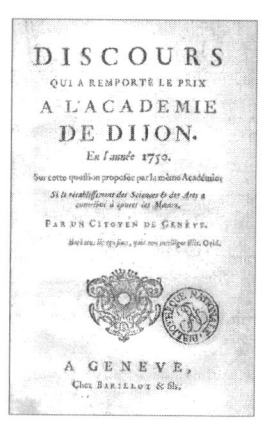

루소 『학문예술론』(1750)

자연과 문명 사이의 변증법적 통일은 칸트에 의해 보다 구체적으로 다루어진다. 칸트는 인간이 처한 자연적 실존과 사회적 실존 간의 모순을 해결하기 위해 인간의 도덕화가 필요하며, 이 역할은 자연이 아니라 예술이 담당해야 한다고 주장한다. 칸트가 보기에, 인간은 인공품인 예술 작품을 감상하면서 지성과 감성의 자유로운 놀이를 통해 "무관심적 쾌(快)"를 얻게 되는데, 인간은 바로 이러한 경험으로부터 이성의 보다 높은 층위인 이념으로 향하게 되고, 그리하여 바른 행동으로 나아가게 된다는 것이다.

그러나 프랑스 혁명 직후 프랑스를 휩쓴 광기를 목도했던 많은 독일 사상가들은 이성의 이면에 놓인 폭력에 놀라게 되었고, 계몽주의적 이성의 역할이 미완의 기획으로 끝날지도 모른다는 불안감에 사로잡혔다. 이들 가운데 칸트의 주장을 따르던 쉴러는 이상적인 법치국가를 만들어내기 위해 우선 시민들을 헌법에 알맞도록 교육해야 하며, 이 교육은 철학의 몫이 아니라 미학의 일이 되어야 한다고 주장했다. 루소가 주장하는 교육의 중요성을 잘 알고 있던 쉴러는 객관적인 지성이 아니라 주관적인 미적 능력이 당시의 인위적인 교육에서 지배적인 위치를 점해야 한다고 믿었다. 그러나 이러한 주장은 한동안 힘을 얻는 듯했다가 자연에 대한 완전히 다른 태도에 자리를 내주어야 했다.

이들의 뒤를 이어 새롭게 등장한 자연에 대한 시각은 정신과 자연을 하나로 보는 셸링으로 대표될 수 있다. 셸링은 자연이란 생명의 근원적인 힘인 통일적 전체이자 무한한 활동이라고 말한다. 그렇게 때문에 우리가 자연에서 정신의 무의식적 활동을 보고 정신에서는 자연의 자각활동을 볼 수 있다는 것이다. 그에 따르면, 예술은 세계와 자아, 실재와 관념, 자연의 무의식적 작용과 의식적 작용이 완전한 조화를 이루면서 나타나는 영역이다. 예술 작품은 인간이 의식적으로 창조해낸 것이지만 궁극적으로는 자연이라는 무의식적 근원의 산물이라는 점에서 완전한 형식을 갖출 때에만 양자 사이의 통일성을 표현할 수 있기 때문이었다. 셸링은 자연의 무의식적 작용과 의식적 작용의 통일을 미적 경험의 대상으로 보고 바로 이 경험이 자아와 역사를 구원하리라 믿었다. 그 결과 그의 낭만주의적 자연 미학은 비정신적이고 단순한 충동이라는 자연의 또 다른 측면을 배제하고 말았다.

이후 등장한 쇼펜하우어와 니체는 셸링에 이르기까지 억압되었던 충동적 자연에 권능을 부여하는 쪽으로 사유의 방향을 틀었다. 다시 말해, 쇼펜하우어와 니체는 낭만주의적 자연에서 고려되지 않았던 부분을 적극적으로 옹호하기에 이르렀던 것이다. 그리하여 자연을 진선미(眞善美)의 최고 심급으로 보는 낭만주의적 시각은 쇼펜하우어와 니체에 이르러 "세계를 고통으로 간주하는" 입장으로 급격한 선회를 하게 되었다.

한편 루소 사상의 독일적 수용과는 달리 프랑스에서 루소에 대한 입장은 완전히 다른 양상으로 전개되었다. 이러한 입장에 서 있는 사상가들로는 사드(Sade)나 조제프 드 메스트르(Joseph de Maistre)를 들 수 있는데, 이들은 모두 루소적 자연에 반발하였다. 사실 학문과 예술의 발달이 인간심성의 타락과 도덕의 부패를 가져왔다고 비판하는 루소는 자연적 실존으로부터 떨어져 나온 시민적 실존, 즉 탈자연화된 사회의 문제들을 치유하기 위해서 다시 자연으로 돌아갈 것을 권유했다. 루소의 이러한 견해는 말하자면 여전히 자연을 구원의 가능성이자 선한 모성을 가진 것으로 보는 입장이다. 이에 반해 자연과 계몽주의에 적대적인 입장을 취하는 사드나 드 메스트르는 반(反)자연주의 미학과 반(反)계몽주의 입장을 전개한다. 우선 사드는 자연의 이름으로 신과 도덕에 맞선다. 세상 모든 것이 자연에 위배될 수 없기 때문에 범죄조차도 자연의 정신이라 주장하는 사드에게는 자연이야말로 가장 혐오스러운 것이 된다. 드 메스트르는 그리스도교의 원죄 이후 인간뿐 아니라 자연 또한 타락했다고 주장한다. 아담과 이브의 원죄 이후 추하고 사악한 존재로 변해버린 자연은 결코 미적·도덕적 대상이 될 수 없다는 것이다. 그리하여 사드와 드 메스트르 양자의 주장 모두를 받아들이는 보들레르에게 있어 모던한 미란 더 이상 자연미에 의존하는 것이 아니라 인공적인 것을 통해 자연적인 것이 극복된 대상, 즉 "현대적 삶"(la vie moderne)이 실제로 영위되는 공간으로서의 대도시에서 발견되는 것이다.

보들레르에 이르게 되면 반자연주의적 성격을 중심으로 하는 새로운 미학이 성립하는데, 낭만주의적인 자연의 미학은 자연적인 것에 대한 철저한 평가절하와 함께 인공적인 것을 새롭게 평가하는 모던한 미학으로 대체된다. "현대적 삶"에서 아름다움을 추출하기를 바라는 보들레르에게 모더니티란 당대의 삶의 표상인 동시에 그에 대한 비판이기도 했다. 이러한 입장에서 보자면 모더니티는 그 성격에 따라 두 가지로 정리될 수 있다. 산업혁명 이후에 변화된 삶의 모습을 사실적으로 담아내는 것들이나 달라진 삶의 특징들을 포착해내는 것이 바로 모더니티라는 주장이 그 하나가 될 것이며, 과거와 눈에 띄게 달라진 성격의 삶이 초래하는 부정적인 결과물들을 비판하는 것이 모더니티라는 주장이 다른 하나가 될 것이다. 실제로 상반되어 보이는 이 두 주장 가운데 첫 번째 입장은 '역사적 모더니티'(modernité historique) 또는 '부르주아 모더니티'(modernité bourgeoise)라는 이름으로, 그리고 다른 하나는 '미적 모더니티'(modernité esthétique)라고 부른다.

3) '역사적 모더니티' vs. '미적 모더니티'

자연적인 미로부터 인공적인 환경으로 눈을 돌리게 된 19세기의 사람들은 그들의 계급이나 입장에 따라 서로 다른 성격의 모더니티를 옹호하게 되었다. 이러한 시각 차이는 어디에서 비롯되었을까? 우선 모더니티라는 현재에 대한 의식을 가능하게 했던 근대화(modernization)의 원천으로서의 계몽주의에 대한 입장 차이를 들 수 있을 것이다.

인간의 이성에 대한 믿음을 중심으로 하는 계몽주의는 이성을 잘 활용하여 과학기술의 눈부신 발전을 가능하게 했고, 그 결과 공장에서 생산해낸 많은 상품의 거래를 위해 시장경제를 확산시켰다. 시장경제를 기반으로 생산수단을 소유하여 많은 부를 축적하는 새로운 세력이 사회의 전면에 등장하자 정치사회제도 또한 토지소유가 부의 근거가 되었던 과거와는 완연히 달라졌다. 이러한 상황에서 주체로서의 인간이 삶을 영위하는 조건 또한 크게 변화하였는데, 새로운 인간 조건의 출현에 대해 보이는 입장은 계급에 따라 큰 차이를 보였다. 우선 부르주아로 대변되는 유산계급은 대량생산을 가능하게 하는 과학과 기술의 유용성에 대해 무한한 신뢰를 보냈고, 진보의 원리와 진보를 가능하게 하는 이성을 숭배하기 시작했다. 이러한 입장을 '역사적 모더니티'라 부른다.

반면 부르주아적 가치척도에 대한 반감과 혐오에서 출발하여 부르주아들이 내세우는 이념과 청교도 윤리관에 비판적 태도를 견지하는 이들 또한 존재했다. 이들은 공장에서 일하기 위해 각지에서 상경한 노동자들의 삶의 조건을 도저히 용납할 수 없었다. 특히 노동자들이 꾸려가야만 하는 비인간적인 일상은 더더욱 참을 수 없는 것이었다. 따라서 이런 입장을 취하는 이들은 폭동과 무정부주의[6]에서 귀족적인 자기유폐[7]에 이르는 다양한 수단들을 통해 역사적 모더니티에 대한 역겨움을 표현하기에 이르렀는데, 이들의 대부분은 예술가들이었다. 결국 속물근성에 젖은 부르주아 행태의 천박함을 지적하기 위해 예술가들이 드는 반기가 바로 이러한 입장의 표출이며, 이를 '미적 모더니티'라고 부른다.

그러나 시대상의 반영으로서의 '역사적 모더니티'와 그것에 반하는 '미

---

[6] 쇠라와 피사로 등의 신인상주의자들이 이러한 수단으로 작업에 임했다.
[7] 이러한 표현수단으로는 보들레르의 예술론을 들 수 있다.

적 모더니티'는 상대방을 파괴하려는 대립상황에서조차도 서로 영향을 주고받거나 심지어는 상대방을 고무하기도 했다. 사실 주변 환경에 대한 의식이자 현재라는 시간에 대한 의식으로서의 '역사적 모더니티'는 예술이 행하는 비판으로서의 '미적 모더니티'를 재빨리 흡수한다. 비판으로서의 '미적 모더니티' 또한 '역사적 모더니티'의 입장에서는 현재의 주변 환경으로 작용하게 되는 것이다. 이렇듯 '미적 모더

보들레르(1862)

니티'가 비판적 기능을 상실하고 '역사적 모더니티'의 논의 속으로 흡수되어버리면, '미적 모더니티'는 새로운 형식으로 무장하여 자신의 역할을 수행하고자 하며, 이런 관계가 순환적으로 반복되게 된다. 우리는 실제로 현대 미술 현상들을 통해 이러한 상황을 목도한 바 있으며, 콩파뇽 또한 이에 대해 지적하고 있다.[8]

'역사적 모더니티'와 '미적 모더니티'의 이러한 관계는 약 100여 년 후 미술사의 흐름을 반성적으로 검토해본 후에나 알 수 있게 될 터인데, 이 모더니티의 출현 당시에 이에 대해 직관을 갖고 '미적 모더니티'를 역설한 인물이 있었으니 그가 바로 보들레르이다. "모더니타란 일시적인 것, 덧없는 것, 우연한 것, 이것이 예술의 절반을 이루며, 나머지 반쪽은 영원하고 불변하는 것"[9]이라는 그의 모더니티 개념이 예술에서의 모더니티 논의에서

---

8   이러한 내용이 콩파뇽의 저서, *Les Cinq Paradoxes de la Modernité*, (Seuil, 1990) 전체를 관통하는 것이기도 하다.

9   "La modernité, c'est le transitoire, le fugitif, le contingent, la moitié de l'art, dont

여전히 중요하게 다루어지는 까닭은 바로 이 때문이다. 하지만 보들레르의 역설적인 모더니티 개념 중 일시성이 새로움으로 변질되어 하나의 강령으로 자리 잡게 되면서 보들레르의 모더니티에 내재했던 역설은 사라지고 삶의 현실로부터 한 걸음 앞장서서 발을 내딛으려 노력하는 또 다른 모더니티 이론이 나타나게 된다.

2. 미적 모더니티의 화가들

1) 쿠르베

사실주의 화가로 불리는 쿠르베는 19세기 프랑스의 주류 철학이었던 실증주의의 영향을 받아 가시적인 세계를 정확하게 그려내는 일에 몰두하였다. "천사를 그려달라"는 제의에 "천사를 데려오면 그려주겠다"던 그의 일화는 실증주의를 따르던 그의 경향을 그대로 반영한다. 뿐만 아니라 귀족도 부르주아도 아니었던 쿠르베는 사회적 약자의 입장에서, 달리 말하면 프롤레타리아의 시각에서 세계를 있는 그대로 그려내려고 했다. 사회주의라는 정치적 입장을 견지한 채, 프루동이 주장했던 '예술의 사회적 공익성'을 추구했던 쿠르베는 미화되지 않은 날것 그대로의 추한 세계를 여과 없이 그려낸다.

그의 〈돌 깨는 사람들〉은 황폐한 시골을 배경으로 전혀 가치가 없어 보이는 노동을 하는 두 인물을 매우 사실적으로 묘사하고 있다. 사실 돌을

---

l'autre moitié est l'éternel et l'immuable."; Charles Baudelaire, Œuvres Complètes II., 「현대적 삶의 화가」(Le Peintre de la vie moderne), 695쪽.

<돌 깨는 사람들>(쿠르베, 1849)

깨는 일은 당시 건강한 신체를 가진 자라면 누구나 할 수 있는 일이기에 제대로 된 일자리를 구하기 힘든 하층민이 끼니를 때우기 위해서 하는 비천한 노동 중 하나였다. 돌을 깨고 있는 인물들은 이상화된 신체도, 도덕적 행위를 하는 신분도 갖지 못한 자들이다. 이들의 모습이나 행위로부터 우리는 어떠한 교훈도 얻기 힘들다. 단지 참혹한 현실의 모습만을 대면할 수 있을 뿐이다. 돌을 깨서 나르는 두 남성은 아무리 성실하게 노동한다 하더라도 가난의 대물림이라는 굴레를 영원히 벗어날 수 없을 것 같다. 이는 근면하고 성실하면 언젠가는 부를 얻을 수 있다는 부르주아의 주장과는 정확히 배치되는 것으로, 부르주아의 윤리관에 대한 비판으로도 볼 수 있다. 따라서 이 작품은 예술 작품이 미화되거나 이상화된 미적 대상 혹은 도덕적 교훈을 갖는 대상이어야 한다는 당시 부르주아들의 생각에 충격을 주었을 뿐 아니라 고착되어가는 계급사회에 대한 정치적·사회적 고발이라는 함의를 갖는다는 점에서 미적 모더니티를 담고 있는 중요한 작품이라 할 수 있다. 그러나 불행하게도 이 작품은 2차 대전의 와중에 소실

되어 원작을 감상할 수 없게 되었다.

사실주의를 고수하고자 하는 작가의 의지는 〈오르낭에서의 장례〉에서 보다 분명하게 나타난다. 이 작품은 쿠르베의 고향인 오르낭에서 있었던 노인의 장례식을 그린 그림이다. 여기에는 시장, 사제, 판사, 부르주아, 소시민, 노동자 등 각계각층의 사람들이 매우 사실적인 필치로 그려져 있다. 그런데 이 그림은 영웅의 죽음도, 왕이나 귀족의 죽음도 아닌 소시민의 죽음을 주제로 하고 있으며, 장례식에 참석한 이들은 죽음을 슬퍼하는 몇몇 아낙네들을 제외하고서는 뭔가 심드렁한 표정으로 딴청을 피우고 있는 듯하다. 장례를 집도하는 사제나 장례 진행을 돕는 보조원들뿐 아니라 성가대 소년들에게까지 죽음이란 일상의 한 모습일 뿐이었던 것이다. 그렇다면 작가는 영웅이나 유명인의 죽음도 아닌 '아무개'의 죽음을 왜 이렇게 크게 그렸을까?

가로가 무려 6.6미터나 되는 이 그림 앞에 서면 관람자는 자신이 마치 그림 속 장례를 목도하고 있는 것만 같은 착각에 빠져든다. 그리고 곧 죽음을 애도하는 장례 예식이 죽음을 진정 슬퍼하는 몇몇 말고는 그다지 큰 의

〈오르낭에서의 장례〉(쿠르베, 1849~50, 오르세 미술관)

미를 갖지 않는다는 사실을 깨닫게 된다. 실제로 이 그림은 인물 구성에서 어떠한 통일감도 느껴지지 않고 인물들 사이에 어떠한 정서적인 교감도 느껴지지 않는다. 단지 죽음은 누구에게나 찾아오고 그 누구도 피할 수 없는 지극히 평등한 삶의 일면이며, 그러한 입장에서 보면 죽음이란 바로 누구나의 일상 속에서도 만날 수 있는 어떤 것이 된다. 말하자면, 특정인의 죽음을 미화하고 이상화하던 관례적 매장화(埋葬畵)에 의해 가려졌던 죽음의 진실을 밝혀내어 죽음이 갖는 보편적인 성질 혹은 한 시대의 보통 사람들이 겪는, 일상 속 죽음의 속성을 우리에게 보여주는 것이 작가의 의도였던 것이다.

2) 도미에

일반적으로 삽화가로 널리 알려져 있는 도미에의 작업은 전통적인 화가의 그것과는 다르다. 19세기 중반 엄청나게 빠른 속도로 전개되었던 산업화는 일상의 모습을 엄청나게 바꾸어놓았다. 그중 하나가 바로 신문·잡지의 발달로 인한 삶의 변화였다. 당시 수많은 기술발전과 함께 석판화 기술 또한 큰 발전을 이루었는데, 이는 신문과 잡지가 일반화되어 대중의 즐길거리로 자리 잡는 데 커다란 기여를 하였다. 그러나 지면을 글자만으로 채우는 것을 답답하게 여겼던 시민들을 위해 기사의 핵심이나 중요한 사건을 그림으로 담아내는 삽화가 일간지나 잡지 구성에서 중요한 요소가 되기 시작했다. 그 결과 미술가들은 대형 캔버스뿐 아니라 시민들이 즐겨보는 일간지나 잡지의 지면을 통해서도 작품활동을 할 수 있게 되었는데, 그중에서도 특히 대중의 인기를 끌었던 것은 한 시대를 풍자하거나 증언하는 이미지들이었다. 이러한 작업에 두각을 나타내었던 작가가 바로 도미에였다.

도미에는 일간지나 잡지 지면에 당시 시대상을 풍자하는 작품들을 주로 실었는데, 이는 당시 세태를 비판하고 개선하려는 그의 사회참여적인 태도를 보여준다. 자신의 시대를 담아내야 한다는 신념을 가지고 작업에 임했던 도미에는 이전과 달라진 자신의 시대를 비판적으로 고찰한 후 적극적으로 사회의 불합리와 문제점을 고발하기 시작했다. 그의 문제의식은 크게 부르주아의 위선을 고발하는 방향과, 사회 하층민의 힘든 삶의 모습을 따뜻한 시각으로 그려내는 두 가지 방향으로 전개되었다.

자본주의가 점차 안정기로 접어들었던 19세기 중반 의식 있는 중산층 예술가의 삶을 살았던 도미에는 부르주아가 내세우는 청교도 윤리에 대해 상당히 회의적이었다. 근면하고 성실한 이들은 누구나 신의 사랑을 받을 수 있고 그 사랑의 징표로 부를 얻게 된다는 부르주아의 윤리는 처참한 모습의 삶을 살아가는 빈민들에게는 아무런 도움이 되지 않았고, 오히려 그들에게 죄의식만을 갖게 할 뿐이었다. 이런 모습에 대해 안타까움을 감출 수 없었던 도미에는 도시 하층민에 대한 연민이 담긴 그림을 그리게 된다.

<3등 열차>(도미에, 1863~65, 메트로폴리탄 미술관)

〈3등 열차〉는 도시 빈민 노동자들의 통근 열차를 그린 작품이다. 힘든 일상에 지친 노동자들은 갈색 배경을 바탕으로 무표정하게 그려져 있다. 하지만 전경에 위치한 젊은 모자의 모습은 절망 속 희망을 보여주려는 듯 대조적으로 온화한 색채로 그려져 있다. 특히 젖을 빠는 아기의 모습은 무언가 희망적인 미래가 있을 것만 같은 느낌을 관람자에게 전한다.

사실 도미에의 작품은 도시 빈민에 대한 따뜻한 시선보다는 사회 현실에 대한 예리한 분석을 바탕으로 한 비판 또는 풍자로 더 유명하다. 그러나 그의 풍자는 사회학적 지식에 의한 것이라기보다는 예술가적인 직관에 의한 것으로 보는 것이 더 옳을 것 같다. 그의 예술가적인 직관은 그의 관심을 사람이나 상황에 대한 냉철한 관찰과 분석으로 이끌었고, 그러한 태도를 바탕으로 하는 그의 작품은 도시 빈민들에 대한 단순한 동정이나 부르주아에 대한 근거 없는 조롱을 넘어선다. 부르주아를 다루는 그의 태도는 〈밀담을 나누는 세 명의 변호사〉 같은 작품에서 잘 나타나고 있다.

도미에는 특히 법조인들에 대해 강한 경멸의 태도를 작품 속에서 드러내는데, 여기에는 작가 개인의 경험이 녹아 있다. 작가는 청소년기에 법률 집행관의 심부름꾼으로 일한 적이 있는데, 이때 법조계라는 비정하고 폐쇄된 세계를 온 몸으로 체험했던 것이다. 19세기에도 판사, 변호사, 검사 등 법조계의 구성원들은 매우 거만한 자세로 세상을 좌지우지하려 했고, 법의 보호를 받아야 하는 사람들보다는 자신들의 이해관계에 따라 움직였는데, 어린 도미에의 눈에는 그런 모습이 매우 불합리하고 정의에 어긋나는 일로 보였다.

이러한 최상위층의 위선에 대한 경험과 사회 하층민에 대한 연민을 바탕으로 도미에는 자신의 석판화 작업을 통해 법률가를 비롯한 지배층의 오만함과 위선을 마음껏 풍자하고 비판한다. 그림 속의 변호사들은 인적이 드

문 건물 뒤편에 모여 무언가 자신들만의 이야기에 심취해 있는 듯 보인다. 치켜든 턱과 과장된 몸짓, 그리고 의미심장한 웃음으로 보아 세 변호사들은 사건 의뢰인의 이익이 아니라 자신들의 이해관계에 따라 흉계를 꾸미고 있는 것으로 보인다. 도미에는 "이들이 과연 정의를 지켜낼 수 있을까?"라고 관람자들에게 묻는 것이다.

의사, 법조인, 자본가로 이루어진 대부르주아지(Grande Bourgeoisie)를 풍자, 비판하고 1870년 파리 코뮌의 참상을 알리는 등 정치적 견해를 격렬한 필치로 그려냈던 도미에는 이후 파리 외곽의 일상 풍경을 그려내는 화가로 변신한다. 이에 대해 많은 사람들은 불만을 표시했고, 신문이나 잡지는 그의 작업을 가리켜 "날이 무뎌진" 것으로 평가하고 더 이상 그의 삽화를 원하지 않았다. 그러나 시인 보들레르는 이런 풍속화 속에서 그가 주장하

<밀담을 나누는 세 명의 변호사>(도미에, 1845~48, 필립스 컬렉션)

는 모더니티를 발견하고 도미에를 격찬, 지지하기에 이른다. "우리 시대 파리에서 들라크루아에 비할 수 있는 작가는 두 명뿐, 그들은 바로 앵그르와 도미에다." 보들레르는 왜 대중들과 반대 입장에 서서 도미에를 옹호했던 것일까? 보들레르가 보기에 도미에는 근대 시민사회의 직업윤리인 근검, 절약, 저축 같은 것을 경멸하고 부르주아에 대해 비판적이라는 점에서 그와 같은 입장을 견지한다. 또한 일상풍경을 담아내는 것이야말로 모던한 일상에서 출발하여 부르주아 비판으로 나아가는 예술 작품, 즉 보들레르가 주장하는 현대회화(modern painting)의 참모습이었기 때문이다. 이제 보들레르의 현대회화론에 대해 살펴보도록 하자.

제4강

모던 회화의 출현
- 보들레르의 현대회화론과 마네[1]

미술에서 모더니즘이라는 새로운 경향이 등장한 이래, 고유한 모더니즘 이론을 전개하려는 많은 이론가들이 모더니즘의 시초로 마네를 거론하였다. 그로 인해 마네의 작품은 여러 의미에서 모더니티를 담고 있는 중요한 작품으로 다루어지기 시작했다. 그린버그(C. Greenberg)를 위시한 형식주의 모더니즘 계열의 이론가들이 마네 작업의 형식적 특성을 강조했던 데 비해, 바타이유나 푸코는 특정한 주제에 매달리지 않는, 이른바 내용상의 모더니티를 강조했다. 그리고 프랑스의 미술사학자인 아라스(D. Arasse)는 형식과 내용상의 모더니티를 동시에 강조하는 등 마네의 작품 속에서 찾아낼 수 있는 모던함 또는 모더니티는 하나로 정리되지 않는다. 뿐만 아니라 마네의 작업들이 전혀 새로워 보이지 않는다는 점, 다시 말해 전통적인 재현회화의 흐름 속에 위치시킨다 하더라도 전혀 이상할 것 없어 보인다는 점에서 마네의 작업들은 모더니즘과 무관한 것으로 여겨지기도 한다. 이처럼 그의 작품들은 좀처럼 하나의 성격으로 규정되지 않는다.

---

[1] 이 글은 조희원(2014), 「"현대적 삶의 화가", 마네 : 보들레르의 현대회화론을 중심으로」, 『미학』 77집을 쉽게 풀어쓴 것이다.

해석적 상대주의를 취하는 캐리어(D. Carrier) 같은 학자에 따르면, 마네는 전통적인 회화의 최후의 거장으로 평가될 수도 있으며, 그린버그식의 모더니즘, 즉 형식주의 모더니즘의 최초의 인물로 평가받기도 한다. 요컨대 마네의 작품은 클락(T. J. Clark)이 주장하는 바처럼 당시 마네가 속했던 사회나 파리 근대화의 맥락 속에서 해석될 수 있는 동시에 그린버그가 형식주의의 계보 속에서 마네를 위치시키는 방식, 즉 회화가 자신의 "매체의 순수성"을 찾아가는 길목으로 접어든 최초의 화가라는 식으로 해석될 수도 있다는 것이다. 이와 달리 콩파뇽 같은 이는 마네의 그림 속에 과거 거장의 흔적과 보들레르의 제안이 공존하고 있다는 점을 들어 그의 작품을 모던한 동시에 포스트모던한 것으로 다룰 수 있다는 입장을 견지한다. 이처럼 연구자가 취하는 입장에 따라 완전히 다른 마네 혹은 마네의 작품에 대한 해석이 가능하다면, 우리는 정녕 다원주의 아래서 서로의 다른 입장을 지켜보고만 있어야 할까? 이러한 상황에서 필자는 마네의 작업을 새로운 시각으로 조망하여 그 의미를 되짚어보고자 한다.

여기에서는 마네의 의도가 무엇이었는지 초점을 맞추어 그의 작업의 의미를 따져볼 것이다. 그러기 위해서는 보들레르와 마네의 관계 및 그들 사이의 소통의 문제를 우선적으로 살펴보고 마네의 의도를 유추해보아야 할 것이다. 실제로 그린버그가 마네를 모더니즘 회화의 최초 인물로 평가하는 것과 달리 보들레르는 단 한 번도 마네를 "현대적 삶의 화가"(le peintre de la vie moderne)로 인정하지 않았다. 보들레르에게 마네는 쇠락하는 회화 예술의 첫 번째 인물에 지나지 않았다.[2] 두 사람이 늘 절친한 친구 관계를

---

2 〈올랭피아〉가 불러일으킨 스캔들로 마네가 보들레르에게 불평을 털어놓았을 때 보들레르는 마네에게 "당신은 예술의 쇠락에 있어 최초의 인물일 뿐"이라는 편지를 보냈다.

유지했다는 점과 마네가 보들레르의 현대회화론에 충실하고자 했던 점을 고려해본다면, 보들레르의 이 같은 태도는 마네를 혼란에 빠뜨리기 충분했을 것이다. 그러나 보들레르의 입장에서 보면, 분명 마네의 작품 속 무언가가 자신을 곤혹스럽게 했고, 그 결과 보들레르가 마네의 작품을 공개적으로 옹호할 수 없었을 것이다.

왜 그랬을까? 생각해보건대 그것은 아마도 마네의 작품 곳곳에서 보이는 과거 거장의 방식들과 재현적 기법 때문이었을 것이다. 회화에 관심을 가졌던 당대의 지식인들이라면 누구나 알 수 있는, 마네의 작품 속에 명시적으로 드러나는 과거 거장의 작품과 그 방식. 이제 문제는 보들레르의 현대회화론을 구현하려던 마네가 과거 거장을 모방 혹은 답습해야 했던 이유를 규명하는 것이 되어야 한다. 마네는 보들레르의 회화론을 실행에 옮기기 위해 도대체 왜 과거 거장의 작업을 빌려 자신의 작업에 접목시키려 했던 것일까?

1. 보들레르와 마네

보들레르보다 10여 년 연하였던 마네는 존경해 마지않던 보들레르의 미학을 자신의 예술 실제에 옮기고자 했지만 보들레르는 그것을 인정할 수 없었다. 보들레르와 마네라는 개인의 층위에서 보면, 그들이 주고받은 편지 내용으로 미루어 그들이 우정을 유지했다는 사실은 분명해 보인다. 하지만 실제로 회화 작업에 임하는 예술가와 그것을 비평해야 하는 비평가로서의 마네와 보들레르는 서로의 입장을 인정할 수 없었다. 그들 사이에는 오해나 몰이해가 있었던 것일까? 이에 대한 해답을 찾기 위해 서로의 입장에 대해 먼저 살펴보아야 할 것이다.

1) 마네 – 우정을 믿다

1980년대에 마네 연구에 주력했던 리고(L. L. Ligo)는 마네 작업에 영향을 주었던 요소를 다음 두 가지로 요약한다. 사진과 보들레르. 그중에서도 마네에 대한 보들레르의 영향이 잘 나타나는 작품이 바로 〈화실에서의 점심〉(1868)이라고 주장한다. 이 작품은 공개 이후 마네의 그림 가운데 가장 수수께끼 같은 그림 중 하나라고 이야기되었다. 이 그림에는 여러 등장인물이 있는데 그들 사이에 별다른 관계 설정이 보이지 않기 때문이다.

인물들뿐만이 아니다. 테이블 위에 커피와 굴이 함께 있다는 점 또한 이 상황의 묘함을 나타낸다. 전채 요리인 굴과 후식인 커피가 왜 함께 있는 것일까? 칼과 투구, 검은 고양이는? 이 모든 것은 때로는 마네의 무능력함으로, 때로는 마네가 구성 그 자체에만 관심이 있었기 때문인 것으로 여겨져 왔다. 하지만 리고는 이 모두를 보들레르 미학의 영향을 드러내기 위한 마네의 의도로 해석한다. 리고에 따르면 칼은 고대 프랑스어로 "badelaire"로 표기되며, 이로 미루어볼 때 칼은 보들레르의 존재를 나타내기 위함이라

〈화실에서의 점심〉(마네, 1868, 노이에 피나코테크 미술관)

는 것이다. 또한 보들레르의 분신으로 여겨지는 검은 고양이의 존재 또한 마찬가지이다.

　미술사적 기술뿐 아니라 보들레르와 마네의 관계를 설명해주는 다른 연구들도 있다. 프리드(M. Fried)는 "1860년대 초반 보들레르는 마네를 지지했"으며 당시 "보들레르와 마네 사이의 우정은 가히 전설적이었다"고 기술한다. 히들스턴(J. A. Hiddlestone) 또한 "마네와 보들레르는 1862년부터 우정을 쌓기 시작했다"고 쓰고 있다. 실제로 보들레르와 마네는 마네가 〈압생트를 마시는 사람〉으로 살롱에서 낙선한 1859년부터 친분을 쌓았으며, 마네는 보들레르의 『현대적 삶의 화가(le Peintre de la vie moderne)』(1863~67)가 출판되기 전에 이미 그 내용을 알고 있었다고 한다. 마네의 입장에서 보면 보들레르에 대한 그의 호의와 신뢰는 의심의 여지가 없는 것이었다. 그런데 보들레르는 왜 공식적으로 마네 또는 마네의 작품을 옹호할 수 없었던 것일까? 마네는 정말 보들레르의 미술론을 오해하고 있었던 것일까?

2) 보들레르 – 몰이해로 일관

보들레르가 마네의 작업을 못마땅해했던 이유는 다음 두 가지로 간략하게 정리할 수 있다. 첫째, 현대적 주제(sujet moderne)에 어울리지 않는 재현 방식, 둘째, 기억술(mnémotechnie)의 결여. 먼저 현대적 주제에 어울리지 않는 재현 방식에 대해 살펴보자. 〈튈르리의 음악회〉(1862)의 경우, 일반적으로 이 작품은 보들레르가 말하는 현대적 삶을 재현하고 있는 전형적인 그림이다. 마네가 재현하고 있는 모든 인물들은 보들레르를 포함하여 실제 인물들을 그대로 나타내고 있다. 마치 마네 자신이 시대의 증인임을 자처하는 듯 말이다.

<튈르리의 음악회>(마네, 1862, 런던 내셔날 갤러리)

그림 속 인물들이 입고 있는 외투와 모자, 신발들조차 당시 유행하던 의상들이다. 이런 점에서 보자면 이 그림은 분명 당시 파리의 삶의 한 측면을 우리에게 보여주고 있다. 그럼에도 이 그림은 보들레르에게는 훌륭한 그림으로 여겨지지 않았다. 보들레르에게 탐탁지 않았던 부분은 사실 이 그림의 주제가 아니라 분위기였다. 말하자면, 이 그림은 "훌륭하고 시적인 주제들로 가득한" 현대적 삶의 영웅주의 대신 무료함이나 단조로움으로 관람자의 시선을 돌리기 때문이었다.

다음으로 기억술의 사용에 대해 살펴보자. 사실 보들레르에게 현대회화는 기억의 예술이다. 그는 "현대적 삶의 화가"에게 기억에 의해 그림을 그릴 것을 요구했다. 그러나 보들레르가 보기에 마네는 기억으로 그림을 그리지 않았다. 실제로 그는 모델이 없으면 무기력해 보이기까지 했다. 보들레르에게 기억이란 화가가 관찰을 통해 얻은 인상과 그림의 관람자가 갖고 있는 상상력 사이를 연결하는 일종의 정신 능력이며, 현대회화는 바로 그런 정신 능력의 산물이었다. 따라서 모델을 재현하는 마네의 그림은 보들레르에게는 화가가 경험했던 순간의 인상을 관람자와 나눌 수 있을 것으로 보이지 않았다. 결국 그림 제작에서 나타나는 기억술의 결여 때문에 마네는 보들레르에게 "현대적 삶의 화가"로 인정받을 수 없었던 것이다.

그런데 보들레르는 정말 재현의 방식이나 기억술을 사용하지 않았다는 이유만으로 마네의 작업을 인정할 수 없었던 것일까? 보들레르의 미학 또는 회화론에 대해 먼저 살펴보도록 하자.

2. 보들레르의 회화론
   : "현대적 삶의 화가" 개념을 중심으로

보들레르의 미학 전반을 관통하고 있는 주요한 개념은 크게 역설(paradoxe)과 역전가능성(réversibilité)으로 정리할 수 있다. 상반되는 것들이 공존하는 상황을 뜻하는 역설은 "영원하고 불변하는 것"과 "일시적이고 가변적인 것"으로 구성되는 현대회화 및 모더니티에 대한 보들레르의 정의에서 극명히 드러나며, 역설에 관한 연구는 콩파뇽을 위시한 많은 연구자들에 의해 이미 진행된 바 있다. 또한 자아와 타자 사이의 경계가 허물어짐으로써 순간적이지만 자아와 타자의 합일이 이루어진다는 역전가능성에 대한 보들레르의 독특한 주장 또한 지금은 보들레르 미학의 주요한 특성으로 받아들여지고 있다. 여기서는 역전가능성 개념을 중심으로 보들레르의 미술론을 살펴보고자 한다. 그 까닭은 역전가능성 개념이 한편으로는 예술가의 예술 실제 전반에 직접적으로 관계하는 중요한 모티브라고 보기 때문이며, 또 다른 한편으로는 이 개념이 보들레르의 재현이론에서 중요한 개념으로 다루어지는 상상력과 밀접한 관련이 있다고 보기 때문이다.

모든 것이 역전가능한 보들레르의 세계에서는, "현대적 삶의 화가"로 대표되는 예술가-주체 개념 또한 자아의 상실(perte de moi)과 자아에의 집중(concentration du moi) 사이에서 동요하게 된다. 보들레르의 '예술가-주체' 개념은 기존의 예술가-주체 개념의 전형인 유일하고 고정적인 주체 개념을 문제 삼는데, 보들레르에게 예술가-주체는 낭만주의의 천재도 아니며 신으로부터 영감을 받은 존재인 후광을 가진 자도 아니다. 길거리에서 흔히 마주치는 자와 다를 바 없는 예술가-주체가 일반인과 다른 점은 단 하나, 상상력을 소유하고 있다는 점이다. 이성주의를 혐오하는 보들레르는 그의 예술가-주체로 하여금 의미전달을 목적으로 하는 기존의 의사소통 시스템을 뒤엎고 상상력으로 소통할 것을 요구한다. 상상력이 행하는 소통은 물론 일종의 의사소통을 위한 시스템이 될 터이지만, 이는 늘 일회적일 뿐이다. 늘 새로운, 그러나 일회적인 시스템을 만들어 다른 방식의 의사소통을 꿈꾸는 자가 바로 보들레르의 예술가-주체인 것이다.

이러한 예술가-주체로서의 화가는 현대적 삶의 기저에 놓여 있는 진실, 즉 일상적인 것들의 이면을 발견하여 그것과 하나가 되는 경험을 하기 위해 대도시를 끊임없이 어슬렁거려야 한다. 고전적인 예술가의 필수요소인 영감도, 또 낭만주의 예술가의 특징인 천재성도 없는 보들레르의 예술가는 군중과 아무런 차별점도 없이 정신의 눈만을 번득이며 거리를 서성인다. 이것이 바로 보들레르가 말하는, 무차별적 동일성을 깨닫고 자아와 타자 사이의 순간적인 동일성을 깨닫게 된 플라뇌르(flâneur)[3]의 모습이다.

군중과 내가 하나 되는 경험. 이 기묘한 경험은 관찰자로서의 예술가에

---

3 flâneur는 산책자 또는 만보자로 번역되어 왔지만, 이 번역어로는 보들레르가 플라뇌르에 부과한 임무들의 특성이 잘 드러나지 않기 때문에 굳이 플라뇌르라는 원어 그대로 사용하고자 한다.

게 생생한 이미지로 남는다. 이처럼 관찰을 통해 역전가능성을 경험한 예술가는 이제 자신의 공간으로 돌아와 그의 경험 또는 그 이미지를 기억을 통해 되살려야 한다. 그러나 이때의 기억은 우리가 일반적으로 생각하는 기억과는 다르다. 보들레르가 그의 플라뇌르-예술가(flâneur-artiste)에게 주문하는 기억은 이성이 아닌 또 다른 정신적인 능력, 즉 상상력과 맞닿아 있는 것이다. 왜냐하면, 시인은 이미지와의 뜻밖의 만남에서 얻은 그의 인상을 기억으로 되살려 예술 작품으로 구성하게 되는데, 구성의 역할은 상상력의 한 부분인 기억이 담당하기 때문이다. 뿐만 아니라 구성을 담당하는 기억은 이성적 기억과는 달리 오로지 이미지와만 관계한다. 의미가 아니라 이미지만을 떠올리는 것이 기억의 임무이다. 기억으로 재구성된 세계와 그 세계 속에 재현된 예술가-주체의 미적 경험은 이제 관람자의 상상력을 통해 타자에게로 전달된다.

결국 보들레르가 "현대적 삶의 화가"에게 요구했던 것은 일상적인 삶의 기저에 숨겨져 있는 낯선 모습, 즉 그러하다고 여겨지는 일상의 모습이 아니라 우리의 일상에 파문을 던지게 되는 이미지의 발견이자 그 이미지의 재구성이다. 그런 점에서 보면, 마네의 그림에서는 낯선 이미지나 그 이미지의 인상을 재구성해놓은 것 같은 느낌이 없다. 요컨대 마네의 작업은 역전가능성의 경험이나 그 경험의 인상을 상상력을 통해 나타낸 것으로는 보이지 않는다는 것이다. 마네는 정녕 보들레르 미학 혹은 회화론의 핵심 개념을 제대로 이해하지 못했거나 오해했던 것일까? 이제 우리의 원래 질문으로 되돌아가 마네의 의도를 살펴보아야 하겠다.

3. 마네의 의도 : 종합 또는 재해석?

마네가 미술사에서 거장으로 다루어지는 화가들의 작품들 중에서 유명 작품들의 일부를 차용했다는 것은 널리 알려져 있는 사실이다. 보들레르가 그의 회화론에 있어 기존 회화의 재현 방식이나 교훈적인 내용을 극도로 꺼린다는 점을 누구보다도 잘 알고 있었던 마네는, 그러나 과거 거장들의 작업들을 모방하는 것으로 보이는 작업들을 현대 예술의 이름으로 제시한다. 이런 작업을 선택했던 마네의 의도를 두고 지금까지 여러 해석이 있었는데, 여기서는 프리드의 해석과 아라스의 해석을 중심으로 마네의 진정한 의도를 살펴보기로 하자.

1) 마네는 과거 거장들의 작품을 종합한 것일까?

일반적으로 마네의 작품들은 내용보다는 형식적 특성으로 높은 평가를 받아왔다. 형식주의 미술론의 거두인 그린버그는 마네가 형식적 구성에만 관심을 두었던 것처럼 설명하기도 한다. 앞서 예로 들었던 〈튈르리의 음악회〉를 보자. 이 그림에서 우리는 인물들과 사물들을 똑같이 중요하게 다루고 있다는 느낌을 받는다. 나무들은 의자와, 여자들은 아이들과 대칭을 이루고 있는 듯 보이는데, 그 이유는 나무들이 모자와 같은 높이에 있기 때문이다. 이는 화가가 나무/여자와 의자/아이들에 동일한 가치를 부여하고 있는 것처럼 보인다. 그런데 사물들보다는 인물들이 특권적 지위를 점해왔던 서구 회화의 전통을 고려해본다면, 마네가 회화의 장식적 요소쯤으로만 여겨졌던 사물들에 인물과 같은 가치를 부여했다는 점은 가히 놀랄 만한 지점에 아닐 수 없다는 것이 형식주의 미술론의 설명이다. 따라서 회화의 물질성과 매체로의 집중이라는 입장에서 현대미술론을 펴고자 했던 그린버그의 이론이 마네의 회화에서 출발하게 되는 것은 어쩌면 당연한 일일지도 모른다.

그러나 마네가 단순히 형식적 구성만을 위해 작품 활동을 했다고는 믿기 어렵다. 마네는 실제로 과거 거장의 작품들을 모델로 한 작품 제작에 열을 올렸기 때문이다. 과거 거장의 작품이 마네의 작업 주제로 다루어지게 되었을 때 보들레르는 마네를 절충주의자라고 비난하고 퇴폐의 흐름 속에 그를 위치시키게 되는데, 이는 과거를 보는 양자의 입장 차이 때문이라고 프리드는 주장한다. 보들레르가 "현대적 삶의 예술가"에게 주문했던 것이 기억이라는 과거에 대한 시각이었다면, 마네가 과거에 대해 가졌던 고유한 시각은 종합(synthèse)이었다는 것이다. 앞서 살펴보았던 것처럼, 보들레르에게 기억이란 상상력과 연관된 정신의 능력이며 이성과는 다른, 아니 오히려 반-이성적인 성격을 갖는 새로운 재현 방식이자 소통 방식의 일환이었다. 그렇기 때문에 보들레르는 대상과 자신이 하나 되는 순간, 즉 역전가능성을 경험했던 때의 인상을 기억하고 그 기억의 이미지를 재현할 때 늘 "재빨리"(avec vitesse) 할 것을 요구했다. 시간이 길어지면 이성이 개입할 여지가 있기 때문이다. 이에 반해 마네는 늘 커다란 캔버스 위에 유화로 작업하였다. 이는 보들레르가 주장했던 "빠른 속도"에 전적으로 위배되는 것이다. 빨리 작업하지 않으면 이성이 개입하게 되고, 이성이 개입하면 상상력이 발동할 수 없으며, 상상력이 결여된 작업은 현대회화가 될 수 없다는 것이 보들레르 현대회화론의 핵심 가운데 하나라고 한다면, 마네의 작업은 애초부터 보들레르의 현대회화론과는 거리가 멀었던 것이 아닐까?

마네의 작업이 르네상스 이후 과거 거장에 대한 탐구로 이루어지고 있다는 것은 부정할 수 없다. 거장의 규범적인 작품들을 선별하여 모사하는 것은 르네상스 이후 서구 미술계에서는 하나의 관례로 여겨져왔다. 이런 이유로 보들레르는 기억술을 쇠락의 전통, 즉 절충주의로부터 예술을 지켜내기 위한 장치로 제시했다. 이에 반해, 마네는 과거 거장들의 작품들을 종합하려는 의도를 가졌던 것 같다고 프리드는 지적한다. 이러한 입장 차이로 인해 보들레르는 마네를 당대를 담아내는 "현대적 삶의 화가"보다는 과거 역사 속에 위치시킬 수밖에 없었다는 것이다.

실제로 1864년 비평가인 셰스노(E. Chesneau)가 마네의 〈풀밭 위의 점심〉(1862~63) 속 인물들이, 라이몬디(M. Raimondi)가 라파엘로의 작품을 본떠 만든 판화인 〈파리스의 심판〉의 인물들을 그대로 끌어들였다는 것을 지적한 이래로 1960년대에 이르기까지 많은 연구자들은 마네의 작품들 속에 벨라스케스, 고야, 엘 그레코 같은 과거 거장들의 작품과 유사함이 많다는 것을 밝혀냈다. 이러한 사실로부터 연구자들은 마네가 무능력(상상력 부족이나 구성능력의 결여)하다고 주장하기도 하고, 그를 모더니티의 산 증인(주제에 대한 무관심)으로 여기기도 했다. 프리드는 이러한 입장들에서 한 걸음 더 나아간다. 그는 마네가 이중전략을 사용하고 있다고 주장했다. 한편으로는 자신을 프랑스 회화의 정통 속에 위치시키는 동시에 다른 한편으로는 과거 거장들과의 경쟁이나 동일시를 통해 자신의 국제적인 입지를 확립하고자 했다는 것이다.

마네에 대한 연구를 10여 년 간 계속한 끝에 프리드는 마네의 모더니즘을 다음과 같이 정리한다. 첫째, 마네는 유럽 화파들의 전통적 기법들과 장르 모두를 아우르는 보편성(universality)을 확립하고자 했다. 프리드는 〈풀밭 위의 점심〉을 예로 들어, 마네가 이 그림에서 풍경화와 인물화, 그리고 정물화라는 전통적인 장르 모두를 하나의 그림에 담아내고자 했는데, 그 의도가 바로 보편성의 확립을 위해서라고 주장한다. 둘째, 마네는 쿠르베의 사실주의로부터 시작된 반연극적 전통(antitheatrical tradition)에 동참하

<풀밭 위의 점심>(마네, 1862~63, 오르세 미술관)

<파리스의 심판>(라이몬디, 1510~20, 내셔널 갤러리)

고자 했다. 마네는 관람자를 회화 속에 재현된 상황으로 몰입시키는 과거의 재현 방식에서 벗어나 관람자와 캔버스가 대면하고 있다는 사실, 즉 그림 속 사건을 목격하는 사람이 아니라 캔버스 위에 그려진 이미지를 바라

보고 있는 관람자가 존재한다는 사실을 분명히 하는 새로운 방식을 따르고 있다고 프리드는 주장한다. 다음으로 평면성과 시각성의 문제인데, 이는 그린버그가 그의 논문 「모더니즘 회화」(1960)에서 형식주의의 관점으로 마네의 회화를 모던 회화의 효시로 다루는 방식과 유사하다. 마지막으로 프리드는 마네의 회화작업 속에 충분히 구현되어 있는 내재적 가치로서의 예술적 자기충족성(artistic self-sufficiency)을 마네 모더니즘의 마지막 특징으로 규정한다. 이야기를 전달하는 기능을 의도적으로 포기하기 때문에 기존의 관점으로는 감상이 힘든 마네의 독특한 회화는 회화작품을 보고 경험하는 데 있어 새로운 방식, 즉 자의식적인 "미적" 방식(self-consciously "aesthetic" mode)을 낳기 때문에 비평의 방향전환을 가져오게 된다는 것이 프리드의 설명이다.

결국 미술사와 미술비평사라는 씨실과 날실로 엮어낸 그물 속에 마네와 그의 작업을 위치시킨 후 그 의의를 밝히려는 프리드의 설명에 따르면, 마네는 과거 거장들의 작업을 종합하는 동시에 당대의 아방가르드한 미술 경향을 받아들인 뛰어난 예술가임이 분명하다는 것이다. 이렇게 보자면, 그런 그를 인정할 수 없었던 보들레르는 인상주의의 발현과 그에 따른 비평 전환의 필요성이라는 커다란 흐름을 꿰뚫어볼 수 없었던 문학가에 불과할지도 모른다. 다행히도 보들레르는 인상주의의 시작으로 일컬어지는 모네의 〈인상, 해돋이〉가 출품되었던 1872년보다 5년 전인 1867년에 사망하여 이러한 비판으로부터 자유로울 수 있었다.

여하튼 과거에 대한 시각차 때문에 보들레르와 마네는 같은 길로 나아갈 수 없었다는 프리드의 설명은 꽤나 설득력이 있어 보인다. 하지만 과연 마네의 관심이 과거 거장의 양식들을 종합하여 보편성을 확립하는 동시에 당대의 아방가르드한 미술 경향을 받아들여 모던한 미술의 면모를 확립하는 것이었을까? 아니면 정말 프랑스의 정통 회화사 속에 자신을 위치시키고 과거 거장들과 동일시함으로써 자신의 국제적인 입지를 확립하려는 것이었을까?

필자는 마네의 의도가 프리드의 설명과 전혀 다르다는 생각을 가지고 있다. 사실 마네는 보들레르의 모더니티 이론을 자신만의 고유한 방식으로 실천하고 보들레르가 그토록 주장했던 예술의 자율성(l'autonomie de l'art)을 지켜내고자 노력했던 것으로 보인다. 이러한 주장을 뒷받침하기 위해 이제 또 다른 입장과 해석으로 마네의 작업을 살펴보도록 하자.

2) 마네는 과거 거장들의 작품을 재해석한 것일까?

필자는 마네의 〈올랭피아〉(1863)를 중심으로 마네의 진짜 의도를 밝혀보려 한다. 우선 이 그림은 서구의 관례적인 누드의 전형을 따르고 있는 것처럼 보인다. 침대에 비스듬히 누워 있는 여성의 모습은 관객들로 하여금 과거 거장의 작품을 연상케 하는데, 그 까닭은 이 그림이 너무나도 유명한 과거 거장의 잘 알려진 누드 작품을 거의 그대로 재현하고 있는 듯 보이기 때문이다. 마네가 회화사의 정통을 계승하는 동시에 국제적인 입지를 굳히기 위한 전략으로 거장의 작품을 모방하는 것이 아니라고 주장하기 위해서는 프리드와는 다른 입장의 설득력 있는 이론이 필요하다. 이에 필자는 아라스의 마네 해석에 기대어 마네의 작품을 분석해보도록 하겠다.

현대 프랑스의 대표적인 미술사가인 아라스는 여러 저작을 통해서 서구의 전통적인 누드화들에 숨겨진 이면을 드러내고 그에 대해 타당한 설명을 제공해왔다. 그에 의하면, 가장 대표적인 누드화 중 하나인 티치아노의 〈우르비노의 비너스〉(1538)는 당시 이탈리아에서 신부가 결혼 때 지참하는 함 뚜껑의 안쪽에 붙어 있는 그림으로, 그 용도는 신랑의 성적 쾌락 및 다

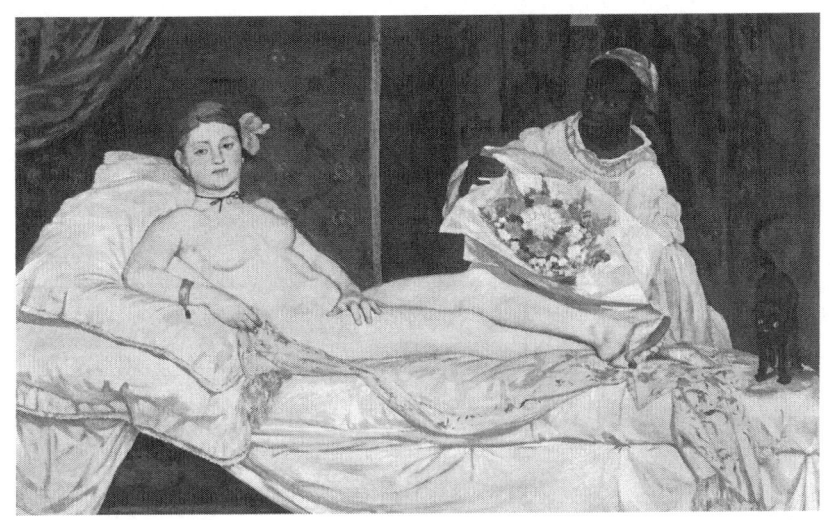

<올랭피아>(마네, 1863, 오르세 미술관)

<우르비노의 비너스>(티치아노, 1538, 우미치 미술관)

산의 기원이었다. 뿐만 아니라 이 그림에는 형식적으로도 묘한 부분이 있는데, 그것은 바로 그림의 구성 방식인 이중적인 구조이다. 그림의 후경은 원근법적인 데에 반해 이 그림의 전경, 즉 비너스가 누워 있는 부분은 평

면적으로 보이기 때문에 그림 속 비너스가 원근법적으로 구성된 뒷부분과는 다른 공간에 위치하는 것으로 보인다는 것이다. 다시 말해 전체적인 그림에 속하지 않는 것처럼 보인다. 그러나 〈우르비노의 비너스〉는 전체적으로 볼 때 여전히 관례적 누드 개념을 따르고 있는 듯 보인다. 관례적 누드 개념에 실제적인 문제제기를 하는 것은 〈우르비노의 비너스〉를 참고하여 제작된 것으로 보이는 〈올랭피아〉이다. 이제 이 두 그림을 비교·분석함으로써 마네의 의도를 다른 관점에서 살펴보기로 하자.

우선 언뜻 보기에 이 두 작품의 구도는 커다란 차이가 없다. 차이가 있다면, 〈우르비노의 비너스〉에서는 침대 위에 강아지가 있는 반면, 〈올랭피아〉에서는 강아지 대신 검은 고양이가 등장한다는 점이 눈에 띄는 정도이다. 이러한 차이는 〈우르비노의 비너스〉가 부부간의 신의를 상징하는 강아지를 그려넣어 안정적인 결혼생활을 바라는 신부 부모의 마음을 담고 있었던 데 반해 〈올랭피아〉에 등장하는 검은 고양이는 부도덕을 상징하는, 다시 말해 그림 속 인물인 올랭피아가 성매매여성임에 틀림없다는 도상학적 해석으로 이어지게 했다. 하지만 조금 더 자세히 살펴보면 〈우르비노의 비너스〉에서 비너스의 몸, 즉 가슴과 머리가 있는 그림의 왼쪽 부분과 두 명의 하녀가 있는 오른쪽 부분을 나누고 있는 검은 선, 즉 비너스의 성기 바로 뒤로 떨어지는 수직선이 〈올랭피아〉에서는 약간 오른쪽으로 옮겨져 있다는 사실을 알 수 있다.(〈올랭피아〉 세부 참조) 마네는 일부러 그림 속 여인의 손이 그 수직선에서 왼쪽으로 약간 비켜나도록 만들었다. 왜 그랬을까? 아라스는 마네가 이런 장치를 사용함으로써 관람자 시선의 집중점이자 전경과 후경 사이의 분절점인 비너스의 성기 부분으로 선들이 수렴하지 않도록 하여 깊이감을 없애고 그림 자체를 표면화하려 했다고 설명한다. 즉 이것은 회화의 평면성을 강조하는 장치라는 것이다.

그런데 〈우르비노의 비너스〉는 당시 주류적 기법이었던 원근법에 입각하여 철저한 공간적 구성을 담아내는 그림이었을까? 사실 아라스가 마네의 〈올랭피아〉를 재해석해내는 핵심은 바로 여기에 있다. 아라스는 〈우르비노의 비너스〉가 '그림 속 그림'

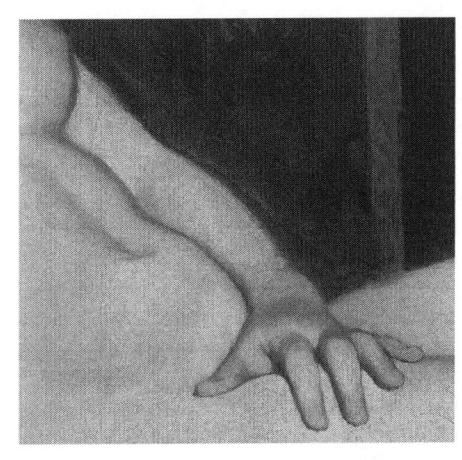

〈올랭피아〉 세부

의 구성으로 되어 있다고 본다. 격자무늬의 타일 바닥이 만들어내는 생생한 원근법으로 구성된 후경의 방은 전체 그림에 비추어볼 때 '그림 속 그림'이 된다는 것이다. 실제로 비너스가 누워 있는 공간인 전경에 비해 후경의 원근법이 두드러지는 탓에 전경과 후경 사이의 불일치가 느껴진다. 이러한 불일치는 매우 중요한 문제를 낳는다. 비너스는 어디에 위치하고 있는 것인가? 함 옆에 하녀들이 서 있는 후경의 방은 격자무늬 바닥이라는 원근법적 처리를 해서 관람자의 시선거리를 설정하고 있는 데 반해, 비너스의 몸이 위치하고 있는 침대는 배경을 이루고 있는 단색조에 가까운 커튼 때문에 평면적으로 보인다. 아라스가 보기에 비너스의 몸은 두 공간, 즉 후경의 원근법이 구현하고 있는 회화 속 공간과 이 그림을 보기 위해 지금 현재 관람자가 서 있는 공간, 즉 관람자가 차지하는 실제 공간 사이에 존재한다. 말하자면, 비너스의 몸은 두 공간 사이의 어디쯤엔가 존재하고 있는 것이다. 비너스는 그림 속이 아니라 그림의 표면, 즉 회화의 물리적 공간으로서의 캔버스 위에 마치 홀로그램처럼 위치하는 것으로 결론지을 수 있으며, 이러한 이유로 관람자는 그가 하나의 그림 앞에 서 있다는 느낌을 받게 된다. 결국 '그림 속 그림'인 후경의 방과 비너스가 차지하고 있는 전경 사이의 공간적 불일치는 관람자로 하여금 그가 실제로 마주하고 있는 것은 그림 속에 구현된 하나의 공간이 아니라 캔버스라는 2차원의 평면이라는 생각을 갖도록 한다.

바로 여기에서 마네에 대한 아라스의 중요한 설명이 등장한다. 〈우르비노의 비너스〉를 보면서 비너스의 위치에 대한 문제의식을 갖고 그것을 처음으로 실제 작업에 옮긴 화가가 바로 마네라는 것이다. 마네는 티치아노에게서 발견한 회화의 평면성이라는 형식적 문제제기를 위해 〈올랭피아〉를 그리게 되었고, 이러한 문제의식을 일찍이 견지하고 있었던 것으로 보이는 선배 화가에 대한 경의를 표하기 위해 〈우르비노의 비너스〉를 모델로 선택했다. 이런 관점에서 본다면, 마네가 〈우르비노의 비너스〉에서 본 것은 과거 거장과의 동일시나 종합의 문제가 아니라 회화의 평면성에 대한 이론화의 가능성이며, 그것을 알리기 위해 선배 화가의 작업을 일종의 오마주로서 자신의 작업에 접목시켰던 것이다.

마네는 〈올랭피아〉를 통해 그림이 관람자와 마주하고 있으며 더 이상 투명한 창으로서 존재하기를 거부한다는 사실을 명시적으로 드러낼 뿐 아니라, 그러한 아이디어의 원천이 되었던 선배의 작업을 자신의 작업 속에 새겨넣음으로써 과거 거장에 대한 경의를 표하고 있다. 바로 이 점이 마네와 과거 거장들 또는 그의 작업들과 거장의 작업들이 맺는 관계를 설명하는 지점이다.

한편 〈올랭피아〉는 형식적인 면뿐 아니라 주제적인 면에서도 관례적인 재현 예술과 차이를 보인다. "관례적인 누드" 개념에 비추어보면 이러한 사실은 보다 분명해진다. 첫째, "올랭피아"라는 작품명이 그러하다. "관례적인 누드"는 현실에 존재하는 사실적인 여성의 알몸이 아니라 이상화된 비례를 갖춘 여성 누드를 그리고 거기에 여신이나 요정의 이름을 붙이는 것으로, 그렇게 함으로써 여성의 벗은 몸을 그리는 것에 대해 면죄부를 받을 수 있었다. 이에 반해 〈올랭피아〉는 이상화된 누드도 아니고, 그 제목은 여신이나 요정이 아닌 "올랭피아"라는 이름이 붙어 있다. "올랭피아"는 당시 성매매여성들 사이에서 흔히 사용되던 이름으로, 이 그림은 사실 성매매라는 부르주아의 위선적 태도를 비판한다는 사회적 함의를 갖고 있었던 것이다.

둘째, 시선의 문제이다. 전통적인 여성 누드 이미지는 대개 주된 관람자층을 이루던 남성 관람객들이 자신의 몸을 편안하게 감상할 수 있도록 시선을 옆으로 피하는 것이 관례였다. 이와는 반대로 그림 속 올랭피아는 관람자를 똑바로 바라보고 있는 듯하다. 이 시선은 어찌 보면 기분 나쁜, 다소 거만한 표정으로 관람자를 내려다보는 것처럼 느껴지기까지 하는데, 이러한 사실들이 관람자들을 불편하게 만들었다. 게다가 전통적으로 여성 누드는 "정숙한 비너스"의 자세로 손으로 가슴과 음부를 자연스럽게 가리는 것이 보통이었다. 그런데 허벅지에 놓인 올랭피아의 손 자세는 음부를 가린다기보다는 오히려 음부로 향하는 관람자의 시선을 가림으로써 관람자의 시선 그 자체를 완강하게 물리치고자 하는 것으로 보인다. 그리하여 전통적인 여성 누드가 남성 관람자의 시선에 대해 시각적 쾌락의 대상으로 혹은 관음의 대상으로 존재하며 관람자의 시선에 지배당했던 것에 반해, 올랭피아의 시선과 손동작은 그러한 관음적인 시선을 물리치고 대항하는 것으로 해석할 수 있다.

이상과 같은 분석을 통해 우리는 마네의 〈올랭피아〉가 티치아노의 〈우르비노의 비너스〉에서 감춰져 있었던 평면화의 계기를 발견함으로써 미술 형식에서 새로운 가능성 혹은 형식 혁신을 가능하게 했다는 점을 알게 되었다. 주제면에서 보면, 〈올랭피아〉는 남성 관음증의 대상으로서의 누드라는 기존의 관례에 대한 비판을 통해 당시 지배계급이던 부르주아의 위선적인 모습을 드러냄으로써 '사회비판 기능을 하는 여인화'로 그 의미를 변화시켰음을 알 수 있다.

그런데 중요한 것은, 이상의 사실이 보들레르가 현대회화에 요구했던 바로 그것이기도 하다는 점이다. 우선 회화가 문학 또는 철학의 영향에서 벗어나 자율성을 획득하기 위해서는 고유의 형식을 완성해야만 했다. 그런 면에서 교훈이나 교육적인 내용을 배제하기 위해 마네가 사용했던 방식, 즉 평면성, 의미의 부재 등은 보들레르가 주장했던 예술의 자율성 개념 아래서 다시 한 번 고찰될 이유가 충분하다. 특히 기존의 시스템을 붕괴시키고 일시적으로 새로운 시스템을 만들어 소통을 시도하는 것이 보들레르 미학의 핵심이라고 한다면, 마네가 시도하는 형식 혁신은 의미전달을 중시하던 기존의 회화 시스템을 대체하려는 의도로 만들어진 일시적인 새로운 시스템에 해당한다 할 수 있을 것이다. 또한 이성 혹은 합리성, 그리고 청교도 윤리에 기반을 둔 부르주아 사회를 비판하고, 그 시스템 전반을 와해하려는 것이 보들레르 미학의 목적이라는 점에 비추어볼 때, 〈올랭피아〉는 그야말로 보들레르 미학의 전면적인 실천에 해당한다. 당시 골칫거리이지만 드러내놓고 이야기할 수 없는 문제였던 성매매라는 사회문제를 공개적으로 제기함으로써 부르주아들의 위선을 비판하고 당시 윤리의 정당성에 대한 논쟁을 촉발시키려 했다는 점에서 마네의 〈올랭피아〉는 매우 성공적인 기획이었다고 할 수 있다. 그런데 보들레르는 왜 이 부분을 인정할 수 없었던 것일까?

이에 대해 콩파뇽은 마네의 작업이야말로 보들레르 모더니티의 진정한 구현이라 주장한다. 콩파뇽이 보기에 보들레르 모더니티는 미완성, 파편화, 전체성 혹은 의미의 부재, 예술의 자율성이라는 네 가지 특성으로 요약될 수 있는데, 당시 보들레르가 인정하기 곤란했을지는 모르지만 이를 가장 잘 구현한 예술가가 바로 마네라는 것이다. 실제로 위에서 열거한 네 가지 특성을 마네의 작품들 속에서 발견하기란 어렵지 않다. 예를 들어, 〈풀밭 위의 점심〉에서 나타나는 것처럼 매우 세밀하게 그려진 왼쪽 하단부의 정물 부분에 비해 마치 그리다 만 것처럼 보이는 인물들은 이 그림이 미완성인 것으로 보이게 한다. 〈발코니〉(1868~69), 〈화실에서의 점심〉(1868) 같은 작품들에서 그림 속 인물들은 아무런 연관 없이 단순하게 병렬되어 있을 뿐이다. 이것이 바로 마네가 시도했던 파편화와 전체성의 부재이며, 이는 전통에 대한 거부의 증거가 된다. 또한 이러한 특징들은 아무런 이야기를 전달하지 않는다는 점에서 교훈을 주는 것을 당면 과제로 삼았던 전통 회화로부터의 탈피, 즉 보들레르가 주장하는 바의 문학이나 철학, 역사에 종속된 회화로부터 벗어남을 뜻한다. 〈풀밭 위의 점심〉의 사례를 보다 자세히 살펴보자.

이 작품은 1863년 '낙선전'(Salon des Refusées) 출품작으로, 당시 주제와 형식 모두에서 커다란 스캔들을 불러일으켰다. 우선 주제면을 살펴보면, 홀로 벌거벗고 앉아 있는 여자는 똑바로 앞을 바라보며 전혀 부끄러워하지 않을 뿐 아니라 시선은 오히려 관람자들을 그림 속으로 끌어들이는 힘을 가진 듯 보이기까지 한다. 게다가 이 뻔뻔한 여성은 동석한 남자들과 대화를 나누는 것 같지도 않고, 그렇다고 해서 뒤에 보이는 여성과의 관계 또한 알 수 없다. 따라서 이 그림은 전체적으로 무엇을 이야기하려는 것인지조차 알 수 없는 이상한 그림으로 보일 뿐이다. 또한 형식적으로도 당시의 상식을 벗어난다. 전통적인 명암법의 사용을 거부하고 그림을 평면적으로 보이게 하는 방법을 사용한다는 점에서 많은 관람자들의 야유를 낳았다. 예컨대, 여과되지 않은 대낮의 광선을 사용하여 전경보다 후경이 훨씬 밝아 보인다거나 세부묘사를 극도로 단순화하여 그리다 만 것 같은 느낌을 주는 점, 또한 뚜렷한 실루엣을 사용한 남성 인물들을 그렸다기보다는 오려 붙인 듯한 느낌을 주는 점 등에서 그랬다.

그런데 이 작품에서 우리가 눈여겨보아야 할 것은 단순히 주제나 형식적 특징만이 아니다. 이 그림 또한 〈올랭피아〉와 마찬가지로 과거 거장의 유명한 작업을 참고하여 제작되었다. 이 작품은 라이몬디의 복제작 〈파리스의 심판〉(1520)의 일부를 따라 그리고 있다. 원래 라파엘로의 작품이지만 원작은 사라지고 라이몬디의 복제품만 남아있는 〈파리스의 심판〉은 화면 속에 트로이의 왕자 파리스와 여신들이 만들어내는 신화 이야기를 정교한 필치로 묘사한 작품이다. 하지만 마네가 관심을 두었던 것은 이 그림의 주된 이야기를 구성하는 파리스와 여신들이 아니다. 오른쪽 하단부에 있는 바다 신들의 구도를 그대로 따르고 있을 뿐이다. 마네는 가장 아름다운 여신을 선택해야 하는 파리스의 환심을 사기 위해 갖은 아양을 떨며 미모를 자랑하는 여신들이 아니라 그들 옆에서 마치 이 시끄러운 사건에는 관심이 없다는 듯 비스듬히 기대 누워 딴 짓을 하고 있는 바다 신들의 모습을 모델로 삼아 〈풀밭 위의 점심〉에서 그들의 포즈를 그대로 모방했다. 주된 이야기가 아니라 그와 무관한 부분을 차용하여 의미작용을 배제하려는 화가의 의도를 암시적으로 드러내고 세부를 단순화함으로써, 결국 이 작품은 미완성, 파편화, 전체성 혹은 의미의 부재, 예술의 자율성이라는 네 가지 특성을 잘 보여주는 사례가 된다.

세부의 생략은 이 그림이 미완성인 것 같은 느낌을 주며, 뚜렷한 실루엣으로 그려진 남성들에 비해 매우 정교하게 그려진 왼쪽 하단부의 정물은 이 그림이 하나의 전체로 꿰어지지 않는 파편적 느낌을 강하게 풍긴다. 또한 어떠한 이야기도 전달하지 않는 이 작품은 전체성이나 하나의 의미로 귀결될 수 없다는 점에서 기존의 재현적 회화와는 완전히 다른 성격을 갖는다. 보들레르가 『1846년 살롱』에서 주장했던 "예술의 자율성"이 미술이 역사적·문학적 간섭을 벗어나 자신의 고유한 특성을 나타낼 것을 주장했다는 점에 비추어보면, 또한 이를 위해 화가는 '지금 여기'서 이루어지는 일상적인 것들에 주의를 기울이고, 일상적인 것을 재현하는 것을 주된 임무로 삼아야 한다는 점을 잊지 않는다면, 마네의 작업이 보들레르의 현대 회화론을 가장 잘 구현하고 있다는 콩파뇽의 주장을 쉽게 부인할 수 없을 것이다.

또한 파편화를 통해 전체성을 부정한다는 것은 정치적으로 보아 무정부주의와도 관련이 있다. 바타이유는 마네의 〈막시밀리안의 처형〉(1867)에 대해 이야기하면서, 그 작품 속에 드러나는 파편화는 의미의 부재로 이어지며, 이는 곧 예술에서의 무정부주의를 뜻한다고 지적하고 있다. 이처럼 아무런 의미작용을 하지 않으려는 회화, 다시 말해 제목이 작업을 진행하기 위한 구실의 역할만을 할 뿐인 회화 작업이야말로 진정한 모던 회화의

〈막시밀리안의 처형〉(마네, 1867, 만하임 미술관)

태동이라고 바타이유는 말한다.

보들레르가 마네 작품에 드러난 전통적 재현 기법을 탐탁지 않게 여겼으며, 그 결과 마네를 "현대적 삶의 화가"로 인정할 수 없었다는 사실에서 출발하여 마네의 진정한 의도가 무엇이었는지를 알아보기 위해 몇몇 이론가들의 견해를 살펴보았다. 이를 통해 마네가 과거 거장의 작품을 사용한 것은 오히려 교훈적 의미, 즉 의미작용을 제거하기 위해서였으며, 교훈적 의미의 제거야말로 보들레르가 예술의 자율성 확립을 위해 "현대적 삶의 화가"에게 요구했던 것이라는 점을 알게 되었다. 바타이유가 지적한 것처럼, 마네는 주제에 대한 무관심으로 인해 모든 대상, 심지어 죽음에 대해서까지도 중립적인 태도를 취할 수 있었으며, 결국 의미작용이 없는 회화를 가능하게 했다. 뿐만 아니라 마네는 관례적인 누드에서는 통용될 수 없었던 현실적인 인물 묘사를 통해 당시 사회에 대한 비판의 가능성 또한 실제로 보여주었다. 바로 이것이 우리가 〈올랭피아〉와 〈풀밭 위의 점심〉의 분석을 통해 알게 된 특징이다.

이상을 통해 우리는 마네가 형식과 내용 면에서 보들레르의 현대회화론을 실천하려 했음을 알게 되었다. 요컨대 마네는 보들레르가 싫어했던 재현적인 기법을 사용하였지만, 오히려 그런 기법을 통해 그는 관례적 회화에 대한 비판을 제기하고 더 나아가 관례예술의 목적인 의미작용을 제거하는 데에 앞장섰던 것이다. 그 결과 파편적이고 하나의 이야기로 꿰어지지는 않지만 우리의 일상적인 삶의 모습을 비판적으로 담아내는 작업을 할 수 있었다. 이러한 작업은 결국 보들레르가 주장했던 예술의 자율성을 확립하는 데로 나아가게 된다.

마네의 작업을 보들레르와의 관계 하에서 재조명해봄으로써 우리는 형식이나 내용에만 치우친 기존의 파편적인 해석과는 달리 마네의 작업 전체를 종합적으로 이해할 수 있는 하나의 시각을 갖게 되었다. 특히 보들레르와 마네 사이의 영향관계와 양자의 입장 차이에 대해 살펴보고 마네의 의도를 고찰하는 과정을 통해 우리는 마네가 보들레르의 회화론을 기계적으로 좇는 대신 과거의 거장들의 방식을 답습했던 이유를 보다 잘 알 수 있게 되었다. 그리하여 비로소 마네를 보들레르 회화론의 실제적인 사례로 여길 수 있게 되었고, 보들레르의 현대회화론을 보다 입체적으로 이해할 수 있게 되었다. 방법상의 차이가 있긴 하지만 보들레르와 마네 두 사람의 목적이 같은 곳을 향하고 있는 것이라면, 이제 마네에게 "현대적 삶의 화가"의 자격을 주어야 할 것이라고 조심스럽게 주장해도 좋지 않을까?

제5강

독일표현주의
– 실존의 문제와의 관계

표현주의는 일반적으로 1905년에서 1930년 사이에 있었던 미술운동의 하나로서 예술의 기본 목적을 재현으로 보는 기존의 태도를 거부하는 특징을 갖는다. 표현주의를 지지하는 미술가들은 르네상스 이래로 이어져온 유럽 예술의 전통적 규범을 거부하며 재현 대신 표현이라는 방식을 통해 창작활동에 힘썼다. 특히 그들은 예술 창작에서 예술의 내용과 형식 모두에서 창작의 근원을 정신적인 것으로 파악하고자 했는데, 이는 감각, 구체적으로 시각적인 것에 특권을 부여했던 인상주의뿐 아니라 도덕이나 윤리라는 이름 아래 통치를 위한 규범들을 작품 속에 담아내도록 했던 고전주의에 대한 거부이기도 하였다. 그런 의미에서 그들이 주장했던 정신적인 것은 예술가의 감정과 직접적인 관계를 맺는 것으로 설명되었고, 그 감정을 직접적으로 표현하기 위해서 선, 형태, 색채를 과격하게 과장하거나 왜곡할 수 있도록 하였다. 요컨대 표현주의자들에게 과장이나 왜곡은 주제나 내용을 강조하는 중요한 수단으로 여겨졌던 것이다.

1. 표현주의의 탄생

1) 표현주의의 맹아

왜 표현주의일까? 일설에 의하면, '베를린 신분리파'의 전시회에서 어떤 심사위원이 막스 페슈타인의 작품을 보고 "아직도 인상주의인가?"라고 묻자 "아니다. 표현주의다"라고 대답한 데서 이들 유파의 명칭이 유래했다고 한다. 이후 1911년, 독일의 미술사가인 빌헬름 보링거가 베를린의 『데어 슈투름(Der Sturm, 질풍)』지에 발표한 세잔, 반 고흐, 마티스에 관한 논문에서 "표현주의"라는 단어를 사용하면서 널리 보급되었고, 이 표현은 당시 활발한 움직임을 보인 모든 혁명적 미술 및 예술운동을 총칭하게 되었다고 알려져 있다. 이처럼 표현주의는 인상주의 이후에 나타난 미술사조라 할 수 있는데, 이 두 유파 사이의 관계는 복잡해 보인다.

앞서 언급한 것처럼, 시각적인 것을 특권화하는 인상주의와 달리 표현주의는 작가의 내면을 직접적으로 나타내는 데에 관심을 두고 있다. 그렇다고 해서 표현주의와 인상주의를 상반된 성격으로 규정할 수 있는 것도 아닌데, 그 까닭은 인상주의의 복잡한 전개양상과 관계가 있다. 인상주의는 시각을 중심으로 하여 태양빛이 사물의 표면에 낳는 효과를 기록하는 데 몰두했던 초기 인상주의 이외에, 소위 인상파 그룹이 사실상 결속을 해체한 1880년부터 활동을 시작한 신인상주의(néo-impressionnisme), 그리고 작가의 내면이나 정신성을 작품 속에 나타내고자 했던 후기인상주의(post-impressionnisme)에 이르기까지 매우 다양한 활동으로 전개되었기 때문이다. 실제로 당시 물리학계에서 크게 연구되고 있던 광학과 색채이론을 미술에 체계적으로 적용하려 했던 신인상주의자들은 색조분할을 함에 있어 세밀하고 사물의 색채가 무수히 많은 색점(色點)들로 이루어진다는 점에 착안하여 대상을 그려내는 데에 실제로 수많은 색점을 사용하여 색채를 표현하는 분할 묘사법(점묘법)을 창안했다. 이러한 방법은 광선의 효과를 최고도로 발휘할 수 있도록 했다. 바로 이 방법 때문에 그들은 점묘파(pointillisme)로도 불리는데, 형식적으로는 실증적인 기법을 추구하는 듯했던 신인상주의자들은 정치적으로 무정부주의를 표방했다는 점에서 이전의 인상주의자들과 구별된다.

그러나 후기인상주의자들은 인상주의자들이나 신인상주의들과 달리 자신의 내면으로 침잠하여 그것을 작품에 담아내는 데 몰두했다. 따라서 후기인상주의자들은 태양 광선이 효과를 만들어내는 사물의 표면을 묘사하는 것이 아니라 자신의 내면을 표현하는 쪽으로 관심을 돌렸고, 이전까지 화가들의 관심 대상이었던 자연은 후기인상주의에 이르러 정신 혹은 내면의 탐구에 그 자리를 내주어야 했다. 따라서 그들의 작업 방향은 재현이 아니라 표현으로 자연스럽게 선회하게 되었다. 표현을 위한 실험적 작업에 몰두했던 후기인상주의의 대표적 화가로는 세잔, 반 고흐, 고갱을 들 수 있는데, 이들의 작업이 이후 독일의 젊은 작가들에게 커다란 영향을 주게 된다.

표현주의의 또 다른 맹아로 뭉크의 작업을 이야기할 수 있을 것이다. 뭉크의 대표작 〈절규〉(1893)는 오늘날 현대인의 심리적 불안을 표현한 작품으로 알려졌지만, 이 작품이 대중에게 공개되었던 당시는 그렇지 않았다. 작업 노트(『뭉크의 작업노트』, 1892)를 충실히 기록했던 작가는 다음과 같이 말한다.

> 어느 날 저녁 나는 한편으로 도시가 보이고 아래로는 협만이 펼쳐진 길을 따라 걷고 있었다. 피곤하고 몸이 좋지 않은 때였다. 해는 지고 있었고 구름은 피처럼 물들어갔다. 나는 비명소리가 자연을 가로지르는 것

을 느꼈다. 나는 마치 그 비명소리를 들은 것 같았다. 나는 이 그림을 그렸다. 색채가 날카로운 비명을 지른다.

날카로운 비명을 지르는 색채라니? 이러한 색채는 존재하지 않을 것이므로 모델이 존재하지 않는다. 이것을 그려내기 위해서는 재현이 아니라 표현 밖에 방법이 없다. 관람자에게 자신의 감정을 직접 전달하기 위해서는 색채와 형태를 과장하거나 왜곡하는 편이 가장 효과적이었을 터이기 때문이다.

뭉크의 작품들은 세잔이나 반 고흐의 작품들과 비슷한 시기에 독일에서 전시되었다. 그의 작품이 가진 심리적이고 사색적인 특징들, 특히 그중에서도 1892년 베를린에서의 첫 개인전에서 소개된 뭉크의 작업이 보여준 북유럽적이고 개성적인 방식은 여전히 자연주의적 흐름을 따르고 있던 당

<절규>(뭉크, 1893, 오슬로 미술관)

시 독일의 젊은 예술가들에게 적지 않은 영향을 주었고, 1905년 독일 최초의 표현주의파 결성이라는 결과로 이어졌다.

그런데 왜 표현주의가 독일에서 나타나게 되었을까? 작가 개인의 내면이나 정신적인 것에 관한 관심은 프랑스나 노르웨이의 작가들, 즉 후기인상주의자들이나 뭉크에 의해서도 탐구된 바 있다. 그런데 프랑스나 노르웨이가 아닌 독일에서 표현주의가 발현된 까닭은 무엇일까?

2) 독일의 시대적 상황과 젊은 예술가들의 반성

사실 19세기 중반 이후 서유럽의 전반적인 사정은 그다지 좋지 않았다. 이성중심주의를 근간으로 하는 산업화는 부르주아지의 선동 아래 가속화되고 있었고, 산업화를 뒷받침하는 공장에서의 대량생산을 위해 노동력 공급원인 젊은이들을 지방에서 대도시로 대거 이주시킨 결과 국가 전체적으로 많은 사회문제가 발생하게 되었다. 주거난에 시달리던 젊은 노동자들은 조금이라도 싼 방을 얻기 위해 노력해야 했고 이는 보들레르가 "개미집"이라 묘사했던 열악한 주거환경을 만들어냈다. 일거리를 얻지 못한 사람들은 이내 대도시 뒷골목의 빈민굴로 모여들어 넝마주이를 하거나 자잘한 범죄에 연루되는 삶을 꾸려나가야 했다. 강도 높은 노동에 시달리며 아이들을 돌보는 데 소홀할 수밖에 없었던 부모들은 어린 자녀들이 동냥이나 성매매로 내몰리는 광경을 지켜보아야 하는 가슴 아픈 일들도 생겨났다. 그뿐만 아니라 각지에서 몰려드는 노동자들은 열악한 작업환경 속에서 고된 노동에 시달려야 했고, 대도시에서의 생활비는 나날이 늘어만 갔다.

이와는 별개로 삶에 대한 사람들의 태도도 전과 크게 달라졌다. 이성중심주의는 사람들에게 합리성을 강조하였고, 그 결과 젊은이들은 개인주의적 태도를 견지하는 것을 자연스럽게 여기게 되었다. 이에 따라 표현의 자유를 주장하며 예로부터 전해 내려오는 전통이나 인습에 대해 비판적인 태도를 보이는 일 또한 당연하게 생각되었다. 부르주아지가 이성중심주의를 그들 가치관의 근거 중 하나로 삼았던 것은 진보(progress)에 대한 굳건한 믿음 때문이었다. 그들이 보기에 사회의 진보는 기술의 진보와 맥을 같이 하는 것이었고, 그 기반은 다름 아닌 새로운 지식과 과학이라고 생각했기 때문이다. 그들의 입장에서 보면, 새로운 지식과 과학은 실제로 기계문명의 실현을 가져왔고 인류의 삶을 물질적으로나마 풍요롭게 만들었다고 주장할 만하다. 하지만 젊은 지식인들이나 예술가들의 생각은 달랐다. 특히 기계문명의 확산이 인간의 삶을 비인간적으로 만들었다고 여기는 젊은 예술가들은 부르주아의 위선을 지적하거나 기계문명의 근간인 이성중심주의를 비판하는 예술활동을 실천에 옮겼다.

이런 사회 분위기가 서유럽 전체에 공통적인 것이라면, 독일의 분위기는 이보다 한층 더 복잡한 양상으로 전개되었다. 독일은 아주 오랫동안 작은 나라들로 나뉜 채 발전해왔으며 그런 까닭에 지방분권의 색채가 아주 강했다. 이 작은 나라들은 19세기 중반에 이르기까지 농업에 의존하는 경제체제를 유지하고 있었고, 사람들의 삶의 모습 또한 옆 나라인 영국이나 프랑스와 달리 봉건적인 특색을 띠고 있었다. 그런데 1870년 독일이 하나의 국가로 통일됨에 따라 모든 것이 달라졌다. 권력은 지방분권으로부터 중앙집권의 모습으로 바뀌었고, 사람들의 삶은 농경 중심에서 도시 생활로 급격한 변화를 감내해야 했다. 근대적 국가의 모습을 갖추기를 원했던 통일 독일은 강한 경제력을 갖기 위해 국가가 주도하여 산업화를 강행했다. 말하자면 19세기 후반의 독일은 그야말로 정치와 사회, 문화 등 모든 분야에서 격동기를 맞이하고 있었다.

그런데 막강한 정치력을 바탕으로 유럽의 강대국 자리를 넘보던 독일은

1차 대전을 전후하여 커다란 난관에 부딪히게 된다. 오스트리아와 함께 패전하게 된 독일은 전쟁의 책임을 지고 오랜 시간 지배해왔던 폴란드를 독립시키고 프랑스에서 빼앗았던 영토를 돌려줌으로써 국토의 많은 부분을 잃고 강대국의 지위도 잃고 말았다. 중앙집권적인 정치와 경제 체제하에 상승가도를 달리던 독일인들에게 엄혹한 시기가 계속되었다. 게다가 독일의 날씨 또한 독일인들의 착잡한 심정을 더욱 어둡게 했다. 전쟁을 통해 겪은 죽음의 공포와 그 이후 계속되는 힘겨운 삶의 모습은 많은 독일인을 삶에 대한 진지한 고민으로 이끌었고, 그들은 죽음을 인정하는 삶의 모습에 대해 고민하기 시작했다. 죽음이란 그 이후의 세계 혹은 다른 세계의 일부가 아니라 우리의 삶에는 언제나 죽음이 함께한다는 생각이 바로 그것이다. 삶의 끝에 죽음이 있는 것이라면 죽음을 맞이하기 전까지 어떻게 살아야 하는가? 삶의 의미란 과연 무엇인가? 이는 실존철학의 물음과 그 맥을 같이 한다.

2. 실존주의와 표현주의 회화

1) 실존주의 철학의 전개

실존주의(existentialism) 혹은 실존철학으로 널리 알려진 사유의 흐름은 19세기 유럽에서 주류철학으로 군림해왔던 합리주의와 실증주의 사상에 반대하여 20세기 전반 독일과 프랑스를 중심으로 등장했다. 실존주의는 크게 유신론적 실존주의와 무신론적 실존주의로 나누기도 하는데, 실존주의의 구체적 논의는 이론가의 입장에 따라 다르다. 이 입장들을 세분화하여 분류하면 약 200여 가지로 정리할 수 있다고 알려져 있다. 그러나 이 입장들이 공유하는 지점은 유한한 존재로서의 인간을 성찰하고 현실적 삶의 문제에 대해 답을 구하기 위해 일어난 철학 사상이라는 문제의식이다. 바로 이러한 점이 이 다양한 시각들을 실존주의라는 하나의 명칭 아래 묶일 수 있도록 해준다. 실존이라는 용어는 철학에서 주로 사용하는 용어로서, 원래 본질이라는 용어와 대비되는 방식으로 사용되었다. 말하자면, '본질'이란 어떤 것의 일반적 본성을 의미하는 것인데, 이와 달리 그 어떤 것이 개별자(個別者)로서 존재하는 상태를 지칭할 때 '실존'이라는 용어를 사용했던 것이다. 따라서 전통적인 철학에서는 모든 것에 관해 그 본질과 실존을 구별하여 사용하였다. 그러나 실존에 대해 본격적으로 사유하기 시작한 하이데거나 야스퍼스는 실존을 인간의 존재방식을 나타내는 용어로 사용하였다. 그들에게 중요한 것은 인간의 일반적 본질이 아니라 인간 개개인의 실존이었기 때문이다. 실존은 타자(他者)로 바꾸어놓거나 타자와의 보편성 속에서는 사유할 수 없다. 이러한 개개인으로서의 실존을 사유의 대상으로 삼는 경향은 사실 키르케고르나 포이어바흐에게서 비롯되었다고 할 수 있다. 이에 실존주의에서는 키르케고르나 포이어바흐를 선구자로 설명하는데, 두 사람 모두 헤겔이 주장하는 보편적 정신의 존재를 부정한다는 점에서 그 공통점을 찾을 수 있다. 다만 키르케고르는 인간 정신을 어디까지나 개별적인 것으로 보아 개인의 주체성이 곧 진리라고 주장한다는 점에서, 그리고 포이어바흐는 인류가 보편적인 인간성이 아니라 개별적인 '나'와 '너'로 형성되어 있음을 주장한다는 점에서 차이를 보이며, 이와 같은 주장들은 이후 실존주의 사상의 핵심을 구성하게 된다.

  이와 달리 신의 존재에 대한 인정 여부에 따라 실존주의를 분류하는 입장도 있는데, 이러한 입장을 대표하는 사상가로 사르트르를 들 수 있다. 사르트르의 분류에 따르면 초월자 또는 신의 존재를 인정하는 야스퍼스나

마르셀 같은 실존주의 철학자는 '유신론적(有神論的) 실존주의자'이고, 신의 존재를 부정하는 자신은 '무신론적 실존주의자'가 된다. 무신론적 실존주의를 주장하는 사르트르는 신이라는 초월적 존재가 부재(不在)하기에 인간의 본질은 미리 결정지어진 바 없으며, 개인으로서의 인간은 완전한 자유 속에서 스스로 자신의 존재 방식을 선택하게끔 운명 지어져 있다고 주장한다. 이렇게 보면 자유는 인간에게 주어진 선물이 아니라 오히려 무거운 짐인 셈이다.

"인간은 자유를 선고 받았"기에 스스로 삶의 방식을 선택하거나 결정해야 하며, 그 선택의 결과에 따라 매 순간의 실존이 만들어지게 되는데, 그 실존들이 모여 결국 자신의 본질을 구성하게 된다는 것이 사르트르의 설명이다. "실존이 본질에 선행(先行)한다"는 그의 주장은 바로 이러한 입장에 따른 것이다. 만약 인간의 본질을 결정하는 신이 존재한다면 개인은 다만 그 결정에 따라 살아가기만 하면 되지만, 신이 없으므로 본질 또한 결정될 수 없고 인간은 자신의 삶에 대해 고민하고 책임지지 않을 수 없게 된다. 이런 까닭에 한 사람 한 사람의 인간이 스스로 선택하고 결정하는 삶의 방식이 매우 중요한 것이다. 물론 사르트르의 주장은 2차 대전 후에 나타난 것으로서 1차 대전을 전후하여 생겼다가 2차 대전이 일어나기 전에 사라진 표현주의 회화와의 직접적인 연관성을 찾기는 어려워 보인다.

2) 표현주의 회화의 전개

산업화의 과정에서 나타난 비인간적 삶의 모습과 1차 대전이라는 초유의 사태에서 빚어진 삶과 죽음의 문제, 그리고 부정할 수 없는 죽음을 마주한 채 인간에게 주어진 유한한 삶을 보다 의미 있게 살아가려는 방법은 중대한 고민거리였다. 마찬가지로 이 문제에 대해 고민하던 젊은 예술가들은 당시의 비참한 상황 속에서 살아가야 하는 인간의 모습을 작품 속에 담아내려고 애썼다. 특히 독일의 젊은 화가들은 그들의 관심사를 잘 표현하기 위해서는 과거와는 다른 새로운 형식이 필요하다는 데 뜻을 같이했고, 그들이 만들어낸 형식적 특징은 다음과 같은 것들이었다.

첫째, 채색에서 **파격적인 색채**를 선택했다. 독일 표현주의의 대표적 화가인 키르히너의 〈의자 앞의 프란치〉를 보자. 그림 속 소녀 프란치는 연두색 얼굴에 붉은 눈꺼풀과 입술로 그려져 있다.

연두색 얼굴은 녹색이 주조인 드레스, 배경과 어우러져 기괴한 분위기를 자아낸다. 이 연두색은 노랑과 오렌지, 그리고 빨강과 파랑 등의 색채와 함께 뭐라 설명할 수 없는 묘한 느낌마저 자아내고 있다. 사실 연두색

〈의자 앞의 프란치〉(키르히너, 1910, 티센보르네미차 미술관)

<모자를 쓴 여인>(마티스, 1905, 샌프란시스코 현대미술관)

은 전통적으로 서양 회화에서 기피되어온 색상 중 하나이다. 특히 연두색은 화가들뿐 아니라 관람자들 또한 싫어하는 색으로 알려져 있다. 1993년 러시아에서 미국으로 이주한 미술가 비탈리 코마와 알렉산더 멜라미드는 전 세계 10여 개국 국민을 대상으로 좋아하는 그림과 싫어하는 그림을 조사하였다. 그림 전반에 대한 설문을 통해 특정 미술에 대한 사람들의 선호도를 조사한 결과는 꽤나 놀라운 것이었다. 조사 대상이 되었던 사람들은 국적과 인종을 초월하여 전 세계적으로 유사한 답변을 내놓았는데, 예를 들어 인물화와 풍경화에 대한 선호도와 푸른색에 대한 선호도가 지역이나 인종을 불문하고 고르게 높게 나타났다. 이에 반해 추상미술이나 연두색에 대해서는 일반적으로 혐오감을 드러냈다. 사실 연두색을 가장 극적으로 사용했던 화가는 마티스이다.

<에스타크>(브라크, 1882, 미니애아폴리스 미술관)

야수파의 대표 화가인 마티스의 작품 <모자를 쓴 여인>(1905)을 보면, 여인의 이마와 코 부분, 그리고 얼굴 배경과 부채 일부에 연두색이 칠해진 것을 알 수 있다. 당시 사람들에게 이 그림은 충격으로 받아들여졌는데, 그 까닭은 전통에 반하는 색채사용법 때문이었다. 물론 키르히너의 소녀가 마티스의 이 작품보다 훨씬 더 공격적인 방식으로 연두색을 사용하고 있다는 것은 분명해 보인다.

둘째, **강한 윤곽선**의 등장이다. 입체주의의 대가 브라크의 초기작 <에스타크>(1882)나 피카소의 <아비뇽의 아가씨들>(1907)에서도 윤곽선이 나타나긴 하지만, 그것들은 키르히너의 <모자를 쓴 여인의 누드>(1911)에서만큼 도드라지지 않는다. 사실 르네상스 이후 서양 회화는 원근법과 명암법, 그리고 현실의 한순간을 다채로운 색채로 재구성하는 방식이 하나의 전통

<아비뇽의 아가씨들>
(피카소, 1907, 뉴욕 근대미술관)

<모자를 쓴 여인의 누드>
(키르히너, 1911, 루드비히 박물관)

으로 뿌리를 내리고 있었다.

그렇지만 이를 지양하는 것을 목적으로 삼았던 입체주의는 다시점(多視點)으로 구성된 회화를 연구했던 세잔의 영향을 받아 시점을 복수화하였다. 또한 색채도 녹색과 황토색만으로 한정하여 작업하는 한편, 자연의 여러 형태를 기본적인 기하학적 형상으로 환원하여 사물을 이차원의 타블로로 재구성하고자 했다. 아직 대상과 배경 사이의 상호침투에 다다르지 못했던 브라크와 피카소의 초기 작업에서는 배경과 대상 사이에 경계를 나타내는 듯 보이는 윤곽선이 자리 잡고 있다. 삼차원 대상을 이차원으로 재구성해내기 위해서 입체주의의 작가들에게는 건축가적인 안목과 분석력이 필요했고, 그런 입체감을 쇄신할 수 있도록 그들은 연구에 연구를 거듭하던 중이었다.

이와 달리 키르히너는 자신의 그림이 선과 색, 그리고 면으로 이루어진 유기체이기를 바랐다. 그래서 마치 과거의 목판화처럼 검은색으로 강조한 윤곽선이 자신의 회화가 실제 대상을 재현하려는 것이 아님을 분명히 밝히고 있다는 점에서 입체주의 초기에 나타났던 브라크나 피카소의 작업과 표현주의 작품들, 적어도 다리파의 작업과는 커다란 차이점이 있다고 할 수 있다.

세 번째 특징은 **색광의 기능**이다. 전통적인 서구 회화에서는 언제나 빛의 진행 방향이 잘 드러나 있다. 빛이 어디에서 나와 어디로 가는지가 명확해야만 가까이 있는 것은 명확하게, 멀리 있는 것은 흐리게 그려냄으로써 대기원근법을 통한 공간감을 만들어낼 수 있기 때문이다.

그러나 마케의 그림에서는 광원(光源)이 어디에 있는지를 알 수 없다. 도처에서 빛나는 빛의 향연을 통해 그림은 명도와 채도가 높은 색들의 잔치가 되고 있다. 광원이 사라짐으로써 공간감이 옅어진 〈나무 밑의 소녀들〉에서 관람객은 소녀들을 재현한 것이 아니라 소녀들이라는 대상을 빌미로 한 색들의 어우러짐을 마주하게 될 뿐이다.

〈나무 밑의 소녀들〉(마케, 1914)

이상과 같은 표현주의의 특징은 이 유파가 재현이라는 회화의 임무를 벗어던지고 작가의 내면이나 감정을 표현하는 일에 매진하게 되었다는 사실을 분명히 하고 있다. 그럼 이제부터는 표현주의의 각 분파의 특징 및 활동에 대해 살펴보기로 하자.

독일 표현주의는 크게 다리파, 슈투름파, 청기사파로 나뉜다. 이들은 작업의 특징뿐 아니라 활동의 지향점에서도 차이를 보인다.

3. 독일 표현주의의 세 유파

1) 다리파(Die Brücke, 1905~1913)

1905년 6월, 드레스덴의 고등공업학교 건축과 학생이었던 키르히너(Ernst Kirchner), 헤켈(Erich Heckel), 슈미트-로틀루프(Karl Schmidt-Rottluff) 등이 혁명적인 정신과 회화를 연결하는 '다리'가 되고자 하는 목적으로 일종의 미술 공동체를 설립하였다. 다리파의 본래 목적은 전시를 위한 공통의 장을 갖기보다는 예술과 생활을 대하는 새로운 태도를 발견하려는 데 있었다. 따라서 인습에 대한 항거와 자유로운 창조적 충동의 확인 등을 중요하게 생각했다. 다리파는 그들만의 공동 양식을 만들어내기 위하여 공동생활을 하였는데, 무언가 새로운 양식을 만들어낸 것처럼 보이면 함께 모여 그 작품에 대한 격렬한 토론을 이어나갔다. 그리고 그것을 바탕으로 소속 작가들은 자신들의 미숙함을 깨닫고 새로운 스타일 탐색에 매진하였다. 그들은 모두가 흡족해하는 작품이 나올 때까지 사인도 하지 않고 토론을 하였다고 한다.

이렇듯 치열한 창작과정을 거친 다리파의 구성원들은 1905년 드레스덴에서 제1, 제2회 전시회를 잇달아 열고, 당시 인상주의의 영향으로 풍경에 관심을 갖고 있던 독일 주류 회화에 대항하여 자신들만의 색깔을 드러내려 하였다. 1906년에는 놀데(Emil Nolde)와 페슈타인(Max Pechstein), 1908년에는 반 동겐(Kees van Dongen)도 동인으로 합류했다. 그들 작품세계의 특징이기도 한 데포르마시옹과 원색의 사용은 앞서 언급한 것처럼 프랑스의 야수주의의 영향을 받은 것으로 설명되는데, 여기에는 다소 차이가 있다. 야수주의의 화가들이 원색을 사용했던 것은 회화의 조형적 특성을 연구하기 위한 것이었지만, 다리파 화가들은 자신들이 처한 상황과 그로부터 생겨난 내적 고뇌 혹은 삶에 대한 고민 등을 작품 속에 진지하게 담아내고자 하였던 것이다.

반 고흐, 고갱, 뭉크가 보여주었던 내면의 표현방식에 매료되고, 입체주의가 선보였던 원시적인 예술의 원용에 이끌렸던 그들은 불안과 정념을 갖가지 조형 수단을 통해 형상화하였다. 그러던 다리파는 1913년에 이르러 동료 사이의 불화로 인해 해산하였다. 그 후 다리파의 구성원들은 각기 독자적인 길을 걷게 되었다.

키르히너의 〈베를린의 거리풍경〉은 똑같은 차림새에 동일한 표정을 한 도

〈베를린의 거리풍경〉 (키르히너, 1913, 노이에 갤러리)

〈군인으로 그려진 자화상〉(키르히너, 1915, 앨런 기념 미술관)

시 부르주아의 모습이 담겨 있다. 화려하지만 무표정한 도시민들의 모습은 극명한 대비를 이루는 붉고 푸른 색채와 위에서 내려다보는 듯한 시점으로 인해 매우 불안해 보인다. 똑같은 차림새에 똑같은 표정을 한 이들은 과연 누구인가? 각각 개성을 가진 한 명의 인간이기보다 도시 부르주아라는 기호로 작용하는 이들은 과연 누구일까? 이들은 무엇을 위해 사는가? 그들의 삶의 의미는 무엇일까? 정체성에 관한 작가의 고민은 〈군인으로 그려진 자화상〉에서도 그대로 드러난다.

〈군인으로 그려진 자화상〉은 1차 대전 참전 후에 정신적 외상을 앓고 있는 키르히너의 모습을 잘 드러내고 있다. 획일적으로 움직이는 군대라는 조직에 잘 적응하지 못했던 그는 군인으로서의 자신과 작가로서의 자신 사이에서 많은 고민을 했다. 특히 전쟁의 참혹함과 도처에 널린 죽음을 목도한 그는 전쟁으로 비롯된 현실의 죽음과 이 끔찍한 현실을 제대로 담아낼 수 없는 작가로서의 죽음 사이에서 고뇌했다.

　죽음을 받아들인 유한한 삶에 대한 고민. 우리는 이러한 고민을 실존적 고민이라 부른다. 이 유한한 삶을 통해 우리는 어떤 의미를 만들어낼 수 있는가? 우리의 삶을 의미 있게 만들기 위해 우리는 무엇을 할 수 있는가? 화가의 불안과 고민은 바로 이러한 질문과 맞닿아 있다. 그림 속 잘린 오른손은 심적 고통으로 인해 더 이상 그림을 그릴 수 없게 된 화가의 절망과 고통, 그리고 어떻게든 현실을 직시하는 작가로서의 자신을 그림으로 표현하기를 바라는 작가의 절실함을 표현하고 있다.

2) 슈투름파(Der Strum, 1910~)

1910년 발덴(Herwarth Walden)에 의해 베를린에서 창간된 주간 간행물인 『데어 슈투름』은 당시 유럽 전역의 아방가르드 작가들의 등용을 위한 발판이 되었다. 원래 이 잡지는 문학비평에 중점을 두었던 것으로 알려져 있지만 오스트리아 출신의 화가 코코슈카(Oskar Kokoschka)와 다리파 작가들의 삽화 및 목판화를 실으면서 문예와 미술을 아우르는 이른바 종합예술잡지로 영역을 확대했다. 1912년 3월 발덴은 동명의 갤러리를 열어 입체주의, 미래주의, 다리파, 청기사파 등 당대 유럽 아방가르드의 다양한 면모를 망라하는 전시들을 개최하였고, 이 전시에 참여하였던 작가들은 슈투름파로 명명되었다. 잡지와 갤러리의 연계 활동은 미술, 시, 연극, 음악 등의 분야에서 표현주의를 전방위적으로 확산시키는 데에 중요한 역할을 하였다. 1913년 『데어 슈투름』의 후원으로 발덴은 15개국의 미술가 90여 명과 함께 당대의 독특한 회화적 이해를 보여주는 국제전 성격의 베를린 가을 살롱전을 개최하였다.

1914년 잡지는 월간으로 바뀌었고, 클레(Paul Klee), 샤갈(Marc Chagall), 글레즈(Albert-Léon Gleize), 뒤샹-비용(Raymond Duchamp-Villon), 마르크(Franz Marc) 등의 전시를 개최하였다. 이처럼 아방가르드 예술 운동의 동력이 되었던 『데어 슈투름』은 나치즘이 대두하여 비재현적 예술 작품을 반대하는 분위기가 조성됨에 따라 1923년 폐간되었다.

코코슈카의 자화상은 자신의 자아와 외부 세계 사이의 불편한 관계에서 빚어진 상처를 담아낸 심리적 초상화로 일컬어진다. 이 작품의 제목 〈퇴폐미술가의 자화상〉이야말로 외부 세계가 몰아붙이고 있는 자신의 처지를 작가의 개인적인 발화방식, 즉 표현을 통해 보여주려고 한 것이다. 이 그림의 제목은 나치가 개최한 '퇴폐미술전'에 자신과 동료들의 작품이 포함되어 있는 것을 보고 그것들이 정말 퇴폐적인 것인지를 신랄하게 비꼬아 응수하려는 의

〈퇴폐미술가의 자화상〉(코코슈카, 1937, 스코틀랜드 국립미술관)

도로 붙인 것이다.

나치의 수장이던 히틀러는 화가 지망생이자 미술 애호가로 알려져 있다. 그러나 히틀러는 표현주의 미술가들의 취향과는 달리 재현적 작품을 좋아했다. 비재현적 회화에 대해 혐오감을 드러냈던 히틀러에게 코코슈카와 그 동료들의 작업은 그야말로 퇴폐적으로 보였을 뿐이다. 비재현적인 작업을 추구하던 코코슈카와 그 동료들의 작업은 이내 "퇴폐미술"로 낙인찍혔고, '퇴폐미술전'의 전시 작품으로 선정되기에 이른다. 이 모든 상황을 잘 알고 있었던 코코슈카는 자화상을 통해 자신의 심정을 여과없이 보여준다.

예를 들어 배경 속의 사슴과 사냥꾼은 박해와 피신을 암시한다. 초점 없는 눈동자와 어지러운 붓질 자국. 여기에는 화가로서의 죽음을 선고받은 자신의 처지가 잘 드러나 있다. 뿐만 아니라 그의 표정에는 1차 대전이 끝난 후 잠시나마 싹텄던 희망이 2차 대전의 조짐으로 인해 절망으로 바뀌어가는 데 대한 배신감마저 서려 있는 듯하다. 또다시 죽음과 맞닥뜨려야 하다니!

3) 청기사파(Der Blaue Reiter, 1911~1914)

다리파와 함께 독일 표현주의의 주요한 유파로 다루어지는 청기사파는 칸딘스키(Wassily Kandinsky)와 마르크가 1912년에 피퍼(Piper) 서점에서 간행한 잡지 『청기사(Der Blaue Reiter)』에서 그 명칭이 유래한 것으로 알려져 있다. 사실 청기사파의 원류라 할 수 있는 것은 1909년에 만들어진 뮌헨의 신미술가협회이다. 이 협회에 칸딘스키와 마르크 외에 야블렌스키(Alexej von Jawlensky), 뮌터(Gabriel Münter), 클레(Paul Klee), 쿠빈(Alfred Kubin), 마케(August Macke) 등이 뜻을 함께하여 활동하고 있었다. 그런데 1911년 세 번째 전시회를 준비하던 신미술가협회의 심사위원들이 크기 제한을 어겼다

<최후의 심판>(칸딘스키, 1912, 프랑스 국립현대미술관)

는 이유로 칸딘스키의 추상 경향의 대작 <최후의 심판>을 거부하는 사태가 발생했다. 이 사건이 계기가 되어 신미술가협회 내에 존재했던 작가들 사이의 견해차가 표면화하였고, 예술에 대한 입장차를 이유로 신미술가협회는 결국 분열하고 만다.

이후 칸딘스키와 마르크, 야블렌스키, 뮌터, 클레, 쿠빈, 마케 등은 프랑스의 브라크(Georges Braque)와 루소(Henri Rousseau)의 작품이 독일에 소개된 것을 계기로 새로운 표현주의 작가그룹인 청기사파를 결성하였고, 1911년 12월 8일 탄하우저(Thanhauser) 화랑에서 선언문을 낭독하고 전시를 주관하면서 청기사파라는 명칭을 공식적으로 사용하게 되었다. 칸딘스키의 회고에 따르면, 잡지의 이름이자 그룹의 명칭인 "청기사"는 마르크가 좋아하는 말과 칸딘스키가 좋아하는 기사 모티브에 두 사람 다 선호한 청색을 더한 것으로 즉흥적으로 만들어진 명칭이라고 한다. 실제로 마르크는 오랫동안 동양철학과 종교에 관심을 갖고 있었으며, 그런 이유로 그에게 미술이란 자연의 객관적 모습을 정확하게 모방하는 것이 아니라 자연 속의 정신적 본질을 포착하여 작품 속에 담아내야 한다는 칸딘스키의 신비주의적 견해에 열렬히 호응하였다. 칸딘스키의 영향을 받은 마르크는 이후 정신적 본질을 추구하는 미술은 추상으로 귀결한다는 입장에 전적으로 동의하게 되었다. 같은 분위기를 공유하였던 청기사파는 구체적인 방향성을 제시하는 강력한 선언의 유무와 상관없이 색채에 상징적인 의미를 부여하고, 독일 고대의 낭만적 심성을 화면에 형상화하는 데에 매진하였으며, 작가 자신의 내면의 표현을 중시하였다. 이처럼 청기사파는 운동이나 유파라기보다는 뚜렷한 프로그램 없이 다만 1911~14년에 걸쳐 작품을 함께 전시했던

<말을 탄 연인>(칸딘스키, 1906, 렌바흐하우스 시립미술관)

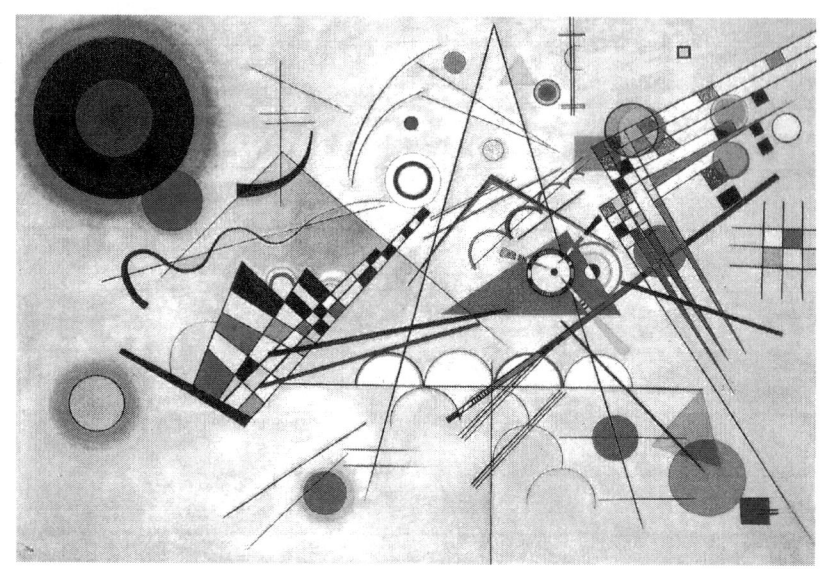

<구성 8>(칸딘스키, 1923, 솔로몬 R. 구겐하임 미술관)

많은 미술가들의 포괄적인 집단으로 보는 것이 보다 타당해 보인다.

청기사파의 미술가들은 이보다 일찍 생겨난 독일의 미술가 집단인 브뤼케파와 마찬가지로 표현주의적 성향을 띠었다. 그렇지만 브뤼케파와 달리 청기사파 작가들이 선택한 표현주의는 서정적 추상의 형태를 띠었으며, 다양한 양식적 특징을 보였다. 그들은 일종의 신비감을 형상으로 나타내어 그들의 미술에 깊은 정신적 의미를 불어넣고자 했다. 청기사파의 화가들은 입체주의 및 미래주의의 회화 양식, 소박한 민속예술 등에서 다양한 영향을 받았다. 그러나 미술에서 정신적 본질을 추구하던 청기사파의 작업은 이내 추상을 향한 길로 접어들게 되고, 이들의 작품은 최초의 추상이라 평가받게 된다.

1차 대전이 발발하면서 청기사파는 자연스럽게 해산되었다. 전쟁의 참화는 화가들의 삶에 커다란 영향을 주었다. 마케는 1914년에, 마르크는

1916년에 전사함으로써 청기사파는 해체의 길로 접어들 수밖에 없었다. 1차 대전이 끝나고 많은 혼란 속에 힘들어하던 독일은 1924년 이후로 부분적으로나마 안정을 되찾아가고 있었다. 특히 독일의 정치와 경제의 빠른 회복을 위해 전체주의에 대한 필요성이 긍정적으로 받아들여지기 시작하자 예술에서는 보다 공공연하게 정치적 함의를 담은 사회비판적 사실주의가 전개되었다. 그에 비해 상대적으로 개인적이고 난해한 미술로 여겨지던 표현주의는 1920년대 후반부터 쇠퇴하게 되었다. 특히 1933년 나치가 정권을 장악하게 되자 그들의 구미에 맞지 않는 예술들에 대한 탄압이 이루어졌다.

나치는 거의 모든 표현주의 예술가들의 작품을 퇴폐미술로 규정하고 작품의 전시 및 발표를 금했고, 이내 곧 표현주의 미술의 창작 자체를 금지했다. 상황이 이러하자 수많은 표현주의 예술가들이 미국 등 외국으로 망명할 수밖에 없었고, 독일의 표현주의는 막을 내리는 것처럼 보였다.

제6강

'새로움의 미학'의 역설
- 입체주의와 미래주의

1. 현재에 대한 의식으로서의 모더니티에서 아방가르드한 모더니티로

1) 모던과 신구 논쟁

앞서 살펴본 바와 같이 5세기 말부터 존재했던 "모던"(modern)이라는 용어는 원래 과거와 짝을 이루는 현재를 지칭하기 위해 고안된 개념이었다. 야우스의 논의를 따르면, "모던"이라는 형용사의 기원은 5세기 말 라틴어인 "modernus"이며, "modernus"는 "modo"라는 부사로부터 온 것으로 보인다. 그리고 "modo"는 "바로 지금, 최근"을 의미하는 말이었다. 이와 같은 사실로 미루어 "modernus"는 새로운 것을 지칭한다기보다는 화자가 말하는 당시의 현재를 지칭하는 것임에 틀림없다고 야우스는 주장한다. 그러므로 "모던한 것"(le moderne)은 "낡은 것"(l'ancien) 혹은 "고대적인 것"(l'antique), 예컨대 그리스·로마의 과거 문화와 구별 짓기 위한 것뿐이었다. "모던인"(les moderni) 대 "고대인"(les antiqui). 거기에는 현재와 과거라는 시간상의 대립만이 있을 뿐이었다. 결국 그리스도교적 현재를 일컫는 모던한 것과 이교도적 과거를 일컫는 고대적인 것은 순전히 시간적인 의미에서 상반되는 개넘이었던 것이다.

중세라 불리는 오랜 시간 동안에도 고대/모던의 대비는 어느 한편의 우월함을 다투는 것과는 거리가 멀었으며, 이 상반되는 시간 개념은 오히려 공존의 상태로 존재했다. 모던과 고대 사이의 이런 관계는 12세기경에 이르러 베르나르(Bernard de Chartres)에 의해 처음으로 알려지게 되었다. 베르나르가 남긴 유명한 격언은 '거인의 어깨 위에 있는 난쟁이'에 관한 것으로 거인은 고대인을, 난쟁이는 모던인을 나타낸다. 거인의 어깨 위의 난쟁이는 거인보다 훨씬 멀리 보지만, 거인이 없다면 그것이 불가능하게 된다는 이 은유는, 소위 근대인이 우월할 수 있는 것은 바로 고대인이 있기 때문이라는 점을 분명히 한다. 모더니티 연구의 중요한 이론가인 칼리네스쿠 또한 진보의 이념을 가진 역사가들이 즐겨 사용하는, 거인의 어깨 위에 서 있어 거인보다 더 멀리 볼 수 있다는 난쟁이에 관한 베르나르의 유명한 격언에 대해 다음과 같이 말한다.

> 베르나르의 격언을 폭넓게 유포된 하나의 공식으로 만드는, 그리고 그 결과 수사적 상투어로 만들어버리는 것은 바로 그 격언의 애매함인데, 바로 그것으로 인해 사람들은 그 은유 속에 결합해 있는 두 가지 의미 가운데 한 가지만을 강조할 수 있는 자유를 누렸다. … 이런 지점에서 본다면, 진보와 퇴보는 실상 밀접하게 연관되어 있는 것으로 보인다. 다시 말해서 새로운 시대의 인간들은 그들의 선조보다 더 발전해있지만 동시에 덜 훌륭하다.[1]

---

1   칼리네스쿠(1987), 『모더니티의 다섯 얼굴』, 이영욱 외 옮김, 시각과 언어, 1993, 26쪽.

이 은유로부터 우리는 다음과 같은 문제를 제기할 수 있다. "난쟁이들은 거인보다 작은가 아니면 거인보다 통찰력이 있는가?" 난쟁이는 거인보다 작지만 동시에 거인보다 통찰력을 가진 존재, 다시 말해 양면적인 속성을 지닌 존재로 생각해볼 수 있다. 이렇게 볼 때, 우리는 "모던"이라는 말이 본래 가지고 있었던 역설에 대해 깨닫게 될 것이다. 이런 입장에서 볼 때 역설을 그 속성으로 하는 모던(moderne), 모더니티(modernité), 그리고 모더니즘(modernisme)이라는 개념은 정의될 수 없는, 혹은 열린 개념이라고 이야기할 수밖에 없을 것이다. 보통 근대 시기에는 과학적 사고를 중시하여 모든 개념에서 모호함을 제거하려 하지만, 모더니티라는 개념에서는 그 모호함이 해결될 수 없다.

그러나 17세기 말의 신구 논쟁, 인간을 종합적으로 보도록 하는 계기를 마련하긴 했지만 결론적으로는 근대인들의 승리로 끝났던 바로 그 논쟁을 거치면서 변화가 생겨났다. 과학적 인식과 철학적 인식의 영역에서뿐만 아니라 미술과 문학에서도 근대인들이 고대인들보다 우월하다는 사실이 승인되었고 취미의 질서 내에서조차 진보가 있다는 사실이 인정되기에 이르렀던 것이다. 이러한 상황은 근대인들의 관점에서 고대인들은 원시적이기 때문에 열등하며, 학문과 기술의 영역에서 이루어진 진보에 힘입은 근대인들이 고대인들보다 우월하다는 생각을 더욱 일반화했다. 칼리네스쿠는 실제로 이런 사태에 대한 세 가지 이해방식을 제시한다.

첫째는 **이성의 논법**이다. 근대옹호론자들은 이성적 법칙들을 많이 제시하는 작품이 더 많은 즐거움을 주는 훌륭한 작품이라고 여겼으며, 따라서 더 많은 수의 법칙들을 제시하는 것으로 여겨지는 근대인들의 작품도 우월하다는 것이다. 둘째, **취미의 논법**이다. 근대옹호론자들은 취미가 문명의 다른 측면들과 병행하여 더 정련되어 나간다고 믿었다. 그 진보의 개념을 바탕으로 그들은 자신들의 우월함을 주장했던 것이다. 그러나 그들은 실제로는 초월적이며 독특한 미의 모델에 대한 상식적인 믿음이 있었기 때문에 고대인들과 별반 다를 바가 없다고 칼리네쿠스는 지적한다. 마지막으로는 **종교의 논법**이다. 근대인들은 고대인들이 갖지 못했던 그리스도의 진리를 소유하고 있기 때문에 그들이 우월하다고 주장했다. 요컨대, 베르나르의 모호한 은유에서의 난쟁이에 대한 정의는 "난쟁이는 거인보다 통찰력이 있다"는 한 면으로만 굳어져, 더 이상 양면적이거나 역설적이지 않게 되어버렸다.

뿐만 아니라 프랑스 혁명 같은 커다란 사건은 시간에 대한 의식의 또 다른 변화를 가져왔다. 다시 말해서, 영원을 꿈꾸며 시간을 초월하려는 야망을 가졌던 고전주의 미학의 시각과는 반대로 내일에 대해 생각하고 역사의 미완성을 이야기하는 새로운 시각이 등장하게 되었던 것이다. 이러한 새로운 시각의 등장과 함께 혁신의 미학, 즉 끊임없는 혁신을 꿈꾸는 미학이 나타나게 되었다. 이렇게 해서 '모던'이라는 용어는 "새로움"(nouveauté)과 손을 잡기 시작한다. 그리고 미술 역시 진보를 향해 나아가는 일반적인 움직임을 따르게 되었다. 특히 스탕달이 예술과 현실의 동일시를 주장하면서부터, 본래 역설을 그 속성으로 했던 "모던한 것"은 더더욱 새로움을 추구하게 되었다.

이미 언급했던 것처럼, 원래 중세 이래로 '모던'이라는 관념은 현재의 것과 과거의 것을 나누는 기준일 뿐이었으며, 따라서 과거의 것이 나쁘다거나 현재의 것이 더 좋다거나 하는 가치평가의 의미는 없었다. 실제로 스탕달 이전까지 사람들에게 고전주의는 고대인들 당시의 낭만주의로 여겨졌을 뿐, 단절이나 갱신의 대상은 아니었다. 그러나 1823년 모더니티에 관한 스탕달의 견해가 등장하면서 현재와 과거에 대한 구분과 그 함의는 완전히 바뀌게 되었다. 예술과 현실을 동일시하는 스탕달의 명제는 1823년 『라신과 셰익스피어』에서 공식화되었다.

> 낭만주의는 사람들에게 현 상태의 자신들의 관습과 신념에 비추어 그들에게 가능한 최상의 즐거움을 주는 문학작품들을 제시하는 예술을 말한다. 반대로 고전주의는 그들의 대선조들에게 최고의 기쁨을 주었던 (그러나 지금은 아닌) 문학작품을 그들에게 제시하고 있다. 오늘날 소포클레스와 유리피데스를 모방하는 것, 그리고 이런 모방이 19세기 프랑스인들에게 지겹게 느껴지지 않을 것이라고 가정하는 일이 고전주의자가 되는 일이다.[2]

스탕달의 낭만주의 정의에서 예술과 현실의 관계는 더욱 강조되었으며, 낭만주의적인 것은 현실 세계에 충실한 태도를 보이는 것이었다. 따라서 현실과 무관한 고전주의는 낭만주의와 무관한 것으로 여겨지게 되었으며, 고전주의적 취향과 모던한 취향을 동등하게 대비시켜 설명하는 것은 더 이상 중요하지 않게 되었다. 그렇게 고전주의적인 것은 시간을 초월한 아름다움으로 이해되는 대신에 어제의 아름다움에 국한된 것일 뿐 오늘날에는 통용되지 말아야 할 것이 되고 말았다. 스탕달 이후로 고전주의적인 것은 더 이상 아름답지 않을 뿐 아니라 타파 및 갱신의 대상이 되었다.

---

2   스탕달(1954), *Œuvres Complètes*, ed., Georges Eudes, Paris: Larrive, 16권, 27쪽.

2) 아방가르드

예술과 현실을 동일시하는 스탕달의 명제 이후에 예술을 평가하는 영역에서는 당대의 예술만이 유일한 가치로 자리 잡게 되었으며, 어제의 예술은 더 이상 예술이 아닌 것으로까지 여겨지게 되었다. 스탕달의 명제 내에 기재되어 있는 이러한 경향으로부터 모더니티는 19세기 말 '아방가르드'(avant-garde)라는 유행에 대한 추종으로 이르게 될 것이 분명해 보였다. 실제로 변화와 상대성, 그리고 현재를 강조하면서 스탕달은 유행이 곧 취미임을 확인했다. 그러나 그 당시의 사람들이 '현재의 예술'(l'art du présent)을 받아들일 준비가 되지 않았던 탓에 그의 입장은 '아방가르드'로 선회해야만 했다. 다시 말해, 스탕달은 자신을 인정해주지 않는 현재 대신에 그의 직관을 확인하고 그것을 정당화해줄 미래 혹은 미래의 독자를 기다려야만 했던 것이다. 스탕달은 자신의 입장을 "군인만큼이나 작가에게도 용기가 필요한 것 같다"고 표현했다. 이 문장으로 미루어 그가 프랑스 혁명 이래로 널리 퍼진 정치학과 미학을 실제로 혼동하고 있었다는 사실을 알 수 있으며, 이러한 혼동은 이후 신인상주의자들에게로 이어지게 된다. 이처럼 미학과 정치학의 혼동에서 시작된 '현재의 예술'에 대한 스탕달의 정의는 당시 사람들에게는 받아들여지지 않았으며, 그에 절망한 스탕달은 결국 미래가 그를 인정해주리라고 스스로 위안해야 했다. 그리하여 모더니티는 미래를 예견하는 미학, 즉 새로움을 추구하는 아방가르드 미학으로 나아가게 된다.

한편 19세기의 가장 통찰력 있는 관찰자인 보들레르는 스탕달 이래로 주장되어온 예술과 현실성과의 동일시 효과를 누구보다도 더 잘 판단했다. 그러나 보들레르는 스탕달과는 달리 현실성에만 안주하는 모더니티를 그다지 평가하지 않았다. 보들레르는 근대화한 현실의 삶을 인정했지만, 그것을 있는 그대로 예술로 옮기도록 명하지는 않았다. 그는 현실의 일회적인 삶으로부터 영원한 것을 추출해내는 것이 바로 예술가의 소임이라 여겼다. 사실 보들레르는 현실을 부정하지도 않고 예술에 대한 과거의 귀족적인 취향을 부정하지도 않는 매우 양면적인 태도를 견지했다. 앞서 말했듯이, 보들레르는 실제로 관찰된 현실 그 자체가 아니라 예술가의 기억에 의존하는 예술을 진정 모던한 예술로 보았다. 또한 보들레르는 스탕달이 고전적인 것을 부정적인 의미로 평가했던 것과는 달리 시간을 초월하는 아름다움, 즉 영원을 추구하는 아름다움을 긍정했다. 보들레르는 현실의 삶으로부터 신비한 아름다움을 추출해내면 모더니티는 고전으로 자리 잡게 된다고 말하기까지 한다. 요컨대, 보들레르는 모더니티에 대한 정의에서 원래 "모던"이라는 용어가 꿈꾸었던 영원, 즉 그가 말하는 고전적이기에 영원한 것을 현실의 찰나로부터 추출해내려 했던 것이다.

그러나 진보를 꿈꾸는 이들은 보들레르가 양면성을 가진 모더니티를 이야기하는 와중에 잠시 언급했던 새로움만을 중시하여 스탕달뿐 아니라 보들레르까지도 그들 입장의 선구자로 여기게 되었다. 이런 입장에 서 있는 이로는 19세기 말의 졸라나 말라르메, 드니를 예로 들 수 있다. 마네의 그림에서 새로운 점에 주목한 졸라는 현대회화의 미적 정당성은 유사성이나 핍진성과는 다른 것에 바탕을 둔다고 주장하면서, 시각적 대상의 자율성이라는 형식주의의 기초 전제를 정립하였다. 이로써 그는 작품이 하나의 역사적 사실이나 문학작품의 테마를 투명하게 보여주는 것이 아니라 단순히 그려진 캔버스라는 하나의 물리적 존재로 현존하다는 사실을 기정사실화했다. 이로부터 약 10년 후, 말라르메는 이 점을 더욱 분명히 되풀이했다. 그는 프레임을 강조하면서, 프레임의 기능이 그림을 고립시키는 것이라고 주장했다. 그리하여 그는 작품의 상상적 경계와 프레임, 즉 물리적 경계를 동일한 것으로 만들었다.

드니는 눈속임의 환영(trompe l'œil)을 바탕으로 하는 사실주의를 논박하고 정서적 사실주의의 우월성을 강조함으로써 재현에 대한 속박에서 이미지를 해방하여 이미지가 갖는 자율성을 한층 높은 지위로 끌어올렸다. 이런 입장을 초기 형식주의의 입장이라 하는데, 이런 초기 형식주의의 핵심은 작품의 물질적 현존을 바탕으로 작품의 시각적 자율성을 주장함으로써 이미지에게 재현의 책임을 덜어주었다는 것이다. 그러나 아직까지 이미지가 완전한 시각적 자율성을 획득한 것은 아니었으며, 이러한 자율성은 그린버그에 이르러서나 가능할 것이었다.

이상과 같이 우리는 '모던'이라는 용어로부터 모더니티의 출현 및 아방가르드한 모더니티로의 전환에 대해 살펴보았다. 아방가르드한 모더니티가 추구하는 진보라는 입장에서 보면, 오늘의 현실은 내일의 고전주의가 될 뿐이며, 진보는 그다음에 이루어질 진보에 의해 과거 전통의 일부가 되고 만다. 진보를 근간으로 삼는 모더니티는 끊임없이 타파의 대상인 고전이 되고 전통으로 자리 잡게 되는 것이다. 또한 과거를 부정하고 미래를 향해 나아가는 진보적인 모더니티, 즉 아방가르드한 모더니티는 원래의 '모던'이라는 용어와 '보들레르 모더니티'가 가지고 있는 역설을 해결하는 데에도 실패한다. 역설을 가진 "모던한 것"은 '전통의 부정'(la négation de la tradition)으로서의 모더니티로, 그리고 그 '전통의 부정'으로서의 모더니티는 '부정의 전통'(la tradition de la négation)으로서의 모더니티로 전환되면서 마침내 보들레르의 모더니티가 특징으로 삼았던 역설은 해소가 아닌 은폐의 길을 걷게 되었다.

2. '새로움의 미학'과 새로운 미술 운동
   : 입체주의와 미래주의

1) '아방가르드 미술론'과 '새로움의 미학' : 신인상주의의 전개

우선 본격적인 논의에 앞서 "아방가르드"라는 용어에 대해 알아보기로 하자. 아방가르드는 본래 군사 용어로서, 원래 뜻은 "군의 본대의 선두에서 걷는 부대"를 일컫는 말이었다. 그러나 1848년 혁명[3]에 이르러 이 용어를 정치적 맥락으로 사용하는 일이 일반화되기 시작했는데, 이때 그것은 좌익의 극단, 즉 진보주의자들이나 반동분자들을 지칭하는 용어였다. 그런데 제2제정기인 1852년부터 1870년 사이에 정치적 용법으로서의 아방가르드는 미학적인 용법으로 사용되다가, 점차 미학적 은유로 변화되었다. 미학적 용법으로서의 아방가르드는 정치적 용법으로서의 아방가르드의 영향을 많이 받은 것으로서 사회적 진보를 위해 애쓰는 예술을 가리키는 것이었다.

그런데 미학적 용법으로서의 아방가르드는 점차 미학적으로 시대에 앞선 예술을 가리키는 것으로 변해갔다. 다시 말해, 사회참여를 요구하던 아방가르드 예술은 새로운 형식을 가진 아방가르드 예술을 지칭하는 것으로 변해갔는데, 그 이유는 새로운 형식이 시대에 앞선 예술임을 판별하는 기준으로 자리 잡았기 때문이다. 실제로 1848년 이전에는 예술의 주제에 의해 아방가르드인지의 여부가 기준이 되었던 데 반해, 1870년 이후에는 예술의 형식이 아방가르드 여부를 결정하게 되었다.

초기의 미학적 용법으로서의 아방가르드를 수행하고자 했던 미술운동

---

[3] 2월 혁명이라고도 한다. 이 혁명으로 7월 왕조, 즉 루이 필립의 왕조가 무너지고 제2공화정이 시작되었다. 그러나 곧 나폴레옹 3세가 통치하는 제2제정이 시작되었다.

으로는 참여예술로서의 아방가르드를 들 수 있으며, 미학적 은유로 이행된 아방가르드로는 예술 그 자체의 혁명적인 힘을 믿는 예술로서의 아방가르드를 들 수 있다. 더 정확히 말하면, 생시몽적이거나 푸리에적인 의미에서 정치적 혁명에 봉사하는 예술가들의 아방가르드가 전자에 해당하는 아방가르드요, 미학적 혁명이라는 계획에 만족하는 예술가들의 아방가르드, 즉 예술이 변화하면 세계가 그 변화를 뒤따를 것이라는 믿음을 가진 예술가들의 아방가르드가 두 번째 부류의 아방가르드에 속한다. 요컨대 전자는 세계를 바꾸기 위해 예술을 이용하려 하는 아방가르드 예술가들을 일컫는 것이고, 후자는 예술이 변화하면 세계가 그 뒤를 따를 것이라고 여기는 아방가르드 예술가를 일컫는 것이다. 그렇다면 사회참여를 주장하던 참여예술로서의 아방가르드(미학적 용법으로서의 아방가르드)가 어떻게 미적 형식의 혁신을 추구하는 미학적 혁명으로서의 아방가르드(미학적 은유로서

<그랑드 자트 섬의 일요일 오후>(쇠라, 1884, 시카고 미술관)

의 아방가르드)로 전환되게 되었는가? 이제 그 과정을 따라가 보기로 하자.

사회에 참여하는 예술로서의 아방가르드를 신봉했던 최초의 인물들은 바로 신인상주의자들이었다. 그들은 "예술적인 실천"과 "예술의 정치"라는 표현을 동일시했으며 정치적으로는 좌파였다. 예컨대 쇠라와 시냑을 필두로 하는 신인상주의자들은 스스로를 인상주의의 아방가르드로 여겼으며, 그 결과 그들은 회화에서처럼 정치에서도 혁명적이기를 바랐을 뿐 아니라 동일한 과학 이론이 그들의 모든 실천을 관장한다고 믿었다. 쇠라의 〈그랑드 자트 섬의 일요일 오후〉를 보면 그러한 신인상주의자들의 관심이 잘 반영되어 있다.

인상파 그룹이 사실상 결속을 해체한 1880년부터 본격적인 활동을 시작한 신인상주의 화가들은 당시 물리학계에서 크게 연구 및 개발되고 있던 광학과 색채이론을 작품에 체계적으로 적용하고자 했다. 그들은 빛이 다양한 색채로 나뉠 뿐 아니라 다양하게 분할되는 점의 형태로 시각을 자극한다는 당대의 물리학 이론을 수용하여 작업에 구체적으로 적용하기 위해 노력했다. 이들 신인상주의자들은 색조분할을 함에 있어 세밀하고 무수한 색점(色點)을 사용하는 분할묘사법을 고안해냈다. 우리는 이를 점묘법이라 부르며, 이 기법은 광선효과를 최고도로 발휘하는 데 매우 성공적이었다.

한편 정치적으로도 참여적이기를 바랐던 신인상주의자들은 점묘법을 활용한 시각적으로 아름다운 그림 속에 사회의 문제들

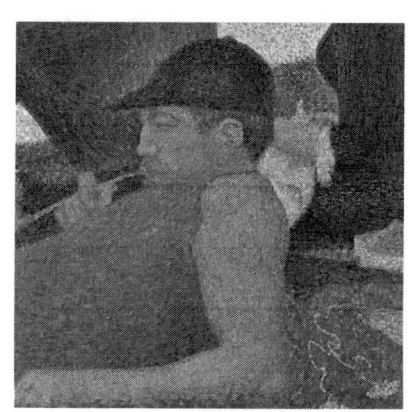

〈그랑드 자트 섬의 일요일 오후〉 세부 ❶

을 담아내기를 원했다. 〈그랑드 자트 섬의 일요일 오후〉는 이러한 부분을 잘 담아내고 있다. 전면 하단부에 그려진 남성은 모처럼 휴일을 맞아 휴식을 취하고 있는 남성 노동자의 모습이다. 그림 속 다른 인물들과 달리 표정이 잘 드러난 이 인물은 행복이나 만족 등의 감정과는 거리가 먼 표정이다. 매일같이 힘들고 고된 노동에 시달리면서도 질 낮은 삶을 영위할 수밖에 없는 노동자의 모습이 이 인물을 통해 잘 나타나고 있다 하겠다.

〈그랑드 자트 섬의 일요일 오후〉 세부 ❷³

이와 달리 전면부 오른편에 등장하는 부르주아 커플의 모습은 상대적으로 평화로워 보인다. 언뜻 보아 이 부분은 모처럼의 햇빛을 즐기러 나온 여유로운 부르주아 커플의 평화로운 모습을 보여주는 듯하다. 그러나 작가의 의도는 그와는 다른 것처럼 보인다. 여성이 데리고 있는 애완동물을 자세히 보면, 강아지와 원숭이가 함께 있다는 것을 이내 알 수 있다.

원숭이를 데리고 산책을 하다니? 19세기 후반 부르주아들이 원숭이를 애완용으로 기르는 일이 유행이었던가? 사실 이 문제는 원숭이가 갖는 도상학적 상징의 의미와 관계가 깊다. 일반적으로 도상학에서 검은 고양이와 원숭이는 신뢰를 저버리는 행위 또는 불륜을 뜻한다. 따라서 원숭이를 데

---

4   습작의 일부이다.

리고 있는 여인은 아마도 불륜을 저지르고 있는 것으로 보이는데, 이 부분을 인지할 때 비로소 우리는 작가의 의도를 제대로 파악하게 된다. 쇠라는 당시 부르주아들의 위선적 행위에 대해 일침을 놓고 싶어 했던 것이다. 왼쪽의 노동자가 대변하는 하층민들의 힘든 일상과 대비되는 여유로운 부르주아들의 일탈. 이 아름다운 그림의 뒤에는 신랄한 사회비판이라는 작가의 시각이 잘 담겨 있었던 것이다.

그러나 현실 참여적인 예술을 주장하던 아방가르드는 "인상주의의 동료"라는 가명을 가진 시냑이 1891년 무정부주의 신문인 〈라레볼트(La Révolte)〉에서 쇠라의 예술을 정치적으로 정당화하면서부터 변하기 시작했다. 신인상주의의 첫 번째 주제는 도시생활, 산업 노동, 그리고 대중의 여가에서 차용된 것들로서, 그 주제는 노동자를 자본에 대립시킴으로써 사회적 분쟁을 증언하기 위한 것이라고 시냑은 쓰고 있다. 그러나 그는 또한 "진정한 신인상주의적 혁신은 자본주의적 여가에 대한 사회적 분석이 아니라 이런 주제들을 이용한 미적인 형식의 발견에 있다"라고 주장했는데, 바로 이와 같은 문장으로 인해 이후로는 주제가 아닌 형식이 아방가르드임을 결정짓는 기준으로 여겨지게 되었다.

다시 말해, 작가가 표명하는 혁명적인 정치적 신념들에도 불구하고 아방가르드라는 용어의 의미는 점차 미학적 형식주의를 향하여 변해갔던 것이다. 이 같은 시냑의 글은 아방가르드 미학에 대한 정의의 본보기가 된다. 이로부터 아방가르드 미학은 다루는 주제들에 의해서가 아니라 그 자체로서 혁명적이기를 바라고, 고유한 미적 형식을 실천에 옮김으로써 사회체계를 훼손할 것을 주장하게 된다. 그리하여 미적인 형식 탐구는 그 본질상 혁명적인 것으로 간주되게 되었다.

이후로 미학적 혁명은 곧 세계를 바꾸는 것으로 여겨지게 되었으며, 세계를 변화시키기 위해 시대에 앞서가는 미학적 아방가르드는 "앞섬" 또는 "예견"이라는 의미를 갖기에 이르렀다. 이처럼 미학적 아방가르드의 세력이 확장됨에 따라, 20세기에는 아방가르드 미술론이 현대미술 비평의 원리로 자리 잡게 되었다.

2) 입체주의와 미래주의를 중심으로

군사 용어로부터 미학적 은유로 이르는 과정에서 아방가르드라는 용어는 "최전방에 있음"이라는 공간적인 가치로부터 "예견"이라는 의미의 시간적인 가치로 이행되었다. 실제로 인상주의 이후에 미술 비평의 모든 어휘는 시간적으로 앞섬이라는 의미의 아방가르드에 근거하게 되었다. 이제 미술은 필사적으로 미래에 매달리고, 더 이상 현재에 포함되려고 하지 않았다. 따라서 모더니즘의 본질적 성격으로 간주되는 '단절'은 더 이상 단순히 과거와의 단절이 아니라 현재와의 단절 그 자체가 되게 되었다. 이상에서 살펴본 바와 같이 아방가르드의 의미는 점진적인 변화를 겪었다. 특히 미술사의 측면에서 보면, 그것은 처음에는 사회의 진보에 대한 봉사였다가 그 후에는 점점 그 자체로 미래주의적인 것이 되었고, 결국에는 형식적 혁신이 비평적 해석의 원칙이 되기에 이르렀다. 그 과정에서 원래 혁신의 미학으로서 아방가르드가 가졌던 모순적인 경향들, 즉 긍정과 부정, 자유와 권위, 허무주의와 미래주의라는 양면적인 경향들은 새로움 아래 가려지게 되었다.

3) 입체주의(Cubisme) : 형식적 혁신을 통한 새로움의 추구

입체주의는 일반적으로 1900~14년 파리에서 일어났던 미술 혁신 운동을

<에스타크>(세잔, 1879~83, 뉴욕 현대미술관)

일컫는다. 입체주의 또는 입체파라는 명칭은 1908년 마티스(Henri Matisse)가 '살롱 도톤'(Salon d'Automne)에 출품된 브라크(Georges Braque)의 작품 <에스타크 풍경> 연작을 평하면서 "조그만 입체(큐브)의 덩어리"라고 말한 데서 유래한 것으로 알려져 있다. 특히 이 유파는 피카소(Pablo Picasso)가 <아비뇽의 아가씨들>을 발표함으로써 급격하게 발전했는데, 입체주의는 흔히 세잔(Paul Cézanne) 풍의 입체주의(1907~1909), 분석적 입체주의(1910~1912), 종합적 입체주의(1913~1914) 등 3단계로 나누어 설명된다.

브라크는 1906년부터 1908년까지 매년 여름 프랑스 남부의 작은 도시 에스타크에 머물며 작품 활동을 했다. 사실 에스타크 지방은 당시 화가들 사이에서 이미 잘 알려진 곳이었는데, 1870년대에 후기인상주의 화가인 세잔이 이곳에 살면서 많은 작품을 남긴 까닭이었다. 1907년에 열린 '세잔 회고전'에서 커다란 감동을 받았던 브라크는 에스타크를 찾아 자신만의 고유한 형식을 모색하고자 했다.

<에스타크의 집>은 브라크가 1908년 여름 내내 에스타크에 머물며 그린

에스타크 풍경 연작 가운데 하나이다. 세잔의 비교적 초기작인 〈에스타크〉는 여전히 재현회화의 특징을 따르고 있는 듯하지만, 매우 단단해 보이는 바위의 모습이나 마치 춤을 추고 있는 것 같은 나무들의 표현 방식은 이미 후기에 〈생트 빅투아르 산〉을 수없이 그리며 "모든 자연은 원통, 구, 원추형으로 환원된다"고 했던 그의 주장이 싹트고 있다는 것을 잘 보여준다.

이로부터 영향을 받은 브라크는 자신의 〈에스타크〉 연작을 통해 세잔의 이론을 충실히 구현하고 있다. 브라크는 세잔의 입장으로부터 한 걸음 더 나아가 눈에 보이는 시각적인 자연을 해체하고 새로운 입체적 구성을 시도했다. 그리하여 나무와 집이라는 사실적인 풍경은 기하하적 도형의 모습이 되어 완전히 색다른 풍경화가 되었다. 에스타크의 풍경을 재해석한 그림들을 가지고 파리로 돌아온 브라크는 같은 해 가을 자신의 에스타크 풍경 연작을 '살롱 도톤'에 출품했다. 그러나 이 실험적인 작품들에 대해 심사위원들의 반응은 냉담했다. 이에 불만을 품은 브라크는 출품했던 작품을 모두 회수해 당대 유명한 화상이었던 칸바일러의 화랑에서 개인전을

〈에스타크〉(브라크, 1882, 퐁피두 미술관)   〈에스타크〉(브라크, 1882, 퐁피두 미술관)

열었다. 당대의 반응은 어떠했든, 오늘날 브라크의 에스타크 풍경 연작은 이미 기념비적 작품으로 자리 잡고 있다. 기하학적 기법을 사용하여 자연을 단순화할 뿐 아니라 원근법을 배제함으로써 그려진 대상을 캔버스라는 2차원의 평면 위에 눈속임으로 입체성을 구현하려 하는 대신, 대상 그 자체를 입방체의 모습으로 담아낸 에스타크 풍경은 브라크가 이후 이행하게 될 입체주의를 향한 중요한 첫걸음이었기 때문이다.

이에 대해 아폴리네르(Guillaume Apollinaire)는 "현대 예술의 모든 새로운 점들을 검증했고 계속 검증해나간 철저한 검사관의 장인의식"이라고 높이 평가했다.

브라크와 함께 입체주의를 이끌었던 피카소도 비슷한 시기 입체주의의 태동을 알릴 만한 작품을 대중에 공개했다. 스페인 출신인 피카소는 스페인의 미술 교육에 적응하지 못하였다. 그러던 중에 19세 때인 1900년 처음으로 파리를 방문하였고, 다음 해 재차 방문하여 몽마르트르를 중심으로 제작활동을 하고 있던 젊은 보헤미안의 무리에 합류하였다. 피카소는 모네, 르누아르, 피사로 등 인상파들의 작품을 접했으며 고갱의 원시주의, 고흐의 표현주의 등의 영향도 받았다. 청색시대와 장밋빛 시대를 거치면서 피카소의 작업들은 서서히 인정을 받기 시작했고, 1905년에 이르러 피카소는 파리에서 가장 인정받는 화가 중 한 사람이 되었다. 기욤 아폴리네르를 만났고 다음 해에는 마티스와 교류하면서 그의 형식은 큰 변화를 맞이했다. 세잔의 주장을 받아들인 피카소의 그림은 그 형태가 점점 단순해졌고, 1907년의 그의 대표작인 〈아비뇽의 아가씨들〉에 이르러서는 아프리카 흑인 조각의 영향이 두드러지는 등 드디어 자신만의 고유한 형식을 보이기 시작했다. 이 시기부터 본격적으로 브라크와 함께 입체주의 미술 양식을 창안하였는데, 1909년에는 분석적 입체주의, 1912년부터는 종합적 입체주의의 시대를 이끌었다.

피카소는 여성 누드 관례에 대한 직접적인 비판을 행했던 마네의 〈올랭피아〉와 지나치게 자유분방한 색채 표현으로 야수파라는 명칭을 가져왔던 마티스의 〈모자를 쓴 여인〉을 종합했다. 그런 다음, 원시주의를 재해석한 자신만의 스타일을 가미한 문제작 〈아비뇽의 아가씨들〉이 공개되면서 피카소는 브라크와 함께 입체주의라는 현대미술에서의 중요한 흐름을 만들어냈다. 〈아비뇽의 아가씨들〉 속 다섯 여인들은 서구 회화의 관례가 규정하는 누드도 아니고, 아름다운 여성을 재현한 것은 더욱이 아니었다. 그렇기는커녕 세상에 존재하는 그 어떤 여성의 모습과도 달랐다. 브라크와 피카소의 이러한 작업 이후 이제 회화는 더 이상 대상을 눈에 보이는 대로 캔버스에 옮길 필요가 없어졌다.

원근법은 3차원 대상을 2차원 평면인 캔버스 위에 구현하기 위해 참으로 오랜 세월 동안 기울였던 많은 노력의 결과였다. 그러나 회화를 닮음이라는 오랜 굴레로부터 완전히 해방시킨 피카소와 브라크의 다음 행보는 공간과 대상의 상호침투였다. 이를 위해 그들은 입체주의의 양식을 보다 구체화한다. 그들에 따르면, 입체주의는 르네상스 이후 서양 회화의 전통으로 자리 잡은 원근법과 명암법을 따르지 않을 뿐 아니라 인상주의가 꿈꾸었던 표현 방식, 즉 다채로운 색채를 쓴 순간적인 현실 묘사 또한 지양하고자 했다. 게다가 대상을 그려내는 시점(視點)을 복수화하여 단일 시점을 강조했던 전통회화의 방식을 전면적으로 거부했고, 색채도 녹색과 황토색만으로 한정하여 그려진 이미지가 덜 재현적으로 보이기를 원했다. 나아가 그들은 자연이 보여주는 여러 가지 형태를 단순하고 기본적인 기하학적 형상으로 단순화하여 사물을 이차원의 타블로로 재구성하고자 하였는데, 이를 위해서 화가는 단순히 관찰하여 묘사하는 행위 대신 건축가적인 안목과 분석력을 가져야 했고, 입체감을 나타내는 방식에 있어 커다란 쇄신을 해야만 했다. 말하자면 새로운 형식을 고안하고자 했던 화가들은 대상을 정확하게 모사하기 위한 재현적 회화의 기법인 "환영적인 눈속임"(trompe l'œil)에서 완전히 벗어나기를 원했던 것이다. 우리는 일반적으로 이 시기의 활동을 분석적 입체주의라 부른다.

그렇다면 피카소는 어떤 방식을 택한 것일까? 아마도 피카소에게 그림은 세계 또는 대상의 근본적인 구조를 인식하고 표현하는 일종의 도구였던 것 같다. 내게 특정한 방식으로 보이는 대상의 진정한 모습은 무엇일까? 이러한 문제의식을 놓지 않았던 피카소, 적어도 분석적 입체주의 시기(1907~1909)의 피카소에게 대상을 캔버스에 그려내는 일은 바로 3차원의 공간을 2차원의 캔버스 위에 온전히 담아내기 위한 시도인 동시에 탐구였다. 피카소가 1910년에 그린 〈화상 앙브루아즈 볼라르의 초상〉은 대상

〈화상 앙브루아즈 볼라르의 초상〉(피카소, 1910, 푸시킨 미술관)

과 배경이라는 공간에 대한 작가의 생각이 잘 나타나 있다. 이 그림의 모델인 앙브루아즈 볼라르는 당시에 매우 유명한 화상이었다. 그는 특히 무명인 젊은 화가들의 재능을 알아보는 직관력으로 잘 알려져 있었고, 피카소 또한 그의 덕을 보았다는 점을 생각해보면, 이 그림은 아마도 그에 대한 고마움의 표시로 제작되었으리라 짐작할 수 있다.

그러나 누군가가 나를 저런 방식으로 그려준다면 진정으로 기뻐할 이가 몇이나 되겠는가? 이 작품에서 피카소는 대상과 배경 사이의 색채를 거의 비슷한 톤으로 구성할 뿐 아니라 대상과 배경 사이의 경계 또한 불분명하게 함으로써 마치 대상과 배경 사이에 상호침투가 일어나는 느낌마저 들게 만든다. 배경에 잡아먹힌 듯한 인물은 단순히 알아볼 수 없는 얼굴만 도드라져 보이는데, 이 얼굴은 인물화가 전통적으로 해오던 임무를 수행하지 않는다. 이 그림은 대상의 특징을 알려주어 그 인물이 어떤 사람인지를 짐작하게 하기는커녕 녹색과 갈색이라는 두 가지 색과 함께 무수히 많은 선과 면을 통해서 오히려 형태를 파괴하고 있다.

사실 피카소의 이 작품은 그가 자신의 스승으로 여겼던 세잔의 〈볼라르의 초상〉의 영향을 받은 작품이다. 모든 대상을 구, 원통, 원추라는 근원적 형태로 환원하고자 했던 세잔에게 인물화는 구로 환원되는 인물의 머리, 원통으로 환원되는 팔, 다리, 몸통의 구현으로 여겨졌다. 의자에 앉아 약간 아래를 보는 듯한 그림 속 볼라르의 모습은 어두운 갈색과 보라색이 주는 가라앉은 분위기 속에 육중한 양감의 형태로 자리 잡고 있다.

마치 기하학에 입각하여 도형과도 같이 그려진 볼라르는 단단하고 딱딱해 보이기까지 한다. 여기서 눈여겨보아야 할 부분은 얼굴인데, 작가는 얼굴 부분을 큰 터치들을 통해 표현하고 있다. 말하자면, 작은 면들을 집적(集積)하여 얼굴이라는 3차원의 형태, 즉 구를 나타낸 것이다. 피카소는 바로 이 부분을 정확히 알아보고 그의 분석적 입체주의에서 보다 발전적으로 구현하고 있는데, 그것은 보다 과격해진 면 분할을 통해서이다. 객관적이고 고정된 하나의 시점으로 체계화된 원근법이 아니라 다양한 시점과 다양한 시간에서 체험된, 주관적 시지각에 의거한 새로운 형태와 3차원성(입체감과 공간감)을 작가가 스스로 구성함으로써 캔버스 위에 드러내는 것. 바로 그것이 세잔이 지향했던 회화의 새로운 길이었고, 그의 고민은 이후 피카소에게 고스란히 전해져서 회화의 새로운 길을 열었다.

그러나 얼마 지나지 않아 피카소와 그의 친구들은 새로운 형식의 작업에 몰두하게 되는데, 우리는 이 시기의 작업을 종합적 입체주의(1912~1914)라 부른다. 면 분할을 통해 3차원을 표현하는 새로운 방식을 구가하던 브라크는 1912년 피카소와 함께 콜라주의 원형인 '파피에 콜레'(papier collé) 기법을 만들어내게 된다. 종이를 찢어 풀로 붙이는 기법인 파피에 콜레는

〈볼라르의 초상〉(세잔, 1899, 프티 팔레 미술관)

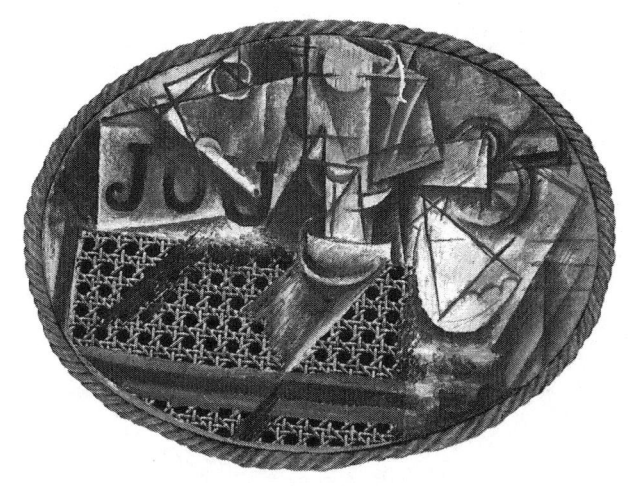
<등나무가 있는 정물>(피카소, 1912, 피카소 미술관)

넓게 보아 콜라주의 일종인데, 면 분할에서 드러나는 추상적인 선이라는 요소로 인해 대상이 점점 더 해체되어 추상으로 나아가는 듯했던 분석적 입체주의를 다른 방향으로 이끌기 위한 시도로 알려져 있다. 실제로 브라크와 피카소는 회화의 화면에서 사라져버린 생생한 현실의 이미지와 일상의 느낌을 복원시키기 위해 신문지, 상표, 털, 모래, 철사 등 일상생활에서 흔히 사용하고 구하기 쉬운 오브제들을 함께 붙여냄으로써 지금까지와는 다른 새로운 조형적 효과를 만들어냈다.

파피에 콜레를 창안한 뒤부터 조르주 브라크와 파블로 피카소는 단순하고 일상적인 사물로 공간을 표현한다는 것에 점차 빠져들어 많은 작품을 제작하기 시작했다. 피카소의 <등나무가 있는 정물>이나 브라크의 <바이올린과 파이프>가 대표적이다. 이들은 물질 그 자체, 다시 말해 신문지나 벽지, 담뱃갑이나 트럼프, 노끈 등을 실제로 화면에 풀로 붙여 작품을 완성했고, 너무나도 일상적인 물질들이 그 자체로 작품 속에 존재한다는 사실은 당시 사람들에게 적지 않은 충격을 주었다.

<바이올린과 파이프>(브라크, 1913, 퐁피두 미술관)

　종합적 입체주의 시기에 브라크와 피카소가 만들어낸 파피에 콜레는 회화적인 테크닉의 일종으로 그것이 화면에 현실감이나 일상성을 즉각적으로 회복시킨다거나 곧 바로 물질성을 부여한다고 보기는 어려울 것이다. 하지만 파피에 콜레는 작가가 주관적 지각을 통해 알게 된 것을 보다 잘 표현하기 위한 수단임에는 틀림이 없고, 이러한 테크닉은 이후 화가들의 표현의 자유를 한층 더 극대화하는 데 많은 기여를 하게 된다. 실제로 파피에 콜레는 다다이즘과 초현실주의에 의해 현대적 콜라주로 발전되며 20세기 회화에서 전통적으로 비미술적인 것으로 여겨졌던 재료가 작품을 통해 예술적 가치를 갖게 될 수도 있다는 것을 보여주는 중요한 계기를 마련했다.
　그러나 파피에 콜레는 다시 환영적인 눈속임 수법과 풍부한 색채마저 재사용하기에 이른다. 이러한 경향은 물질적 요소와 일상용품의 사용에서는 새로울 수 있을지 모르지만, 재현으로부터의 탈피라는 당시 미술의 목적에 비추어보면 작품 속 대상이 다시 세계 속 대상, 즉 모델을 환기시킴으로써 재현으로 되돌아가는 듯한 모습을 보인다. 평면성의 추구가 곧 형식적 새로움이라 믿었던 입체주의는 분석적 입체주의 시기에 국한될 뿐이며, 사물의 물질성이 그대로 드러나기를 원했던 종합적 입체주의는 다시 공간성과 재현의 원리를 작품 속으로 끌어들임으로써 형식의 쇄신이라는 그들의 목적에서 벗어나는 듯했다. 요컨대 원근법을 벗어나서 작가의 주관적 지각을 통한 사물의 재구성을 목표로 형식의 쇄신에 힘썼던 입체주의는 분석적 입체주의를 지나 종합적 입체주의로 이행하면서 사물의 재구성이라는 원래의 목적에서 벗어나 과거의 재현으로 퇴행하는 듯한 역설적 모습을 보이게 되었다.

4) 미래주의 : 예술을 통한 현대적 삶의 새로운 모습 추구

미래주의는 20세기 초 이탈리아를 중심으로 일어난 아방가르드 예술운동의 일환으로 미술뿐 아니라 시, 음악, 연극, 문학 등 예술 전반에 걸쳐 전개되었다. 이탈리아의 시인 마리네티(Filippo Tommaso Emilio Marinetti)는 1909년 2월 20일, 프랑스의 유력 일간지 〈르피가로〉 1면에 "미래주의의 기초와 미래주의 선언"이라는 제목의 선언문을 실었는데, 이것이 미래주의의 시작이다. 당시로서도 새로운 예술사조의 출현을 예고하는 선언문이 신문 1면에 실린 것은 특별한 일이었다.

마리네티(1915)

이 선언문에서 마리네티는 "우리가 화폭 위에 재현하고 싶은 것은 역동적 세계의 고정된 한순간이 아니라 세계의 역동성 그 자체이다"라고 주장했다. 이와 같은 목표를 위해 그는 과거의 예술을 타파하고 기계문명의 특징인 속도와 다이내믹한 힘을 작품 속에 담아낼 것을 강력히 주장했다. 실제로 이 선언문의 일부를 인용하면 다음과 같다.

> 우리는 힘과 위험에 대한 사랑을 노래하겠다. 이 같은 사랑은 대담무쌍함의 습성이다.
>
> 지금까지 문학은 황홀경, 수면, 고요한 생각만을 찬양했다. 우리는 공격적인 행동, 열에 들뜬 불면증, 경주자의 활보, 목숨을 건 도약, 주먹으로 치기와 손바닥으로 따귀 때리기를 찬양하고자 한다.
>
> 우리는 새로운 아름다움, 다시 말해 속도의 아름다움 때문에 세상이 더욱 멋있게 변했다고 확언한다. 폭발하듯 숨을 내쉬는 뱀 같은 파이프로 덮개를 장식한 경주용 자동차, 포탄 위에라도 올라탄 듯 으르렁거리는 자동차는 '사모트라케의 니케'보다 아름답다.
>
> 싸움보다 더 아름다운 것은 없다. 공격성이 없는 작품은 걸작이 될 수 없다. 시는 미지의 힘들을 인간 앞에 항복하도록 만드는 폭력적 타격이다.
>
> 우리는 세상에서 유일한 위생학인 전쟁과 군국주의, 애국심과 자유를 가져오는 이들의 파괴적 몸짓, 목숨을 바칠 가치가 있는 아름다운 이념, 그리고 여성에 대한 조롱을 찬미한다.
>
> 우리는 박물관, 도서관, 모든 종류의 아카데미를 파괴하고, 도덕주의, 페미니즘, 모든 기회주의적이고 실용주의적인 비겁함에 맞서 싸울 것이다.

이 선언문의 내용을 통해 우리는 이 선언문이 전쟁과 군국주의를 옹호

미래주의 화가들.
왼쪽부터 루솔로, 카라, 마리네티, 보초니, 세베리니

하고 여성에 대한 조롱을 찬미하는 반인류적이고 반페미니스트적인 글이 아닌가 하는 의문을 떨치기 어렵다. 이에 덧붙여 이 선언문은 우리의 삶을 풍요롭게 하는 기계문명과 다이내믹한 힘이 보여주는 남성적인 파괴력에 대한 찬양을 넘어 파시즘마저 찬양하는 것이 아닌가 하는 의구심마저 갖게 된다. 이러한 의문에 답하기에 앞서 이 선언문의 중심 주장만 살펴보면, 마리네티는 속도와 문명과 싸움을 찬양하고 전위적 예술의 출발을 공식화하는 선언문을 작성하려는 의도가 무척 강했던 것 같다.

이듬해인 1910년 3월 8일에는 보치오니(Umberto Boccioni), 카라(Carlo Carra), 세베리니(Gino Severini), 루솔로(Luigi Russolo), 발라(Giacomo Balla) 등 다섯 명의 화가가 트리노의 키아레라 극장에서 3천 명의 관중 앞에서 '미래주의 화가 선언'을 공표하였는데, 이 선언문과 함께 본격적인 미래주의 미술 운동이 전개되었다. 이 미래주의 화가들은 2년 후인 1912년에 '미래주의 제2차 선언'을 발표했고, 뒤이어 보치오니는 '미래주의 조각 선언'을 발표했다. 특히 '미래주의 제2차 선언'에서 그들은 회화의 고전적 기교에 반대

제6강 : '새로움의 미학'의 역설 163

<달리는 말>(머이브리지, 1878)

<질주하는 말>(마레, 1887) 동체사진법(Chrono-Photography)으로 촬영한 것이다.

하는 입장을 분명히 하면서 고전적 미술을 "미술의 피상적 모더니즘"이라고 폄하하기도 하였다.

과거와 전통을 거부하고 대신 새로움과 젊음, 기계, 운동, 힘, 속도를 찬양하였던 미래주의 작가들은 "세계는 새로운 아름다움으로 더욱 풍요로워졌다. 그것은 바로 속도의 아름다움이다. 달리는 자동차는 사모트라스 섬의 승리의 여신상보다 아름답다"고 말한 마리네티의 사상을 회화와 조각에서 실천하기로 천명하였다. 동시에 미래주의 화가들은 당시 새로운 미술로 간주되었던 입체주의의 한계를 뛰어넘고자 하였는데, 그들이 보기에 입체주의는 형태의 분석에만 몰입하는 형식주의에 불과했기 때문이다. 따라서 미래주의 작가들은 입체주의가 견지했던 정적인 이미지를 벗어나서 현대 생활의 역동성이 드러나는 정서를 강조하고자 하였고, 이를 위해 빠른 속도로 달리는 자동차, 기차, 경주용 자전거, 무희들, 움직이는 동물 등과 같은 대상을 속도감 있게 표현하려 하였다. 이들은 속도감 외에도 역동성, 생기, 기술, 미래 등을 중시하였으며, 이는 당시 젊은 예술가들을 사로잡았던 베르그송이나 니체 사상의 영향 덕분이라 하겠다. 대상에 대한 새로운 방식의 지각이 가능하다고 설파했던 베르그송이나 힘 또는 역동성에 관한 지평을 열어보였던 니체의 사상은 미래주의 화가들에게 새로운 시대의 아름다움은 곧 보편적 힘으로서의 역동성이라는 확신을 갖게 했다. 연속적인 역동성을 이미지로 캔버스에 구현하는 데에는 영국의 사진작가 머이브리지(Edward James Muybridge)와 프랑스의 생리학자 마레(Etienne-Jules Marey)의 사진기술과 고속촬영 등 동시대의 과학적 지식이 큰 도움을 주었다.

이를 바탕으로 미래주의 화가들은 동일한 공간 내에서 일어나는 운동의 다이내믹한 연속성을 포착하여 표현하는 동시성(simultaneity) 개념, 즉 시공간 속에서 동시다발적으로 나타나는 소리와 빛, 운동, 에너지 등을 회화에 담아내기 위한 표현 기법 또한 구체화하였다.

발라의 작품은 역동성과 동시성의 구현을 잘 보여준다. 제목부터 〈가죽

〈가죽 끈에 끌려가는 강아지의 역동성〉(발라, 1912, 올브라이트-녹스 아트 갤러리)

끈에 끌려가는 강아지의 역동성〉인 이 작품은 산책하는 강아지의 연속적인 움직임을 포착한 다음, 그것을 동시성의 개념을 통해 가시적 이미지로 표현해낸 재미있는 그림이다. 관객들에게 재미있어 보이는 이 그림은, 그러나 작가 자신에게는 새로운 시대의 아름다움을 구현하는 매우 진지한 작업이었음에 틀림없을 것이다.

〈거리의 불빛〉은 산업화의 산물인 가로등을 다룬 이미지이다. 밤의 공기 사이로 퍼져나가는 빛을 매우 아름답게 표현한 이 작품은 마치 색채를 통해 빛의 발산이라는 물리적 현상을 보여주는 듯하다. 따뜻한 에너지를 가진 빛이 차가운 밤공기를 가르고 확산하는 현상을 이토록 아름답게 표현할 수 있다니!

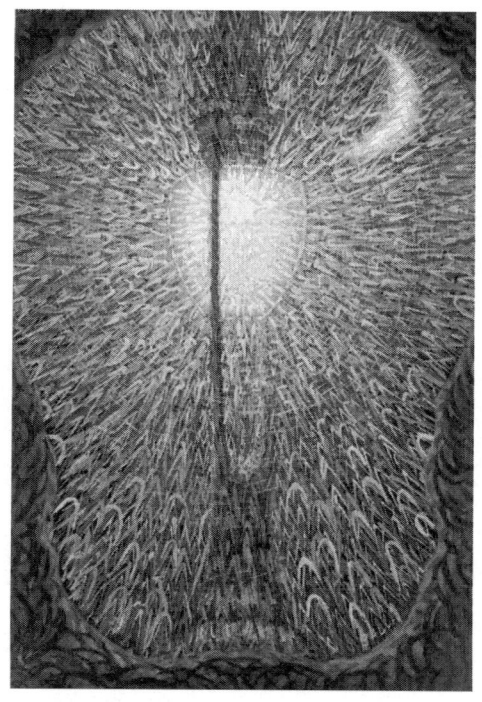

〈거리의 불빛〉(발라, 1909, 뉴욕 현대미술관)

<자전거 타는 사람의 역동성>(보치오니, 1913, 페기 구겐하임 미술관)

다음은 보치오니의 작품이다. 설명이 필요 없을 만큼 미래주의의 이념에 정확히 들어맞는 작업을 했던 보치오니는 1916년 자신의 죽음과 함께 이탈리아 미래주의에도 사망선고를 내렸다. 보치오니 사망 후 미래주의는 더 이상 지속되지 못했다.

그러나 이탈리아 미래주의가 표방했던 역동성과 동시성 개념은 이탈리아를 넘어 러시아 작가들인 라리오노프(Mikhail Larionov)나 곤차로바(Natalia Goncharova), 말레비치(Kasimir Malevich) 등에게 영향을 주었다. 한편 그들의 또 다른 특징인 과격한 선동이나 우상파괴, 전통과의 단절을 주장하는 반(反)전통의 태도는 다다이즘으로 이어졌다.

이상에서 살펴본 바와 같이 예술의 변화, 즉 새로운 예술을 통해 삶을 변화시키기를 원했던 미래주의는 빠른 것이 느린 것을 지배하며, 바로 그것이 현대사회의 특징이라고 주장했다. 이런 시각에서 보면, 미래주의의 정치적 입장은 예술 실천에서의 그들의 주장을 정치의 영역으로 그대로 옮겨놓은 것이라 할 수 있다. 그러나 새로운 예술이 곧 새로운 삶이라는 신념은 이들을 전체주의(파시즘)로 향하게 하였고, 전체주의 하에서 그들의 주장은 예술을 정치적 선전 수단으로 만드는 논리가 되었다. 새로운 예술을 통한 새로운 삶이라는 그들의 이상은 예술을 한낱 정치의 도구로 만드는 결과를 초래하고 말았던 것이다.

지금까지 독창성이라는 형식적 새로움의 추구에 의해 전개되었던 20세기 초반의 미술운동들에 대해 살펴보았다. 그런데 이 독창성의 추구는 현대미술의 이론적 요구에 의해 새로움과 관계를 맺기 시작했다. 20세기 초의 여러 아방가르드 미술 운동과 더불어 급진화되고 가속화하는 새로움의 추구는 이내 모더니티와 아방가르드를 동일시하는 입장으로 자리 잡았다. 하지만 새로움의 생명력은 그리 길지 못했다. 새로움에 사로잡힌 미술가들은 또 다른 새로움을 창안해야 했고, 새로움의 주기는 나날이 짧아져갔다. 새로움은 데카당스와 모종의 관계가 있다. 새로움이 언제나 데카당스로 끝난다는 점에서 이 둘은 처음부터 역설적 관계를 갖고 있었는데, 미술에서의 모더니티를 다루고자 했던 이들은 새로움에 경도되어 바로 그 점을 간과해왔다. 보들레르 모더니티에서 새로움은 언제나 데카당스나 절망과 불가분의 관계에 있다. 다시 말해, 보들레르가 모더니티를 이야기하며 언급했던 새로움은 하강, 즉 세상 속에서 일상을 보는 데 있어서의 새로움이다. 따라서 그 새로움은 진보에 합당한 새로움이라기보다는 오히려 태생적으로 데카당스와 관계를 맺고 있는 새로움으로 보아야 할 것이다. 그래서 그 새로움은 절망이나 우울(spleen)로서의 새로움이 되는 것이다. 그러나 모더니즘 옹호자들에 의해 모더니티와 아방가르드가 새로움이라는 동일한 정의로 환원되는 가운데 모더니티의 속성인 역설은 은폐되고 말았다.

이렇게 해서 현대미술이 추구하는 이론은 보들레르가 말한 바의 역설적인 모더니티가 아니라 새로움에 근거하는 아방가르드한 모더니티를 전면에 내세운 미술론, 즉 '아방가르드 미술론'이 되었다. 이렇게 볼 때, '아방가르드 미술론'의 지배하에 있는 현대 미술운동의 양상에 대해 다음과 같은 질문들을 제기할 수 있을 것이다.

첫째, 현대미술운동에서 그 이론과 실제 사이의 관계에 대한 문제를 제기할 수 있다. 새로움만을 추구하는, 그리고 단일한 목표를 향해 진보해가는 아방가르드한 모더니티에 근거를 둔 이론은 그 이론에 부합하지 않는 실제를 어떻게 다루고 있는가? 또한 이론에 부합하는 실제와의 관계에서라 하더라도 그 이론과 실제와의 관계는 일관적인가? 둘째, 보들레르 모더니티의 속성인 역설이 '아방가르드 미술론'에 의거하는 현대 미술운동에서는 어떠한 양상을 띠게 되는가 하는 문제를 제기할 수 있다. '아방가르드 미술론'에서 그 역설의 은폐는 과연 성공적인가?

제7강

승화와 탈승화
- 프로이트의 미술 이해

1. 프로이트와 정신분석학

오스트리아의 정신분석학자 프로이트(Sigmund Freud)는 우리의 깊숙한 곳에 숨어 있는 무의식이 우리의 행동과 정서를 규정한다고 단언하면서 처음으로 무의식의 존재를 설명하고자 하였다. 그는 자신의 연구를 "정신분석"이라 명명하면서 정신분석학이라는 새로운 학문의 영역을 열었다. 프로이트는 인간이 합리적으로 사유하고 행동하는 의식적 존재라는 당대의 믿음에 문제제기를 했던 것이다. 프로이트는 무의식(unconscious)이란 "의식에 영향을 미치기는 하나, 꿈이나 정신분석의 방법을 통하지 않고는 의식화하지 않는 의식"이라고 설명한다. 프로이트는 인간의 행동이 기본적으로는 생물학적 충동과 본능을 만족시키기 위한 욕망으로 동기화된다고 주장하며, 이 충동 또는 본능이 무의식의 영역에 해당한다고 보았다. 특히 출생에서부터 5세 사이의 어린 시절에 경험한 강렬한 사건이 하나의 의미로 자리 잡지 못하거나 또는 이해되지 못한 채 무의식 속에 잠재되게 되면 이는 성인이 되는 과정에서 인간의 삶에 일정한 영향력을 행사한다고 주장한다. 흔히 심리적·성적인 사건들로 환원되는 이 사건이 개인으로 하여금 특정한 행동을 하도록 만든다는 것이다. 바로 이러한 점에서 프로이트는 인간을 비합리적이고 결정론적인 존재로 가정한다고 이야기할 수 있다. 이때 무의식은 실수나 꿈, 강박행위 등의 형식으로 개인에게 나타나는데, 이를 해석하여 특정한 행동이나 징후들로부터 개인을 벗어나도록 돕는 것이 바로 정신분석학의 임무라고 프로이트는 설명한다.

 1896년 아버지의 사망을 계기로 환자뿐 아니라 스스로에 대한 정신분석을 시도하게 된 프로이트는 『꿈의 해석』(1899), 『일상생활의 정신병리학』(1901), 『성욕에 관한 세 편의 에세이』(1905) 등의 저서를 집필하게 된다. 이 저작들은 정신질환자가 아닌 일반인의 심리 분석을 통해 인간 무의식의 근본 구조를 규명하려는 시도였다. 이러한 연구를 바탕으로 프로이트는 인간의 정신 일반에 대한 해명을 구체화한다. 그는 인간의 정신을 빙산에 비유하여 물에 떠 있는 작은 부분을 의식(consious), 물속에 잠겨 있는 큰 부분을 무의식, 그리고 파도에 의해서 물 표면으로 나타났다 잠겼다 하는 부분을 전의식(preconscious)으로 보았다. 이때 의식의 층위에 해당하는 것은 개인이 감각기관을 통해서 인식하는 모든 행위와 감정, 경험이며, "이용 가능한 지식"이라 이해되는 전의식은 의식의 부분은 아니지만 주의를 집중하면 의식으로 떠올릴 수 있는 생각이나 감정을 일컫는다. 마지막으로 무의식은 개인이 자신의 힘으로는 의식으로 떠올릴 수 없는 생각이나 감정들을 포함하는 층위로, 인간의 의식으로는 인식할 수 없는 마음 깊은 곳에 감추어져 있는 정신세계를 말한다. 바로 이곳에 본능, 열정, 억압된 관념과 감정 등이 잠재되어

지그문트 프로이트

있다. 그리고 프로이트는 모든 정신과정이 무의식으로부터 기원한다고 믿었기에 무의식을 인간이해에 있어 가장 중요한 의식수준이라고 보았다.

이상과 같은 프로이트의 혁명적 연구에 힘입어 1910~20년대에 이르면 세계 각지에서 정신분석학회가 설립되었다. 이 시기 동안 프로이트는 꾸준히 저술을 펴내며 정신분석의 개념과 역할을 분명히 하고자 했다. 후기로 이해되는 이 시기에 프로이트는 『쾌락 원칙을 넘어서』(1920)를 통해 한 쌍으로 이루어진 본능, 즉 삶의 본능(에로스)과 죽음의 본능(타나토스)이라는 유명한 개념을 제안했고, 『자아와 원초아(Id)』(1923)에서 이른바 Ego(자아)-Id(원초아)-Super ego(초자아)로 이루어진 도식을 제안했다. 『환상의 미래』(1927)와 『문명과 불만』(1929)에서 그는 자신의 이론을 종교와 문명 등에 적용하려고 시도함으로써 이후 예술비평이나 문화비평에도 많은 영향을 미치게 된다.

특히 『자아와 원초아』(1923)에서 프로이트는 인간의 성격구조를 의식구조와 같이 3단계로 설명하는데, 이른바 자아-원초아-초자아라는 세 구성요소로 이루어진 도식이 이에 해당한다. 이 책에서 그는 인간의 인격이 다음의 세 가지 단계로 되어 있다고 설명한다.

첫째, **원초아**(Id)는 쾌락의 원리(pleasure principle)에 지배되는 무의식의 영역으로, 선천적이고 본능적인 충동 덩어리이다. 이는 성욕과 같은 원시적이고 일차적인 욕구를 말한다. 어린아이의 본능적 욕구 등도 여기에 속한다. 둘째, **자아**(Ego)는 원초아의 욕구를 충족하거나 또는 통제하기 위해 발달한 인간의식의 일부로 현실을 고려하는 현실 원칙에 지배된다. 이 단계에 접어들면서 어린아이는 외부의 현실에 적응하는 과정을 겪고 결국 자신의 욕구를 포기한다. 셋째, **초자아**(Super ego)란 원초아를 제압하는 좀 더 높은 자아를 말한다. 초자아는 사회문화적 규범이 개인에게 내면화된 것으로서

사회에서 통용되는 가치관이나 윤리 또는 도덕과 관련되며, 자아가 성장을 통해 사회화함으로써 초자아가 생겨난다. 흔히 보통 양심과 같은 의미로 받아들여진다. 초자아는 원초아의 충동을 억제하도록 하는 외부적 규준이며, 현실적인 목표 대신 도덕적인 목표를 추구하도록 자아를 내몬다.

프로이트는 저작 전체를 통해 성적 충동 또는 그 에너지를 가리키는 리비도(libido)가 유아부터 성인에 이르기까지 모든 인간의 중요한 본능 가운데 하나라고 주장했다. 한 쌍을 이루는 삶의 본능(에로스)과 죽음의 본능(타나토스) 중 리비도는 삶의 본능에 속하며, 프로이트가 리비도의 존재를 매우 중요하게 다루었기에 그의 이론은 흔히 인간의 모든 정신적 문제를 성(性)으로 환원한다는 비난을 받기도 하였다. 이는 특히 인간의 발달 과정에 관한 설명에서 두드러졌다. 프로이트는 유아기와 유년기에 벌어진 충격적인 사건이 그 사람이 일생 동안 겪게 될 문제 행동들과 관련된다고 주장하였다.

프로이트는 인간을 발달 단계에 따라 구순기(口脣期, 생후 18개월까지, 입으로부터 성적 쾌감을 얻는 시기)와 항문기(肛門期, 8개월~4세, 항문으로부터 성적 쾌감을 얻는 시기)와 남근기(男根期, 3~7세, 남성의 성기에 관심을 갖는 시기) 등으로 구분하여 설명했다. 남근기의 끝 무렵에 남자아이는 어머니에게 성적 욕망을 느끼고 아버지에게 거세 공포를 느끼는, 이른바 '오이디푸스 콤플렉스'의 시기를 거치게 되며, 이를 통해 리비도의 쾌감추구는 일시 중단된 채 잠복기로 접어들게 된다. 그렇게 잠복된 리비도는 사춘기가 되면 다시 소생하여 성인형 이성을 대상으로 하는 성욕으로 발달한다고 프로이트는 설명한다. 또한 남자아이와 달리 거세된 채 태어난 여자아이는 자신에게 결핍된 부분인 남근을 간절히 욕망하는 '남근 선망'을 느낀다고 프로이트는 주장했다. 인간의 발달 단계를 설명하는 프로이트의 주장은 여러 입장에서 비판의 대상이 되었다. 이 입장은 이른바 어린이 성욕설이라 하여 당시 많은 종교인과 도덕가로부터 비난의 화살을 받았다. 이에 대한 다른 비판은 페미니즘 진영으로부터 쏟아졌다. 마치 남성이 인류 전체의 대표이기라도 한 것처럼 남자아이의 경우를 일반화하여 설명한다는 점에서, 그리고 여자아이를 거세된 존재, 즉 선천적으로 결핍된 존재로 규정한다는 점에서 비판을 받았다.

성본능의 에너지인 리비도에 관한 연구를 이어갔던 프로이트는 예술에서의 창조성 또한 리비도와 관련이 있다고 설명한다. 그가 보기에 예술적 창조란 목적과 대상을 가진 본능에서 촉발되는 것이었다. 따라서 창조성은 보통 성적이거나 충동적이고 때에 따라서는 공격적인 성격을 띠고 있다. 프로이트는 이러한 성격을 가진 창조성이 목적으로 하는 사람이나 사물이 창조성의 대상이 된다고 설명한다. 모든 리비도의 쾌감추구가 오이디푸스 콤플렉스 발동 이후 사회적·문화적으로 가치 있는 것을 추구하는 쪽으로 선회하는 것처럼, 예술가의 창조성의 원천이 되는 리비도 또한 성적인 것이 아니라 사회적으로 가치 있는 것을 담아내는 것을 목적으로 해야 한다는 것이다. 프로이트는 이를 승화(sublimation)라고 부른다.

2. 승화와 탈승화

승화는 원래 고체가 액화하지 않고 직접 기체로 변화하는 과정을 가리키는 화학용어다. 프로이트는 화학적 개념을 가져와 전혀 다른 용법을 추가한다. 프로이트의 승화는 성적 에너지인 리비도를 직접 추구하는 대신 예술 창조나 지적 작업처럼 전혀 성적이지 않은 활동에 리비도를 쏟아 붓는 과정을 의미한다. 말하자면 프로이트에게 승화는 성적 에너지인 리비도를 사회적으로 용납되는, 성적으로 순화된 대상으로 재투여한다는 의미로 사용되는 것이다. 이는 달리 말하면 사회적으로 가치 있다고 인정되는 목적을 향해 리비도를 투여하는 창조활동만이 훌륭한 예술로 인정받을 수 있다는 의견에 다름 아니다. 이런 점에서 우리는 무의식과 리비도라는 매우 혁신적이고 진보적인 주장을 전개했던 프로이트가 기본적으로 얼마나 보수적인 성향을 가진 인물인지를 알 수 있다.

그러나 리비도를 작품 속에 그대로 드러내는 대신 사회적으로 가치 있는 대상으로 돌려 표현하기를 원했던 프로이트의 바람은 모더니즘 미술가들에 의해 거부된다. 모더니즘 미술에 이르러 예술가의 본능적이고 성적인 에너지가 문화 형식으로 변환되는 승화의 과정을 따르지 않고, 오히려 문화형식들을 본능적 에너지의 힘에 의도적으로 노출시키는 사태가 발생하게 되는데, 이를 탈승화(desublimation)라고 부른다. 이처럼 완전히 반대되는 목적 하에 이루어진 승화와 탈승화를 보다 정확하게 이해하기 위해서는 각각의 사례를 제시하고 분석하는 작업이 반드시 필요하다 하겠다.

1) 승화의 사례 – 앙리 루소

두아니에 루소(Le Douanier Rousseau, 세관원 루소)로 더 잘 알려진 앙리 루소는 생애 대부분을 파리 세관에서 근무하였다. 그를 "두아니에 루소"라 부르는 이유는 바로 이 때문이다. 전업화가가 아니었던 루소는 세관에 근무하는 틈틈이 독학으로 그림공부를 하였고 40대 초반 무렵부터 비로소 진지하게 그림을 그리기 시작했다. 하지만 결과만 놓고 보면 오히려 아무런 미술 교육을 받지 못했던 것이 그에게는 큰 장점이 되었는지도 모른다. 신고전주의 작가 제롬(Jean-Léon Gérôme)의 작품과 기타 아카데미즘 회화를 모태로 한 작품에 주력했던 루소의 초기 작업은 졸작이라는 비난과 조소를 피할 수 없었다. 그러던 중 1905~1910년 사이에 루소는 여가를 즐기기 위해 방문했던 파리의 식물원에서 얻은 이미지를 위주로 하여 실제로는 본 일이 없는, 열대 밀림을 주제로 한 일련의 작품을 제작하였다. 잡지에 실린 열대 식물의 사진을 바탕으로 제작된 과도하게 사실적인 그의 그림은 사실과 환상이 교차하는 독창적 스타일로 나아갔고 곧 당시 유명 작가들과 대중들의 찬사를 받기에 이르렀다.

사실 루소는 태어나 단 한 번도 프랑스를 떠난 적이 없었다. 대신 그는 이러한 주제들을 묘사하기 위해 파리의 자연사 박물관과 식물원, 동물원을 수없이 찾았을 뿐만 아니라 세심하게 고른 인쇄물과 사진집 등을 참고했던 것으로 알려져 있다. 1880년대 후반부터 1895년에 이르기까지 루소는 '앵데팡당전'에 출품했지만, 그의 작품들은 사람들의 관심을 끌기만 할 뿐 팔리지는 않았다. 1907년에 이르러 루소는 화상인 빌헬름 우데와 화가인 로베르 들로네를 알게 되었고, 서서히 젊은 미술가들이 루소를 친구로 받아들이고 그의 영향력을 인정하기 시작했다. 이로부터 3년 후인 1910년 루소는 〈꿈〉을 '앵데팡당전'에 출품하여 드디어 비평가들로부터 찬사를 받기에 이르렀다.

루소의 대표작인 이 작품은 프로이트의 정신분석학 이론 중 꿈의 해석을 통해 설명할 수 있을 것으로 여겨졌다. 왜냐하면, 사람들은 이 작품이 그림이라는 사실로 미루어 〈꿈〉은 작가가 가진 어떤 생각을 회화적으로 재현한 것이라고 여겼기 때문이다. 따라서 이 작품은 주로 프로이트가 말하는 꿈의 매커니즘으로 설명되었다. 프로이트의 주장에 의하면 꿈의 네 가지 매커니즘은 재현력(representability), 전치(displacement), 압축(condensation),

<꿈>(루소, 1910, 뉴욕 현대미술관)

상징화(symbolization)인데 이를 근거로 하는 작품 해석은 다음과 같다.

첫째, 꿈꾸는 사람인 여성은 티치아노의 <우르비노의 비너스>와 마네의 <올랭피아>를 **재현**한 것으로 보인다. 둘째, 그림 속 여성이 앉아 있는 등받이 의자는 프랑스의 화실에서나 볼 수 있는 것인데, 이것이 정글 속에 놓여 있다는 점이 바로 **전치**에 해당한다. 셋째, 화가의 화실이 있는 프랑스와 그림 속 배경이 되는 열대지방이라는 두 분리된 공간이 하나의 그림 속에 위치하므로 이는 **공간을 압축**한 것이며, 햇빛과 달이 그림 속에 공존한다는 사실은 낮과 밤을 압축한, 말하자면 **시간의 압축**이다. 넷째, 꿈꾸는 사람 주위의 꽃과 뱀은 여성성과 남성성에 대한 **성적인 상징**이며, 어두운 열대림은 **무의식의 본능적인 깊이를 상징**하는 것이다.

그러나 루소의 이 그림은 꿈의 메커니즘을 드러내고는 있으나 실제로 화가의 꿈을 복제하지는 않는 것 같으므로 꿈의 메커니즘을 그대로 적용하는 것은 이 작품을 설명하는 데에 충분해 보이지 않는다. 이 그림은 꿈의 매커니즘이 아니라 승화 개념으로 설명할 때 훨씬 깊고 풍부한 이해를 가져다주기 때문이다. 주지하다시피, 프로이트는 화가가 작품 속에 담아내는 창조성의 원천인 리비도가 반드시 사회적·문화적으로 가치 있는 것을 통해 우회적으로 표현되기를 바랐다. 미술 작품은 꿈과 달리 문화 속의 관객에게 쉽게 다가갈 수 있도록 문화의 양식을 가져야 한다는 것이다. 그렇다면, 20세기 초반 파리에서는 어떤 것들이 문화적 가치를 갖는 것으로 여겨졌을까?

당시 파리의 부르주아 계층은 원시적인 것들에 많은 관심을 쏟고 있었으며, 원시성을 보여주기 위한 다양한 기획들이 있었다. 산업화에 의해 주어진 풍요로운 물질과 역동성, 유려하고 세련된 것들을 선호하던 부르주아의 취향은 이내 특이함, 기이함, 투박함으로 향했고, 이를 위해 원시적인

1889년 파리만국박람회에서 공연하는 아프리카 원주민

것들을 보여주기 위한 수많은 전시와 잡지가 부르주아의 눈을 사로잡았다. 실제로 1889년 파리에서 개최된 만국박람회에는 '아프리카관'이 만들어졌고, 이곳에서는 아프리카의 원주민들이 현장에서 수공예품을 직접 제작하는 과정을 시연하는 등 볼거리를 연출했다.

원주민들을 마치 동물원의 동물처럼 전시해놓았던 것이다. 이에 파리 시민들은 열광했고, 이후 파리 서쪽 불론뉴 숲에 있는 아클라마씨옹 공원에는 원주민들을 전시하는 일이 유행하기도 했다. 19세기 말-20세기 초 서구인들의 관심은 원주민뿐 아니라 열대의 식물과 동물로도 향했다. 식물원에서도 볼 수 없었던 열대밀림의 동식물의 모습은 잡지에 실린 사진을 통해 서구인들의 호기심에 화답했다.

원시적인 것에 대한 취향은 당시 미술에도 활력을 불어넣어 이후 '원시주의적 경향'(primitivism)이라 불리게 될 흔적을 남겼다. 20세기 초의 야수파, 표현주의, 입체주의 등은 아프리카나 오세아니아에서 발견된 마스크나 인물상 또는 토인조각에서 독특한 미를 발견하여 미술을 현대적으로 해석해내는 데 힘을 기울였다. 당시의 많은 화가들은 주류로 자리 잡은 재현의 메커니즘을 거부하고 그 대안으로 인간의 원초적 본능을 추구하게 되었는데, 바로 이것이 '원시주의적 경향'을 확산시킨 이유들 가운데 하나였다. 예를 들어, 고갱은 아프리카 흑인예술에서 자극을 받아 이를 바탕으로 정신성을 담아내는 고유한 스타일을 만들어내기 위해 타히티로 떠났으며, 피카소는 〈아비뇽의 아가씨들〉에서 여성들의 얼굴을 아프리카 마스크와 유사하게 그려냈다. 이러한 흐름과 유사하게 루소 또한 원시주의적 경향에 동참했으며, 대상을 지나치게 사실적으로 묘사함으로써 오히려 신비한 느낌을 자아내는 독특한 스타일을 만들어냈다. 그가 창안한 스타일은 이후 '나이브 아트'(naive art)라 불리기도 한다. 나이브 아트는 원시 문화와 무의식적 정신 상태의 탐구에 매혹된 화가들이 선명한 채색, 풍부한 세부묘사, 평면적 공간처리 등을 통해 대상을 표현하는 모던한 경향을 일컫는다.

당시의 이러한 사회적·문화적 관심사를 고려할 때 〈꿈〉은 다른 차원의 의미를 얻을 수 있다. 작가는 자신의 창조성의 근원이 되는 리비도를 원시주의적 경향이라는 당시의 문화적 가치로 우회함으로써 독특한 스타일의 작품을 완성할 수 있었다는 것이다. 이렇게 볼 때, 이 작품은 다음과 같은 해석이 가능해진다. 작품 속에서 여인은 소파 위에서 잠든 후 신비로운 열대 정글 속의 야수들과 기기묘묘한 식물들에 둘러싸인다. 잎사귀 하나하나가 세부적으로 묘사된 열대식물들은 이국적이고 신비로운 느낌을 주며, 야수임에도 소박한 느낌이 들게 표현된 동물들과 피리를 불고 있는 흑인 원주민과 한데 어우러져 여인의 꿈 속 세계를 더욱 몽환적으로 느껴지게 한다.

2) 탈승화의 사례 – 마르셀 뒤샹

프랑스에서 화가로 경력을 시작한 마르셀 뒤샹(Marcel Duchamp)은 인상주의, 야수파, 입체주의의 영향을 받은 작품인 〈계단을 내려오는 누드 No.2〉(1912)를 1913년 뉴욕 아모리 쇼에서 전시하여 엄청난 스캔들을 불러일으켰다. 당시 주류 미술계 가운데서도 주류를 자처하던 입체주의와 미래주의 양쪽 진영으로부터 엄청난 비난을 받았던 것이다. 황토색과 갈색 톤에 공간 속 대상을 분해하여 캔버스에 옮긴 듯한 점은 입체주의 화가들로부터 비판의 표적이 되었다. 다른 한편으로 이 그림이 취했던 운동하는 인물에 대한 표현 방식은 역동성과 동시성을 표현하기 위해 독창적인 스타일을 고수했던 미래주의 화가들의 공분을 사기에 충분했다.

이후 유럽에서 화가로 활동하는 것에 부담을 느낀 뒤샹은 1915년 프랑

<계단을 내려오는 누드 no. 2>(뒤샹, 1912, 필라델피아 미술관)

스를 떠나 미국으로 이주 후 주로 뉴욕에서 거주하며 작품활동에 힘썼다.

1919년 뒤샹은 파리의 거리에서 신비스러운 미소로 유명한 레오나르도 다 빈치의 <모나리자>를 복제한 싸구려 엽서를 구매하여 검은색 펜으로 수염을 그려넣었다. <모나리자>는 미술사에서 가장 많이 다루는 작품 중 하나일 뿐 아니라 전 세계적으로 많은 사람들의 사랑을 받고 있는 작품이기에 장난기가 느껴지는 뒤샹의 작업은 커다란 스캔들을 불러일으켰다. 스캔들의 가장 큰 원인은 그림 밑에 쓴 "L.H.O.O.Q."라는 수수께끼 같은 글자였다. 무언가의 약자처럼 보이는 이 글자는 프랑스어로 소리 내어 읽으면 "Elle a chaud au cul"라는 문장을 연상시키는데, 그 뜻이 매우 불경스러웠기 때문이다. "그녀는 엉덩이가 뜨겁다"로 해석할 수 있는데, 의역을 하면 "이 여성이 성적으로 흥분되어 있다"는 뜻이다. 지금도 루브르 미술관에서 가장 인기 있는 작품이자 오랫동안 전 인류의 사랑을 받아온 모나리자에 수염을 그려넣음으로써 작품을 희화화한 것에 그치지 않고 성적인 암시가 들어간 제목까지 붙인 이 작품은 엄청난 논쟁을 불러일으켰다. 뒤샹은 왜 이 같은 행위를 했던 것일까?

뒤샹은 1914년 반예술(Anti-Art)을 천명하면서, 미술에 대한 고정관념을 깨뜨리는 실험적인 작업을 통해 반예술의 개념을 실현하는 데 힘썼다. 〈샘〉이나 〈L.H.O.O.Q.〉 모두 이러한 흐름 속에 있는 작품들이다. 1917년 남성용 소변기에 "R. Mutt"라는 서명을 한 후 전시함으로써 스캔들을 불러일으켰던 〈샘〉은 작품이란 작가의 고유한 창조성과 작가의 손의 노고에서 탄생한 산물이라는 미술에 대한 뿌리 깊은 고정관념에 반기를 드는 작품이었다.

이후 그는 1919년 레오나르도 다 빈치의 사후 400년이 된 해에 맞춰

<L.H.O.O.Q.>(뒤샹, 1919, 퐁피두 미술관)

〈L.H.O.O.Q.〉라는 불경스러운 제목과 수염으로 희화화한 모나리자 이미지를 작품으로 발표하였는데, 모나리자의 수염은 사실 모나리자가 아니라 레오나르도 다 빈치를 겨냥한 것이었다. 말하자면 뒤샹은 이 작품에서 레오나르도의 양성애적 성격을 시각적 익살로 표현하고자 했던 것인데, 모나리자를 남성으로도 여성으로도 볼 수 있도록 함으로써 모나리자의 모델이 여성이었는지 남성이었는지를 모호하게 하는 것이 그의 의도였다. 이는 곧 레오나르도가 양성애자였다는 점을 환기시키는 역할을 하게 되는데, 이 지점이 바로 뒤샹이 예술가들에 대한 프로이트의 지침인 '승화'를 거부하고 있다는 사실을 명백히 드러내 보여주고 있다.

이 작품은 승화를 거부하는 탈승화 외에도 다른 노림수를 갖는데, 그것은 바로 원본성의 문제이다. 〈L.H.O.O.Q.〉는 레오나르도의 〈모나리자〉 복제품에 콧수염과 턱수염을 그려넣은 것으로 흔히 조작된 레디메이드 작품으로 불린다. 그러나 이후 뒤샹은 〈L.H.O.O.Q.〉의 이미지를 다시 한 번 활용한다. 〈면도한 L.H.O.O.Q.〉(L.H.O.O.Q. rasée, 1965)라는 제목으로 발표된 이 작품은 하단부에 있는 뒤샹의 서명과 함께 또 다른 논란을 불러일으켰다. 이 작품은 마치 1919년에 발표된 뒤샹의 〈L.H.O.O.Q.〉를 참조하는 것으로 보일 뿐 아니라 그 작품을 다시 조작함으로써 두 작품 모두를 뒤샹의 소유로 만들어버린다. 다시 말하면, 〈면도한 L.H.O.O.Q.〉는 〈L.H.O.O.Q.〉를 다시 한 번 조작한 것으로서 이 두 작품 모두 뒤샹의 것이며, 이 두 이미지의 소유자 또한 뒤샹이라고 주장하는 듯 보인다는 것이다.

정말 그럴까? 〈면도한 L.H.O.O.Q.〉에 등장하는 이미지는 레오나르도의 〈모나리자〉 그 자체이다. 〈면도한 L.H.O.O.Q.〉에서 뒤샹은 〈L.H.O.O.Q.〉라는 자신의 이전 작품을 활용하여 이번에는 "면도한"이라는 수식어를 사용함으로써 모나리자의 이미지에 아무런 조작도 없이, 원래 레오나르도가 심

〈면도한 L.H.O.O.Q.〉(뒤샹, 1965)

혈을 기울여 제작한 모나리자의 이미지를 단번에 완전히 자기 것으로 만들어버리는 마술을 부린다. 이처럼 뒤샹은 이미지의 원본성이나 이미지의 원래 소유권이 누구에게 안정적으로 귀속될 수 있는지를 질문한다. 뒤샹은 화가 고유의 창조성이라는 환상에 대한 사람들의 맹목적인 숭배를 파괴하는 작업을 통해 반예술의 전형을 보임과 동시에 현대미술의 영역을 확장하였던 것이다.

　다음으로 살펴볼 탈승화의 사례는 〈로즈 셀라비〉(1920경)이다. 묘한 분위기의 귀부인 사진은 사실 뒤샹 자신을 찍은 것이다. 뒤샹이 여장을 하고 매우 여성스러운 포즈를 취한 다음 사진을 찍고 거기에 "Rrose Selavy"라는 매우 여성스러운 이름을 붙인 것이다. 원래 뒤샹의 의도는 여장 남자가 아니었다. 가장 흔들림이 없을 것 같은 고정관념을 비트는 것을 목적으로 삼았

<로즈 셀라비>(뒤샹, 1920경)

던 그는, 처음에는 흑인 남성의 이미지에 전형적인 유태인의 이름을 붙이는 작업을 생각했다고 한다. 그러나 유태인에 대한 고정관념보다 더 단단한 고정관념이 존재한다는 사실을 알게 된 그는 여성/남성이라는 이분법적 성별 구도를 뒤흔들기 위한 작업을 시작한다. 그것이 바로 이 작품이었다.

언뜻 귀부인, 즉 여성으로 보이는 이 이미지는 무언가 석연치 않아 보이지만 정황상 여성의 이미지가 틀림없어 보이기에 여성 이미지라고 여기며 더 이상 의심하지 않는다. 하지만 곧 이 이미지의 실제 모델이 뒤샹이라는 것을 알게 되면 무언가 유쾌하지 않은 농담에 걸려든 것 같은 느낌을 받게 되는데, 그것이 바로 뒤샹의 노림수, 즉 여성/남성을 구별 짓는 틀이 그다지 견고한 것이 아니라는 사실을 알리는 것이다. 뒤샹은 이내 고정관념 흔들기의 대상을 정체성의 문제로 확장한다. "로즈 셀라비"라는 새로운 정체성을 활용하기 시작한 것이다. 뒤샹은 한동안 이 이름으로 작품을 만들기도

제7강 | 승화와 탈승화 185

하고 비평을 하기도 하였는데, 여성/남성으로 이루어진 성(sex)의 이분법적 구조뿐 아니라 여성성과 남성성이 고정될 수 없는 관념이라는 점을 직접적으로 다루고 있다는 점에서 이 작품 또한 승화를 비켜가고 있다 하겠다.

누가 보더라도 명백히 소녀의 가슴인 이 작품은 〈만져보세요〉라는 도발적인 제목으로 관람자를 당황하게 만든다. 이것이 예술 작품이기에 절대 만져서는 안 되고, 또 이것이 소녀의 가슴인 것으로 보이기에 더더욱 만져서는 안 될 것 같은 이 작품은 역설적으로 "만져보라는데 뭐해? 왜 안 만져?"라고 묻는 것만 같다. 본능적 충동을 사회적 코드로 전환해야만 예술이 된다고 주장한 프로이트의 '승화'는 성적인 것과 예술적인 것을 엄격히 구분하는 입장이다. 성적인 것은 절대 예술이 될 수 없다는 뜻을 분명히 하는 입장인 것이다. 이에 반대하는 뒤샹은 예술과 성의 공통점을 지적하는 작업을 하고자 하였고, 그 대표적 사례가 바로 〈만져보세요〉이다. 전형적인 '탈승화'의 사례에 해당하는 작품이다.

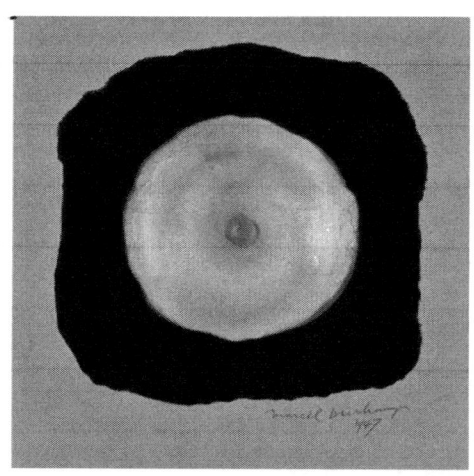

〈만져보세요〉(뒤샹, 1947)

제8강

아방가르드 논의의 두 가지 사례
- 그린버그 vs. 뷔르거

콩파뇽은 저서 『모더니티의 다섯 개 역설』(1990)에서 잘 알려진 아방가르드 논의인 그린버그(C. Greenberg)의 형식주의 미술론과 뷔르거(P. Bürger)의 '역사적 아방가르드' 이론을 모두 비판한다. 그린버그가 주장하는 모더니즘 미술론은 새로움만을 추구하는 아방가르드 미술론이기 때문에 현대 미술의 역설들을 줄곧 감출 수밖에 없다는 것이다. 콩파뇽에 의하면 그린버그의 형식주의 미술론은 다음 두 가지 점에서 잘못을 저지르고 있다고 지적한다.

첫째, 영국과 미국을 중심으로 하는 형식주의 미술비평에서는 흔히 아방가르드와 모더니티를 혼동하여 사용하거나 동일시하는 경향이 있다는 점이다. 이에 대해 콩파뇽은 모더니티와 아방가르드가 엄밀히 다른 것이므로 따로 떼어 논의해야 한다고 주장한다. 콩파뇽에 의하면, 보들레르가 주장한 것처럼 모더니티는 현재 그 자체에 대한 개념인 반면, 아방가르드는 현재를 미래 건설의 한 과정으로 본다는 것이다. 때문에 모더니티는 문화적 사건의 연속체라는 역사관을, 아방가르드는 단선적인 목적론적 역사관을 취하게 된다. 실제로 콩파뇽은 ① 모더니티를 설명하는 보들레르의 논의와 ② 아방가르드에 관한 각자의 입장을 개진하는 그린버그 및 뷔르거의 논의를 서로 다른 것으로 본다. 콩파뇽의 이런 구분은 과거도 미래도 없는 보들레르의 탈시간적인 모더니티가 시간과의 제휴이자 진보 개념에 대한 의존으로 변해버린 '아방가르드적 모더니티', 즉 '새로움의 미학'과 다른 것이라는 점을 분명히 하기 위한 것이다.

둘째, 아방가르드에 입각한 기존의 모더니즘 미술론이 하나의 목표를 설정한 상태에서 과거와 현재와의 관계를 살피고 미래를 예언하기 때문에, 현대미술의 역사 그 자체에 충실하지 못하고 자체의 단선적인 역사관에 맞는 미술운동들만을 간추려낸다는 점에서 잘못을 저지르고 있다는 것이다. 콩파뇽은 그린버그의 아방가르드, 즉 모더니즘 미술론이 목적론적 역사주의에 입각한 일종의 정설(récit orthodox)로서, 그 정설이 가정하고 있는 진보를 현대 미술운동들에 일괄적으로 적용하려 하기 때문에 커다란 잘못을 저지르고 있다고 말한다. 또한 아방가르드들의 역사적 희망에 공감했던 뷔르거는 아방가르드가 가야 할 길을 미리 가정한 다음 아방가르드를 이론화했기에, 새로운 예술에 고유한 불확실성을 부인했다고 콩파뇽은 지적한다. 이런 입장에서 콩파뇽은 아방가르드 미술론을 '발생론적 역사주의'(l'historicisme génétique)라는 이름으로 비판한다.

그렇다면 이상과 같이 하나의 목적을 설정하여 그 목적을 향한 진보의 입장에서 마련된 미술론이 그린버그와 뷔르거가 주장하는 '아방가르드 미술론' 또는 '역사적 아방가르드'라 한다면, 이 두 입장은 무엇이 다른 것일까? 우선 그린버그의 형식주의 미술론이 주장하는 아방가르드에 대해 살펴보도록 하자.

1. 그린버그의 아방가르드 미술 : 아방가르드 vs. 키치

두 차례의 세계대전을 거치면서 미국은 명실상부한 세계 최대의 열강으로 자리매김하였다. 그 까닭은 미국 본토가 직접적인 전쟁 피해를 겪지 않았던 것과 전쟁을 통해 군수물자의 생산과 수출로 경제가 급성장하게 되었다는 점에 있다. 그런데 미국이 갑자기 경제대국으로 급부상하면서 미국은 본격적인 대중사회(mass society)로 진입하게 되었고, 많은 학자들이 대중사회 또는 대중의 존재에 대해 연구하기 시작했다. 특히 대중사회에서는 자본주의의 발전과 더불어 다수 대중을 대상으로 하는 문화산업들이 발달하게 되었다. 문화산업의 파급력이 막강했기에 그린버그를 위시한 많은 문화이론가와 평론가들은 대중문화와 문화산업을 부정적인 의심의 눈초리로 바라보기 시작했다. 그들은 대중문화를 교양 없고 천박한 것으로 간주했으며, 대중문화의 확산이 마치 페스트의 창궐 같이 급속도로 문화 전반으로 퍼져나가 서서히 문화의 진정성을 좀먹고 마침내는 파괴할 것이라 여겼다.

1) 대중문화를 키치로 규정하다

대중문화에 대한 부정적 관점을 피력했던 최초의 인물은 영국의 교육가이자 비평가였던 매튜 아놀드로 알려져 있다. 아놀드는 『문화와 무질서』(1869)에서 문화에 대한 자신의 견해를 피력했는데, 그는 인류가 만들어낸 최상의 것들을 지칭하는 문화는 19세기 이후 재편된 계급 구조 속에서는 오직 부르주아 엘리트들에 의해서만 생산되고 보존될 수 있을 뿐이라고 주장했다. 이와 달리 산업화·도시화와 더불어 새롭게 등장한 노동자 대중의 유흥이란 무질서와 다를 바 없는 것으로, 아놀드에게 대중이란 문화라는 말은 어울리지도 않을 뿐 아니라 교양이라고는 눈곱만큼도 없는 몰취미한 존재들에 불과했다. 자본주의를 바탕으로 하는 시민사회, 즉 민주주의 내에서 시민으로 등장한 대중은 변화한 사회구조 속에서 과격하게 자신들의 이익과 주장을 관철하는 데에 혈안이 되어 있는 야만인들이며 문화에 대해서도 마찬가지라고 아놀드는 평가했다. 따라서 아놀드가 보기에 대중에게 어울리고 필요한 것은 오직 '문명화'(Civilization)를 통한 사회질서에의 순응뿐이며, 대중이란 문명화 이후에나 문화를 언급할 자격을 얻을 수 있는 존재들에 불과한 것이었다.

이처럼 아놀드는 문화와 문명을 구분하는 '문화와 문명'의 전통을 세운 인물로서, 그에 따르면 문화는 부르주아 엘리트들이 만들어내고 향유하는 것인데 반해, 문명이란 대중에게 주어져야 하는 교육일 뿐이다. 그러나 이러한 '문화와 문명'의 전통은 1950년대까지도 지속하면서 문화 담론의 바탕을 이루었고, 그린버그 역시 이러한 관점에서 당대의 미국 문화를 바라보았다.

19세기 중반 새롭게 약진하기 시작한 대중의 힘에 아놀드가 일정한 위협을 느꼈던 것과 마찬가지로, 그린버그 역시 당대 대중문화의 급속한 파급력으로 인해 상당한 위기감을 느꼈던 것 같다. 미국의 이러한 문화적 상황에 대한 진단과 처방이 필요하다고 판단한 그린버그는, 1939년 『파르티잔 리뷰』에 논문 「아방가르드와 키치(Avant-garde and Kitsch)」를 기고하면서 대중문화를 바라보는 자신의 견해를 밝힌다. 그린버그의 진단에 따르면, 당시 미국 사회와 문화는 진정한 방향성을 상실하고, 범람하는 대중문화에 의해 오염·중독되어 있으며, 따라서 문화적 해독제가 있어야만 하는 상태였다. 그린버그는 대중이 자신들 고유의 문화를 생산할 수 있는 능력도 없고 동시에 고급예술을 누릴 만한 교양과 취미도 없는 계급이지만, 대중도 여가를 갖기 때문에 문화적 향유를 추구하려는 욕구를 갖는다고 주장한다. 특히 산업화로 인해 가족의 형태가 달라지면서, 마을 공동체가 집단으로 누리던 여가 대신 개인이 손쉽게 얻을 수 있는 문화에 대한 요구가 점점 거세졌다. 그러나 자신들 고유의 문화가 없는 대중이 선택할 수 있는 유일한 것은 문화산업에 의해 변질된 고급문화의 싸구려 버전인 키치(kitsch)이다.

그렇다면 키치는 무엇일까? 『문학비평용어 사전』에 의하면, 키치라는 용어는 1860년대에서 1870년대 사이에 뮌헨의 화가와 화상들이 하찮은 예술품을 지칭하기 위해 그들 사이에 속어로 사용했던 것이라 한다. 그러던 것이 1910년대에 이르러 그 의미가 정확히 규정되지 않은 채 널리 유통되는, 이른바 국제적인 용어로 자리 잡았다고 한다. 19세기 말, 급속하게 산업화한 유럽에서는 대중의 등장과 함께 대중문화 또한 빠르게 퍼져나갔다. 헐값에 팔리는 조악한 그림을 뜻하던 키치는 그 당시 진지하고 난해한 예술품을 감상할 수 있는 능력을 갖추지 못한 뮌헨의 신흥 부르주아들의 취향을 만족시키기 위한 것이었다. 경제적으로나 정치적으로는 귀족이 담당했던 지위에 도달했으나 문화적 엘리트들의 습관이나 교양은 갖추지 못했던 부르주아들은 구 귀족계급의 문화를 모방함으로써 문화적으로도 귀족들의 지위에 버금간다는 것을 보여주고자 노력할 수밖에 없었다.

이에 중산층이라 불리는 자본주의 계급에서도 그림과 같은 예술품에 관심을 두게 되고 그에 따라 미술품이나 그림을 사들이려는 욕구가 강해졌는데, 키치는 바로 이러한 중산층의 문화 욕구를 만족시키려는 목적 아래 그려진 그림을 비꼬는 의미로 사용되었다. 키치가 가리키는 구체적 대상은 고미술품을 모방한 가짜 복제품이나 유사품, 통속미술 작품 등이다. 레오나르도 다 빈치의 〈모나리자〉를 복사하거나 〈밀로스의 비너스〉와 같은 걸작을 석고나 플라스틱으로 복제한 것에서부터 잡지 표지를 장식하는 저급한 삽화에 이르기까지 조악한 감각으로 만들어진 미술품들을 주로 키치라고 불렸다. 따라서 키치는 소위 걸작을 복제한 저속한 모조품이나 대량생산된 싸구려 상품이 마치 훌륭한 예술품인 것처럼 받아들여지는 상황을 의미하기도 한다.

이러한 상황에서 '문화와 문명'의 입장을 계승했던 그린버그에게 대중문화는 키치이며, 진정성이 없는 것으로 이해되었다. 하지만 대중문화는 언제나 감각적이어서 쉽게 받아들여지고 문화산업을 통해 막강한 파급력을 가질뿐더러 순식간에 일반화되는 경향을 보이기에 그린버그에게 키치는 매우 두려운 것으로 여겨질 수밖에 없었다. 그뿐만 아니라 그린버그는 대중문화의 파급이 그 문화의 모태가 되었던 고급문화마저도 오염시킬 것으로 예측했다. 대중문화에 의한 고급문화의 오염 가능성에 대한 우려 때문에 그린버그는 키치에 대한 극렬한 반대의 목소리를 낼 수밖에 없었다. 사실 그린버그가 팝아트를 싫어했던 것도 이와 비슷한 맥락에서 이해할 수 있을 것이다. 그는 고급예술을 저급한 방식으로 차용한 대중문화, 즉 키치의 이미지를 다시금 차용하여 고급예술의 진영으로 끌어올리는 것처럼 보이는 팝아트가 고급예술과 대중문화 간의 경계를 흐리고 고급예술의 오염과 타락을 가속화할 것이라는 믿음에서 벗어날 수 없었기 때문이다.

영국 팝아티스트인 리처드 해밀턴이 1957년에 열거한 팝의 특징적 요소를 살펴보면, 그린버그의 우려가 과도한 신경증만이 아니라는 사실을 확인할 수 있다. 그는 팝아트의 요건으로 다음 아홉 가지를 언급했다. ① 대중적일 것 ② 일시적일 것 ③ 소모적일 것 ④ 값이 쌀 것 ⑤ 대량 생산될 수 있는 것 ⑥ 젊음의 표상이 될 것 ⑦ 위트가 있을 것 ⑧ 섹시할 것 ⑨ 상업적일 것. 이 요건에서도 알 수 있듯이 그린버그는 이미 예술과 일상 사이의 경계가 허물어져서 고급예술이 타락하고 말 것이라는 불온한 전조를 읽을 수밖에 없었다. 리처드 해밀턴의 〈오늘날의 가정을 그토록 색다르고 흥미롭게 만드는 것은 무엇인가?〉(1956)를 보면, 당시에 최신 유행이던 가전제품이나 영화, 자동차 마크 등 일상용품의 이미지가 작품을 가득 메우고 있을 뿐, 고상하거나 고급한 취향은 그 어디에서도 찾아볼 수 없다. 이러한 상황에서 고급미술을 지켜내고 싶었던 그린버그는 키치에 대항하는 예술을 '아방가르드' 미술이라 명명하고 아방가르드 미술이야말로 키치가 판치는 문화의 영역에서 문화의 타락을 막을 수 있는 유일한 대안임을 주장했다.

그린버그는 『모더니즘 회화(The Modernist Painting)』(1960)에서 힘들더라도 진정한 미술의 가치를 추구한 미술이 '아방가르드'인데 반해, 별다른 노력 없이 시류를 따라가는 미술은 키치가 되고 말 것이라고 주장했다. 그린버그는 아방가르드 미술에 대해 다음과 같이 설명한다. "예술가도 자본주의 사회의 일원이고 작품 판매를 통해 살아간다는 점에서 비록 예술이 자본주의 사회와 연결되어 있기는 하지만, 그럼에도 예술가는 스스로를 보헤미아에 고립시켜 미술의 순수성을 유지하려고 노력해야 하는데, 그러한 노력의 결과로 얻어지는 미술이 바로 아방가르드 미술이다. 보헤미아에 고립된 미술가는 사회와의 직접적인 소통을 거부하게 되며, 결국 미술이라는 영역이

〈오늘날의 가정을 그토록 색다르고 흥미롭게 만드는 것은 무엇인가?〉(리처드 해밀턴, 1956, 튀빙겐 미술관)

가진 순수한 매체를 추구하는 작업을 하게 될 것이다." 그리고 회화가 가진 매체의 순수성은 그의 형식주의 미술론이 규정하는 '평면성'(flatness)이므로 아방가르드 미술은 추상으로 향하게 될 것이라고 전망한다.

2) 아방가르드로서의 고급 미술 : 평면성을 추구하다

사실 그린버그의 아방가르드 미술론은 형식주의 미술론이라는 이름으로 1940년부터 시작되었다. 1940년 그린버그는 『파티잔 리뷰』에 기고한 「더 새로운 라오콘을 향하여(Towards a Newer Laocoon)」에서 현대 미술이 매체의 순수성을 향해 나아가야 한다고 주장했다. 그의 글은 레싱(Gotthold Ephraim Lessing)의 「라오콘(Laocoon: An Essay on the Limits of Painting and Poetry)」(1766)에 대한 자신의 생각을 정리한 글이다. 레싱은 「라오콘」에서 시간성과 공간성을 가지고 시와 회화를 구분했는데, 그린버그는 「더 새로운 라오콘을 향하여」에서 레싱의 주장에서 한발 더 나아가서 더욱더 엄격한 예술 장르 간의 경계를 만들어내고자 했다. 그린버그는 회화가 처했던 상황과 그 상황을 타개하기 위한 회화의 노력을 역사적 고찰의 방식으로 서술했는데, 그린버그는 시대별로 주도적 예술 장르가 있으며, 나머지 예술 장르들은 주도적 예술 장르의 효과를 모방하기 위해 애써왔다고 도식화하였다. 예를 들어 19세기에 이르기까지는 문학이 주도적 예술이었기 때문에 나머지 예술들은 문학의 효과를 따라 하려고 애썼다는 것이다. 그 결과 당시에는 모든 예술이 '서사성'을 중시했으며, 신고전주의 미술론도 이러한 유형에 속하는 것일 뿐이다. 또한 미술이라는 장르 내에서 보면 당시로서는 회화보다는 조각이 주도적 장르였기 때문에 회화는 문학의 효과를 따라했을 뿐만 아니라 조각의 효과인 '3차원성'까지도 따라하려 했다고 그린버그는 비판한다. 르네상스 시대 원근법의 발명으로 가능해진 환영주의야말로 회화가 조각의 특성인 3차원성을 모방하여 회화 매체의 본성인 2차원성을 부정하고 감추려는 시도라고 그린버그는 이해한다.

이러한 상황을 타개하기 위한 시도인 모더니즘(Modernism)은 과거 미술이 했던 방식으로 다른 장르의 예술을 따라하려고 하는 시도를 멈추고, 진정으로 회화 매체의 본성에 적합한 표현방식이 어떤 것인지를 비판적으로 찾아내려는 노력이다. 회화 매체의 본성을 찾아내기 위해 회화는 우선 자신의 고유한 효과가 아닌 것들을 제거해야 하는데, 여기에는 문학의 효과와 조각의 효과가 해당한다. 신고전주의 회화론이 요구했던 그림의 서사성, 도덕성, 교훈성은 진부한 아카데미시즘(academicism)에 반발하며 등장한 인상주의자들에 의해 폐기되었고, 조각의 효과인 3차원성 또한 마네와 인상주의자들의 그림에 의해 폐기되기 시작했다고 그린버그는 주장한다.

이처럼 회화가 자신의 것이 아닌 다른 장르로부터 빌려온 효과를 제거하였을 때 회화의 매체에 고유한 본성으로 드러난 것은 평면성(flatness), 물감의 물질성(materiality), 캔버스의 틀(frame of the canvas)이라는 세 가지 특성이다. 그런데 그린버그는 회화의 주된 본성은 바로 평면성이라고 주장한다. 평면성이 회화의 가장 근본적인 본성으로 간주된 이유는 평면성이 다른 장르와 공유되지 않는, 순전히 회화에만 있는 특성이기 때문이다. 자신의 고유한 매체 본성을 발견하게 된 회화에게 남은 일은 평면성이라는 매체의 본성을 순수하게 추구하여 진정한 모더니즘 회화를 창조해내는 것이다. 이제 회화는 오로지 평면성을 향해 묵묵히 나아가야만 하며, 이전 회화의 내용이나 형

그린버그(1964)

식을 공유해서는 안 된다. 이처럼 그린버그에게 모더니즘 회화란 "회화의 평면 위에 물질적인 물감을 가지고 캔버스의 틀 안에서 할 수 있는 다양한 조형적 실험을 수행하여, 보는 이에게 미적 경험(aesthetic experience)과 쾌(pleasure)를 일으키는 회화"라고 할 수 있다.

그런데 평면성을 순수하게 추구한 모더니즘 회화는 왜 추상회화(abstract painting)로 귀결되어야 할까? 그린버그는 재현을 배제하는 것이 모더니즘을 수행하기 위해서 없어서는 안 될 요소라고 설명한다. 즉 구상적인 형태들을 재현하다 보면 아무리 그것을 평면적으로 재현하려 해도 그 대상이 들어가 있는 공간을 떠올리게 하고, 그럼으로써 3차원성을 획득하게 된다는 것이다. 3차원성을 제거하기 위해 노력하다 보면 점차 구상적 형태들이 사라지고 추상적인 형태들만 남게 되므로, 추상적인 형태들로 작품을 구성하다 보면 모더니즘 회화에 도달하게 된다는 것이 그린버그의 설명이다. 이 밖에도 추상작품들은 문학적인 서사성을 제거함으로써 매체의 효과에 집중하는 데에도 구상작품들보다 유리하므로 모더니즘 회화는 추상이 될 수밖에 없다.

이러한 이유들로 인해 인상주의 이후로 모더니즘을 수행한 회화는 추상으로 이행하게 된다는 그린버그의 설명은, 사실 추상의 발생과 그 전개를 설명하는 마땅한 이론을 찾지 못했던 당시 미술애호가들에게 커다란 반향을 불러일으켰다. 나아가 그린버그는 엄격하기 짝이 없는 자신의 모더니즘 회화론을 뒷받침하기 위해 미술사의 흐름 속에서 자신의 견해에 근거가 될 만한 작가와 작품들을 선택하여 이른바 '모더니즘의 계보'를 구성하였다. 마네와 인상주의(Impressionism)로부터 시작하여 세잔의 후기인상주의(Post-Impressionism), 피카소의 입체주의(Cubism), 폴록의 추상표현주의(Abstract Expressionism)를 거쳐 올리츠키 등의 후기회화적 추상(Post-painterly Abstraction)에 이르는 이 계보는, 전반부는 미술사의 거장들로 구성되어 있고 후반부는 치밀한 논리전개에 기반하고 있어서 상당한 설득력이 있었다. 따라서 여러 비판에도 불구하고 19세기 후반에서 20세기 중반에 이르는 미술의 흐름을 설명하는 주된 도식으로 여전히 인용되고 있다.

3) 추상회화의 발흥과 그 이면

하지만 그린버그가 그토록 옹호했던 추상회화는 그리 순수하지 않았다. 미국 미술의 전형으로 자리 잡은 추상미술에 대해 좀 더 자세하게 살펴보자. 1945년을 전후로 미술계 상황은 이전과는 확연히 달라졌는데, 2차 대전으로 인해 유럽의 추상화가들이 미국으로 대거 이주함에 따라 미국에서도 추상이 발흥하게 되었다. 미술의 중심이 파리에서 뉴욕으로 옮겨오자 미국은 연방정부가 앞장서서 자국의 회화가 미술계에서 지배적인 위치를 갖도록 하기 위해 노력했다. 이유는 간단했다. 잘 알려진 것처럼 냉전시대에 자유세계의 수호자를 자처하던 미국은 공산주의에 맞서 자유주의를 수호한다는 자신의 대의적 명분을 선전하는 데 예술이 도움이 된다는 것을 잘 알고 있었고 이를 적절히 활용하기 위해 갖은 노력을 아끼지 않았다. 그것이 첫 번째 이유였다. 두 번째는, 미국은 자국이 이제 더는 문화적 후진국이 아님을 유럽에 알림으로써 미국의 이미지를 쇄신하는 한편 민주사회 지도자로서의 자국의 위상을 높이려 했다는 것이다.

이렇게 미국에서 자리를 잡게 된 현대 미술운동은 미국의 문화적 패권주의의 논리에 의해 움직이게 되었다. 그러나 문화적으로 앞서 있음을 주장하기 위해서는 미술 실제와 그를 설명하는 이론이 필요했기에 미국은 추상표현주의를 미국 회화의 전형으로 전 세계에 내놓았다. 그린버그가

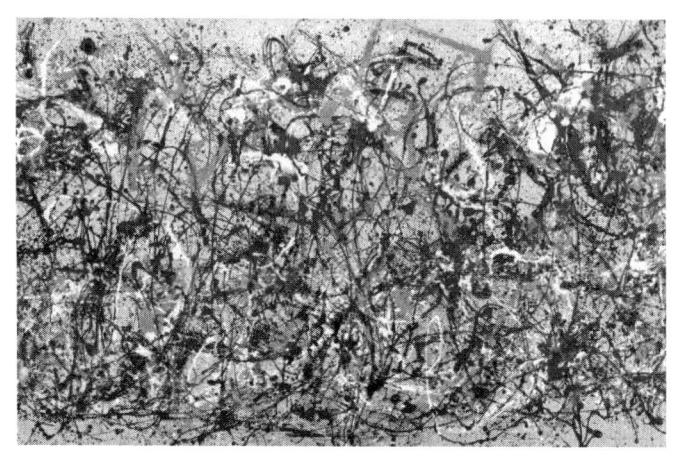

<가을 리듬: 넘버 30>(잭슨 폴록, 1950, 메트로폴리탄 미술관)

형식주의의 종점이자 대중과 괴리된 엘리트 미술의 정점으로 간주하는 폴록의 추상표현주의 회화는 사실 미국의 문화적 패권주의와 미술시장의 논리 내에 존재할 뿐이다.

추상표현주의와 관계된 미술시장에 대한 논의는 은폐되어왔으나, 추상표현주의와 미국의 문화전략 및 미술시장과의 관계에 대한 70년대의 논의에 의해 그 관계가 명백히 드러났다. 냉전 시기 동안 자유세계의 수호자 역할을 수행하기 위해 선택된 미술은 어떤 것이었을까? 1945년 이후 미국을 대표하여 소비에트의 이데올로기와 경쟁하기 위해서 채택했던 것은 E. 하퍼로 대표될 수 있는 미국적 사실주의가 아니었다. 그것은 자동기술법을 제안했던 프랑스 초현실주의의 특징과 마르크스주의의 특징, 그리고 트로츠키주의의 특징을 강하게 지니는 유형의 그림, 바로 추상표현주의였다. 추상표현주의의 대표 격인 잭슨 폴록, 바넷 뉴만, 로버트 마더웰, 마크 로드코, 윌렘 드 쿠닝은 나치즘과 파시즘을 멀리했던 유럽 아방가르드의 후계자였다.

그렇다면 미국적 회화와는 거리가 먼 듯 보이는 추상표현주의는 어떻게 미국을 대표하고 나아가 전 세계에 그 영향력을 미치는 회화로 자리 잡게 되었을까? 이에 대해 콩파뇽은 『모더니티의 다섯 개 역설』에서 다음의 네 가지 이유를 제시한다. 첫 번째로는 비평의 역할, 두 번째로는 미국적 자발성 신봉주의(spontanéisme), 세 번째로는 미국의 문화적 패권주의, 그리고 마지막으로는 시장 논리의 개입이다. 이 네 가지를 하나씩 살펴보자.

첫째, 폴록의 작품을 미국 회화의 대표 주자로 옹호했던 그린버그의 역할은 무엇이었을까? 1945~51년 사이 그려진 폴록의 작품에 대해 그린버그는 극찬을 아끼지 않았다. 그는 폴록의 그림에서 평면화 경향에 주목했다. 그린버그는 "깊이의 일루전", 즉 모든 회화적 공간이 사라져버린 폴록의 작품에서 소위 "이젤 회화의 위기"를 보았다. 그린버그에 의해 추상표현주의는 마네로부터 시작된 미적 진보의 정점으로 간주되기 시작했다. 이런 시각을 역사적으로 정당화했던 것이 바로 이러한 경향의 지적인 담론, 즉 형식주의 비평이었다. 그린버그는 더 나아가 제스처와 물질이 완전히 묶여 있으므로 그 캔버스에는 제스처의 흔적 그 자체만이 남아 있을 뿐이라고 말하면서, 이제 그림은 아무것도 의미하지 않으며 예술가는 하나의 매개물에 불과한 것이 되었다고 주장했다.

그러나 콩파뇽은 폴록의 의도는 이와는 다른 것이었다고 지적한다. 폴록은 그의 캔버스를 포기하고 그 자신이 하나의 매개물이 되는 것이 아니라 화가 자신이 실제로 캔버스 속에 남아 있다고 말했다는 것이다. 폴록은 그의 신체를 그림 속으로 삽입하는 것을 성공의 조건으로 기술했으며, 그는 항상 캔버스와 내밀하고 밀접한 관계를 지속했다고 콩파뇽은 지적한다. 이렇게 볼 때, 추상표현주의를 고급미술의 반열에 올려놓았던 그린버그의 비평은 화가의 의도와는 상반된다고 할 수 있다.

둘째, 콩파뇽이 지적한 미국적 자발성 신봉주의(spontanéisme)란 무엇인

가. 미국인들이 자발성 신봉주의적인 이데올로기와 더불어 진품인 것, 직접적인 것, 자발적인 것(le spontané); 고취된 것, 충동적인 것을 으뜸으로 여기게 됨으로써 이 '아르 브뤼'(art brut)의 형태를 띤 예술품은 최고의 가치를 얻게 되었다. 특히 미국인들은 직접성(immédiateté) 속에서 드러나는 것을 창조 그 자체로 여겼다는 것이다. 이러한 상황에서 추상표현주의 시기에 이르러 새로운 가치의 등급이 확립되게 되었고, 추상표현주의가 최고의 자리를 얻게 되었다. 이렇게 볼 때, 추상표현주의는 완성된 대상 속에서 그 작업의 과정을 숨기는 대신에 있는 그대로(brut) 혹은 원시적인 방식으로 작업 과정을 드러내는 것이다. 바로 이런 점에서 추상표현주의는 꾸밈없음(naïveté)을 보여주며, 또한 바로 이 꾸밈없음 때문에 미국적이라고 콩파뇽은 지적한다. 그러나 이런 꾸밈없는 표현은 보는 이의 접근을 쉽도록 해야 했지만, 실제로는 그렇지 못했다. 특히 관심을 두어야 할 초점이 없으며 도안들이 단일하게 분배되어 있다는 점 때문에 관람자는 더욱 당혹스러워졌다. 이런 문제로 인해 폴록의 그림은 그린버그 비평의 틀 속에만 자리하게 되었다. 미국적인 자발성 신봉주의의 산물이어야 하는 추상표현주의는 자율적인 예술에 관한 이상적인 내러티브인 형식주의 미술론의 마지막 단계, 즉 1950년대의 위대한 예술(grand art)에 그 모범을 제공하기에 이르렀다. 이런 점에서 콩파뇽은 추상표현주의가 자발성 신봉주의와 엘리트주의 사이에서 동요하는 역설을 보이고 있다고 지적한다.

셋째, 이런 추상표현주의가 세계적으로 인정받게 된 것은 바로 공공사업진흥국(WPA, Work Progress Administration)[1]의 역할에 따른 것이었다. 당시

---

[1] 미국의 대공황 시기에 미국의 프랭클린 D. 루스벨트 대통령에 의하여 1935년에 만들어진 대규모 고용 지원 기구. 이 기구로 인해 많은 미국인이 일자리를 얻었으며,

미국 회화는 유럽과 비교하면 뒤처진 것으로 여겨졌었는데, WPA가 이를 해외에 널리 알림으로써 이러한 경향의 미국 회화가 고급 미술로 인식되게 했다. 그러나 WPA는 원래 소련의 사실주의나 멕시코 벽화와 유사한 사실주의를 추구하던 1930년경 공황기 미국 미술운동을 주도하던 단체였다. 그런 WPA가 사실주의와는 무관한 추상표현주의를 대외에 알리는 데 이바지했다는 것은 역설적이다. 그뿐만 아니라 1945년 이후 마르크스주의와 소비에트 이데올로기에 대항하기 위해 채택했던 회화가 바로 프랑스 초현실주의와 마르크스주의, 그리고 트로츠키주의의 흔적을 가진 추상표현주의였다는 점 또한 역설적이다.

마지막으로 시장논리를 들 수 있다. 시장논리란 수요와 공급의 법칙을 따르는 것으로, 미술 작품도 하나의 상품이 되어 미술시장에서 매매되는 가격에 따라 그 위치가 정해지게 됨을 뜻한다. 따라서 폴록의 그림은 그린버그가 그토록 주장했던 것처럼 엘리트적이라는 이유로 평가되는 것이 아니었으며, 폴록 자신의 말처럼 정서적이거나 숭고한 주제들 또는 그 그림이 공유하려 했던 직접적인 감정에 의해 평가되는 것이 아니었다. 그의 그림은 그것이 의도했던 바와는 반대로 시장에 의해서 인정되었으며, 1960년대 이후로 매우 비싼 가격이 매겨졌던 엘리트 미술의 최후의 형태로서, 전적으로 문화적인 관점에서만 중시되었을 뿐이었다.

이상과 같이 폴록으로 대표되는 추상표현주의는 아무것도 말하지 않는, 엘리트 미술의 정점에 위치하는 것으로 여겨졌다. 실제로 폴록은 그가 느낀 자발적인 감정이나 제스처에 일치하는 도안들을 만들어낸 후 그것들을

경제부흥에 도움을 얻었다. 또한 수천 명의 배우와 음악가, 작가와 화가들을 지원하는 정책을 펼쳤다.

통해 자신의 감정이나 제스처를 관람자들과 소통하고자 했다. 폴록의 추상표현주의는 대중을 배제하려 하지 않았던 것이다. 그런데 문화적 후진국으로 유럽에서 멸시당하던 미국은 자신들이 문화적으로 낙후되어 있지 않다는 사실을 알리고, 공산주의에 대항하기 위한 정치적 세력을 확장하기 위해 추상표현주의와 그린버그를 이용했다. 지금에서 알 수 있는 일이지만 그린버그와 폴록은 말하자면 일종의 냉전시대의 무기였던 셈이다. 여하튼 그 시도의 성공 여부와 관계없이 그린버그가 주장하는 아방가르드란 '사회로부터 고립된 어떤 것'으로 정리할 수 있는데, 이는 지금부터 우리가 살펴볼, 뷔르거가 주장하는 '역사적 아방가르드'와는 정반대의 미술을 의미한다.

2. 뷔르거의 '역사적 아방가르드' : 다다이즘

아방가르드 개념은 19세기 초반의 유럽 사회에서 등장했다. 처음에는 군사적 용어, 즉 전위부대(avant-garde)를 일컫는 것으로 사용되었다가 이후 사회정치적인 성향을 띤 것으로 이해되었다가 나중에야 예술과 접합하게 되었다. 19세기 중반 무렵에는 안정적으로 서유럽에 정착했던 자본주의의 폐해들에 대한 대안으로 '유토피아적 공산주의'가 나타나게 되었는데, 예술과의 접점을 가진 아방가르드 개념은 바로 여기에서 생겨났다. 대표적인 유토피아적 공산주의 이론가인 생시몽은 「생시몽이 법관들에게 보내는 편지」(1820)에서 "고심을 통해 나는 예술가들이 선두에 서서 일의 진행방향을 설정하고 그다음으로 과학자가 뒤따르며 산업가는 이 두 계급의 뒤를 따라야 한다는 결론에 도달했다"고 쓰고 있다. 이러한 유토피아 건설의 세 역군은 전쟁에서의 군부대 구성에 비견되었는데, 먼저 유토피아의 청사진을 제시하는 예술가들은 최전방에 선 전위부대이고, 로봇[2]을 만드는 등의 발명을 통해 인간을 노동으로부터 해방해줄 과학자는 본대(本隊)이며, 예술가와 과학자의 작업을 후원할 산업가는 전위부대와 본대를 후방에서 지원하는 후위부대로 볼 수 있다. 일종의 은유였던 셈이다. 이처럼 아방가르드라는 용어의 발생적인 측면에서 볼 때 아방가르드는 기본적으로 매우 정치적이며, 기존의 체제에 대한 '비판적 부정성'을 그 특징으로 가진다 하겠다. 그리고 이러한 특징은 뷔르거가 '역사적 아방가르드'(historical avant-garde)라고 칭한 1900~1930년대의 미술 경향들에서도 분명하게 드러난다.

뷔르거의 '역사적 아방가르드'에 대한 이론은 그의 책, 『아방가르드의 이론』(1974)에서 다루어지고 있다. 통상적으로 '역사적 아방가르드'로 분류되는 미술은 다다이즘(Dadaism), 구축주의 혹은 러시아 아방가르드(Russian Constructivism or Russian Avant-Garde), 초현실주의(Surrealism) 등이다.

1) 다다이즘 : 관례예술 비판을 통한 예술과 삶의 변증법적 종합

통상적으로 '역사적 아방가르드'로 분류되는 미술은 크게 보아 다다이즘이라 불리는 미술운동과 맥을 같이 한다. 다다이즘은 뉴욕 다다, 취리히 다다, 베를린 다다, 구축주의 혹은 러시아 아방가르드, 파리 다다라고도 불리는 초현실주의 등을 들 수 있다. 미술사의 흐름 속에서 살펴보자면, 사실 다다이즘은 1960년대 미국에서 네오-아방가르드라 자처하던 미술가들이 자신들의 정신적 원천으로 마르셀 뒤샹과 다다이즘을 지목하면서

---

2   로봇은 "강제노동"을 의미하는 체코어에서 생겨났다고 한다.

파키비아의 원숭이

논의의 중심으로 떠오르게 되었다. 그렇다면 다다이즘은 무엇일까? "다다는 예술인가? 철학인가? 정치인가? 화재보험인가? 아니면 국교인가? 다다는 진정한 힘인가? 아니면 아무것도 아니거나 혹은 반대로 모든 것인가?"라는 다다이스트들의 질문은 사실 역설적이게도 이 모든 물음들이 다다를 규명하지 않는다는 점을 분명히 하는 것으로 귀결된다. 이를테면, 다다는 의미를 규정하여 하나의 개념으로 명시하려는 기존의 입장, 즉 합리주의에 대한 반발로 등장했으며 따라서 하나의 의미로 규정될 수 없다는 점이 다다의 가장 핵심적인 특징이 된다는 점을 분명히 하고 있는 것이다.

다다 예술가들은 특히 자연을 모방하는 재현의 전통을 격렬하게 거부하고 조롱했는데, 피카비아의 삽화에서 그 흔적이 아주 잘 드러나고 있다. 가운데 원숭이의 이미지를 중심으로 위로부터 시계방향으로 다음과 같이 씌어 있다. "세잔의 초상", "르노아르의 초상", "정물", "렘브란트의 초상". 각각 다른 의미의 재현을 추구하긴 했지만, 피카비아가 이른바 재현의 거장들을 원숭이로 희화화하는 삽화를 그려서 잡지에 실었던 것이다. 그들은 어떤 미술을 하고 싶었던 것일까?

굳이 다다라고 불리는 활동들에 공통적인 특징을 들어야 한다면, 그것은 '부정성'(negativity)이다. 뒤샹의 개인적 활약이 두드러졌던 뉴욕 다다, 전쟁을 피해 망명한 많은 예술가들이 후고 발을 중심으로 음성시 낭송 등과 같은 작업들을 통해 집단적으로 활약했던 취리히 다다, 또 광기의 한복판에서 활동했던 베를린 다다, 혹은 합리주의의 메카에서 활약한 파리 다다(초현실주의) 모두에서 공통적으로 발견되는 특성이 바로 부정성이라는 것이다. 사실 다다를 주창했던 예술가들은 이성중심주의가 가져온 당대의 삶의 조건들, 예컨대 합리주의, 과학지상주의, 그리고 자본주의를 비판하였다. 그들은 또한 부르주아의 옹호를 받던 관례적인 예술 역시 그러한 삶의 조건들을 비호하며 그것을 재생산하는 것으로 보고 자신들의 예술 작업을 통해 관례예술에 대해 부정적 비판을 가했다.

2) 다다이즘의 세계

(1) 뉴욕 다다

우리는 뷔르거의 논의를 따라 그가 '역사적 아방가르드'라 일컫는 미술운동들 가운데 뒤샹의 작업을 통해 뉴욕 다다에 대한 구체적인 사례를 찾아볼 수 있을 것이다. 프랑스 태생으로 파리에서 회화 중심의 작업을 하던 마르셀 뒤샹은 〈계단을 내려오는 누드 No.2〉(1912-13)가 입체주의와 미래주의 양 진영의 거센 비난을 받게 되자 뉴욕으로 이주하여 일련의 레디메이드(readymade) 작품들을 선보이게 된다. 여러 레디메이드들 중 그에게 뜻하지 않은 명성을 가져다준 것은 1917년 '독립작가협회전'에 출품되었다 거부당한 〈샘〉이다. 1년에 6달러의 회비만 납부하면 누구든 전시에 참가할 수 있도록 하는 비주류 미술단체인 독립작가협회 운영위원의 한 사람이었던 뒤샹은 배관용품점에서 남성용 소변기 하나를 구입하여 거기에 자신의 이름이 아닌 "R. Mutt"라는 서명을 하여 협회전에 출품하였다. 그러나 회비만 납부하면 누구든 전시에 참여할 수 있도록 한 협회 규정에도 불구하고 〈샘〉

〈샘〉(뒤샹, 1917)

은 격렬한 찬반논쟁 끝에 전시를 거부당했다. 말하자면 〈샘〉은 가장 급진적인 경향을 지닌 예술단체에 의해서도 예술 작품으로서 인정받지 못했던 것이다.

 이에 뒤샹은 자신이 발간한 다다 잡지인 『맹인』에 「리처드 머트씨의 경우(The Richard Mutt Case)」라는 비평문을 쓴다. 이 글에서 뒤샹은 친구 스티글리츠가 찍은 〈샘〉의 사진을 옆 페이지에 싣고, 〈샘〉이 거부당한 이유를 반박했다. 그러나 사실 이 비평문에서 가장 중요한 점은 그가 레디메이드를 예술 작품으로 옹호했던 방식이다. 뒤샹은 머트씨가 자신의 손으로 직접 〈샘〉을 만들지 않았다는 점은 중요하지 않으며, 그가 일상용품을 "선택"해서 거기에 새로운 제목과 관점을 부여하여 일상용품을 그것의 본래적 맥락에서 떼어냄으로써 그것의 유용성을 제거하고 그 대상에 대한 새로운 사고를 창조했다는 점이 중요하다고 역설했다. 그리하여 뒤샹은 전통적으로 예술 작품임을 입증하는 중요 부분이었던 예술가의 손의 노고를 필수적이지 않은 것, 다시 말해 그저 관례였을 뿐이었던 것으로 만들어버렸다. 그는 예술 작품과 일상용품 사이에 놓인 경계선을 아이디어와 선택이라는 행위를 통해 지워버리고 말았으며, 이후 부르주아가 예술이라는 분야에 부여했던 특성들, 즉 모더니즘 미학을 문제 삼기 시작했다.

이러한 작업에서 우리가 찾을 수 있는 의의는 무엇일까? 우선 〈샘〉의 사례에서 알 수 있듯이, 뒤샹은 기존의 예술 전통과 관례를 위반함으로써 예술과 일상적 사물을 분리하는 이분법적 고정관념을 파괴했으며, 나아가 여러 가지 다양한 예술 기법들을 고안하여 예술의 영역을 확장했다는 점을 들 수 있다. 그러나 뷔르거는 이러한 성과를 긍정적으로 평가하기는 하지만, 이것은 단지 예술의 영역 안에서만 의미 있는 성과일 따름이라고 주장한다. 즉 아방가르드의 목적이 예술가의 능력을 바탕으로 유토피아의 청사진을 제시하는 것이었다고 할 때, 예술과 삶의 변증법적인 종합을 통한 새로운 삶의 질서를 창출한다는 아방가르드 고유의 목적은 달성되지 못했다는 것이다. 나아가 다다이즘은 삶의 영역에서 힘을 발휘하지 못했을 뿐 아니라 자신들이 비판하고 거부하려고 했던 예술의 관례와 제도 속으로 흡수됨으로써 비판적 부정성을 완전히 상실하게 되었다. 실제로 뒤샹의 〈샘〉은 세계 주요 미술관에서 전시되는 "유명한" 작품들 가운데 하나로 자리 잡았으며, 전 세계 대학과 미

마르셀 뒤샹
(패서디나 미술관 회고전에서, 1963)

제8강 | 아방가르드 논의의 두 가지 사례 207

술관에서 열리는 강의와 강연은 그의 작품 〈샘〉이 갖는 미학적 가치들에 대해 설명하고 있다. 예술 관례와 대립함으로써 의미와 가치를 창출해냈던 그의 작업은 어느 순간 이미 예술 관례 속으로 들어와 있게 된 것이다. 자신의 회고전에서 〈샘〉 앞에 앉아 담배를 피우는 뒤샹의 모습이 어딘지 서글퍼 보이는 것은 그 자신 또한 이 점을 잘 알고 있었기 때문이 아닐까?

(2) 취리히 다다

뉴욕 다다가 예술 관례에 대한 비판적 부정과 위반으로 특징지을 수 있다면, 취리히 다다는 합리주의에 대한 비판적 부정과 실험정신으로 특징지을 수 있다. 1차 대전의 와중에 영세중립국을 천명한 스위스의 도시 취리히로 망명한 예술가들은 후고 발(Hugo Ball)을 중심으로 '카바레 볼테르'에 모여 다양한 퍼포먼스들을 진행하였다. 향락적인 밤의 문화를 상징하는 '카바레'와 계몽주의의 대표적인 사상가인 볼테르가 한데 묶여 역설적인 느낌을 자아내는 카페의 이름이 대변하듯, 취리히 다다는 계몽주의로 대변되는 합리주의와 이성중심주의에 대해 비판적인 태도를 취했다. 이들은 이성중심주의와 그것을 옹호하는 관례 예술에 대한 비판적 태도를 다양한 비합리적인 퍼포먼스와 해프닝을 통해 드러냈다. 그중에서도 소리는 있으되 의미는 없는 단어들로 구성된 '음성시'는 주목할 만하다. 음성시는 분명 언어적 소리는 있으나 전달되는 의미는 없다는 점에서 문학에 대한 전통적 관점을 부정할 뿐만 아니라 언어에 대한 전통적인 관점까지 파기하려는 시도로 보인다. 청각을 통해 감각적으로 감지되기는 하지만 의미를 알 수 없는 언어란 우리가 일반적으로 언어에 대해 갖고 있는 생각 자체를 뒤흔들어놓는 일이기 때문이다. 게다가 후고 발이 음성시를 낭독할 때 입었던 우스꽝스러운 의상이나 낭독 목소리를 압도하는 시끄러운

카바레 볼테르에서 음성시를 낭독하는 발(1917)

밴드의 음악 등은 관례적인 시 낭송회 장면과는 많이 다른 것이었다. 그의 낭독은 시라는 진지한 예술을 조롱하고 희화하는 일종의 퍼포먼스로 만들었다는 점에서 의미가 있다 하겠다.

(3) 베를린 다다

뉴욕 다다와 취리히 다다가 예술이라는 영역 내에서 관례를 위반하고 새로운 실험을 수행했다면, 베를린 다다는 예술을 삶이나 정치와 분명하게 연결 짓는 작업들을 수행했다. 독일 태생의 존 하트필드는 본래 독일식 이름 'Helmut Herzfeld'으로 불렸으나 독일의 국수주의에 저항하는 의미에서 영어 이름으로 개명하였다. 1차 대전에 참전한 후 독일의 군국주의에 대한 분명한 비판적 입장을 보이기 위해서였다. 하트필드는 군국주의에 반대하는 자신의 뜻을 개명에서 그치지 않고 '포토몽타주'(photomontage) 작업을 통해 표현하였다. 포토몽타주란 신문, 잡지 등에서 기존의 이미지와 텍스트를 오려내어 재배열하고 합성하는 방식으로 제작한 작품을 일컫는다.

이 포토몽타주 기법은 정치적인 이슈들을 예술적으로 표현하는 새롭고도 탁월한 기법으로 각광받았다. 기존의 작업 방식인 사진이나 회화만으로는 작가가 하고 싶은 이야기를 완전하게 담아내기에 충분하지 않았기 때문이다. 합성되지 않은 단순 사진은 리얼리티는 강하지만 복합적 메시지를 담아내기 어렵고, 회화는 복합적 메시지를 구성해서 담아내기는 좋으나 리얼리티의 느낌이 부족하다는 한계가 있었다. 그런데 사진 이미지와 텍스트를 합성하여 사용하는 포토몽타주는 두 가지의 단점을 보완하고 장점을 결합하여 정치적 메시지를 매우 선명하고도 효과적으로 구현할 수 있게 해주었다.

포토몽타주 기법으로 살아남은 아버지와 이미 백골이 된 아들들의 모습을 담아낸 하트필드는 별다른 설명 없이도 전쟁이 낳는 비극이 어떤 것인지 메시지를 정확하게 전달한다. 모든 젊은이들을 희생시키고 살아남은 아버지는 과연 무엇을 얻게 될 것인가? 설령 그가 얻은 것이 있다 하더라

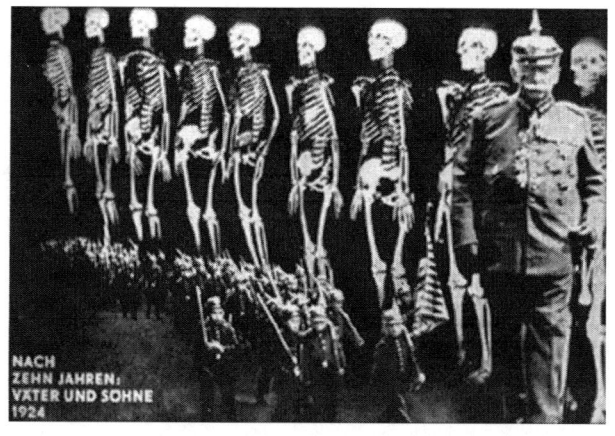

<10년 후 아버지와 아들들>(존 하트필드, 1924)

도 그것이 아들들의 희생보다 더 가치 있는 것인가? 군국주의를 반대하는 데에 이보다 더 선명한 메시지가 있을 수 있을까?

(4) 러시아 구축주의(Constructivism)

볼셰비키 혁명 당시까지도 러시아 미술은 유럽 미술과의 자유롭고 긴밀한 연관 속에서 전개되었다. 말레비치와 칸딘스키 등의 작업에서 볼 수 있듯 러시아에서는 유럽에서보다도 먼저 추상이 등장했으며, 이후 러시아에서는 회화의 조형적 실험이 극단으로 치달았다. 볼셰비키 혁명의 성공으로 권좌에 오른 레닌은 당시 러시아가 처한 격변의 정치적 상황을 잘 조율하고 인민들의 삶을 공산주의라는 정치적 이념과 조율하기 위해 예술의 도움을 받고자 하였다. 진보적이고 과학적인 예술을 지지했던 레닌의 영향 및 지지로 회화 평면에서의 조형적 실험은 구축주의라는 공간적 조형으로 나아가게 되었다. 리시츠키, 로드첸코 등 당대의 구축주의 작가들은 삶과 예술을 변증법적으로 종합하고자 했고, 그러기 위해서는 평면이 아닌 공간에서 예술이 작동해야 한다는 결론에 이르렀다. 그리하여 1920년대 이후 공간적 조형 실험들은 예술적 오브제의 규모를 넘어 건축과 공간 디자인의 차원으로 확대되기 시작했다.

타틀린(Vladimir Tatlin)의 작품 〈제3인터내셔널 기념탑을 위한 모형〉(1920)은 실제로는 약 400미터 높이의 경사진 나선형 철골구조 속에 원통과 각뿔 등의 형태를 가진 건물을 집어넣은 다음 이것들이 일정한 주기로 회전하도록 설계되었다. 이 조형물은 러시아 공산당의 기념일을 주기로 회전하도록 되어 있어 실제 삶 속에서 인민들이 기념일을 인지하고 그 의미를 되새겨보도록 고안되었다는 점에서 공산주의의 정치적 이념을 탁월하게 조형화한 작품으로 높이 평가받았다. 다만 이 작품은 실제로 건축되지

<제3인터내셔널 기념탑을 위한 모형>(타틀린, 1920)

못하여 현실적인 의미를 획득하지는 못했다.

레닌이 서거하고 스탈린이 권력을 장악한 1930년대 이후 러시아에서는 선전선동적인 사회주의 리얼리즘이 미술에서의 헤게모니를 장악하고, 난해해 보였던 구축주의는 '타락한 미술'로 간주되어 축출되었다. 이후 소비에트의 미술은 다른 장르의 예술들과 마찬가지로 공산주의라는 이념에 복무하는 시녀로 전락해버리고 말았다.

(5) 파리 다다 혹은 초현실주의

파리 다다 혹은 초현실주의라 불리는 이 유파는 파리를 중심으로 다다 활동을 하던 앙드레 브르통(Andre Breton)과 만 레이(Man Ray) 등이 1920년대

<자동 드로잉>(앙드레 마송, 1924, 뉴욕 근대미술관)

에 결성하였다. 파리 다다는 다른 다다이즘 유파들과 마찬가지로 전통적인 미술을 부정하였을 뿐만 아니라 특이하게도 공공연하게 공산주의를 지지하는 정치적 경향성을 드러내기도 하였다. 이들은 프로이트를 그대로 받아들여 그가 펼쳐 보인 인간성의 새로운 지평, 즉 무의식을 통해 기존의 삶의 조건, 삶의 태도, 예술 등을 전복하고자 하였고, 그 결과 무의식을 탐구하는 것을 일차적 과제로 삼았다.

1924년의 첫 번째 초현실주의 선언문에서 앙드레 브르통은 무의식을 탐구하는 본질적인 방법으로 자동주의(automatism)를 제시하였고, 이를 따르는 초현실주의자들은 자동주의를 실행하여 작품을 만들었다. 그러나 이내 의식적인 상태에서 무의식을 탐구하는 것이 가능한가라는 의문을 갖게 되었다. "의식과 무의식이 상반된 것이라면, 어떻게 의식의 상태에서 무의식을 탐구할 수 있는가?"라는 모순적 상황에 놓이게 된 것이다. 이에 화가들은 무의식을 직접적으로 탐구하는 대신 의식에 파열을 일으킬 수 있는 다양한 우회로들을 선택하게 되었다. 초현실주의자들은 우선 꿈의 세계를 그림의 주제로 적극적으로 수용했으며, 꿈에서나 가능할 사물의 속성의 변화들을 그림을 통해 제시함으로써 사물에 대해 우리가 가지고 있는 기존의 관점이나 생각을 전복하거나 혹은 기괴함을 통해 의식에 불안감을 가중시키고자 하였는데, 여기서 중요한 기법으로 등장한 것이 바로 '전치'이다. 전치는 어떤 대상을 그 대상의 원래 자리 또는 있어야 할 곳이라고 예상되는 곳이 아니라 엉뚱한 맥락이나 위치에 배치함으로써 낯익은 사물을 낯선 것으로 바꿔버리고 그 결과 불안을 야기하는 것을 말한다.

실제로 마그리트(René Magritte)는 어떤 대상과 그것을 가리키는 언어를 어긋나게 조합함으로써 비현실적 혹은 초현실적인 불안감과 긴장감을 조성하는 작업을 수행하였다. 그의 작품들 중에는 재현에 관한 개념을 희롱하는 것처럼 보이는 표제를 지닌 데생들이 다수 존재한다. 그중 가장 유명한 작품인 〈이미지의 배반〉(1928~29)에서 파이프는 "이것은 파이프가 아니

〈이미지의 배반〉(마그리트, 1929, 로스앤젤레스 카운티 미술관)

다"라는 문안 위에 복제된다.

이 그림에서 제기된 실제 사물과 재현된 대상의 구분은 미셸 푸코 같은 철학자에게 지적 자극을 주었다. 마그리트는 의식적인 회화를 만들어 내는 데 집착했다. 초현실주의 이미지는 병렬에 집착하고, 수술대 위의 재봉틀과 우산처럼 서로 낯선 리얼리티 간의 충돌에 집착한다. 이러한 부분을 작품으로 가장 잘 실현한 것이 바로 마그리트였다. 예를 들면 〈꿈의 열쇠〉(1935) 같은 작품이 있다. 이 작품은 세계와 재현 사이의 관계에 대한 문제를 설득력 있게 제기한다. 말의 이미지 아래에 문을 뜻하는 영어 단어 door가, 시계의 이미지 아래에는 바람(wind)이, 물병 이미지 아래에는 새(bird)가 쓰여 있다.

그런데 이미지와 단어 사이의 관계는 마지막 패널에 이르러 완전히 어긋난다. 이미지와 영어 단어로 이루어진 짝 구성 방식이 마지막에 완전히

〈꿈의 열쇠〉(마그리트, 1935)

틀어지는 것이다. 실제로 마지막 패널의 이미지는 가방이고, 단어는 가방을 뜻한다. 게다가 이 단어는 영어가 아니라 프랑스어로 되어 있다. 말하자면 이미지와 다른 대상을 지칭하는 단어가 아니라 이미지와 같은 대상을 지칭한다는 점에서, 그리고 영어가 아니라 프랑스어로 되어 있다는 점에서 앞서 세 개의 패널에서 연속되었던 이미지-단어의 구성방식을 뒤틀고 있다. 예상이 어긋나게 된 관람자는 적지 않게 당황하게 된다. 이 작품은 소위 낱말카드의 형식을 빌어 구성되었다. 우리에게 익숙한 낱말카드는 이미지와 단어가 동일한 대상을 지칭하는 것이다. 그런데 이미지와 단어가 각각 다른 것을 지칭하는 '짝퉁' 낱말카드를 본 관람자는 이내 이 짝퉁 낱말카드의 특별한 구성법에 익숙해지고 다음 낱말카드의 내용을 예상하게 된다. 작가는 마지막 낱말카드에서 그 예상을 여지없이 깨트리고 있다. 게다가 그 단어들은 정관사를 동반하고 있어 일반명사로 씌어진 일반적인 낱말카드와 다른 원리를 취한다. 마그리트가 그린 이미지들은 모두 특정한 어떤 것을, 다시 말해 관람자가 이미지를 대면했을 때 쉽사리 일반화할 수 없도록 하는 모종의 장치를 마련해두고 있다. 이 모든 것을 알게 된 관람자는 낱말카드의 익숙함이 사라지면서 엄습하는 기묘한 느낌, 즉 불안에 사로잡히게 되는데, 화가가 무한히 반복했던 것은 바로 이러한 속임수이다. 마그리트는 주지주의자이며, 그의 작품에는 어떠한 솔직함도 없다.

현실보다 한 발 앞서 우리에게 나아가야 할 바로서의 미래를 보여주려 했던 아방가르드적 예술 생산은 계속적인 새로움을 추구해야 했지만, 혁신의 속도가 빨라지는 것만큼 낡은 것이 되는 속도 또한 가속화되는 상황 속에서 길을 잃고 만다. 그리하여 그들은 그들이 그토록 원했던 것, 즉 예술을 통해 미래의 청사진을 제시하고 우리의 삶을 그리로 이끄는 대신 자신들이 극복해야만 하는 과거를 끊임없이 만들어내게 되는 역설적 상황에 처하게 되었다. 요컨대 예술에서의 아방가르드는 부르주아 미학의 유연성을 입증함과 동시에 예술의 박물관화를 촉진하는 데에 그치고 말았던 것이다.

이렇게 아방가르드 미술운동이 미술사에 실제로 존재하기는 하지만 실패로 끝나버렸다는 가치평가적 의미를 담아 뷔르거는 이에 "역사적"이라는 한정을 둔다. 특히 예술과 삶의 변증법적인 종합을 통한 새로운 삶의 질서 창출이라는 아방가르드의 목적에 가장 근접했던 러시아 아방가르드(구축주의)마저도 스탈린 집권 이후 정권의 경색과 더불어 축출당해 그 가능성을 실현하지 못하게 되고 말았다는 점에서 아방가르드 운동은 실패로 끝나고 말았다고 뷔르거는 평가한다.

제9강

아방가르드 미술론과 '예술의 자율성'
- 그린버그의 형식주의 미술론에 대한 비판적 고찰[1]

우리는 소위 동시대미술이라는 현상을 통해 "예술이란 무엇인가?"를 되묻게 된다. 이 질문은 달리 말하면, "우리 시대의 예술을 예술이 아닌 것들과 구별되도록 하는 것은 무엇인가?"라는 물음과 같다. 예술에게 예술로서의 권리를 부여하는 것은 '예술의 자율성'(autonomie de l'art) 개념과 밀접한 관계를 가질 수밖에 없다. 그런데 이 개념은 본디 예술이 자율적이기를 꿈꾸었던 보들레르가 천명했던 것이므로 이 개념의 정확한 용법에 대해 살펴본 다음 그린버그의 '예술의 자율성' 개념이 보들레르의 개념과 어떤 관계를 맺고 있는지 살피는 것이 이 개념에 관한 정확한 이해를 도울 것이다. 따라서 필자는 20세기 중반 이후의 미술사에서 중요한 역할을 담당했던 모더니즘 미술론(Modernist art theory)[2]의 중심개념인 '예술의 자율성' 개념

---

[1] 이 글은 2013년에 발표된 필자의 논문「'예술의 자율성': 보들레르와 그린버그의 비교를 통하여」, (『미학』 제73집)를 풀어쓴 것이다.

[2] 찰스 해리슨(Charles Harrison)은 미술사의 담론들에서 사용되는 모더니즘 개념을 세 가지 용법으로 나누어 설명하는데, 그것은 modern modernism, modernist modernism, Modernist Modernism이다. 우선 첫 번째 용법인 modern modernism 은 가장 광범위한 논의로, 19세기 중엽부터 20세기 중엽에 이르기까지 서양 문화

과 그보다 앞서 전개되었던 보들레르의 '예술의 자율성' 개념을 비교하는 것으로 이야기를 시작하고자 한다.

1. '예술의 자율성'

'예술의 자율성'은 19세기 이후 모더니즘 논의를 거치면서 예술과 미학에서 중심개념으로 자리 잡게 되었다. 특히 1949년 즈음 돌연히 나타나 20세기 후반기 동안 미국 미술비평계를 위시하여 전 세계 미술계에 커다란 영향력을 행사했던 그린버그가 주장한 '예술의 자율성'은 모더니즘 미술론에서 그야말로 핵심적인 역할을 담당해왔다. 그린버그가 회화의 영역에서 작품 외부의 어떤 것도 지시하지 않는, 오로지 형식적인 미적 관조의 대상으로서만 존재하는 예술 작품만이 자율적인 예술이 될 수 있다고 주장해

가 차별적으로 지녀온 특성들을 지시하는 데 쓰이며, 이 문화는 산업화와 도시화의 과정들이 인간 경험에 변형을 일으킨 주된 메커니즘으로 이해된다. 그리고 이 첫 번째 모더니즘은 어떤 광범위한 경제적·기술적·정치적 경향들의 결과로 생긴 하나의 조건이자, 그와 동시에 그러한 경향들에 대한 일단의 태도들로 간주된다. 두 번째 용법인 modernist modernism은 좀 더 특수화된 의미로, 근대 문화에서 지배적 경향이라고 추정되는 것을 구별하는 의미로 사용된다. 이 모더니즘은 고급 미술 속의 모던한 전통을 지시하고, 진정한 현대 미술을 고전적이고 아카데믹하며 보수적인 유형의 미술과 구별할 뿐 아니라 통속적인 대중문화의 형태들과도 구별한다. 이런 견해는 미국 비평가 클레멘트 그린버그의 것이다. 마지막으로 Modernist Modernism은 두 번째 용법의 모더니즘이 지시했던 미술의 경향을 나타내는 것뿐 아니라, 그 말의 용법 자체와 이러한 용법이 유형화한다고 생각되는 비평적 경향을 나타낸다. 즉 우리가 일반적으로 이야기하는 형식주의 비평의 계보가 바로 이에 속한다. 따라서 일반적 의미에서의 모던한 경향들과 그린버그 특유의 비평적 견해를 담고 있는 Modernist Modernism 혹은 Modernist art theory를 구별하기 위해 이 글에서는 후자를 그린버그 모더니즘 또는 모더니즘 미술론으로 표기하고자 한다.

왔음은 기지의 사실이다. 그러나 이런 특성에 기반을 둔 모더니즘 미학은 소위 포스트모던 사회라 일컬어지는 후기산업사회에 이르러 그 수명을 다했다는 주장이 제기되기 시작했다. '예술의 자율성'의 모태가 되었던 모더니즘 담론에 종지부를 찍는 듯한 주장들이 등장함에 따라 '예술의 자율성' 개념의 유효성 또한 문제시 되었다.

'예술의 자율성' 개념이 폐기처분되어야 할 것이라면, 이후 예술을 예술이도록 하는 기준은 과연 무엇이 될 것인가? 이 질문에 답하기 위해서는 우선 '예술의 자율성' 개념에 대해 살펴보아야 할 것이다. 필자는 여기서 그린버그의 '예술의 자율성' 개념과 보들레르의 '예술의 자율성' 개념을 비교해볼 것이다. 이 두 입장을 비교함으로써 우리 시대에 적용 가능한 '예술의 자율성' 개념의 특성을 밝혀볼 수 있을 것이기 때문이다.

1) 부르주아의 위선을 넘어서

보들레르와 그린버그는 서로 다른 방식으로 미술비평에 임했지만 많은 공통점을 가지고 있다. 그들은 모두 시를 쓰는 작업과 미술비평을 동시에 수행하려 했다. 24세인 1845년, 시인으로서보다는 미술비평가로서 먼저 이름을 얻은 보들레르[3]는 그러나 미술비평가인 동시에 시인이었다. 미술비평문을 발표하는 동안에도 그는 꾸준히 시를 썼고, 그 시들은 완벽주의자였던 시인의 잣대에 따라 수정에 수정을 거친 후 나중에서야 발표되었다. 그

---

3 실제로 보들레르는 『1845년 살롱』을 위시하여 『1846년 살롱』, 『1855년 만국박람회』, 『1859년 살롱』을 거쳐 『현대적 삶의 화가』(1863~67)에 이르기까지 많은 미술비평문을 남겼다.

렇다고 해서 미술비평문과 시 사이에, 달리 말해 미술비평가와 시인의 위상에 대해 보들레르가 일종의 차별이나 차이를 둔 것은 아니었다. 1862년 재판된 『악의 꽃』에 수록된 〈파리 풍경〉이 잘 보여주듯, 그에게 시와 회화는 동일한 예술론, 즉 그의 고유한 시학 위에 세워졌으며, 시와 회화가 동의어이듯 그렇게 시인과 화가 또한 하나의 예술가를 지칭하는 다른 이름에 불과한 것이었다.

그러나 그린버그에게서 시인과 비평가는 같은 지위를 누릴 수 있는 것이 아니었다. 늘 시인이 되기를 바랐던 그린버그는 시인이 되는 길에서 좌절을 겪어야만 했다. 그럼에도 사회적 목소리를 내는 모던한 주체(modern subject)가 되고자 했던 그는 어쩔 수 없이 시인이 되는 대신 미술비평가로서의 삶을 받아들여야만 했다. 그토록 되고자 했으나 될 수 없었던 시인과 하나의 주체로 인정받기 위해 선택한 미술비평가의 삶 사이에서 차선책을 택해야 했던 젊은 그린버그는 행복하지 않았다.

어머니의 사랑을 송두리째 빼앗아간 권위적인 양아버지와의 관계에서 불편함을 겪었던 보들레르처럼, 그린버그 또한 성공한 리투아니아계 유태계 이민자인 아버지의 영향에서 벗어나기 위해 갖은 애를 써야만 했다. 보들레르가 온전히 자기 소유로 남을 수 없는 어머니에 대한 원망과 갈망 사이에서 혼란스러워했다고 한다면, 청소년기에 어머니를 여의고 새어머니를 맞아야만 했던 그린버그 역시 늘 사랑으로 자신을 보살피던 어머니에 대한 기억과 그리움으로 힘겨워했다. 어머니를 잃은 후 그린버그는 한동안 어머니의 결혼반지를 끼고 생활했을 정도였다. 아버지와 새어머니 사이에서 여동생이 태어난 후 그린버그가 느꼈을 소외감은 아마 엄청났을 것이다. 특히 그린버그는 뉴욕에 거주하는 유태인 사업가의 아들이라는 이중적인 정체성으로 괴로워했는데, 자수성가한 아버지가 일구어놓은 가업을 이어야 한다는 중압감은 그를 더욱 힘들게 했다.

자신들의 뿌리를 잃지 않도록 아들이 영어를 말하기 시작함과 동시에 히브리어를 가르쳤던 그의 아버지는 가업의 계승자인 그린버그에게 양질의 교육을 제공했다. 실제로 그의 아버지는 그를 사립 고등학교(the Marquand)와 시라큐즈 대학에 다니도록 해주었고, 그린버그는 문학사 학위를 취득했다. 그린버그는 아버지의 뜻에 따르기 위해 아버지가 원하는 일을 하기도 했지만 부자 사이는 좀처럼 원만하지 못했다. 아버지와의 관계가 틀어지게 될 때마다 그린버그는 힘들어했고 결국 무기력함에 시달렸다. 그럴 때 그린버그는 시와 그림에 빠져들었고 그것에서 위안을 얻으려 했으며, 사업이 아닌 다른 분야, 예컨대 시나 미술비평과 같은 예술·문화의 영역에서 자신의 자리를 찾고자 했다. 이처럼 보들레르와 그린버그는 모두 자기혐오에 빠져 괴로워했지만 동시에 자기혐오의 상태에서 자신을 지켜내기 위한 자기애로부터도 자유로울 수 없었다.

보들레르와 그린버그가 특히 받아들이기 힘들었던 것은 바로 부르주아 계급의 위선이었다. 그중에서도 경제적 이익의 잣대로 예술을 바라보는 부르주아 행태는 참기 힘든 것이었다. 결국 천박한 문화적 취향을 가진 부르주아에 대한 비판적 시각은 그들의 관심을 문화로 돌려놓게 된다. 그들의 주된 관심은 타락한 부르주아 예술로부터 예술의 정수를 지켜내는 것이었는데, 이는 보들레르 예술론 전체와 「더 새로운 라오콘을 향하여」와 「아방가르드와 키치」로 대표되는 초기 그린버그에게서 공통적으로 발견된다. 타락해가는 예술로부터 어떻게 예술의 정수를 지켜낼 것인가? 보들레르와 그린버그에게 있어 당면한 과제는 바로 그것이었고, 그들은 모두 반아카데미적 입장을 고수하고 예술 작품의 내용보다 감각적 층위를 선호하는, 이른바 참된 예술을 지켜내려고 했다.

2) 참된 예술과 예술의 자율성

보들레르가 보기에 예술은 지금까지와는 다른 방식으로 사회비판의 역할을 수행해야 했다. 예술가는 영웅적 삶의 순간이나 가치 있는 역사적 이야기를 통해 관람자를 길들이는 대신 역사나 철학과는 무관한, 가장 현재적인 삶의 장소인 도시에서 예술가 개인이 얻게 된 직접적 경험을 그려내야 했다. 이러한 예술가의 작업은 도시의 더러운 뒷골목에서 일상적으로 마주치게 되는 인간 모습, 즉 넝마주이나 걸인, 성매매여성의 모습을 담아냈고, 그 결과 '진보'(progrès)의 씁쓸한 뒷모습이 예술의 전면에 등장하게 되었다. 그러나 부르주아가 숨기고 싶었던 도시 하층민의 모습을 담아낸다는 이유만으로 이러한 예술 작품이 사회비판을 담당하는 것은 아니었다. 중요한 것은 그 모습을 담아내는 방식, 즉 보들레르 고유의 시학이며 또한 그것에서 비롯된 개념인 '예술의 자율성'이었다.

그린버그 또한 그의 동시대 예술이 사회비판을 담당하기를 바랐지만 거의 100여 년의 시차를 생각해볼 때, 그린버그의 바람이 보들레르의 그것과 동일할 수는 없었을 것이다. 1930년대 미국의 지식인들은 대공황이라는 위기 속에서 예술이 사회비판적 기능을 담당해야 한다고 생각했다. 당시 지식인들이라면 누구나 마르크스주의를 받아들였다고 알려진 대공황기 뉴욕에서 그린버그 또한 좌익 성향의 급진적 지식인들과 어울리며 부르주아 사회의 위기에 맞서 노동계급의 해방에 봉사하는 정치예술의 가능성을 생각했다.

그러나 스탈린이 사회주의 리얼리즘(Socialist Realism)의 강령 하에 예술을 전체주의로 변질된 정치이념의 선전수단으로 삼으려 하자 뉴욕의 좌파 지식인들이 동요하기 시작했다. 그들은 스탈린주의로부터 몸을 돌려 트로츠키의 주장을 대안으로 삼게 되었는데, 그린버그의 '아방가르드' 이론은 그의 회고처럼 '트로츠키주의'로 시작된 '반스탈린주의' 시대의 결과물이었다. 사회적 기반으로부터 떨어져 나올 수 없으므로 늘 사회와의 관계 속에서 고려되어야 하는 "예술은 문화와 의식 층위의 '전위 부대'(advanced guard/avant-garde)"이며, 예술이 제 기능을 수행하려면 "반드시 외부의 규제로부터 자유로워야 한다"는 트로츠키의 주장을 받아들여 그린버그는 그의 '예술의 자율성' 개념을 구상해나가게 된다. 특히 전후 미국 미술이 1950년대에 이르러 냉전체제 하에서 자본주의 민주 진영의 효과적인 무기로 자리 잡게 되고, 그 결과 국제 미술을 선도하게 됨에 따라 그의 '아방가르드' 미술론은 유럽의 아방가르드 운동과는 달리 모더니즘과 긴밀한 관계를 맺게 되었다. 이런 과정 속에서 '예술의 자율성'은 미적·형식적 순수성과 동일한 것으로 여겨졌다.

그렇다면 보들레르와 그린버그 모두에게 '예술의 자율성'이란 무엇이었을까? 거칠게 말해보면, 그것은 예술로 하여금 사회와 올바른 관계를 맺게끔 하는 것이자 예술을 예술이 아닌 다른 것으로부터 구별되게 해주는 것이었으며, 특히 그린버그에게서는 예술의 각 장르를 구별하게 해주는 특징을 찾아내게 해주는 것이기도 했다. 하지만 '예술의 자율성' 개념에서 구체적으로 드러나는 그들의 독특한 시각은 공통점보다는 차이점을 훨씬 더 많이 보여준다.

2. 보들레르와 그린버그의 미학

보들레르와 그린버그는 자신들의 시대에 가장 영향력 있는 미술비평가였을 뿐 아니라 이론가이기도 했다. 하지만 알쏭달쏭한 수수께끼 같은 어휘

들 때문에 하나의 의미로 파악될 수 없는 보들레르의 미학과는 달리 그린버그의 미술론은 매우 선명하다. '상응'(correspondance) 개념을 통해 감각들의 탈경계화를 주장했던 보들레르와 반대로 그린버그의 미술론은 시각을 중심으로 하는 '감각의 위계화'(bureaucratization of the senses)로 구성된다. 이러한 차이는 어디에서 비롯된 것일까? 이는 인간과 세계를 보는 시각차 때문일 것이다. 사실 보들레르 미학의 기획은 상반되는 움직임을 대비시키는 동시에 화해시키는 것이다. 보들레르의 예술론은 상승하려는 욕망인 "신을 향한 움직임"과 하강하는 쾌감인 "악마 또는 동물성에의 기원"이라는 인간의 이중적 움직임을 기반으로 만들어진다. 보들레르에게는 모든 것이 이중적이며, 그의 유명한 모더니티(modernité) 개념 또한 이중성을 바탕으로 한다.[4] 하지만 그린버그의 미술론은 상반되는 움직임을 견지하는 보들레르의 시각과는 다른 조망, 즉 단일하고 고정된 듯 보이는 체계 위에 세워진다. 예술에 대한 다른 입장은 무엇에서 비롯되는 것일까?

1) 주체

일반적으로 문학사에서 다루고 있는 것과는 달리, 그리고 아마도 문학도였던 그린버그가 보들레르에 대해 생각했던 것과도 달리, 보들레르의 미학은 문학으로 하여금 의미를 전달하는 고전예술의 임무를 벗어던지고 예술 자체가 갖고 있는 매체의 순수성을 찾아가도록 종용하는 것에만 한정되지 않았다. 보들레르가 시와 회화에게 단순한 의미 전달에서 벗어나기를 요구

---

4   "모더니티란 일시적인 것, 덧없는 것, 우연한 것, 이것이 예술의 반쪽이며, 나머지 반쪽은 영원하고 불변하는 것이다."

했던 것은 인간 주체와 세계에 대한 그의 독특한 시각에 따른 것이었다.

보들레르에게 인간은 우선 단일한 이성적 주체가 아니다. 인간 이성을 통해 구축된 세계 또한 허상에 불과한 것이다. 보들레르는 인간을 이성적 주체로 보지 않으며 과학적으로 인식 가능한 세계 또한 껍데기에 불과한 것으로 여긴다. 보들레르에게는 이러한 사실을 깨닫는 것이 바로 진리인식이며, 이를 위해 '역설'(paradoxe)을 수단으로 삼아 서로 상반되는 것들이 공존하는 양상으로 모더니티를 정의했다. 보들레르의 모더니티 정의에서 보이는 역설이 중요한 까닭은, 한편으로 이것이 보들레르 미학의 기반이 되기 때문이며, 다른 한편으로는 보들레르가 이 역설을 도구삼아 당대의 정신적 기반인 단일하고 통일된 주체라는 개념을 공격하고자 했기 때문이다.

보들레르의 예술가는 기존의 어떤 예술가와도 다른 과제를 부과받는다. 그는 우선 낮 동안 대도시의 거리를 헤매면서 일상적인 광경들을 수집해야 한다. 마치 넝마주이들이 도시의 쓰레기들을 주워 모으듯이. 이제 예술가의 머릿속에 담긴 일상의 기이한 이미지들은 상점에 물건들이 진열되듯, '사전(dictionary)에 단어들이 자리 잡듯' 화가의 머릿속에 저장된다. 이 이미지들은 해가 기울면 작업실로 돌아온 화가의 저장고로부터 나와 그의 기억에 따라 화폭에 옮겨진다. 이때 예술가의 작업은 매우 역설적인데, 그것은 보들레르가 그의 예술가에게 부과하는 임무 때문이다. 그의 예술가는 낮 동안 관찰을 할 때에는 순간적이나마 자아를 잃어버린 채 타자와 한 몸이 되어야 하지만, 밤이 되어 자신의 작업실에 돌아와서는 철저하게 자신의 기억에 의해서 작업하는 소외된 개인이라는 이중적 존재가 되어야 하기 때문이다. 즉 보들레르의 예술가는 타자로부터 소외된 개인인 동시에 타자와 한 몸을 이루어야 하는 역설적인 존재인 것이다.

이처럼 보들레르의 예술가는 단일하고 통일적인 근대적 주체와는 다른 성격을 갖는다. 니체의 디오니소스가 완전하게 근원적 모습을 회복할 수 없는 것처럼, 보들레르의 예술가는 처음부터 완결된 하나의 주체로 상정된 것이 아니었다. 보들레르의 예술론 자체가 이미 근대적 주체 개념을 비판하기 위한 작업이라는 점을 염두에 둘 때, 보들레르의 예술론이 그린버그식의 미술론과는 그 시작부터 다른 것임을 알게 된다. 왜냐하면 그린버그가 주창한 미술론은 철저히 근대적 주체 개념에 바탕을 두고 있는 이론이기 때문이다.

실제로 그린버그에게 인간 주체는 '모던한 감수성'(modernist sensibility)을 지닌 개인으로 단일한 근대적 주체에 보다 가깝다. 프랑스식 실증주의와 영미 비평의 전통, 그리고 칸트의 형식주의를 그대로 받아들이는 그린버그에게 주체란, 시간과 공간이라는 특정한 조건 속에서 하나의 대상을 관조하는, 적어도 미적인 특질을 관조할 수 있는 통일된 주체이며, 이러한 주체는 시각을 중심으로 위계화된 감각을 가진 특정한 개인을 일컫는다. 대상을 관조함에 있어 주체에게 관람 위치를 지정하는 시각성(visualitiy), 그리고 대상과 아이디어를 결합시키는 원칙, 이 둘 모두를 지킬 것을 권고하는 그린버그는 속박을 벗어난 눈과 자유로운 정신을 소유한 주체가 즉각적으로 미적 특질을 포착할 수 있으며, 이로부터 특별한 유형의 경험을 하게 된다고 주장한다. 말하자면, 시각이 시선의 위치를 정하지만 작품 감상에서는 작품의 내용 또한 고려해야 한다는 것이다. 물론 그린버그에게 작품의 내용이란 형식적 요소들로 이루어진 조형적 실험의 산물을 뜻한다는 것을 간과해서는 안 될 것이다.

특히 '눈의 독재'(Tyranny of the Eye)로 구성되는 주체인 그린버그의 예술가는 시각 중심으로 위계화된 감각을 바탕으로 회화 고유의 매체(평면성, 물감의 물질성, 캔버스의 틀)에 집중하여 그것들의 형식적 실험을 통해 미적 즐거움(pleasure)을 산출하는 임무를 담당한 자들이며, 예술가에 대한 이러한 이해는 '매체의 순수성'(purity of the medium)을 핵심 개념으로 삼는 그의 미술론과 그것의 획득 과정으로서의 미술사라는 그린버그 고유의 미학의 바탕이 된다. 결국 그린버그의 주체는 시각을 중심으로 구성된 단일한 또는 통일적인 주체인 반면, 보들레르에게 주체, 특히 예술가-주체란 태생적으로 본질로 환원될 수 없는 주체, 다시 말해 완결되거나 고정될 수 없는 인물이다.

2) 시간성

브뤼네(Claire Brunet)에 의하면, 보들레르와 그린버그의 '예술의 자율성' 개념 모두가 레싱의 「라오콘(Laocoon)」(1766)의 영향을 받았다고 한다. 그들 모두 현대회화(modern painting)가 문학의 영향에서 벗어나야 한다고 주장했다 하더라도 회화의 자율성을 지켜내기 위한 해법은 완전히 달랐다. 보들레르가 시의 시간적 차원에 주목하여 회화에 대한 경험에서도 회화가 갖는 독특한 시간성에 대해 사유하려 했던 데 반해, 그린버그는 시의 시간적 차원에 주목하지 않았을 뿐 아니라 시각적 사실에 대한 즉시성(instantanéité/그린버그의 용어로는 at-onceness)에 천착하여 회화에 대한 경험에서 시간성을 소거해버리는 결과를 낳았다는 것이다. 이와 같이 시간성에 대한 상반된 견해는 '예술의 자율성'에 대한 입장 차이로 이어진다.

게다가 보들레르와 그린버그는 현재에 대한 관념, 즉 현재성에 대한 입장 또한 매우 다르다. 우리가 잘 알고 있듯이, 보들레르가 그의 모더니티에 부여하고자 했던 특징은 크게 보아 상반되는 시간성, 즉 현재라는 시간성의 특징인 일시성과 시적 영원성의 공존이었다. 모더니티에 대한 발자크나 위스망의 설명이 시간적인 현재, 즉 과거와 대비되는 성격을 갖는 현재에 대한 개념으로 사용되었던 것과 달리, 보들레르의 모더니티 개념에는 단순히 과거와 다른 현재의 모습만이 아니라 현재에 대한 비판적 시각이 덧붙여져야 한다. 이것이 바로 보들레르 모더니티가 안고 있는 미적 모더니티의 주된 특징이다.

  소위 부르주아 이념의 표상으로 일컬어지기도 하는 역사적 모더니티와는 반대로 미적 모더니티는 속물근성에 젖은 부르주아의 모든 행태에 반기를 드는 예술가들의 활동이다. 보들레르 또한 부르주아지가 옹호하는 모더니티를 반박하고 부르주아 모더니티의 근간이 되는 이성중심주의를 비판하기 위해 미적 모더니티를 채택했지만 그는 미적 모더니티만을 그의 모더니티 개념의 특성으로 삼지 않았다. 그는 상반되는 성격을 가진 역사적 모더니티와 미적 모더니티 양자를 함께 두는 방식으로 그의 모더니티 개념을 정의했다. 보들레르의 모더니티 개념이 현재성과 영원성을 동시에 이야기한다는 점에서 현재성만을 추구하는 역사적 모더니티와 다르며, 현재에 대한 비판만을 좇는 미적 모더니티와도 다르다는 것을 확인할 수 있다. 뿐만 아니라 스스로를 현실로부터 소외시킴으로써 미적 모더니티를 추구하던 낭만주의 이후의 예술가들과 달리, 그는 현실의 삶으로 뛰어들어 그것으로부터 미적 가치를 추출해내길 원했다. 보들레르는 예술의 영원함이 현실, 즉 일상적인 삶의 찰나 속에서 포착되는 현재로만 채워질 수 있다고 믿었던 것이다.

  반면 그린버그에게 현재란 작품과 마주하여 "즉각적으로 특별한 유형의 경험"을 누리는 순간이다. 특별한 유형의 경험은 작품과의 대면으로부터 즉각적으로 발생하는데, 이 즉각적인 현재들이야말로 영원히 되풀이되는 특별한 순간으로서의 현재가 된다. 그러나 이 현재는 한순간일 뿐 영원성과의 직접적인 관계는 없다. 유물론에 입각한 마르크스주의자였던 그린버그에게 현재란 주어진 조건 하에서 언제나 즉각적으로 경험할 수 있는 특별한 순간일 뿐, 영원성이라는 낭만적인 용어의 자리는 애초부터 없었던 듯하다. 뿐만 아니라 미술이론가로 자리를 잡은 그린버그에게 현재는 회화에게 고유한 매체적 속성인 '평면성'을 구현해가는 과정으로서의 시간으로 여겨졌다. '평면성'이라는 회화의 매체적 속성을 회복하는 과정, 즉 매체의 순수성을 획득해가는 과정은 사회로부터의 거리를 유지하는 현재들로 구성되며, 이 현재들은 결국 모더니즘이라는 커다란 흐름의 한순간들을 구성하는 계기들일 뿐이었다. 또한 '매체의 순수성'을 지켜내며 어떠한 의미작용도 허락하지 않는 '자기지시적'(self-referent) 대상으로서의 회화들은 사회와의 괴리를 통해, 그리고 사회 속에서 작동하는 의미작용의 방식을 철저하게 외면한다는 점에서 사회에 대한 예술의 비판적 기능을 수행하는 것으로 알려져 있다.

이상과 같이 우리는 현재에 대한 견해에서 드러나는 보들레르와 그린버그의 시각차를 다음과 같이 정리해볼 수 있겠다. 첫째, 그린버그가 부르주아들 사이에서 유효한 것으로 여겨지는 의미작용 방식을 거부하고 아무것도 의미하지 않는 예술을 만들어낼 것을 주장한다는 점이다. 그린버그가 부르주아의 속물근성을 비판할 것을 주장한다는 점에서 그가 보들레르와는 달리 미적 모더니티의 입장만을 고수한다는 것을 알 수 있다. 둘째, 현재에 대한 그린버그의 입장이 즉각적인 경험의 순간이나 하나의 과정으로서의 시간에만 국한된다는 점에서, 영원성과 현재가 맺는 역설적인 관계를 조망하는 보들레르와 커다란 차이를 보인다 하겠다. 이러한 차이는 현재를 역사와 관계 짓는 데에서도 나타난다.

3) 미술사

시간성을 바라보는 보들레르와 그린버그의 시각 차이는 미술사에서 보다 극명하게 나타난다. 미술이론가인 Y-A. 부아(Yves-Alain Bois)에 따르면 초기 보들레르와 그린버그는 모두 '목적론적 역사주의'(l'historicisme téléologique)와 '본질주의'(l'essentialisme)를 추구했다고 한다. 그러나 1848년 혁명을 겪으면서 탈정치화한 보들레르가 '목적론적 역사주의'와 '본질주의'로부터 완전히 거리를 두고 '역설'을 중심개념으로 하여 자신의 예술론을 펴는 데 반해, 트로츠키주의에서 자본주의 민주진영의 수호자로 입장을 바꾼 그린버그는 오히려 이를 강화했다. 콩파뇽 또한 이 점에 동의한다. '목적론적 역사주의'나 '본질주의'와의 관계에 따라 보들레르와 그린버그의 입장을 모더니티와 아방가르드로 나누어 설명하는 콩파뇽은 모더니티를 현재에 대한 열정과 동일시하는 데 반해, 아방가르드는 시간적으로 앞서 나아가려는 열망, 즉 당대를 앞서 나가려는 열망을 그 본질로 삼는다고 본다.

콩파뇽은 보들레르의 모더니티가 현재를 영원성과의 관계 하에서 기록하려는 작업의 일환이므로, 보들레르가 역사를 거론한다면 그것은 "분리된 현재들의 연속체", 다시 말해 "간헐적인 시간(un temps intermittent)의 연속체"가 될 것이라고 말한다. 이에 반해, 아방가르드는 "미래에 기여하는 것으로서의 현재", 즉 "발생론적이고 변증법적인 시간"의 의미를 갖는 것이 될 터이므로 이것의 전형은 바로 그린버그의 미술론이 된다는 것이다.

이제 우리는 보들레르에게 미술사란 주목할 만한 문화적 사건들이 오로지 시간적인 순서에 따라 배열되어 있는 문화적 사건의 연속체일 뿐이라는 것을 알게 되었다. 특히 콩파뇽은 역설의 상태로 공존하는 양면성이 어느 한 방향으로 수렴될 수 없다는 점에서 보들레르는 본질상 목적론적인 역사를 부정한다고 지적한다. 이에 반해 현대회화의 역사를 '매체의 순수성'을 회복해가는 과정으로 보는 그린버그의 모더니즘 미술론은 전형적인 아방가르드 미술론이다. 그린버그는 19세기 중반 이후의 미술 활동을 '매체의 순수성 회복을 위한 진보'라는 시각에서만 기술함으로써 보들레르가 주장했던 모더니티에 내재하는 '역설'을 은폐하고 있다. 사실 모더니즘 회화의 계보를 설립하여 미국 회화의 정통성을 주장하려는 야심을 가진 그린버그에게 '역설'이란 용납할 수 없는 것이었다. 그런 이유로 그린버그는 모던 회화의 역사가 자기비판을 통해 순수성과 자기충족성(self-sufficiency)을 그 종착지로 삼아 나아가는 노정임을 입증하려 애썼다. 결국 '역설'에 기반을 둔 보들레르의 미술사가 "문화적 사건들의 연속체"(chaîne d'événements culturels)인데 반해, 그린버그는 미술 작품에 대한 미적 판단을 가능하게 하는 엄격한 기준들을 제공하는 내적 요인을 강화하는 미술의 역사를 기획하게 되었던 것이다.

그의 대표 논문 중 하나인 「더 새로운 라오콘을 향하여」에서 그린버그는 회화가 처했던 상황과 그 상황을 타개하기 위한 회화의 노력을 역사적 고찰의 방식으로 서술한다. 그는 각 시대별로 주도적 예술 장르가 있으며, 나머지 예술 장르들은 주도적 예술 장르의 효과를 따라하기 위해 애썼다고 설명하면서 예술의 전개를 특정한 방식으로 도식화했다. 말하자면 19세기에 이르기까지 문학이 주도적 예술이었기 때문에 나머지 예술들은 문학의 효과를 따라하려고 애썼다는 것이다. 그 결과 19세기에는 모든 예술들이 '서사성'을 중시했으며, 신고전주의 미술론도 실제로는 서사성을 따르는 유형에 속하는 것일 뿐이다. 나아가 미술이라는 영역 내에서 보자면 회화보다는 조각이 주도적 장르였기 때문에 회화는 문학의 효과를 따라했을 뿐만 아니라 조각의 효과인 '3차원성'까지 따라하려고 했다고 그린버그는 비판한다. 르네상스 시대 원근법의 발명으로 가능해진 환영주의는 회화가 자신의 매체의 본성을 부정하고 감추려는 시도로 이해되는 것이다. 이러한 상황을 타개하기 위해 제안된 것이 바로 모더니즘이라고 그린버그는 주장한다.

모더니즘 미술은 과거 미술이 했던 방식으로 다른 장르 예술의 효과를 따라하려는 시도를 멈추어야 한다. 그런 다음 진정으로 자신의 매체의 본성에 적합한 표현 방식이 어떤 것인지를 비판적으로 찾아내려는 노력을 아끼지 말아야 하며, 자신의 고유한 표현 방식을 찾아낸 미술은 바로 그 길로 나아가야 한다. 이를 위해 회화는 우선 자신의 고유한 효과가 아닌 것들을 제거해야 하는데, 그 대상은 바로 '서사성'과 '3차원성'이다. 그린버그에 따르면, '서사성'을 제거하기 위한 노력은 19세기 이상주의자들에 의해 시작되었다고 한다. 신고전주의 회화론이 요구했던 그림의 서사성, 도덕성, 교훈성은 진부한 아카데미시즘(academicism)에 반발하며 등장했던 인상주의자들에 의해 폐기되었다고 보는 것이다. 조각의 효과인 '3차원성' 폐기는 마네에 의해, 그리고 마네를 따르던 인상주의자들에 의해 시작되었다고 그린버그는 주장한다.

이처럼 회화가 다른 장르 예술의 효과를 제거하게 되었을 때 회화의 매체에 고유한 본성으로 드러난 것은 다름 아닌 '평면성', '물감의 물질성', '캔버스의 틀'이라는 세 가지 특성이며, 이를 깨닫게 된 화가들은 바로 이 세 특성을 구현하기 위해 매진해왔다. 그중에서도 회화에 가장 근본적인 본성은 '평면성'인데, 그 까닭은 평면성이야말로 다른 장르와 공유되지 않는 거의 유일한 특성이기 때문이다. 이렇게 해서 자신에 고유한 매체의 본성을 발견하게 된 회화에게 남은 일이란 '평면성'이라는 매체의 본성을 순수하게 추구하여 진정한 모더니즘 회화를 구현하는 일이 된다. 그리하여 그린버그에게 모더니즘 회화란 '회화의 평면 위에 물질적인 물감을 가지고 캔버스의 틀 안에서 할 수 있는 다양한 조형적 실험을 수행하여 보는 이에게 미적 경험(aesthetic experience)과 즐거움(pleasure)을 일으키는 회화'로 규정된다.

이상과 같은 설명을 따르자면, 실증주의적 주체, 다시 말해 위계화된 감각을 가진 주체를 옹호하는 그린버그에게 현재란 경험의 한순간일 뿐이다. 이는 그린버그가 물질적이고 비대상적인 특성(평면성, 물감의 물질성, 캔버스의 틀)을 통해 지성이 아니라 감각에 직접적으로 호소하는 회화를 옹호하고 그것을 모더니즘 회화로 규정한다는 점에서 잘 드러난다. 다양한 조형적 실험을 통해 형식적인 특성들만으로 이루어진 그린버그의 모더니즘 미술론은 추상회화의 태동이나 전개의 타당성을 설명해낼 수 있다는 점에서는 의의를 찾을 수 있다. 하지만 단선적인 목적론적 역사관 아래서 설명되는 시간성으로서의 그린버그식 현재는 커다란 난관에 부딪히게 된다. 완전한 평면성에 이르게 된 회화, 즉 그 자신의 목적에 도달하게 된 회화에게 더 이상의 미래란 있을 수 없으며, 이때의 현재는 방향성을 잃고 표류하게 될 것이기 때문이다.

이상에서 살펴본 그린버그의 모더니즘 미술론에서 잘 나타나는 아방가르드 미술론의 성격은 다음과 같이 정리될 수 있다. 첫째, 하나의 목표를 설정하고 그것을 향한 진보를 가정한다. 둘째, 각각의 미술운동들에 단일한 원리를 적용한다. 셋째, 이를 바탕으로 하나의 진보의 역사로서의 미술사를 확립하고자 한다. 하지만 그린버그의 미술론과 같은 아방가르드 미술론은 역설을 해결하거나 하나의 목적을 향한 진보의 역사에 모든 현대 미술운동들을 포섭할 수 없다. 지금의 시점에서 과거를 되돌아본다 하더라도, 하나의 원리 아래서 모든 예술의 속성인 불확실성을 해결할 수는 없으며, 따라서 언제나 역설이 존재하게 될 뿐이다. 이처럼 보들레르와 그린버그의 견해차, 즉 인간과 현재, 그리고 미술사에 대한 상이한 시각은 '예술의 자율성' 개념에서도 이어진다.

4) '예술의 자율성'

보들레르는 1855년 만국박람회 비평에서 화가가 전통적으로 확립되어온 이성적 시스템에서 벗어나 작업할 것을 주장하며 '예술의 자율성'을 강조했다. 화가는 역사적 사실이나 신화와 같은 교육적이고 교훈적인 문학적 서사구조를 벗어나서 화가 당대의 일상을 그려야 한다는 것이 주된 내용이었다. 그렇다면 화가가 담아낸 일상은 어떻게 예술로 인정받게 되는가? 우선 보들레르는 미술이 역사적·문학적 간섭을 벗어나야 한다고 말한다. 그러나 그러한 간섭에서 벗어난다고 해서 모든 회화가 자율적인 것은 아니며, 그런 자율적인 회화를 위해 보들레르의 화가는 자신의 일상의 이면에 놓여 있는 진리를 우연히 맞딱뜨리고 그것을 그려야 했다. 이때 보들레르가 말하는 진리란 일상적 문맥에서 벗어난 대상, 즉 강요된 보편성 아래 숨어 반짝이는 특이함(singularité)이다. 전통적 회화의 시각으로 보면, 보들레르에게 아름다움이란 오히려 기이함에 해당한다.

사실 보들레르는 강요된 보편성, 다시 말해 어떤 대상을 아름답다고 판단하는 기존의 예술체제에서 벗어나 그 이전에는 미로 여겨지지 않았던 것을 발견해내고 그것을 알리는 것을 예술가의 주요 임무로 제시했다. 그러면 19세기에는 어떤 것들을 아름답다고 여겼을까? 아마 윤리적인 교훈을 주는 내용들로 구성된 장면이나 뛰어난 형식미를 갖춘 작품들이 아름다운 대상들로 받아들여졌을 것이다. 이는 교육을 통해 규정되는 보편성으로서의 아름다움이다. 보들레르가 참을 수 없었던 것은 강요된 보편성이었다. 그는 강요된 보편성으로서의 미 개념을 벗어나기 위해 기존의 모든 체계, 즉 서구 사유 전통의 바탕인 이성주의를 완전히 던져버릴 것을 주장했다. 보들레르에게 진리 혹은 진정한 미적 경험이란 서구의 이분법적 사유의 전통을 벗어날 때에만 가능하다. 전통적인 미학이 실제로 아주 오랫동안 감성을 이성작용의 일부로 치부해왔기에 보들레르는 지성적 미 이론을 구성해온 기존의 조건 너머, 즉 인간 사유활동의 전통적인 구분 너머에서 미를 찾도록 주장한다. 특히 회화에 관련해서 이러한 점이 더욱 부각되는데, 그 까닭은 보들레르가 회화에서의 진정한 미를 판단하는 것이 판단의 일반적인 범주와는 완전히 다르다고 생각했기 때문이다. 이성작용의 틀 아래서 다루어졌던 미 개념으로부터 벗어난 새로운 미 개념을 주장하는 보들레르 고유의 예술론은 '예술의 자율성' 개념으로 미에 대한 지성적인 이론을 대체하고자 했다.

하지만, R. 프라이에서 그린버그로 이어지는 영미 형식주의 미술비평에서 '예술의 자율성'은 오로지 회화가 역사적·문학적 간섭을 벗어나야 한다는 데에 초점을 맞추어 발전해왔다. 이러한 논의는 그린버그의 모더니즘 미술론에 이르러 강화되었는데, 그것은 그린버그가 칸트의 '자기비판' 개념으로부터 '회화의 자기비판'이라는 개념을 고안해낸 뒤 이를 바탕으로 미술론을 구성했기 때문이다. '순수성'과 '자기 지시성'을 기치로 내걸었던 그린버그의 '예술의 자율성'은 다음의 세 가지 점에서 보들레르의 그것과 확연히 다르다.

첫째, 시각을 중심으로 하는 위계적 감각을 소유한, 고정적이고 단일한 주체를 상정하고 있다는 점이다. 실증주의와 칸트의 형식주의를 고수하는 그린버그의 입장에서 이러한 주체는 당연한 것으로 여겨질 수 있다. 보들레르 또한 감각을 중요시하긴 했지만 그는 감각들 사이의 위계를 거부했다. 보들레르에게 하나의 감각이 다른 감각의 지배를 받는 것은 위계를 강요하는 이성의 개입을 의미하기 때문이었다. 이처럼 보들레르는 하나에서 열까지 모두 이성을 매개로 통일되거나 위계화되지 않는 주체를 염두에 두고 그의 미학을 구성했다고 해야 할 것이다. 반면 그린버그는 감각을 중심에 두고 있긴 하지만 여전히 시각을 중심으로 위계화된 감각의 소유자로서의 주체를 중심으로 그의 미술론을 구성한다는 점에서 통일적 주체라는 근대적 주체 모델에서 벗어나지 못하고 있다.

둘째, 비대상적 작품이 갖는 추상적 성격을 물질성과 동일시하는 그린버그는 그 어떤 것도 의미하지 않는 절대적 자율성의 영역으로 미술을 규정했는데, 이러한 미술은 완전하고 순수한 물질로서의 작품, 즉 하나의 대상으로 귀결될 뿐이었다. "추상양식을 채택하는 순수한 예술에 의한 불순한 현실의 부정"으로 정의되는 그의 고유한 '아방가르드' 추상미술은 그 모든 과정이 형식주의로 절대화됨에 따라 '평면성'이라는 회화의 목적을 향해 수렴되는 단선적인 역사의 과정에 그치게 된다. 뿐만 아니라 설령 물질적이고 비구상적인 회화 작품이 지성이 아니라 감각에 직접적으로 호소하게 된다 할지라도, 회화 작품은 대상의 지위를 벗어날 수 없다. 작품이 관람자에게 호소하는 그 감각은 위계화된 감각을 소유한 주체와만 관계한다는 점에서 그린버그의 미술론은 주체/대상의 이분법을 결코 벗어날 수 없으며, 따라서 근대적 인식론의 틀을 벗어날 수 없게 된다. 바로 이것이 세 번째 차이점이다.

보들레르에게 '예술의 자율성'이란 이성이 지배하는 전통 미론에서 벗어난 예술가가 발견해낸 기이함(=아름다움)을 오롯이 나타내기 위해 지성이나 이성과는 무관한 예술 작업을 뜻한다. 이렇게 보면 보들레르의 예술론이란 데카르트 이후로 자리잡아왔던 서구의 근대적인 주체 개념과 계몽주의에 대한 도전이라 할 수 있다. 이와 달리 그린버그의 '예술의 자율성'은 여전히 근대적 주체 논의와 주체/대상이라는 근대적 인식론 안에 머물러 있다는 점에서, 그리고 단선적인 진보사관에 갇혀 있다는 점에서 근대철학을 넘어설 수 없게 된다.

고정되고 단일한 주체를 상정하여 감각을 그 주체에 귀속된 지각의 영역으로 환원시키려는 그린버그의 예술론은 완전하고 순수한 물질로서의 작품만을 인정할 뿐 사실 그 어디에도 상상력을 위한 자리를 마련해두지 않는다. 그린버그의 주체는 통일된 주체로서 타자로 여겨지는 그 모든 대상으로부터 거리를 두는 자를 말한다. 보헤미아에 스스로를 고립시켜 타락한 모든 문화에 대해 비판을 일삼는 우월한 주체인 예술가는 대상 또는 타자로 존재할 뿐인 그 누구와도 의사소통을 할 수 없게 된다. 그린버그의 미술론은 서구 사유의 바탕인 이분법에 바탕을 둔 주체/대상 혹은 자아/타자의 구도에 충실한 채로 남게 되어, 그 둘 사이의 소통가능성은 희박하다. 소통이 가능하다 하더라도, 그것은 관람자가 회화로부터 가치 있는 특질을 발견해내는 일방적인 의사소통으로 해석될 수밖에 없을 것이다.

그린버그에게서는 관람자와 작품이 맺는 관계가 주체와 대상 사이의 반성적 거리를 통해 사유할 수 있도록 고안되었다고 볼 수 있는데, 이 때문에 그의 의사소통 모델은 계몽주의적·모더니즘적이라고 할 수 있다. 반대로 보들레르에서 관람자가 작품을 본다는 것은 단순한 지각의 문제가 아니라 관람 주체와 거리를 둔 대상, 즉 작품을 보는 한 사람(solitaire)임과 동시에 대상과 하나가 된(solidaire) 관람 주체의 모습을 보는 것이기도 하다. 자아와 타자가 구별되어 있긴 하지만 일시적으로나마 자아와 타자의 분간이 불가능해진다는 점, 즉 주체와 대상 사이의 거리가 사라진다는 점(solid/taire)에서 보들레르의 사유는 모더니즘적이라기보다는 오히려 포스트모더니즘, 보다 구체적으로는 포스트구조주의의 사유와 맞닿아 있다고 할 수 있다. 이처럼 보들레르가 주장하는 '예술의 자율성' 개념을 재검토함으로써 우리는 그린버그의 '예술의 자율성' 개념이 보들레르가 주창했던 논의보다 협소한 논의이며, 여전히 모더니즘적 사유에 머물러 있음을 알게 된다.

제3부

포스트모던 시기의 미술론과 이미지, 그리고 애니메이션

제10강

보드리야르의 워홀 읽기
- 시뮬라크르를 중심으로

보드리야르(J. Baudrillard)에게 현대사회를 지배하는 이데올로기는 소비의 이데올로기이다. 사회를 기호의 교환체계로 이해하는 보드리야르는 기호학의 관점에서 소비의 이데올로기를 분석하고 이론화하는 데 전념했다. 소비의 이데올로기는 흔히 마르크스의 정치경제학적 설명을 기반으로 전개된다. 자본주의의 성립 이전까지는 자기 자신이 사용하기 위해 물품을 생산하거나 자신의 필요에 따라 가치를 매겨 다른 물품과의 물물교환에 임하는, 이른바 사용가치가 지배적이었다. 그러나 자본주의의 태동과 함께 생산의 목적은 사용가치로부터 교환가치로 이행하였으며, 화폐경제의 일반화와 함께 생산은 교환가치를 지향하게 되었다. 모든 것의 기준은 화폐로 환산되었으며, 개인의 노동력이나 지적 생산물마저 하나의 상품으로 여겨지고 화폐가 그 가치를 매기는 사회가 도래한 것이다. 이렇게 해서 자본주의의 지배를 받는 현대사회에서는 상품의 교환가치가 사용가치로부터 떨어져 나와 독립적인 지위를 확립하게 되었고, 상품은 하나의 물신(fetish)으로 기능하게 되었다.

 상점의 쇼윈도 속 상품은 각각 저마다의 이야기를 가진 특유한 등장인물쯤으로 여겨지게 되며, 단순한 물건이 아니라 나의 시선을 잡아끌어 소

장 보드리야르
"나는 소비한다, 고로 존재한다."

유하고픈 욕망을 이끌어내는 대상이 된다. 이에 대해 보드리야르는 다음과 같은 주장을 내놓는다. 자본주의 체제는 화폐를 통해 사물 대신 물신을 끌어들이는 거대한 물신화로 이루어진 가상현실이고, 자본의 재생산은 곧 이러한 가상의 복제일 뿐이라고.

가상현실은 사실 후기 자본주의 사회의 특징이다. 19세기 중반에 이르러 자본주의가 서유럽에 완전히 자리를 잡은 이래로 자본주의는 민주주의와 쌍을 이루어 민주주의를 받아들이는 전 세계 국가로 퍼져나갔고, 20세기 중반을 넘어서면서 후기 자본주의사회라 불리는 사회체제로 전환되었다. 오늘날 후기 자본주의사회 또는 후기산업사회라 불리는 곳에서 소비되는 것은 교환가치가 아니라 '기호가치'이다. 지금의 우리가 상품의 이름으로 구매하는 것은 사실상 상품으로 기능하는 사회적 이미지, 즉 기호의 가치이다. 상품은 사용가치로서가 아니라 그 상품이 보여주는 계급의 차이를 표시하기 위한 일종의 상징으로 소비된다. 이러한 기호의 가치는 소비의 이데올로기를 통해 현실에 침투하고, 이렇게 만들어진 기호의 체계는 현실을 창출한다. 후기 자본주의 사회에서 개인은 소비를 통해 기호의 질서 안으로 흡수되고 그 안에서 소멸한다. 이를테면, 명품을 소유하고자 노력하는 개인은 이미 소위 명품이라 불리는 것의 기호가 작동하는 기호의 질서 속에 들어와 있으며, 기호의 체계 속에서 그 체계에 맞추어 기호를 소비하면서 소멸한다는 것이다. 보드리야르는 『소비의 사회』에서 다음과 같이 말한다.

개인으로서의 존재는 기호의 조작과 계산 속에서 사라진다. 소비의 인간은 자기 자신의 욕구와 자신이 만들어낸 생산물을 직시하는 일이 없으며, 자기 자신의 이미지와 마주 대하는 일도 없다. 그는 자신이 늘어놓은 기호의 내부에 존재한다.

이 기호는 일종의 가상으로 실제로는 존재하지 않는다. 보드리야르는 이 가상을 시뮬라크르라 부른다.

1. 시뮬라크르와 시뮬라시옹

시뮬라크르(Simulacre)는 실제로는 존재하지 않는 것을 마치 존재하는 것처럼 만들어놓은 일종의 가상을 일컫는 말로서, 이에 대한 논의는 고대 그리스에서부터 있었다. 플라톤은 모든 존재자들의 원형인 이데아를 모방하여 이루어진 현상계(eikones, 우리가 살아가는 바로 이 세계)와 현상계의 사물의 복제물인 시뮬라크르를 구별하였다. 시뮬라크르는 이데아를 본떠 만들어진 현상계에 존재하는 존재자를 모방한 이미지를 일컫는 말이기도 하지만, 백일몽이나 헛것처럼 이데아에도 그 원본이 없는 이미지를 지칭하기도 한다. 이에 시뮬라크르는 환영(phantasma)이라고도 불린다. 이러한 플라톤의 논의를 받아들인 보드리야르는 시뮬라크르를 모든 실재(the real)의 인위적 대체물로 규정한다.

한편 시뮬라시옹(Simulation)은 '시뮬라크르 하기'라는 뜻으로 사용된다. 사실 시뮬라크르는 시뮬라시옹의 결과이다. 시뮬라시옹은 흔히 가상현실을 지칭하는 용어로 사용되었지만 보드리야르는 다른 사용법을 제안한다.

그에 의하면, 시뮬라시옹은 이미지가 그 어떤 모델이나 외부의 대상을 재현하는 것에서 벗어나 이미지 스스로가 이미지로서 생성되어 이미지 자체가 실재를 대체하는 상황을 말한다. 시뮬라시옹이 만연하고 그 결과로 나타난 시뮬라크르들이 범람하는 이 사회에 더 이상 실재란 없다. 실재를 대체하는 원본 없는 이미지, 즉 시뮬라크르들이 지배하는 현실, 이른바 하이퍼리얼리티가 사회의 지배적인 체계로 작동하게 된다.

보드리야르는 세 단계로 이루어진 시뮬라크르의 질서를 통해 시뮬라크르를 설명하는데, 그는 이 질서를 통해 사물의 복제물인 시뮬라크르(첫째 질서와 둘째 질서)와 원본 없는 이미지로서의 시뮬라크르(셋째 질서)를 구별한다.

2. 시뮬라크르의 질서

보드리야르는 기호의 생성이 사회를 재현하는 형식에 따라 시뮬라크르의 질서를 세 가지로 구분한다. "미디어는 메시지이다"라는 마셜 맥루언의 공식을 따라 보드리야르는 특정 시대마다 제각각 사회현실의 의미를 형성하는 원리로 재현을 꼽고, 그 재현 수단을 통해 각 시대별 시뮬라크르의 고유한 특징을 밝히고 있다.

1) 첫 번째 질서 : 위조의 시대

봉건시대의 사회는 고정된 사회질서가 강력하게 작동하는 사회로서, 이 질서가 개인의 사회적 신분과 위계를 확립했다. 이 질서 내에서 기호는 고정되고 투명하며 임의적이지 않다. 개인의 외관이나 복장만으로도 누군가의 사회적 신분이나 지위가 쉽게 파악되었다. 그러나 르네상스 이후로부터 산업혁명 발생 이전에 해당하는 시기인 고전주의 시대에는 위조(counterfeit)가 재현의 양식으로 자리를 잡았다. 이 질서 속에서 기호는 위조를 통해, 그리고 실재와의 차이를 통해 실재에 관계한다. 그리하여 기호는 고정된 질서에 매여 있던 봉건시대와 달리 질서로부터 벗어나 자유롭게 증식할 수 있었다. 마땅히 이러저러해야 할 고정적 지시작용에서 벗어난 기호는 스스로 마치 다른 어떤 것인 양 행세하려 한다. 이러한 고전주의 시대의 기호는 사회질서를 특정한 방식으로 작동시키는 근거가 되는 실재를 왜곡하고 위장하게 된다.

그러나 이 질서 속에서 실재와 그것을 위장하거나 왜곡한 기호 사이의 차이는 언제나 쉽게 감지되었다. 회화를 예로 들어보면, 이 시기 회화의 재현법칙은 원근법이었다. 브루넬레스키에 의해 고안되고 알베르티에 의해 이론화된 원근법은 정해진 관람자의 시선 위치에 따라 그림 속 소실점을 향해 그림 속 사물들이 극단적으로 축소되는 방식을 취한다. 왜곡에 해당한다. 이는 신이 만든 세상을 인간이 어떻게 이성적인 방식으로 이해하고 예술 속에 재현하려 했는지와 관계한다. 회화에서는 화가가 자신의 이성을 바탕으로 이해한 대상을 자신이 지각한 것과 동일한 방식으로 관람자가 파악할 수 있도록 제시하는 막강한 권한으로 자리 잡게 되었다. 즉 화가가 자신이 파악한 대상을 관람자가 재인식하도록 2차원의 캔버스 위에 그려내는 재현 시스템이 원근법이며, 이 시스템에서 시각은 다른 모든 감각의 우위에 있게 된다. 이를 통해 화가는 마치 신이라도 된 듯 사물을 바라보는 방식을 제시하지만 그 방식은 왜곡된 위장일 뿐이다.

보드리야르는 이른바 고전주의 시기의 재현법칙을 첫 번째 질서로 보고, 이 첫 번째 질서의 근거를 "가치의 자연적 법칙"이라고 부른다. 예술에서부터 정치적 재현에 이르기까지 시뮬라크르는 자연을 재현하거나 자연법칙을 구체화하는 방식으로 구현되었기 때문이다.

2) 두 번째 질서 : 생산의 시대

산업혁명 이후 자본주의 시대를 지배해왔던 '가치의 상업적 법칙'에 근거한 생산의 질서가 두 번째 질서에 해당한다. 벤야민의 유명한 논문 「기계복제시대의 예술 작품」에서 이론적 근거를 발견한 보드리야르는 복제된 예술 작품이 원본으로서의 예술이 갖는 아우라를 상실하고 곧 원본의 지위를 잃게 된다는 점에 주목한다. 기계적 재생산이야말로 산업시대의 생산수단이자 생산형태이며 또한 생산원리이다. 이 시기의 생산은 기계를 통한 체계적·반복적 생산을 그 특징으로 한다. 이러한 재현 법칙 아래서 생산되는 기호 또한 체계적이고 반복적이며 무차별적이기에 생산된 개별적 기호들을 모두 동일한 것으로 간주하게 한다. 기계를 통해 생산된 것들은 원본을 위조한 것이 아니라 동일한 생산체계에 의해 만들어진 것일 뿐이다. 따라서 생산품과 원본은 차이가 없는 것으로 여겨지거나 차이 자체가 불명확해진다. 따라서 이 시기에는 대상과 기호의 관계 또한 원본과 위조의 관계를 넘어 등가의 관계를 갖는 것으로 규정되며, 결국 재생산된 기호는 원본으로서의 실재와 대등한 관계를 갖기에 이른다.

3) 세 번째 질서 : 시뮬라시옹의 시대

보드리야르는 저서 『시뮬라크르와 시뮬라시옹』에서 시뮬라시옹에 대해 다음과 같이 설명한다.

시뮬라시옹은 재현과 정반대이다. 재현은 기호와 실재 사이의 등가관계라는 원칙에서 출발하지만 시뮬라시옹은 등가원칙의 유토피아를 거꾸로 뒤집어서 가치로서의 기호에 대한 근본적인 부정에서 출발한다.

시뮬라시옹의 시대는 보드리야르가 "가치의 구조적 법칙"이라 부르는 것에 근거하는 질서에 의해 작동된다. 사회는 언제나 우리의 환경이나 생활을 조직하고 구조화하는 코드를 갖는데, 후기산업사회에 접어들면 코드와 모델이 사물보다 우위를 점한 채로 우리의 일상생활이 구성된다. 특정 제품을 구매하고 특정 브랜드를 소비하는 것 자체가 우리의 일상이 되어 버린 것이다. 이와 같은 시뮬라시옹의 시대에는 원본의 위조나 생산의 계열이 사라지고 재현할 대상마저도 존재하지 않는다. 말하자면, 시뮬라시옹은 실재에 대한 등가물을 제공하지도 재생산하지도 않는다는 것이다.

기호는 그 자체로 순수한 시뮬라크르가 되어 시뮬라시옹을 통해 시뮬라크르의 등가물만을 반복적으로 발생시킨다. 시뮬라시옹이 실재 그 자체를 구성하게 되면, 시뮬라크르와 실재의 구분은 없어지고 시뮬라시옹이 실재의 기준으로 자리 잡는다. 가령 텔레비전 드라마 속 인물들의 생활방식은 분명 실재가 없는 시뮬라크르임에 틀림없다. 하지만 관람자들이 드라마에 몰입함으로써 드라마 속 생활을 삶의 기준으로 받아들여 그 인물들의 삶의 모습을 실제로 모방하게 된다면, 우리가 감각하는 실재로서의 시뮬라시옹이 마치 실재의 기준이라도 되는 것처럼 작동하여 우리의 실제 삶을 좌지우지하는 웃지 못할 상황이 발생하게 된다. 이처럼 오늘날의 세계는 시뮬라크르의 질서가 강력하게 작동하는 시대로, 이 질서 안에서는 대상/기호, 기의/기표, 실재/실재의 재현 사이의 구분이 사라진다.

3. 시뮬라크르 시대의 예술 : 팝아트

실재 혹은 원본의 부재를 암시하는 시뮬라크르는 재현과 다른 작동방식을 갖는다. 재현이 실재의 원리를 해치지 않는 반면, 시뮬라크르는 실재의 원리를 파괴한다. 실재를 모방한 것인 재현이 언제나 실재와의 차이를 명확하게 드러내는 것과 달리 시뮬라크르는 징후를 생산해냄으로써 진실과 거짓, 실재와 이미지, 지시대상과 기호 사이의 차이를 지운다. 실재는 물론 실재와 가상의 구분마저도 남아 있지 않은 시뮬라크르의 시대에는 실재가 인위적으로 만들어진다. 더 이상 실재가 존재하지 않기 때문에 사람들은 실재에 대한 향수를 갖게 되고 그 결과 실재를 광적으로 만들어낸다. 이러한 현상을 잘 보여주는 미술의 실제 사례 가운데 하나가 팝아트이다.

팝아트의 대표작가인 워홀(A. Warhol)은 그의 작품을 통해 대상을 탈상징화함으로써 작품이 본래 가져야 하는 것으로 여겼던 심오한 의미로부터 이미지를 해방시켜 공허한 이미지가 그려진 표면만을 부각한 것으로 잘 알려져 있다. 워홀이 만들어낸 이미지들은 지시대상을 갖지 않는 기호들의 질서를 드러낼 뿐 그 배후에는 심층적인 그 무엇도 없다는 점을 잘 보여주고 있다. 그는 특히 전통적으로 유일한 작품임을 증명하는 표식으로 사용되었던 '진품성 또는 원본성' 개념과 '독창성' 개념에 의문을 제기한다. 진품성과 독창성 개념을 비판하기 위해 워홀은 대량생산을 가능하게 하는 실크스크린 기법을 사용하고, 작가가 작품에 남기게 되는 모든 흔적들을 배제함으로써 일상용품과 분간 불가능한 예술 작품을 만들어 내기에 이른다. 이제 개별 작품을 통해 워홀의 작품 속 시뮬라시옹이 작동하는 방식에 대해 살펴보도록 하자.

<마릴린 먼로>
(워홀, 1967, 앤디 워홀 미술관)

1) 원본성의 문제

보드리야르는 워홀의 작품에 사용되는 이미지들이 원본이 아니라는 점에서 긍정적으로 평가한다. 워홀은 현대사회의 상징물들을 직접적으로 이용하여 대중적이고 일상적인 소비 이미지들로 이루어진 텅 빈 기표를 재생산하고 있다는 것이 워홀의 작품을 설명하는 보드리야르의 견해이다. 보드리야르는 워홀의 작품들이 현대적 사물의 진짜 모습은 무엇에 쓰이는지, 즉 용도나 유용성에 달린 것이 아니라 어떤 의미(기호가치)를 지니는지에 관한 것이며, 그것들이 도구로서가 아니라 기호로서 조작되는 것임을 보여준다는 점에서 탁월하다고 주장한다. 실제로 워홀은 복제된 사진 이미지를 조금씩 다르게 찍어내는 방식으로 작업한다. 수없이 제작된 마릴린 먼로의 이미지는 워홀이 직접 그녀를 찍은 것도, 모델로 해서 직접 그린 것도 아니다. 그것은 대중적으로 잘 알려진 이미지이며, 워홀은 바로 그 이미지를 가지고 작업했다. 그렇기에 작가는 이 작품 속 마릴린 이미지의 원본성이나 소유권을 주장할 수 없다.

워홀이 작품의 소재를 구하는 방식은 매우 독특했는데, 그것은 언제나 유명인의 죽음과 관련되어 있다. 대중문화의 꽃인 스타는 대중매체의 영향으로 널리 알려져서 쉽게 소비되는 하나의 이미지로 기능한다. 유난히 소극적인 성격의 워홀은 유명인과 유명세에 집착했다. 그는 소위 스타들의 이미지를 가지고 작업했는데, 언제나 잡지나 광고 등의 잘 알려진 이미지를 작업 대상으로 삼았다. 워홀이 보기에 스타들의 잘 알려진 이미지들이야말로 그가 추구하던 비개성적이고 일반화된 이미지에 부합했기 때문이다. 대중매체를 통해 잘 알려진 스타들의 이미지는 그 개인의 내면과 감성이 배제된 채 대중에게 잘 팔리기 위해 만들어진 것일 뿐이었다. 그런데 워홀은 더 이상 세상에 존재하지 않는 스타들의 이미지로 작업함으로써 그들의 매력을 다룸과 동시에 생명력이 가져다주는 매력과 상반되는 죽음을 다루고자 하는 역설적인 작업에 매진했다. 그리고 이 역설적인 작업의 내용을 해치지 않도록 하기 위해 작업은 기계작업인 실크스크린을 통한 방식을 고수했고, 형식에서도 반복적인 구조를 사용하여 작품이나 작품 속 고인이 된 스타들에 대한 관람자들의 감정이입을 막았다.

이는 사실 매스미디어의 방법을 그대로 이용한 것이다. 워홀은 이와 같은 작업의 내용과 형식을 통해 이미 대중매체가 지배하는 대중문화사회로 완전히 자리 잡은 1960년대 미국의 현실적 이슈인 돈, 명예, 스타, 미디어의 역할, 비인간화의 문제를 사망한 스타 이미지와 연계하여 복합적으로 나타내고자 했다. 그의 작품에 나타나는 주요 스타로는 마릴린 먼로, 엘리자베스 테일러, 재클린 케네디, 엘비스 프레슬리, 존 레논 등과 정치가인 마오쩌둥, 지미 카터 등을 들 수 있다.

<골든 마릴린 먼로>
(워홀, 1962, 뉴욕 현대 미술관)

　워홀은 1962년 마릴린의 자살 소식이 보도된 후 마릴린의 이미지를 작품에 사용하기로 결정하고, 그의 절정기 시절인 1953년에 홍보용 사진으로 제작되어 널리 알려진 유명한 이미지를 재료로 사용하게 된다. 이 이미지는 이후 연작으로 제작되었는데, 작가에 의하면 시리즈로 제작된 마릴린의 이미지는 그의 죽음에 대한 애도를 나타내는 것이라 한다. 그런데 연작들 가운데 <골든 마릴린 먼로>(1962)는 가장 충격적인 작품으로 손꼽히는데, 그 까닭은 이 작품이 가진 다층적인 의미 때문이다.

　우선 바탕 황금색은 전통적으로 성스러움을 나타내는데, 특히 그리스도교 문화권에서는 영적인 세계를 상징하는 것으로서, 비잔틴 미술에서 성인들의 도상에 주로 사용되었기에 이 작품은 언뜻 보아 성모 마리아의 이미지를 연상하게 한다. 그러나 산업사회 이후 금색은 또한 강력한 돈의 상징으로 자리 잡았는데, 작품의 거의 전면을 차지하는 금색이 돈을 떠올리게 하는 순간 종교적 성상(聖像)은 이내 돈의 도상으로 바뀌게 된다. 뿐만 아니라 황금빛의 배경 속 여성 이미지는 흔히 성모 마리아의 이미지를 떠올리게 하는데, 관람자가 자세히 들여다보고 이 금색의 배경 속 여성이 마릴린이라는 사실을 확인하게 되면 또 다른 혼란에 빠져들게 된다. 마릴린은 당대 최고의 섹스 심벌이었는데, 그림 속 이미지가 보여주는 예의 그 미소는 누가 보아도 섹스 심벌로서의 마릴린의 이미지일 뿐 성녀의 이미지와는 거리가 멀어 보이기 때문이다. 본래 성스러운 마리아가 있어야 할 자리에 대중의 관심과 사랑을 받는 세속적인 대중 스타가 놓여 있는 것이다. 성스러움과 세속적임의 경계가 슬며시 무너지고 세속적인 것이 성스러운 것을 대체하는 것처럼 보이기까지 하는 상황이 전개된다. 이에 대해 워홀은 대량생산과 대량소비의 시대에는 매스미디어의 범람 속에서 넘쳐나는 상업적 이미지들이 엄청난 영향력을 행사하는 시대이며, 이 이미지들이 성스러운 이미지를 대신하게 될 것이라는 견해를 드러내고 있다.

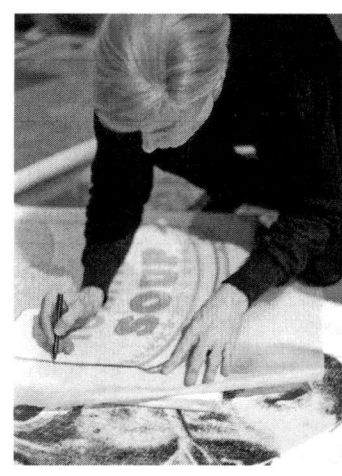 

<캠벨 수프 캔> 제작 중인 워홀(1962)

게다가 이미 널리 알려진 대중적인 이미지들을 실크스크린으로 작업하여 만들어진 이미지들은 원본과 복제, 진짜와 가짜의 구별이 없는, 동일한 계열의 분신으로서의 시뮬라크르이다. 〈마릴린 먼로〉나 〈캠벨 수프 캔〉과 같은 작품에서 수없이 복제되어 병치된 이미지들은 동일하지 않다. 실크스크린이라는 기법의 특성으로 인해 각각의 인쇄는 그것들마다 미묘한 차이를 갖는다. 게다가 워홀은 같은 이미지를 다른 색조로 찍어내기도 하였는데, 이처럼 작은 차이를 갖는 반복적인 복제로 만들어진 이미지들은 시뮬라크르 내에서 하나의 계열을 이룰 뿐이다. 말하자면, 워홀이 만들어낸 이미지들은 원본이 되는 대상과의 관계에 의해서가 아니라 이미지들끼리 서로 간에 갖는 차이에 의해서만 위치 지을 수 있게 된다. 작품 속 이미지들은 이제 유사성이 아니라 차이의 영역에, 질서가 아니라 계열의 영역 속에 존재한다.

2) 희소성의 문제

보드리야르가 보기에 워홀의 뛰어난 점 중의 하나는 전통적으로 예술 작품의 속성으로 여겨지던 '유일무이함'을 넘어서려 했다는 점이다. 앞서 이야기한 것처럼, 워홀은 예술 작품의 진품성을 보증해주는 장치로 여겼던 원본성의 문제를 이미 존재하는 유명한 이미지를 복제하는 작업을 통해 비판했다. 판화의 경우 미술시장에서 거래되기 위해 10여 점의 작품만 남기고 틀까지 폐기처분하는 미술관례를 생각해보면, 희소성이야말로 진품성만큼이나 중요한 예술 작품의 속성이었다. 워홀은 자신의 작품을 통해 이를 비판하는데 그 방식이 매우 독특하다. "서른이 하나보다 낫다"는 작품 제목이 알려주듯이, 이미 대량생산과 대량소비의 시대로 접어들어 상품의 기호가치가 우리의 삶을 관장하는 세상 속에서 '왜 우리는 예술 작

<서른이 하나보다 낫다>(워홀, 1964)

품만은 유일무이하기를 원하는가'라는 비아냥 섞인 질문을 던진다. 그리고 그 질문이 녹아 있는 작품, 즉 서른 개의 <모나리자>를 실크스크린 작업한 작품을 세상에 내놓는다.

아마도 워홀은 세상에서 가장 유명한 작품이자 가장 높은 가치를 가진 <모나리자>를 작업의 대상으로 삼음으로써 자신의 의도를 극대화하여 전달하고자 했던 것으로 보인다. 실제로 워홀이 활동하던 당시의 미국은 이미 자본주의가 완전히 자리를 잡은 상황이었다. 자본주의의 꽃이라 불리는 소비가 미국 내에서 이미 삶의 조건으로 뿌리를 내리고 있었다. 자본주의의 성숙과 함께 소비문화가 엄청난 속도로 확산되어 가던 미국에서는 이미 대량생산되어 유통되는 제품들의 소비확산을 위해 넘쳐나던 광고 이미지가 도처에 만연한 상태였다. 당시 소비사회의 문화를 긍정적으로 수용했던 팝아티스트들은 대량생산, 대량유통 및 제품의 광고 이미지를 활용한 작품을 제작하였는데, 일상에서 늘 접하게 되는 제품 혹은 제품의 광고 이미지의 몰개성적 성격마저도 수용하였다.

워홀은 예술 또한 대량생산된 몰개성적인 것이기를 원했고, 대량생산과 반복이라는 상품 이미지를 구현하기 위해 자신의 작품 또한 소비재가 생산되는 방식과 유사하게 실크스크린을 통한 작품생산이라는 방식을 선택했다. 워홀이 1962년부터 본격적으로 사용하기 시작한 실크스크린 기법은 작가가 직접 제작하는 전통적 예술 제작방식을 완전히 탈피한 것이다. 이는 일종의 기계적 작업 방식으로서 공방에서 고용한 조수에 의해 작품이 생산되는 방식이다. 워홀은 하나의 원판에 다양한 안료, 혹은 안료의 양, 밀대의 압력, 겹쳐 찍기 등의 다양한 방식을 통해 동일한 이미지일지라도 다양한 색조와 색상, 그리고 디자인으로 완성되는 다수의 작품을 만들어 냈다. 그는 제작 과정에서 나타나는 오류나 예상치 못한 자국에 대해서도 관대했는데, 그는 이러한 우연의 요소들을 오히려 긍정적으로 받아들여 작품으로 인정하기도 하였다.

결과적으로 워홀은 화가라면 당연하게 여겼던 화가의 붓질 대신 단순한 색상의 기계적 작업을 통해 이미지를 기록하는 방법을 창안해냄으로써 이젤회화라는 전통적인 제작 방식의 틀을 넘어섰다. 이처럼 개성 혹은 영감의 원천으로 여겨지는 천재예술가의 이미지 대신 마치 예술 기계처럼 작업하는 예술가이기를 원했던 워홀은 경제적이면서도 신속하게 작업할 수 있는 방식으로 실크스크린을 선택했다. 이는 기계에 의해 끊임없이 대량으로 생산되고 소비되는 소비사회의 단면을 보여줌과 동시에 일상적인 삶의 모습을 가감 없이 담아내는 것이 곧 예술이라는 '대량생산과 반복의 미학'에 대한 그의 태도를 보여주는 것이기도 했다.

소비사회의 일원이라면 누구나 아는 상품 이미지. 워홀에게 그것은 바

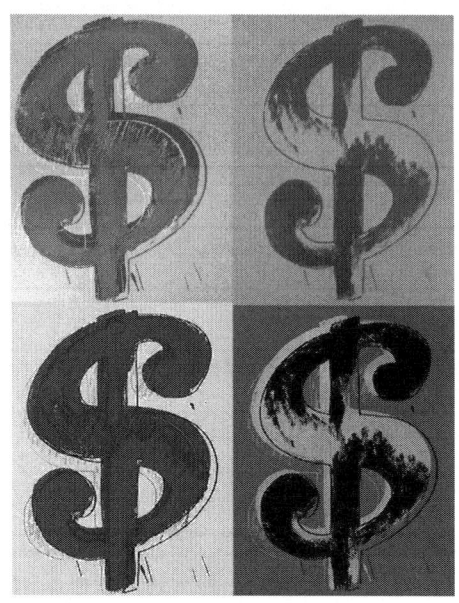

<달러 사인>(워홀, 1981)

로 캠벨스프, 코카콜라, 브릴로 박스, 지폐와 달러 기호 등이었다. 워홀뿐 아니라 미국인이라면 누구나 즐겨 먹는 캠벨 스프, 소득의 많고 적음을 떠나 누구나 동일한 가격에 즐기는 코카콜라, 세탁하기 위한 필수품처럼 되어버린 세제통, 그리고 자본주의의 핵심요소인 지폐 혹은 달러 기호. 실제로 워홀은 이런 이미지들을 가지고 작품 활동에 임했다.

보드리야르가 보기에 이는 대량소비사회를 시각적 차원에서 직접적으로 반영한 것이다. 우선 그가 사용한 이미지는 언제나 대량생산된 상품의 이미지이며 그 또한 매스미디어를 통해 광고되는 이미지를 반복적으로 활용한 것이다. 보드리야르에게 공방에서 생산해내는 동일한 이미지의 무한 반복 생산은 실상 지루하게 생산과 소비를 반복하는 미국 자본주의 사회를 있는 그대로 시각적으로 모방한 것으로 보인다. 또한 예술가가 직접 손으로 그리는 대신 공방에서 기계적 작업을 통해 조수가 만들어내는 작품은 예술가의 낭만적 이미지가 갖는 특질, 예를 들어 독창성, 개성, 특수함 대신 기계적 대량 생산의 특징인 익명성, 몰개성, 보편성을 얻게 될 뿐이다. 그리고 무엇보다 중요한 점은 워홀의 작업에서는 어떠한 이야기, 즉 서사가 없다는 점이다. 우리는 이제 서사가 아니라 작품이 갖는 조형적 가치에 주목할 수밖에 없다.

지금까지 보드리야르의 시뮬라크르/시뮬라시옹 논의를 바탕으로 워홀의 팝아트 작업을 살펴보았다. 그의 작업은 다음과 같이 정리할 수 있을 것이다.

첫째, 그의 작업은 창조적 행위로서의 예술의 종언을 천명한다. 워홀의 작업은 원근법이나 재현적 이미지의 지배를 받던 전통 회화의 임무인 대상과 이미지 사이의 관계 맺기를 더 이상 추구하지 않으며, 역사적 사건이나 중요한 문학작품의 한 장면을 증언하는 기능 또한 거부한다. 뿐만 아니라 워홀은 예술이 천재예술가가 행하는 창조적 행위라는 낭만적 이미지 또한 깨뜨린다. 팝아트 작가들은 실제로 그들의 눈에 비친 그대로의 모습을 작품에 담아내는 것 같지만, 그것은 유희도 리얼리즘도 아니다.

그들은 작업을 통하여 사물과 제품의 진짜 모습이 그것들의 '표지'일 뿐이라는, 다시 말해 하나의 기호로 작동할 뿐이라는 소비사회의 특징을 명백하게 인정하는 것이라 할 수 있다. 특히 대량생산과 대량소비, 미디어에 의한 이미지의 범람이 완벽하게 이루어지는 현대사회의 모습을 그대로 반영하고 있다는 점에서 그의 작업은 보드리야르의 문제의식과 맞닿아 있다 하겠다. 이를테면, 상품의 생산방식과 매체의 변화가 시뮬라시옹의 세계를 야기했고, 우리는 원본 없는 이미지들이 모든 것을 관장하는 그 세계 속에서 살아가고 있다. 바로 이 점에 주목하는 보드리야르의 입장과 워홀의 의도는 매우 유사해 보인다. 워홀의 작업은 '기의 없는 기표' 또는 '텅 빈 기표'로 작동하는 대상과 이미지를 담아냄으로써 후기산업사회가 초래한 사회·문화적 변화의 영향으로 바뀌어가는 삶의 모습을 담아내려 하기 때문이다. 정해진 의미를 가진, 다시 말해 기표와 기의가 1:1로 대응하는 대상은 사라지고 미디어와 정보, 상품과 연결된 시뮬라크르는 우리의 삶에서 실재보다 더 실재적인 것으로 자리 잡고 있다. 그런데 이 시뮬라크르는 일종의 기의를 상실한 기표로서의 기호로 기능한다는 점이 문제가 된다.

그다음으로, 워홀의 팝아트는 회화의 대상과 사물로서의 회화라는 다른 성격의 존재 사이의 경계를 허묾으로써, 상표가 부착된 사물, 즉 일상품의 무한한 형상화를 통해 기호가 예술, 보다 정확하게 말해서 소비되는 사물로서의 예술이라는 점을 인정한다. 바로 이 점에서 워홀의 작업은 독자적인 지위를 구축한 최초의 예술이라는 의미를 얻게 된다. 팝아트는 회화의 모델이었던 사물과 회화의 구분을 거부하면서 사물로서의 회화를 만들어낸다. 적어도 워홀의 작업은 상품을 무한히 반복해서 형상화함으로써 예술 작품이란 기호로서 소비되는 사물과 마찬가지일 뿐이라는, 즉 사물과 다를 바 없는 예술이라는 독자적인 지위를 구축한 최초의 예술로 간주되어야 한다는 것이다.

자본주의 하에서의 예술품 생산은 우리가 믿어왔던 것과는 달리 장인의 유일물 생산이 아닌 시뮬라크르의 생산, 즉 실재가 없는 이미지를 낳는 것에 불과하다. 그리고 이 원본 없는 이미지가 상업적 또는 이데올로기적 코드에 따라 대량 복제로 제작되어 실재보다도 더욱 실재 같은 이미지로 남게 된다는 사실을 워홀은 자신의 작업을 통해 폭로했던 것이다.

워홀뿐 아니라 다른 팝아티스트들 또한 유사한 작업을 수행했다. 그들은 장인이 직접 생산하는 유일한 대상, 즉 복제물이 아니라 생산물로서의 예술 작품에 대한 믿음을 비판하고자 했고, 그리하여 일상적 세계의 시뮬라

<차 안에서>(리히텐슈타인, 1963, 스코틀랜드 현대미술관)

크르 이미지를 예술 작품생산의 영역으로 끌어들였다. 예를 들어, 리히텐슈타인은 광고, 만화, 신문, 잡지에서 빼낸 이미지를 변형해 자기만의 독특한 스타일로 만들었다. 그는 자신의 작품에서 만화를 인쇄할 때 생긴 망점(網點)이 흉할 정도로 크게 드러나도록 확대한 뒤, 이를 캔버스 위에 물감 등의 재료로 다시 그리는 방식을 취했다. 현대인이 의존하는 인쇄기술이 사실은 망점 여러 개가 찍힌 '눈속임'이라는 것을 드러내려고 했던 것이다.

이처럼, 대량 복제된 산물로서의 만화 이미지를 예술에 끌어들인 리히텐슈타인은 예술을 시뮬라크르의 영역으로 끌어들였고, 이제 이미지의 창조는 불가능하다는 사실을 강조함으로써 예술가가 할 수 있는 일은 이미지를 선택하거나 재맥락화라는 것일 뿐이라는 점을 분명히 하였다. 유명인사들의 사진 이미지나 산업생산품, 만화, 광고 이미지에서 소재를 선택하고 작업함으로써 일상적 이미지를 예술로 끌어들이는 팝아티스트들의 예술적 실천은 보드리야르 이론의 예술적 실현이라고 볼 수 있을 것이다.

제11강

들뢰즈의 회화론
- 색채론을 중심으로[1]

선배 철학자들에 대한 고유한 해석의 시기를 거치고, 가타리와의 공동 작업을 바탕으로 자신만의 철학을 정립한 후 미학의 문제로 선회하게 된 들뢰즈는 1981년 『감각의 논리 : 프랜시스 베이컨』을 출간한다. 이 텍스트는 특정 화가의 작업에 대한 해석인 동시에 자신만의 고유한 철학을 바탕으로 전개하는 회화론이기도 하다. 이 저작은 『차이와 반복』(1969)에서 개진되었던 감성의 문제를 보다 구체적인 방식으로 다루고 있으며, 그가 해명하고자 했던 감성의 문제는 이후 『철학이란 무엇인가』(1991)에서 다시 한번 정리된다. 물론 들뢰즈는 문학과 영화에 관해서도 많은 설명을 남기고 있지만, 여기에서는 회화라는 매우 전통적인 예술의 영역에서 이루어지는 미학의 쟁점에 관한 그의 입장을 살펴보고자 한다.

---

[1] 이 글은 2019년에 발표한 필자의 논문 「감각을 그리기, 기호를 만들기 : 색채론을 중심으로 본 들뢰즈의 회화론」, 『미학』 제85(4)집을 다시 정리한 것이다.

1. 들뢰즈와 회화론

『감각의 논리』에서 들뢰즈는 기존의 회화론을 크게 비판한다. 20세기 이후 모더니즘 회화의 등장과 함께 나타난 미술론은 회화를 구상(재현)과 추상(비재현)으로 나누어 설명했는데, 모더니즘 미술론은 여전히 재현을 중심으로 작동하는 이분법적 분류방식을 따르는 것으로 보였기 때문이다. 회화에서의 재현은 모방(mimisis) 개념을 중심으로 작동하고, 이는 언제나 그림 외부의 대상을 근원으로 갖는다. 이에 반대하는 추상은, 적어도 모더니즘 미술론의 대부인 그린버그에 의하면, 그림 외부의 다른 지시대상을 갖지 않으므로 모방에서 벗어난 것처럼 설명되었다. 그런데 바로 그 점 때문에 추상회화는 이내 내용을 갖지 않는, 하나의 물질적 대상으로 한정되고 존재론적 지위만을 갖게 되었다. 그렇지만 들뢰즈에게 이런 설명은 쉽사리 받아들이기 힘든 것이었다.

들뢰즈는 예술이 언제나 감상자에게 독특한 감각 경험을 불러일으킴으로써 사유를 촉발하는 하나의 계기, 즉 사건 혹은 기호여야 한다고 생각했다. 그래서 회화가 전통적인 재현회화에서처럼 특정한 메시지를 전달하는 도구로 머물러 있는 것도, 모더니즘 회화에서처럼 회화 그 자체가 목적이 되는 것도 모두 타당해 보이지 않았다. 그랬던 들뢰즈에게 베이컨의 회화는 그야말로 충격이었다. 구상과 비구상이라는 이분법을 넘어선 새로운 회화의 사례가 바로 베이컨의 작품들인 것처럼 보였기 때문이다. 그를 사로잡은 이 놀라운 경험을 미학이라는 학문의 영역 내에서 설명하고자 했던 들뢰즈는 자신의 철학뿐 아니라 다른 수많은 철학자의 이론과 현대 예술가들의 입장을 받아들여 정당한 설명의 장을 마련하고자 했다. 그러나 베이컨의 작품을 통해 자신의 고유한 회화론을 전개하고자 했던 들뢰즈의 이론적 스펙트럼이 너무나 넓고 다양했던 탓에 이 텍스트는 지금까지도 많은 해석과 해독을 요구하는 난해한 저작으로 남아 있다.

이 텍스트에 관해 지금까지 진행된 대부분의 연구가 철학연구에 집중된 탓에 지금까지의 연구는 주로 감각(sensation)이나 힘(force), 다이어그램(diagramme), 변조(modulation), '눈으로 만지기'(haptique)[2] 등 철학의 맥락에서 설명할 수 있는 개념들에 집중되었다. 하지만 이 텍스트가 베이컨의 회화작품에 관한 설명인 한, 철학 개념들의 얼개 못지않게 선배 화가들이 베이컨에 미친 영향의 관계망 또한 심도 있게 다루어져야만 할 것이다.

이를 위해 우선 들뢰즈의 예술론, 특히 회화론의 중심 개념들을 따라가 보자. 철학자 들뢰즈에게 회화는 어떤 의미를 갖는가? 들뢰즈는 왜 회화에 주목하는가? 들뢰즈의 회화론을 색채론의 입장에서 살펴보기에 앞서 회화에 대한 들뢰즈의 문제의식과 그것을 해결하기 위한 주요 개념들의 의미 및 그 관계를 먼저 살펴보기로 하자.

1) 지금까지의 회화론

일반적으로 예술 작품, 특히 회화 작품을 설명하려는 노력은 아주 오랫동안 이어져왔다. 회화를 설명하는 전통적인 방식은 흔히 회화가 어떤 방식으로든 본질과 관계를 맺고 있다고 보고, 그 관계가 무엇인지를 밝혀내기 위해 노력하는 것이었다. 그러나 20세기 중후반으로 접어들면서 미술이 매우 복잡

---

[2] 이 용어에 대한 번역어는 다양하다. 촉지적(觸知的), 촉각적(觸覺的), 촉시적(觸視的) 등이 주로 사용되는 번역어인데, 'haptique'라는 용어가 들뢰즈의 논의의 흐름 상 손적인 것과 눈적인 것의 분화가 일어나기 전의 상태를 의미하는 것이므로, 필자는 한자어 대신 "눈으로 만지는"이라고 풀어쓰고자 한다.

한 양상으로 전개됨에 따라 회화를 대하는 미학적 태도는 커다란 변화를 겪었다. 대표적인 사례로는 예술 작품에 대한 분석을 통해 세계 속에서 인간이 처한 조건을 사유해보는 것으로의 방향 전환이 있다. 작품이 단순히 개인의 창조물이거나 본질의 그림자에 불과한 것이 아니라 인간이 처한 사회적 조건의 반영이거나 그에 대한 작가의 반성을 통한 생산물이라는 것이다.

미술 작품을 구성하는 요소를 크게 작가, 작품, 그리고 관람자라고 본다면, 그 각각의 구성요소를 대상으로 하는 연구가 다양한 관점에서 이루어져온 것이 사실이다. 실제로 작가 중심적 입장, 즉 작가의 의도나 작가의 천재성을 바탕으로 작가와 작품을 다루던 작업은 후기구조주의 논의에 바탕을 둔 '주체성'(subjectivity) 이론으로, 관람자를 중심에 두고 관람자와 작품 사이의 관계와 작품의 의미를 연구하는 작업은 '수용론'(reception theory)으로 자리를 옮겨왔다. 그러나 작품 그 자체에 대한 논의는 '재현'(representation) 개념을 중심으로 좀 더 복잡미묘한 방식으로 전개되었다.

2) 들뢰즈의 회화론 – 감각을 그리기

(1) 구상(재현)과 추상(비재현)을 넘어서 : 형상(Figure)

감각을 그리고자 하는 화가가 가장 먼저 피해야 할 것은 가시적인 형태를 재현하는 일이다. 파울 클레가 말한 것처럼, 회화의 과제는 "보이는 것을 재생하는 것이 아니라 보이지 않는 것을 보이게 하는"데 있다. 이에 대해 들뢰즈는 보이는 것을 형태(forme)에, 보이지 않는 것을 힘(force)에 결부시켜 설명한다. 그렇다면, 유구한 회화의 역사를 통틀어 형태가 아닌 힘을 그리기 위한 노력은 없었던 것일까?

들뢰즈와 베이컨 모두 인상주의 이후의 현대회화가 실제로 구상화(figuration)를 넘어서려고 노력했다는 점에 대해서는 동의한다. 하지만 20세기 전반으로부터 중반에 이르기까지 주목받았던 추상회화의 길은 들뢰즈와 베이컨 모두에게 만족스럽지 않았다. 왜냐하면, 구상회화에 반대하여 전개된 것으로 설명되는 추상회화의 길에서도 여전히 감각 자체가 문제가 되는 것은 아니기 때문이다. 오히려 추상회화의 길은 오랫동안 이어져온 시각적인 것(the optical)과 손적인 것(the manual)[3]의 분리와 손적인 것에 대한 시각적인 것의 우위를 답습하거나 그 반대를 주장하려는 것에 불과하다. 이들이 보기에 그린버그의 형식주의 미술론에서 강조되었던, 현대미술의 정수인 평면성(the flatness)의 문제는 구상과 추상의 대비가 아니라 시각적인 것에 대한 손적인 것의 승리를 구현하기 위함이라는 것이다. 이에 들뢰즈는 현대미술의 역사를 시각적인 것과 손적인 것의 대비 속에서 다시 서술한다. 예를 들어, 몬드리안과 칸딘스키의 추상회화는 손적인 요소를 완전히 제거하여 손의 움직임을 시각에 완전히 종속시킴으로써 완전히 순수한 시각적 공간을 만들려고 했던 데 반해, 폴록의 추상표현주의 회화는 손적인 것의 추구가 낳은 우연의 효과에 의해 손이 눈을 지배하는 회화를 만들어냈다는 것이다. 그러나 들뢰즈는 시각이나 촉각이 일방적으로 지배적인 위치를 점하는 회화는 감각을 그려낼 수 없다고 말한다. 따라서 들뢰즈는 회화에 제3의 길을 제시하게 되는데, 그것이 바로 형상이다.

실제로 여러 인터뷰에서 밝힌 것처럼, 1950~60년대의 추상표현주의 회화의 특징으로 여겨지던 지나친 자기충족성과 일상을 찬미하는 삽화적

---

[3] 손적인 것이란 말 그대로 시각의 주도 없이 손에 의해 만들어진 표시나 자국을 말한다.

이미지에 열을 올리던 팝아트의 재현적 이미지 모두에 불만족스러워했던 베이컨은 구상과 추상 사이에서 제3의 가능성을 모색한다. 베이컨이 구현하고자 했던 양식은 회화의 독특한 유동성과 힘을 끌어내기는 하지만 그 힘이 특정한 형태 속에서 다른 것들과 완전히 구별되는 대신 불분명하게만 구별될 수 있는 형태를 만드는 방식이었다. 베이컨의 작업 속에서 보이는, 구상도 추상도 아닌 이 제3의 길을 들뢰즈는 "형상"이라고 부른다.

회화가 가진 독특한 힘이 만들어내는 형태를 불분명하게만 알아볼 수 있도록 한다는 것은 무엇일까? 베이컨은 그가 만들어낸 이미지가 무엇 또는 누구인지 알아보기를 원하지 않는다. 그는 우리의 인식작용이 아니라 감각에 직접 호소하여 신경체계에 충격을 주는 방식을 그의 회화 곳곳에서 펼쳐 보인다. 우리가 알아볼 수 있는 특정 인물을 그렸음에 틀림없지만 그냥 살덩어리처럼 보이기에 사람인지 동물인지조차 알 수 없는 인물화. 심지어 작가는 자신의 초상 또한 이렇게 그려낸다.

이러한 이미지를 형상이라 규정하는 들뢰즈는 이에 대해 다음과 같이 설명한다. "형상은 신경체계에 무매개적으로 작용한다. 여기에서 그 신경

 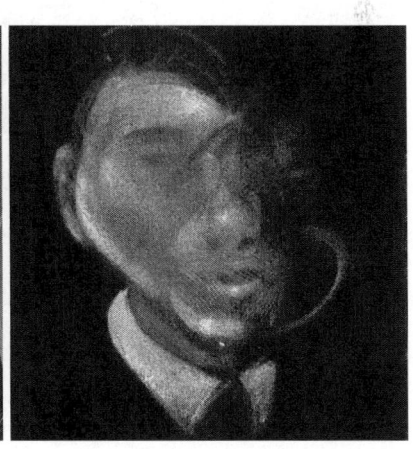

<프랜시스 베이컨>(존 디킨, 1962)　　　<자화상을 위한 습작>(프랜시스 베이컨, 1980)

제11강 | 들뢰즈의 회화론　265

체계는 살에 속한다. 반면 추상적인 형태는 뇌에 호소하고, 뇌의 매개를 통해 작동한다." 형태를 재현하는 것도(구상화), 반대로 단지 벗어나는 것(추상화)도 아닌 형상은 언제나 감각과 연관된 감각적 형태라는 것이다. 그렇다면 형상을 만들어내기 위해 화가는 어떻게 해야 하는가?

(2) 시각적인 것과 손적인 것을 넘어서 : 다이어그램(diagramme)

들뢰즈는 예술의 과제가 힘을 포착하는 데 있다고 규정한다. 들뢰즈가 보기에 힘은 감각의 조건이기에 힘을 포착한 회화가 그려내야 하는 것은 감각이다. 그는 "감각이야말로 그려지는 바로 그것"이라고 단언하기까지 하였다. 그렇다면 들뢰즈가 보기에 회화의 과제는 감각을 그리는 일이 될 것인데, 힘들을 포착하여 감각을 그리기 위해 회화는 무엇을 해야 하는가? 이에 앞서 제기할 수 있는 질문은 아마도 "무엇을 하지 말아야 할 것인가?"와 관련될 터이다. 들뢰즈가 활동하던 당대에 이르기까지 회화가 주로 해온 것, 관례가 된 것은 무엇이며, 그중에서 무엇을 피해야 할 것인가? 이로부터 화가가 돌파해야 할 어려움들이 나타나게 되는데, 그것은 바로 감각과 대립하는 것을 제외하는 것이다. 들뢰즈가 보기에 감각 자체를 그릴 수 없도록 하는 것은 형태와 클리셰(cliché)이다.

화가는 어떻게 그림을 그리기 시작할까? 그의 작업은 과연 무에서 출발하는 창조일까? 베이컨은 이에 대해 화가의 작업이 아무것도 그려지지 않은 빈 화폭에서 출발하는 것이 아니라고 말한 바 있는데, 들뢰즈 또한 베이컨의 말에 적극적으로 동의한다. 그의 말을 인용해보자.

> 화가가 흰 표면 앞에 있다고 믿는 것은 실수이다. … 화가는 머릿속에, 또는 그의 주위에, 또는 작업실에 많은 것을 가지고 있다. … 이 모든 것

베이컨의 작업실(런던, 1977)

은 이미지의 자격으로, 그것이 현실적이든 잠재적이든, 화폭 위에 현존한다. 그래서 화가는 흰 표면을 채워야 하는 것이 아니라, 오히려 비우고 치우고 청소해야만 할 것이다.[4]

베이컨의 작업실은 실제로 화집과 사진, 버려진 화폭들과 잡동사니들로 가득 차 있어 이것이 과연 화가의 작업실인지 쓰레기장인지를 되묻도록 할 정도이다. 그런데 그의 작업실만 그러할까? 아마 화가의 머릿속 또한 수많은 매체들을 통해 주어진 너무나 많은 진부한 이미지들, 즉 클리셰들로 가

---

4 들뢰즈(1981), *Francis Bacon: Logique de la Sensation*, Éditions de la Différence, 83쪽.

득 차 있어 어떤 이미지가 어디서부터 온 것인지를 알 수조차 없을 정도의 상황이다. 그리하여 완전히 새로운 것이 될 그 어떤 이미지를 만들어내기 위해서라면 화가는 격렬한 전투에 돌입하여 이 진부한 이미지들을 머릿속으로부터 완전히 걷어내야만 할지도 모른다.[5]

그러나 클리셰와 새로운 이미지의 관계는 언제나 엎치락뒤치락하며 언제나 긴장 속에 있다. 이미지의 운명이 클리셰와의 관계에 매여 있기 때문이다. 한편으로, 이미지는 언제나 끊임없이 클리셰의 상태로 떨어지지만 다른 한편으로 이미지는 끊임없이 클리셰를 벗어나려 한다. 클리셰가 우리의 감각-운동 도식과 관계되고 새로운 이미지가 이 도식의 붕괴로부터 나타난다면, 아마도 다음과 같은 이해를 시도해볼 수 있을 것이다. 클리셰는 생물학적·심리적·사회적 수준에서 신체에 형태가 주어진 상태, 다시 말해 유기적으로 조직화된 신체와 관련되는 것으로 이해하는 반면, 새로운 이미지는 조직화되지 않은 신체, 즉 '기관 없는 신체'(corps sans organes)와의 연관 속에서 이해되어야 한다는 것이다. 그렇다면, 유기적으로 조직화된 신체의 상태에서 기관 없는 신체로 나아가게 하는 계기가 무엇인지, 그것이 회화에서 어떻게 구현되는지에 대해 들뢰즈의 견해를 들어보아야 할 것이다. 들뢰즈는 바로 이 계기가 다이어그램과 관련이 있다고 주장한다.

---

5   베르그송은 우리의 지각작용에 대해 흥미로운 설명을 한다. 우리는 모든 것을 지각하는 것이 아니라 일차적으로는 우리의 생존과 관련된 것을 지각하고, 보다 넓게는 심리적·경제적·이념적 이유로 우리의 흥미를 끄는 것만을 순간적으로 지각한다는 것이다. 그렇다면 일상적이거나 진부한 이미지를 넘어 완전히 새로운 이미지를 얻기 위해서 우리는 우리의 일상을 구성하는 즉각적이고 습관적인 기제를 끊고 그로부터 벗어나야 할 것이다.

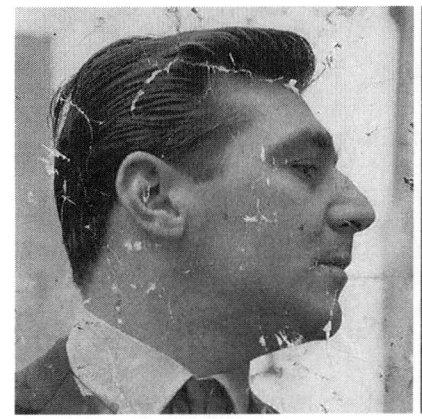 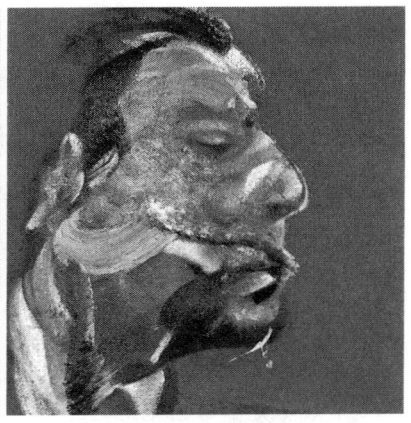

<조지 다이어>(존 디킨, 1960 중반) <조지 다이어에 관한 습작>(베이컨, 1966)

들뢰즈는 구상/추상회화와 추상표현주의 회화가 만들어내는 시각적인 것과 손적인 것의 길항관계와는 달리 베이컨의 회화에서 구현되는 형상에서는 양자의 상호침투가 가능하다고 본다. 이때 이 상호침투를 가능하게 만드는 것이 바로 다이어그램이다. 그런데 들뢰즈가 자신의 회화론에서 사용하는 다이어그램은 우리가 일반적으로 알고 있는 '도식'이나 '도표'라는 뜻을 갖는 용어가 아니라 무작위적인 신체적 행위의 결과물, 즉 캔버스 위에 남은 손의 자국이나 화가가 아무렇게나 던진 물감이 캔버스에 남긴 얼룩, 또는 빗자루 등의 도구로 화폭을 쓸어낸 자국 등을 지칭한다. 결국 화가가 자신의 신체를 사용하여 직접적으로 힘을 가한 결과로 만들어진 것이 바로 다이어그램이며, 들뢰즈는 이를 특정한 방식으로 작동하는 "특질들과 얼룩들, 선들, 영역들의 집합체"라 정의한다.

위의 두 이미지는 베이컨의 연인이었던 조지 다이어의 사진과 베이컨이 그린 다이어의 얼굴 이미지이다. 이 두 이미지를 보면 서로 닮은 듯 닮지 않은 듯 묘한 느낌이 든다. 재현적 닮음 대신 감각적 닮음을 추구했던 베이컨이 그려낸 다이어의 초상은 군데군데 출현하는 다이어그램들에 의해 기존의 관람방식을 방해한다. 말하자면, 재현적 닮음을 통해 인식행위를 하고 그를 통해 모델이 누구인지를 식별해냈던 바로 그 작동방식을 멈추게 하는 것이다. 이는 화가에게도 마찬가지이다. 캔버스 앞에 앉아 클리셰들을 몰아내려고 하는 화가에게 시각을 통한 의미작용을 방해하는 요소인 다이어그램은 클리셰들의 의미작용 방식, 즉 기표와 기의의 1:1 대응을 방해한다. 그뿐만 아니라 손적인 행위의 우연한 결과인 다이어그램은 캔버스 위에 예측할 수 없는 형태를 남김으로써 진부한 이미지가 갖는 전형적인 형태를 해체한다. 또한 다이어그램은 시각적 이미지 위에 신체가 가한 힘의 흔적을 남김으로써 들뢰즈가 회화의 임무라 주장했던 보이지 않는 힘의 포착 및 그 구현의 가능성을 실현하고 있다. 또한 손적인 것과 시각적인 것의 공존을 가능하게 하는 다이어그램은 감각기관 사이의 경계를 무너뜨림으로써 마치 회화를 눈으로 만지는 듯한 경험을 가능하게 하는데, 들뢰즈는 이를 "눈으로 만지는"이라 부른다. 그런데 이 기묘한 감각 경험을 설명하기 위해서는 먼저 해명해야 할 다른 요소들이 존재한다.

(3) 형태뒤틀기(déformation)[6]와 변조(modulation)

보이지 않는 힘을 회화적으로 구현하려는 베이컨에게는 형태뒤틀기와 변조 또한 필요하다. 들뢰즈가 보기에 이러한 방식은 매우 획기적인 것이었다. 왜냐하면 오랫동안 화가라고 하는 이들은 정신적인 것을 추구해왔고, 그 결과 그들의 시각은 언제나 사물 그 자체가 아니라 사물을 인식하고 사

---

[6] déformation에 대한 번역어도 다양하게 사용되고 있다. 형태붕괴, 형태와해 등이 이에 해당하는데, 필자는 형태를 완전히 없애는 것이 아니라 물리적인 힘으로 일그러뜨리는 것에 들뢰즈의 관심이 있다고 보고 이 용어를 '형태뒤틀기'로 번역하였다.

유하는 방식에 닿아 있었기 때문이다. 사실 베이컨이 제기한 회화의 문제는 세잔에까지 거슬러 올라간다고 들뢰즈는 지적한다. 세잔이 영향을 받았던 동시에 넘어서야만 했던 인상주의 회화를 고려한다면, 감각과 인상은 완전히 별개의 것이 되어야 했다.

빛이 사물에 만들어내는 인상을 그리고자 했던 인상주의자들의 시도는 세잔에게 만족스럽지 못했다. 그가 그리고자 했던 것은 그야말로 사물 그 자체였다. 정신적인 혹은 이념적인 준거에 의해 오염되지 않은 사물 그 자체를 그리는 일이야말로 사실을 기록하는 일이다. 베이컨은 대담에서 "사실을 기록한다"고 여러 차례 반복해서 말한 바 있다. 이때의 "사실의 기록"이란 사진이 그러하듯 객관적이고 외형적인 특징을 포착하여 객관적으로 기록하는 것이 아니라, 어떠한 대상이나 상황으로부터 주어진 주관적인 감정이나 충격을 그린다는 것으로 이해하는 것이 옳을 것이다. 이로부터 우리는 다음과 같은 결론을 내릴 수 있게 된다. 베이컨이 말하는 사실은 감각적 사실, 또는 신경계에 와서 부딪혀 만들어지는 정서적 충격을 가리키며, 바로 이러한 맥락에서 들뢰즈는 세잔의 "감각을 그리기"가 베이컨이 "사실을 기록하기"와 그 궤를 같이한다고 주장한다.

세잔과 베이컨 모두에게 감각 또는 사실을 기록하기 위한 해법은 형태 뒤틀기였다. 그것이 감각이건 사실이건 보이지 않는 힘을 그리기 위해서는 감각이 실재하는 사태를 그려내야만 한다. 그것을 위해서는 우선 대상을 완전히 다른 방식으로 관찰해야 했다. 세잔이 〈생트 빅투아르산〉 연작을 그릴 때(1898~1906년) 깨달은 바, 자연의 감각적 실재는 색채의 덩어리 속에 있다. 만약 화가가 이것을 그려낼 수 있다면, 색채들의 견고함이 바위와 나무의 윤곽선을 자연스럽게 만들어내게 된다. 색채들이 만들어내는 윤곽선은 우리가 생각했던 자연 대상의 형태와는 매우 다르다. 화가가 감각한 대

<교황 이노센트 10세의 초상>(벨라스케스, 1650. 왼쪽)과
<벨라스케스의 교황 이노센트 10세의 초상을 따른 연구>(베이컨, 1953)

상을 그려내는 일은 우리의 일상적 인식작용의 결과와는 매우 다르기 때문이다.

실제로 베이컨이 그려낸 <교황 이노센트 10세>의 경우는 모델이 되었던 벨라스케스의 <교황 이노센트 10세>와 매우 다르다. 벨라스케스의 그림이 소위 교황으로서의 이노센트 10세의 본질을 교황의 이념에 의거해서 그려낸 것이라고 한다면, 베이컨의 그림은 공포에 질려 비명을 지르는 누군가를 그려낸 작업일 뿐이다. 그 대상이 교황일수도 그냥 사람일수도 혹은 살로 이루어진 몸뚱이를 가진 생명체에 불과할 수도 있다. 여기서는 공포의 원인도 그 상황에 대한 설명도 주어지지 않은 채 단지 외침만이 그려져 있다. 관객은 이 그림에서 화가가 담아내고자 했던 비명을 통해 전해지는 에너지 또는 힘만을 감각할 수 있을 뿐이다. 이처럼 색채의 덩어리들이 형태를 만들어내도록 함으로써 일상적 인식의 대상으로 자리 잡았던 전형적인 형태를 비트는 작업은 일견 감각을 있는 그대로 담아내기에 적합해 보인다. 그러나 형태비틀기가 색채들의 덩어리로 이루어진다는 점에서 색채들의 문제에 관해 보다 면밀히 살펴보아야 할 것이다.

세잔은 명암이나 축소에 의해 원근법을 구현하던 기존의 방식을 버리고 색조의 변화를 사용한다. 양감을 표현하기 위해 화가는 색채들의 대비나 간섭 효과를 고려하여 색채를 배열해야 하는데, 대립적인 색채의 변조를 사용하는 것이 화폭의 표면 위에서 자연의 지속성을 표현하는 방식이라고 여겼기 때문이다. 세잔과 베이컨에게서 발견되는 색채의 변조에 주목하는 들뢰즈는 시몽동(Gilbert Simondon)을 참고한다. 시몽동은 아리스토텔레스의 형상질료설을 비판하면서 자신의 입장을 피력한다. 일반적으로 알려져 있듯이 아리스토텔레스는 개체를 형상과 질료의 결합으로 설명한다. 여기에서 질료는 무규정적이고 수동적인 것이어서 언제나 형상이 개체를 규정하는 능동성을 갖는다. 그런데 시몽동이 보기에 이러한 개체화 이론은 피상적이고 부분적이어서 받아들이기 어려운 것이었다. 그가 보기에 개체화의 과정은 질료가 자기 스스로 가지고 있는 내적인 에너지로부터 이루어지는 것이며, 주변 환경과의 끊임없는 에너지 교환 속에서 가변적인 경계를 형성하면서 진행되는 것이다. 이러한 입장을 개진하기 위해 시몽동은 이 동역학적인 과정을 변조라는 개념을 사용해서 표현하였는데, 이는 아리스토텔레스의 주형(moule)에 정면으로 대립하는 것이라 할 수 있다. 변조 개념을 충실하게 설명하자면, 주형은 변조의 한 극단적인 경우가 된다고 하겠다.

이러한 변조 개념에 따라 색채들과 그것들이 만들어내는 형태뒤틀기를 설명하면, 그려진 사물들은 외곽선 없이 색채의 변조를 통해서만 자신의 물질성 자체를 드러낼 수 있다. 수많은 힘들이 교차하며 긴장을 유지하는 세계 속에서 사물들은 고정된 윤곽선을 가질 수 없기 때문이다. 그것을 관찰할 때 우리는 대립하는 색채들의 일시적인 힘의 균형 관계와 그로 인해 빚어진 일시적인 윤곽선만을 볼 수 있을 뿐이다. 바로 이러한 색채의 변조가 형태뒤틀기를 만들어내고, 그 결과 우리에게 완전히 새로운 이미지, 즉 감각을 경험하는 계기를 가져다준다.

2. 색채론을 중심으로 들뢰즈 회화론 다시 보기

들뢰즈는 자신의 회화론을 시작하기에 앞서 회화의 역사에 대해 언급한다. 회화는 가치가 있는 것으로 여겨지는 종교적·역사적 사건들을 이미지를 통해 구상적·예시적·서술적 성격으로 그려내는 이미지들의 집합이 아니다. 마치 회화의 본분인 듯 다루어져 왔던 회화의 이러한 성격은 들뢰즈에게는 재현의 원리를 따르는 것, 즉 동일성의 원리에 입각한 지각·인식의 방식과 의미작용의 방식을 회화의 차원에서 재생산하는 것에 불과하다. 들뢰즈는 회화에서의 재현 원리가 시간에 따라 점차 강화되었다고 주장한다. 즉 대상이 특정되지 않은 신의 모습이나 신의 세계를 그려내기 위한 작가의 상상력을 비교적 느슨하게 제한했던 종교화가 체제 유지를 위한 이데올로기 확산의 도구로 활용되었던 17세기 회화로 이행되는 과정에서 재현의 원리가 보다 강화되었다는 것이다.

이를 벗어나기 위해 현대회화는 많은 노력을 경주했다. 눈을 중심으로 하는(optique) 특성[7]을 갖는 재현 회화에 반대하여 비구상적인 작업에 매

---

[7] 이런 입장의 대표적인 예시는 원근법이다. 부르넬레스키에 의해 고안되고 알베르티에 의해 이론화된 원근법은 정해진 관람자의 시선의 위치에 따라 그림 속 소실점을

달렸던 추상화가들이 좋은 사례가 될 것이다. 들뢰즈는 시각의 지배를 벗어나기 위한 노력을 분류하여 구체적으로 설명하기 위해 '손적인 것'(le manuel), '손가락적'(digital), 그리고 '촉각적'(tactile)이라는 용어를 도입한다. '손적인 것'은 손이 눈에게서 해방된 상태를 지칭하는 것으로 여기에는 추상표현주의가 해당한다. 예컨대 뿌리기 기법(dripping)으로 완성된 폴록의 작품은 언제나 촉각적인 느낌을 강하게 준다는 것이다. 반대로 '손가락적'인 것에는 몬드리안의 추상화가 해당하는데, 기하학적 형태로 이루어진 몬드리안의 작품은 기호로서의 손가락 표시 역할을 수행하여 눈에 완전히 종속된 손의 상태를 보여주기 때문이다. 마지막으로 손에 대한 눈의 지배가 비교적 느슨해진 상태를 가리켜 '촉각적'인 것이라 일컫는다.

그렇다면 눈과 손 사이의 종속 관계가 완전히 사라지게 된다면, 나아가 눈과 손 사이의 경계 자체가 사라지게 된다면 회화는 어떤 모습이 될까? 아마도 눈과 손, 시각과 촉각이 분화되지 않은 상태를 경험하게 하는 것이 들뢰즈에게 의미 있는 회화의 사례가 될 것인데, 이것이 바로 '눈으로 만지기'가 지칭하는 바다. 그런데 눈으로 만지기는 색채, 손적인 것, 우연성, 변조 등의 요소를 필요로 한다.

향해 그림 속 사물들이 극단적으로 축소되는 방식을 취한다. 이는 신이 만든 세상을 인간이 어떻게 이성적인 방식으로 이해하고 예술 속에 재현하려 했는지와 관계하는데, 회화에서는 화가가 자신의 이성을 바탕으로 이해한 대상을 자신이 지각한 것과 동일한 방식으로 관람자가 파악할 수 있게끔 제시하는 막강한 권한으로 자리 잡게 되었다. 즉, 화가가 자신이 파악한 대상을 관람자가 재인식하도록 2차원의 캔버스 위에 그려내는 재현시스템이 원근법이며, 이 시스템에서 시각은 다른 모든 감각의 우위에 있게 된다.

1) 다이어그램과 색채 : 반 고흐의 선례를 통하여

들뢰즈가 보기에 반 고흐는 힘을 포착하기 위해 노력했던 대표적인 화가였다. 반 고흐는 힘의 효과를 해체하고 재구성하는 문제에 천착했는데, 그 결과물의 하나가 바로 〈해바라기〉이다. 아무도 상상하지 못했던 〈해바라기〉의 힘은 다이어그램을 통해 두드러진다. "묘선들, 얼룩들, 선들, 영역들의 총체, 그렇지만 작용하는 총체"인 다이어그램은 "심리적인 경험이 아니라 고유하게 회화적인 경험의 작용"으로 설명된다. 다이어그램은 일견 "혼돈이자 재난"이지만 동시에 "리듬의 싹"이기도 하다. 불타오르는 듯 이글거리는 황색의 해바라기 이미지는 강렬한 붓질에 의해 그야말로 촉각인 것을 경험하게 하는 동시에 노란색이 주는 무시무시함에 전율하게 한다. 우리를 태워버릴 것만 같은 노란색은 이내 태양을 바라보며 에너지를 갈구하는 해바라

〈해바라기〉(반 고흐, 1889, 반 고흐 미술관)

기의 강인한 생명력과 연결되고, 노랑의 물감 덩어리를 마치 붓 가는 대로 발라놓은 것만 같은 이 그림은 비로소 생명의 에너지와 하나가 된다.

이처럼 반 고흐의 작업에서 나타나는 다이어그램과 색채의 관계에 관심을 갖기 시작한 들뢰즈는 반 고흐의 작업에 주목한다. 색채는 언제나 시각적인 것으로 여겨져 왔지만, 반 고흐의 작업에서 나타나는 색채의 다이어그램은 시각에 대립하면서 시각과는 이질적인 능력으로서의 손에 의한 능력을 분명하게 드러냈다. 예를 들어 〈별이 빛나는 밤〉의 경우, 우리는 그림 속 이미지를 통해 마을의 풍경과 빛나는 별들을 찾아내는 데에 멈추지 않는다. 재현된 대상보다 우리의 마음을 끄는 것은 떡진 듯한 붓질 자국(brush stroke)이다. 노랑과 짙은 푸른색이 만들어내는 시각적 대비보다 빽빽하게 소용돌이치는 노란색 붓질자국과 파란색 혹은 검은색 붓질자국이

〈별이 빛나는 밤〉(반 고흐, 1889, 뉴욕 현대미술관)

우리를 사로잡는다.

반 고흐의 경우처럼 강렬한 색대비와 다이어그램이 수렴하는 듯한 경우라도 다이어그램은 "결코 시각적 효과가 아니라 고삐 풀린 손에 의한 능력"이다. 색채를 가진 손적인 것으로서의 다이어그램은 색채들 간의 관계를 설정한다. 물론 이전에도 색채를 사용하여 그림에 생기를 불어넣으려 했던 노력들이 없었던 것은 아니지만, 들뢰즈가 설명하는 색채를 가진 다이어그램은 과거 색채파의 작업들과는 다르다. 대상을 보다 잘 재현하기 위해 색채를 사용하는 것이 아니라 색채 그 자체가 목적인, 다시 말해 색들 사이의 관계 그 자체를 보여주기 위해 색채를 연구한다는 점에서 그러하다. 그 결과로서의 회화는 대상과 공간이 만들어내는 것 대신 색채들이 만들어내는 형태와 배경, 빛과 그림자, 옅음과 진함 등 모든 것을 갖게 될 터인데, 들뢰즈는 이러한 회화야말로 눈으로 만지는 경험을 가능하게 한다고 주장한다.

눈으로 만지는 경험은 뉴턴식 광학론에 입각한 색채 설명과는 다른 입장에 서 있으며, 이는 괴테의 색채론과 이어질 수 있다고 들뢰즈는 말한다. 그에 따르면, 뉴턴식 색채론은 시간-빛으로 구성된 시각적 공간인 데 반해, 괴테의 색채론은 공간-색으로 이루어진 눈으로 만지는 시각이다.[8] 동생 테오에게 보낸 편지에서 반 고흐는 자신의 채색 원칙들을 제시한다. 반 고흐의 원칙들은 대표적인 색채파로 알려진 인상주의자들보다는 오히려

---

8   대상을 인간의 감각과 완전히 별개의 것으로 파악하는 뉴턴식 사고방식과 달리 괴테는 인간의 내부와 자연이 감각을 매개로 연결되어 있다는 입장을 갖는다. 이에 따라 색채를 바라보는 시각 또한 큰 차이를 보이는데, 뉴턴의 광학은 색채란 관찰자와는 관계 없는 객관적 실체, 즉 단색의 광선들의 결합 유무 또는 그 정도에 따라 결정된다고 주장하는 데 반해, 괴테의 색채론은 색채 현상을 밝음과 어둠의 양극적 대립 현상으로 설명하면서 색채란 인간의 감각과 밀접한 관계를 갖는다고 주장한다. (요한 볼프강 폰 괴테, 2003, 『색채론』, 장희창 옮김, 민음사.)

들라크루아에게서 기인하는데, 그 까닭은 순색들과 보색들에 의해 정의되는 순수한 톤들을 강조했던 인상주의자들과 달리 반 고흐는 혼합된 색조를 제시하기 때문이다.

갖가지 실험을 통해 반 고흐는 보색들을 똑같은 양으로 발라 병렬시켜 둘 경우 그것들이 서로를 최고 수준의 강도로까지 상승시키게 될 것이고, 그럴 경우에 인간의 눈은 그것들을 볼 수조차 없을 것이라는 점을 이미 알고 있었다. 반 고흐 실제로 많은 시간을 들여 명암과 흑백에 대한 연구를 수행했고 그 후에야 색채에 입문하게 되었는데, 그가 보기에 당시 인상주의자들의 작업은 빛의 효과를 색채로 담아내는 데 머물렀을 뿐 진정한 색채 연구와는 거리가 먼 것이었다. 요컨대 인상주의자들의 보색대비는 빛의 반짝거림을 부각시키는 요소로 사용되었을 뿐 실제 색들 사이의 관계나 색 그 자체가 목적은 아니었다는 것이 반 고흐가 인상주의를 떠나 새로운 길을 찾게 된 중요한 이유였다.

색채에 대한 반 고흐의 열정은 베이컨에게 고스란히 전해진다. 1889년에 그려진 반 고흐의 〈자화상〉에서 검푸른 빛의 배경과 금색으로 과장된 머리카락과 피부는 묘한 대비를 이룬다. 혼돈의 장이지만 그 속에 생명을 배태하고 있는 카오스와도 같은 검푸른 배경은 일렁이는 붓질자국을 통해 우리는 화가가 그림에 부여하고자 했던 에너지를 느끼게 된다. 그런데 배경이 되는 푸른색과 화가의 외투는 거의 같은 톤으로 채색되어 있어 붓질의 방향이 아니라면 그 경계를 알아보기 힘들다. 자세히 보면 배경을 이루는 검푸른 색 사이로 희끗희끗한 자국들이 보이는데, 이것이 색채주의자로서의 반 고흐가 꿈꾸었던 "백색으로 나아가는 파랑"이다. 한편 외투의 검푸른 색의 붓질자국 속으로 살짝살짝 드러나 보이는 금색과 금갈색은 관람자가 이 파란색이 단일한 파랑이 아니라 보색에 해당하는 금갈색과의 혼합 속에서 칠해진 것임을 깨닫게 한다.

이와 달리 얼굴의 살은 '노랑, 초록, 보라, 장밋빛, 빨강'의 혼합된 색조들로 처리되어 있다. 조금 더 자세히 살펴보면, 과장된 색채로 칠해진 얼굴과 머리카락의 금색은 이미 외투에서 사용되었기에, 관람자로 하여금 보색의 대비에서 오는 눈의 피로감을 느끼지 않고도 보색의 대비가 유지되는 신기한 경험을 할 수 있게 한다. 이러한 보색의 대비 방식 덕에 "이 선명한 파란색을 배경으로 금발의 빛나는 머리는 창공의 별처럼 신비스럽게 두드러져 보일" 수 있었다. 그런데 베이컨이 주목했던 부분은 거의 단색조로 보이는 배경과 혼합된 색채로 이루어진 인물 부분이었다. 이로부터 그는 활기를 띤 순색의 단색조 평면으로 이루어진 배경(아플라)과 혼합된 색채 톤으로 이루어진 인물(형상)을 만들어낸다. 이러한 영향관계는 앞서 예시되었

<자화상>(반 고흐, 1889, 미국 국립미술관)

던 베이컨의 〈자화상을 위한 습작〉을 통해서 확인할 수 있다.

베이컨 또한 검은색의 단색조로 이루어진 배경과 검은 재킷을 입은 자신의 모습을 캔버스에 담아낸다. 흰색과 보라색, 그리고 주황색을 묻힌 천으로 쓸어내린 듯한 얼굴은 군데군데의 흰색 덩어리로 이루어진 혼합톤으로 균질적인 단색조로 이루어진 배경과 대비를 이룬다. 그런데 붓질자국이 남지 않은 매끈한 단색조 평면인 아플라(aplat)는 붓질의 흔적이 보이는 셔츠 깃과 붓질자국에다 다이어그램마저 더해진 얼굴과 다층적으로 대비된다. 이는 아마도 회화에 대한 베이컨과 반 고흐의 목적이 달랐기 때문일 것이다. 반 고흐가 색채를 통해 그려진 대상의 생명력을 생생하게 전하려 했던 데 반해 베이컨은 그려진 대상이 완전히 재현에서 벗어나길 바랐다. 단순한 비재현이 아니라 재현/비재현, 구상/비구상이라는 오래된 이분법을 넘어서길 바랐던 것이다.

이에 들뢰즈는 베이컨의 관심이 붓질자국과 혼합된 톤을 사용한 색채의 대비가 아니라 형상이 아플라에서 생겨나거나 혹은 아플라 속으로 사라지는 생성의 운동을 그림 속에 직접적으로 담아내는 것이라 주장한다. 들뢰즈는 실제로 베이컨의 작품을 "혼합된 색조들은 형상에 신체를 제공하고, 활기를 띤 순수한 톤들은 아플라에 골격을 제공한다"고 설명한다. 혼합된 톤으로 칠해지고 다이어그램이 난입한 부분은 형상이 되고 순색의 단색조로 칠해진 평평한 부분은 아플라를 구성한다는 것이다. 들뢰즈는 이것들을 "분출"(coulée)과 "광야"(plage)라고도 부른다. 그는 혼합색조로 이루어진 분출 혹은 형상은 살(chair)과 연결 짓고, 살을 구성하는 혼합색조들의 색채적 변화가 흘러가는 현재의 시간을 보여주는 것으로 설명한다. 그리고 활기를 띤 단색조의 평면인 골격 혹은 아플라는 시간의 흐름 그 자체라는 영원성을 보여주는 것으로서 우주(univers)를 연상시킨다. 이렇게 들뢰즈의 회화론은 이후 예술론으로 이어져 보다 큰 틀 속에서 완결된다. 살과 우주, 형상과 아플라 사이에 존재하는 윤곽은 '집'(maison)을 떠올리게 하는데, 이 윤곽(집)은 살(형상)로부터 우주(아플라)로, 또 우주(아플라)로부터 살(형상)로 향하는 양방향운동 사이에 위치한다. 그런데 이 양방향 운동을 두드러지게 만드는 것은 색채 그 자체가 갖는 팽창과 수축의 운동 및 색채들의 관계 속에서 이루어지는 변조와 깊은 연관이 있다.

2) 변조와 색채 : 세잔과 피카소의 선례를 통하여

들뢰즈에게 회화에서의 변조 문제는 중요하다. 우선 예술 작품이 변조를 통해 힘-재료(force-matière)를 포착한다고 보는 점이 그 첫 번째 이유이며, 힘-재료가 형상의 살에 미치는 영향을 통해 회화에서 힘을 나타낼 수 있다고 생각하는 두 번째 점 때문이다. 다이어그램과 관계 맺은 색채는 이제 변조와 관계함으로써 "신경 시스템 위에서, 즉 그 자체가 살인 것 위에서 직접적으로 작용"하는 형상을 완성하고, 관람자로 하여금 회화를 눈으로 만지는 새로운 경험의 장을 열어보인다. 들뢰즈가 보기에 인식이 아니라 감각의 문제에 천착하여 소위 "감각의 길"에 전례 없는 중요성을 부여한 화가는 세잔이다. 세잔이 염두에 두었던 감각은 나와 대상이 상호주관성 속에서 서로 '-되어감'(devenir)의 상태에 도달하거나, 느끼는 자와 느껴지는 자의 합치에 접근함으로써만 얻을 수 있는 것이다.

그러나 세잔이 감각을 그리기 위해 채택한 사물이 자연(자연으로서의 세계)이었던 데 반해 베이컨이 선택했던 것은 인물(인공물로서의 세계)이다. 이런 차이가 두드러져 보일 수 있겠지만, 들뢰즈는 이들 사이의 공통점에 주목해야 한다고 주장한다. 감각을 그리는 일은 재현 또는 재현 대상에 결부된 형태, 즉 구상에 반대하는 일이라는 점이 바로 그것이다. 그런데 이러저러한 감각을 직접적으로 그려내는 일은 단순히 시각의 영역에 국한되어서는 안 된다. 감각을 그려내기 위해 고군분투하는 화가는 감각들 간의 근원적인 합치를 보여주어야 한다. 이는 감각이 분화되기 이전의 수준에 도달해야만 가능한 일이며, 이를 보여줄 수 있는 능력이 곧 리듬이다. 그리하여 세잔과 베이컨이 공통적으로 노리는 지점은 곧 리듬의 문제가 된다. 그런데 이 리듬은 단순하지 않다. 왜냐하면, 리듬을 그린다고 하는 것은 "감각이 통과하는 수준들과 영역들을 각각의 감각 속에다 들여다 놓는" 것이며, 이는 바로 "리듬과 감각 사이의 관계"일 것이기 때문이다. 음악을 가로지르는 것처럼 그림을 가로지르는 이 리듬은 색채가 갖는 고유한 성격인 수축-이완 운동으로 수렴되며, 이는 곧 아플라에서 형상으로, 형상에서 아플라로 향하는 수축과 이완의 양방향운동으로 이어진다.

    감각을 그린 회화는 히스테리, 즉 이성과 무관하게 신경 위에서만 직접적으로 작용하는 특정한 상태로 우리를 이끄는데, 이는 주로 색이 작동하는 방식, 즉 색의 시스템에 의해서이다. 따라서 이 히스테리는 화가의 히스테리가 아니라 회화의 히스테리라 해야 한다고 들뢰즈는 주장한다. 들뢰즈에게 회화의 히스테리가 중요한 까닭은 바로 이 회화의 히스테리가 재현으로부터 선과 색을 해방시키는 동시에 눈을 포함한 유기체로부터 눈을 해방시키고, 또 눈에 주어진, 기관적 성격으로부터 눈을 해방시키기 때문이다. 유기체로부터 해방된 눈, 기관 없는 신체의 지위를 부여받게 된 눈은 잠재적으로 여러 기능을 가진, 결정되지 않은 기관이 된다. 회화의 히스테리를 담아내기 위해 세잔은 어떤 대상에 대한 일상적인 인식작용의 모든 것, 다시 말해 클리셰에서 벗어나기 위해 사과를, 생트 빅투아르산을 매번 새롭게 바라보아야 했다. 그리고 이를 바탕으로 세잔은 산이 접히고 펴지는 힘, 사과가 싹트는 힘, 풍경이 열을 뿜어내는 힘 등을 가시적으로 만들 수 있었다고 들뢰즈는 주장한다.

그런데 클리셰에서 벗어나 생트 빅투아르산이 가진 사물 그 자체로서의 모습을 알게 된 세잔은 그것을 표현하기 위해 이전의 화가들과는 완전히 다른 방식으로 색과 기하학을 사용해야만 했다. 기하학은 회화에 골격을 제공하여 회화가 명료함과 지속성을 확보할 수 있게 해주고 색은 회화를 감각적인 대상으로 존재할 수 있게 한다고 세잔은 생각했다. 따라서 일상적이고 전형적인 생트 빅투아르와는 다른 생트 빅투아르를 작품 속에 구현하기 위해 세잔은 반드시 새로운 기하학과 색채 사용법을 창안해내야만 했다. 사실 추상회화에 이르기까지 회화에서 일반적으로 사용되었던 기하학은 회화 속 형태들을 직선, 각, 호, 타원 같은 기본적이고 이차원적인 시각적 형태들로 환원시키는 것, 즉 일종의 코드를 작동시키는 것이었다. 하지만 세잔은 이와는 완전히 다른 기하학 사용법을 제안한다. 실린더, 구, 원뿔을 통해서, 말하자면 관점을 가진 전체의 측면에서 자연을 다루라는 그의 제안은 2차원이 아닌 3차원, 즉 부피를 가진 대상을 그대로 그려내기 위한 기하학의 사용법과 관계되기 때문이다. 전통적으로 재현에서 사용해오던 모든 코드가 배제된 채, 그려내야 하는 대상은 그것과 닮지 않은 수단들을 통해서 닮도록 종용된다. 들뢰즈는 이 닮음을 "감각적인 닮음"(ressemblance sensible)이라 부른다. 코드가 아니라 감각에 의해 생산되는 이 감각적인 닮음은 최초의 닮음도 없고 구상적인 선행적 코드도 없다. 들뢰즈는 세잔이 재현을 벗어나기 위해 세 가지 장치, 즉 평면, 색, 사물을 마련한다고 주장한다.

첫째, 평면의 문제는 평면(수직의 평면과 수평의 평면)들의 연결 문제와 관련된다. 이 평면들의 관계가 원근법을 대체하기 때문이다. 다음으로 색과 색의 변조의 문제인데, 이것은 구상적 가치 관계, 가령 대상을 또렷하게 배경을 흐릿하게 처리하기, 명암, 그림자와 빛의 대비 같은 것들을 제거한다. 마지막으로 사물이 거론되는데, 여기에는 덩어리진 사물과 사물의 흐릿한 경계가 있다. 이것은 사물의 존재가 배경-형태의 구상적 관계를 폐지하는 국면을 의미한다. 사실 평면, 색, 사물로 이루어진 새로운 회화는 다이어그램으로 촉발되는데, 불균형하게 그려진 사물-대상이 불안정한 모습으로 쓰러질 듯 보이고, 색채 덩어리로 이루어진 평면들은 하나가 다른 하나의 위로 포개지며 혼란의 상태로 접어들어 대상과 배경의 경계를 무너뜨리기 때문이다. 들뢰즈는 특히 마지막 부분, 색에 주목하는데, 색은 변조를 통해 고유한 의미와 공식을 발견하며 그것을 통해 원근법이 만들어내는 환영적 공간감이 아니라 색채가 만들어낼 수 있는 새로운 음각의 틀을 지속가능한 유연성의 상태로 만든다. 그리고 바로 이것이 세잔의 의도였을 것이라고 들뢰즈는 설명한다.

세잔이 고안해낸 변조는 확장과 수축이라는 이중의 운동으로 나아간다. 우선 확장의 운동에서는 수직의 평면과 수평의 평면이 서로 연결되고 점차적으로 깊이 있게 융합된다. 이와 동시에 수축의 운동을 통해 모든 것은 불균형을 향해 사물 위로, 채색된 사물의 덩어리 위로 되돌려진다. 세잔에게서 기하학이 감각적으로 되는 일과 감각이 명료하고 지속적으로 되는 일이 동시에 이루어진다면, 그것은 바로 이러한 체계 속에서일 것이라고 들뢰즈는 주장한다.

생트 빅투아르산을 그린 두 그림을 보면, 우리는 세잔이 고안한 체계의 작동법을 보다 구체적으로 알 수 있다. 우선 앞서 그려진 〈생트 빅투아르산〉(1898~1902)의 경우 여전히 원근법이 지배하는 공간감과 대상과 배경 사이의 가치 관계, 명암 등이 보이는 데 반해 나중에 그려진 〈생트 빅투아르

<생트 빅투아르산> 연작(세잔, 1898~1902, 예르미타시 미술관)

<생트 빅투아르산> 연작(세잔, 1904~1906, 바젤 미술관)

산〉(1904~06)의 경우 다이어그램으로 보이는 채색된 면들이 서로 뒤섞이는 상황을 만들어 색다른 공간감을 드러낸다. 명도와 채도에 따라, 즉 색이 가진 고유의 운동성에 따라 돌출하거나 뒤로 물러서는 느낌을 줌으로써 운동의 에너지가 만들어내는 공간감을 느끼게 한다. 게다가 비슷한 색조로 칠해진 물감 덩어리들의 관계는 관람자로 하여금 어디까지가 대상이고 어디서부터가 배경에 해당하는지를 도무지 구별해내기 어렵게 만든다. 색채

고유의 운동성으로 인해 이 그림에서는 대상이 배경을 향해 나아가는 운동(확장)과 배경이 대상을 향해 움직이는 운동(수축)이 동시에 행해지며, 우리는 이를 대상과 배경 사이의 상호침투라 부른다.

 이 그림들의 대상이 되는 생트 빅투아르산, 특히 후기에 그려진 생트 빅투아르산과 배경 사이의 경계는 관람자에게 미리 주어지지 않는다. 다만 색채들의 에너지가 만들어내는 긴장관계가 순간적으로 만들어내는 바에 따라 정해질 뿐이다. 이러한 대상과 배경 사이의 상호침투의 문제는 피카소와 브라크가 야심차게 전개한 분석적 입체주의 작업에서도 두드러진다. 그러나 세잔이 면들의 연결로 추구했던 깊이의 문제는 분석적 입체주의에서 받아들여지지 않는다. 그들의 작업은 표면적인 깊이를 추구하는 것으로 보이며, 피카소를 가장 좋아하는 화가로 꼽았던 베이컨 또한 분석적 입체주의가 추구했던 면들의 연결 방식인 표면적인 깊이를 이어받는다.

3. 눈으로 만지기와 비인간(inhumain)

우리는 앞서 베이컨 회화의 인물들이 혼합색으로 이루어져 있고 다이어그램과 관계한다는 점에서 그가 색채에 관한 반 고흐의 고민을 계승하여 발전시키고 있다는 점을 살펴보았다. 이후 세잔의 회화에 대해 논의하면서 베이컨은 색채에 관한 세잔의 생각들, 이를테면, 색의 가치관계, 명암의 작동법 등 색채에 대한 기존의 관념들을 타파하고 색들이 갖고 있는 고유한 에너지와 운동성에 주목한다는 점 또한 밝혀냈다. 물론 세잔의 관심이 색채 덩어리로 표현된 수평적 평면과 수직의 평면의 접합이 만들어내는 깊이에 있었던 데 반해, 베이컨은 사물(인물)에 수직으로 교차하는 축인 아플라를 순색의 단색조 평면으로 처리하여 깊이감을 추구하지 않는다는 데서 차이가 있다. 이는 세잔의 회화가 개방된 자연 속에서 사물에 실행되는 힘을 그리려 했던 것과 달리 베이컨이 폐쇄된 세계 속에서 사물에 실행되는 힘을 그리려고 했다는 점에서 기인하는 것이다. 결국 베이컨에 이르러 변조는 세잔과 다른 방향으로 나아가게 된다.

들뢰즈가 보기에 베이컨의 색채사용법은 시각성을 중심으로 하는 기존의 색채사용법과 크게 다르다. 시각적 공간은 옅음과 진함의 대립(흰색/검은색을 극단으로 하는 색의 가치관계), 빛과 그림자의 대립(명암의 작동법)에 의해 정의되고, 색채 또한 그 원칙에 맞추어 사용되었다. 이 원칙들은 시각의 작동 방식, 즉 거리감에 기반을 둔 공간감에 호소함으로써 거리에 입각한, 시각의 기능만을 보여줄 뿐이다. 하지만 들뢰즈가 재창조한 색의 변조는 반대로 눈으로 만지는 기능을 끌어낸다. 회화의 평평한 표면 위에서 순색의 평면들과 혼합색의 형상이 색채들 사이의 관계에 따라 전진과 후퇴를 반복한다. 순색으로 칠해진 아플라가 툭 튀어나오고 혼합색조의 형상이 뒤로 물러서며 자리다툼을 한다. 그런가 하면 아플라에 포위당한 듯했던 형상이 어느새 아플라로 스며드는 듯하기도 하다. 색채들의 고유한 에너지와 운동감에 호소하는 베이컨의 회화 속 공간은 눈으로 만지는 공간으로 따뜻함과 차가움의 상대적 대립에 의해, 원심적이거나 구심적인 운동에 의해, 팽창 운동 또는 그에 상응하는 수축 운동으로 정의된다. 대상과 배경을 구획 짓는 미리 주어진 틀을 배제하는 베이컨의 회화에는 가변적·지속적이지만 고정되지 않는 틀만이 존재하는데, 이 틀은 시뮬동이 정의하는 변조에 해당한다.

이 틀은 오로지 색들의 힘겨루기에 의해 순간적으로 형성되었다 사라지는 경계들이므로, 변조가 작동하는 베이컨의 회화에는 더 이상 내부(대상)

도 없고 외부(배경)도 없다. 오로지 계속되는 색이 만들어내는 공간만, 말하자면 색이 고유하게 갖는 공간화 하는 에너지만 존재한다. 그리하여 베이컨의 회화는 추상뿐 아니라 구상과 서사 또한 단번에 내쫓는다. 더 이상 아무것도 이야기할 것이 없는 베이컨의 회화는 순수 상태의 회화적 '사실'(fait)에 다가서게 되는데, 이 회화적 사실은 시각이 갖는 만지는 기능을 구성 또는 재구성하는 것을 말한다.

형상과 아플라 사이의 양방향운동은 순색의 단면인 아플라가 갖는 활기와 전진하려는 에너지 때문에 형상이 아플라에 둘러싸이거나 갇힌 듯 느끼게 한다. 그러나 들뢰즈는 다시 한번 반 고흐를 거론하며, 세잔의 변조와 다른 변조의 가능성을 이야기한다. 한편으로, 아플라를 구성하는 색채의 톤이 아무리 단일하다고 하더라도, 아플라의 활기를 띤 색조는 색이 갖는 가치의 차이가 아니라 칠해진 색의 촘촘함의 정도가 만들어내는 차이로 파악해야 한다. 이 색조는 미세한 차이를 갖는 색채들로 이해되어야 하며 단색조라는 동질성으로 이해되어서는 안 된다는 것이다. 다른 한편으로, 형상을 이루는 사물의 양감은 하나 또는 여러 개의 혼합된 색조들을 통해서 주어지게 되는데, 바로 이 혼합된 색조들은 공통적인 수렴의 계기를 거침으로써 어떤 계열에 종속되는 것으로 여겨져야 한다. 과도한 방식으로 보색들을 혼합하여 만든 톤은 공통의 계기를 거침으로써 마치 도자기를 구울 때처럼 동일한 굽기에 색들을 종속시키는 효과를 낳을 수 있다.

앞서 반 고흐의 자화상을 통해 '백색으로 나아가는 파랑'을 살펴본 바 있는데, 바로 이것이 아플라의 미세한 차이를 가진 채 활기를 띤 색조에 해당한다. 반면에 얼굴의 살은 노랑, 초록, 보라, 장밋빛, 빨강으로 이루어진 혼합된 톤들로 처리되어 있는데, 이 보색들은 놀랍게도 살덩어리라는 하나의 대상으로 수렴된다. 이것이 바로 베이컨 회화에 나타나는, 형상을 구성하는 혼합색조와 같은 것이다. 이처럼 반 고흐에게서 찾아낸 변조의 문제는 "아플라에서 활기를 띤 색의 처리 문제요, 혼합된 톤들의 처리 문제이자, 또 이 두 처리들 또는 채색된 두 운동들의 무차별적이지 않은(non-indifférent) 관계에 관한 문제"라고 들뢰즈는 말한다.

그려진 이미지와 모델의 동일시를 방해하는 다이어그램과 색채의 덩어리들이 만들어내는 틀짓기로서의 변조, 그리고 혼합된 색채의 색조들이 만들어내는 변조가 두드러지는 베이컨의 회화는 회화의 내용과 관람자의 임무를 이전과 완전히 다른 어떤 것으로 바꾸어놓는다. 단색조이건 혼합색조이건 색채로 이루어진 덩어리들이 자신들의 고유한 에너지를 겨룸으로써 경계를 만들어내는 운동을 지속적으로 되풀이하고 있는 현장이 바로 회화의 장이고 그러한 사태를 직접적으로 감각함으로써 사건을 경험하는 것이 관람자의 임무라고 한다면, 우리는 이러한 회화의 특징을 어떻게 정리할 수 있을까?

첫째, 화가의 층위에서 보면, 회화의 목적을 감각 그리기로 규정해야 할 것이다. 들뢰즈는 재현을 둘러싼 이분법을 벗어나려 한다. 즉 시각적 대상을 지시하거나 환기시키는 것을 재현으로 규정하는 입장과 그것으로부터 벗어나는 것을 비재현적 작품으로 보는 기존의 시각을 넘어서려 하였다. 그는 재현/비재현의 분기점인 인식과 인식이 가져다주는 쾌를 문제 삼음으로써 주체와 대상의 이분법적 구분을 파괴하는 작품을 회화가 나아가야 할 길로 제시한다. 관람자에게 인식능력의 확장을 요구하는 회화는 색채의 고유한 운동에너지인 공간화 하는 힘을 담아내야 한다. 둘째, 작품의 층위에서 보자면, 회화는 형상에 대한 논의가 된다. 재현/비재현을 넘어서는 회화는 이미지를 갖긴 하지만 그 이미지는 더 이상 인식의 대상이 아니다. 해석되어야 하는 기호일 뿐이다. 인물을 그린 그림에서도 우리는 그 인물이 누구인지를 알아볼 수 없다. 심지어는 사람인지 동물인지조차 분간할 수 없게 된다. 우리는 다만 혼합색조로 이루어진 형상이 아플라로, 순색의 단색조로 이루어진 아플라가 형상으로 향하는 양방향운동이 서로 힘겨루기를 하며 틀을 만들어내는 에너지의 장을 감각하는 것뿐이다. 이러한 작품에서 우리는 무엇을 느끼게 될까? 이에 대한 답이 바로 셋째 층위가 될 것이다. 마지막 논의는 회화와 관람자 사이의 관계가 될 것인데, 이는 색채 고유의 에너지들이 만들어내는 힘겨루기의 장을 증언하는 회화와, 그 회화가 보여주는 힘겨루기라는 사건을 목격하는 관람자에 대한 것이다. 이러한 입장에서 본다면 '의미 있는' 예술 작품은 우리에게 그려진 것을 보자마자 의미를 파악하기를 요구했던 재현적 작업과는 다르다. 그것은 오히려 형상과 색채가 우리의 감각에 무매개적으로 행하는 작용을 감지하여 작품 속에서 일어나고 있는 사건을 목격하도록 하는 것이어야 한다. 적어도 색채가 갖는 물리적인 힘들이 형상에 가하는 고통을 관람자가 직접적으로 감각하도록 하는 작업이 되어야 하기 때문이다. 회화 속 대상을 알아보고 이해하는 대신 사건을 목격하는 관람자는 이제 유기체-인간에서 벗어나 무매개적인 감각에 반응하는 기관 없는 신체의 인간, 바로 비-인간이 된다. 감각을 그리는 회화, 우리에게 해석을 요구하는 기호로서의 회화는 인간 아닌 인간-되기를 요구한다. 바로 이 점이 감각의 논리가 정당하게 작동하는 지점이 될 것이다.

제12강

탈(脫)이원론의 예술 실제
– 미셸 오슬로의 〈아주르와 아스마르〉 분석을 중심으로[1]

프랑스의 애니메이션 감독으로 유명한 미셸 오슬로(Michel Ocelot)는 데뷔한 이후 30편의 텔레비전 시리즈와 영화를 만들어 세계 유수의 영화제에서 수상한 바 있다. 〈세 발명가〉로 1980년 제34회 영국 아카데미 시상식 단편 애니메이션 작품상을 수상한 이후 여러 단편 애니메이션을 제작하며 명성을 쌓은 오슬로 감독은 1982년 〈불쌍한 꼽추〉로 프랑스 세자르 단편상과 영국 오스카 단편상을 수상하며 세계적으로 유명한 애니메이션 감독이 되었다. 이에 멈추지 않고 그는 첫 장편 애니메이션 작품인 〈키리쿠와 마녀〉(1998)로 1999년 제23회 안시 국제 애니메이션 페스티벌에서 그랑프리를 수상했다. 오슬로는 또한 애니메이션 영화를 돕는 일에도 힘을 아끼지 않았는데, 이는 그가 1994~2000년에 이르기까지 국제 애니메이션 필름협회(International Animated Film Association, ASIFA)의 회장직을 수행했다는 사실에서 잘 나타나고 있다.

프랑스 남부 코트다쥐르에서 태어나 프랑스령 기니에서 어린 시절을 보

---

[1] 이 글은 필자의 논문 「탈(脫)이원론의 예술실제 : 미셸 오슬로의 〈아주르와 아스마르〉 분석을 중심으로」, 『프랑스문화예술연구』 제57(3)집, 2016을 정리한 것이다.

낸 오슬로는 친구들과 단편 애니메이션을 만들면서 단순한 기술로도 다양하고 개성 넘치는 창작이 가능하다는 것을 알게 되었고, 이는 이후 테크놀로지에 크게 의존하는 미국식 애니메이션과는 다른 애니메이션의 가능성을 보여주는 방향으로 나아갔다. 실제

미셸 오슬로

로 가장 간단한 기법으로 작업하고자 했던 그의 방식은 동양과 서양의 양식 접목이라는 새로운 해법을 발전시켰다. 기니에서 돌아와 프랑스 앙제의 미술학교와 파리 국립고등장식예술학교에서 수학하면서 서구적인 양식을 익힌 그는, 그러나 서구의 양식뿐 아니라 동양적 양식을 수용함으로써 보다 특색 있고 개성적인 작품을 만들어냈다.

하지만 오슬로 애니메이션의 매력은 단순히 형식적 특징만으로는 설명하기 어렵다. 그의 작품이 갖는 서사적 특징이 작품의 독특함을 이끌어내는 보다 중요한 요소로 작용하기 때문이다. 프랑스령이었던 아프리카 기니에서 12세까지의 어린 시절을 보냈던 오슬로는 온 몸으로 체득하며 편견 없이 접하고 사랑했던 아프리카 문화를 작품 속에 녹여낸다. 이러한 그의 노력은 〈키리쿠와 마녀〉, 〈키리쿠, 키리쿠〉(2005) 두 편의 독특한 애니메이션을 통해서 나타난 바 있다. 문화적 편견과 타자에 대한 혐오를 넘어서려는 그의 노력은 〈아주르와 아스마르〉(2006)를 통해서 더욱 극명하게 드러난다. 상호간의 소통과 이해를 향한 그의 노력은 2001년 아랍의 급진세력이 뉴욕의 세계무역센터를 테러한 이래로 계속되고 있는 그리스도교 문명과 아랍 문명의 대립에 대해 이해와 화합이라는 해법을 제시하는 데에

까지 이르고 있다. 이처럼 하나의 기준을 설정하여 기준과 다른 것들을 '차이'(différence)라는 이름으로 거부하고 배척하는 서구의 기존 입장을 넘어서서 서구와 비서구 사이의 이해와 소통가능성을 보여주고자 하는 것이 바로 오슬로 작품의 커다란 의미라 할 수 있다. 이러한 특성을 갖는 그의 작품으로는 〈키리쿠와 마녀〉, 〈프린스 앤 프린세스〉(1999), 〈아주르와 아스마르〉, 〈밤의 이야기〉(2011), 〈키리쿠 앤드 더 멘 앤드 위민〉(2012), 그리고 〈파리의 딜릴리〉(2018)가 있다.

여기서는 오슬로의 대표작이라 할 수 있는 〈아주르와 아스마르〉를 탈이원론적 입장에서 살펴보기로 하자.

1. 오슬로 애니메이션의 특징 : 내용과 형식을 중심으로

1) 내용적 특징

인간이란 신이 만들어놓은 질서를 따르는 자연 속 존재에 불과한 것이라 여겼던 중세의 인간관이 십자군 전쟁과 함께 커다란 변화를 맞게 되었음은 이미 잘 알려진 사실이다. 200여 년에 걸친 길고 긴 전쟁이 그리스도교를 수호하는 연합군의 패배로 끝나자 교황의 권위는 실추되었고 봉건제도 또한 크게 흔들려 왕권이 강화되는 결과를 낳았다. 또한 중세의 세계관이나 인간관 또한 커다란 변화를 겪을 수밖에 없었는데, 이러한 변화의 원인 가운데는 소위 오리엔트라 불리던 이슬람 문화권의 영향이 적지 않다. 그들의 뛰어난 수학과 과학적 지식은 서구인들에게 인간의 지적 능력에 대한 반성을 요구하였고, 여러 차례에 걸친 원정길에서 발견하게 된 그리스의 고전은 콰트로첸토라 일컬어지는 르네상스 시기의 초입에서 이미 인간에 의한 인간 자신에 대한 사유를 불러일으키기에 충분했다.

이러한 움직임은 17세기 데카르트에 의해 완성되는 듯했다. 데카르트는 인식주체로서의 코기토 개념을 정립하였으며, 그 이후로 코기토로서의 인간은 신의 피조물이라는 중세적 이미지에서 벗어나 이성을 중심으로 세계의 모든 존재들의 본질을 증명해낼 수 있으리라는 믿음 하에 철학을 전개했다. 합리주의 또는 이성중심주의라 불리는 이러한 입장은 18세기에 계몽주의라는 이름으로 진행되었고, 19세기에 이르러서는 실증주의의 기치 아래 자연을 인간이 이해할 수 있는 대상으로 설명하려 했다. 그런데 17세기로부터 20세기 전반에 이르기까지 학문적 기반을 이루었던 이성중심주의의 핵심 개념인 코기토는 과연 누구일까? 여성학이나 식민주의 논의에서 일반화되어온 주장을 따르면, 코기토 주체는 늘 '서구 백인 남성'이다. 오로지 서구의 백인인 남성만이 인식이나 사유의 주체가 될 수 있다는 논리가 서구인들에게는 당연한 것으로 여겨졌던 것이다. 이러한 코기토 주체가 기준으로 자리를 잡게 되면, 비서구, 유색인, 여성(또는 남성성으로 규정된 것을 따르지 않는 생물학적 남성)은 모두 타자로 규정되게 된다. 타자는 늘 기준이 되는 것들에 비해 열등한 성질을 갖는 것으로서 대상화될 뿐이었다.

실제로 프랑스의 페미니즘 이론가인 엘렌 식수(Hélène Cixous)는 여성성을 나타내는 특징들을 이분법의 틀로 설명한다. 페미니즘의 분석 대상이 되는 가부장제의 이항대립적 사고란 완전히 상반되는 두 가지 항으로 세계를 인식하되, 한 쪽 항을 다른 항보다 우월한 것으로 간주하는 사고방식이다. 이러한 위계적 이항대립으로 머리/가슴, 아버지/어머니, 문명/자연, 이해할 수 있음/만질 수 있음(정신으로 이해할 수 있음/몸으로 느낄 수 있음), 해/달, 능동/수동 등이 있다. 이런 식의 대립관계가 우리의 사고방식을 조직하는 것에 대해 식수는 다음과 같은 질문을 던진다.

"여성은 어디에 있는가?" 이는 여성은 대립 쌍 중 어디에 속하며, 이는 여성의 어떤 면을 나타내게끔 하는가를 묻는다. 가부장적 사고에 따르면, 여성은 오른쪽에 위치한 '가슴, 어머니, 만질 수 있음, 달, 수동' 등에 속하며, 이는 가부장제에서 열등한 것으로 여겨지는 대상이나 속성이다. 반면, 왼쪽에 자리 잡은 '머리, 아버지, 문화, 이해할 수 있음, 해, 능동' 등은 가부장제에서 우월한 것으로 여겨지는 대상이나 속성이며 남성의 특징을 구성하는 것들이다. 이러한 가부장적 사고에 따르면, 남성은 태어날 때부터 능동적인 데 반해 여성은 태어날 때부터 수동적이며, 그런 식의 차이가 정상으로 여겨진다. 이런 경우에, 수동적이지 않은 여성은 진짜 여성이 아닌 것으로 받아들여진다. 또한 이러한 사고는 여성은 태생적으로 순종적이기 때문에 남성이 타고난 지도자라는 인식을 자연스럽게 만든다. 이러한 이항대립적 구조는 문화 영역에도 그대로 적용된다.

문학이론가 에드워드 사이드(Edward W. Said)는 그의 저작 『오리엔탈리즘』(1978)에서 '오리엔탈리즘'을 하나의 이론과 지식체계로 굳어진 동양에 대한 서구의 왜곡과 편견이라 규정한다. 말하자면, '오리엔탈리즘'은 단순히 동양을 연구하는 객관적인 학술적 용어가 아니라 동양을 폄하해서 보는 서구의 전형화된 시각을 지칭하기 위한 용어인 것이다. 사이드에 의하면, 동양에 대한 서구의 왜곡된 이미지 가운데 가장 전형적인 사례는 동양을 비이성적·비논리적·비민주적이며, 그 결과 게으르고 부패할 수밖에 없는 지역으로 여기는 것이다. 이처럼 야만적인 자연의 상태에 머물러 있는 비서구로서의 동양은 서구 계몽주의의 대상이 되며, 서구는 그들의 이성의 빛으로 동양의 무지를 밝혀주어야 할 사명을 부여받고 그것을 반드시 실행에 옮겨야만 한다고 스스로를 합리화하게 된다. 하지만 동양에 대한 이러한 이미지는 오랜 기간에 걸쳐 축적된 서구인들의 편견일 뿐 현실과는 본질적으로 다르다는 것이 사이드의 지적이다.

결국 사이드의 '오리엔탈리즘'은 정치적 이데올로기를 담은 것이라 할 수 있다. 사이드는 서구 제국주의가 자신들의 필요에 의해 동양을 신비화(비이성적인 것으로 만들기) 한 다음, 동양을 계몽시키기 위함이라는 명분 아래 동양을 탐험하고 지배하며 착취해왔다는 점을 지적했다. 하지만 동양을 비이성적인 것, 즉 대상화 또는 타자화하려는 서구인들의 입장이 식민지 경영이라는 경제적 이익을 위해 수세기 동안 절대적인 입장으로 굳어지는 가운데 이러한 시각은 정치적·경제적·군사적 연관 속에서 일반화되게 되었다. 그리고 그것을 편견이라고 여기는 비판적 입장은 적어도 사이드의 연구 이전까지는 크게 주목받지 못했다. 그러나 주체/타자의 이분법 위에서 작동되었던 문화적 편견을 꼬집는 사이드의 연구는 이후 문화연구에 커다란 영향을 주었고, 문화 콘텐츠를 제작하는 영역에도 적지 않은 영향을 주었다.

문화적 편견에 대한 비판이라는 관점에서 볼 때, 오슬로의 작업은 크게 보아 주체/대상 또는 주체/타자를 구분해온 서구의 전통적인 이원론을 넘어서려는 듯 보인다. 우선 초기작인 〈프린스 앤 프린세스〉에서 그는 고대 이집트, 중세 유럽, 일본의 전통적인 모습을 잘 재현해내고 있다. 나아가 "아프리카 사람들을 그린 세계 최초의 장편 애니메이션"[2]인 〈키리쿠와 마녀〉는 서구인들의 상상 속 아프리카의 모습이 아니다. 실제로 기니에서 유년기를 보냈던 오슬로는 작품 속 마을의 모습에 대해 "마을의 입구에 있던 바오바브나무, 타는 듯 붉은 꽃을 피우는 화염수, 카라바 마을의 작

2　오노 고세이(2006, 김준양 옮김), 『상상에 숨을 불어넣다』, 나비장책, 53쪽.

은 초가집 등 모두 어린 시절 기니에서 봤던 모습 그대로였다"[3]고 말하면서, 작품 속 사실적인 모습은 모두 작가 자신의 의도라는 점을 분명히 했다. 사실적인 아프리카의 모습을 담아내려는 그의 의지는 청각적 요소로서의 음악이나 대사에서도 잘 나타나고 있다. 편견 없는 시각으로 아프리카의 모습을 보여주려 했던 그의 입장은 철저하게 아프리카인의 시각에서 그들의 문화와 윤리를 재현해내는 방향으로 나아간다. 마을의 남자들을 잡아가는 나쁜 마녀는 원래 악하지 않았으며, 마을 사람들이 마녀의 등에 가시를 꽂은 후부터 마을 사람들에게 나쁜 짓을 하기 시작했다는 점이 바로 그것이다. 서구의 시각과 달리 아프리카인들에게는 선과 악은 본래적인 것도, 이분법적으로 구분된 것도 아니었던 것이다.

이처럼 타자 또는 대상에 불과했던 어떤 문화를 중심 또는 기준으로 놓고 이야기를 풀어나가는 그의 작업은 기존의 디즈니 애니메이션이나 일본 애니메이션과는 크게 다른 특징을 갖는 것으로 보인다.

2) 형식적 특징

실루엣 애니메이션의 대가라 불리는 오슬로는 배경 속 인물들이 검은 실루엣으로 나타나는, 마치 중국의 그림자 연극을 화면에 그대로 옮긴 것 같은 영상을 보여준다. 〈프린스 앤 프린세스〉에서 주로 활용된 실루엣 애니메이션 기법은 컷 아웃 애니메이션(cut out animation) 기법과 스톱모션 애니메이션(stop motion animation) 기법을 모두 활용한다. 우선 컷 아웃 애니메이

---

3 오노 고세이(2006), 51쪽.

<프린스 앤 프린세스> 포스터

션은 종이 위에 형태를 그리고, 그 형태대로 잘라낸 다음 각각의 종이들을 한 장면씩 움직여가면서 동작을 구성하는 기법이다. 이 동작을 한 장면 한 장면 촬영하여 연속 동작을 만드는 스톱모션 애니메이션 기법이 가미될 때 비로소 영상물이 완성될 수 있기에 실루엣 애니메이션은 컷 아웃 애니메이션과 스톱모션 애니메이션이 연결되어 있는 장르라 여겨진다. 특히 실루엣 애니메이션은 종이를 오려서 만든 캐릭터를 유리판에 펴놓고 밑에서 조명을 비추어 생기는 검은 형태의 그림자를 활용한다. 이 그림자를 조금씩 움직여가면서 한 컷씩 촬영을 한 다음 연속적으로 영사함으로써 움직임을 만들어내는 애니메이션 기법이 바로 실루엣 애니메이션 기법이다.

필자가 보기에 실루엣 애니메이션의 장점 중 하나는 관람자가 작품으로 지나치게 몰입하는 것을 방해한다는 점이다. 평면적인 인물과 평면적인 배경, 그리고 부자연스러운 인물의 움직임은 관람자로 하여금 작품을 하나의 대상으로 여기게 하고 지나치게 작품 속 이야기로 빠져들거나 극중 인물과 자신을 완전히 동일시하는 것을 방해한다. 이러한 점은 다양한 첨단기술들을 적극적으로 사용하여 보다 사실적인 비주얼로 무장한 디즈니 애니메이션이나 일본의 애니메이션들과 비교해보면 분명히 알 수 있다. 사실적인 이미지와 실제적인 움직임을 구현하기 위해 지나치게 기술에 의존하는 주류 애니메이션 작품들을 접할 때 관람자는 작품 속으로 빠져들게 되어 그 세계의 내러티브에 의존하여 주인공의 경험을 함께할 뿐이다. 하지만 오슬로의 애니메이션을 관람하는 관람자는 작품과 일정한 거리를 유지함으로써 오히려 자신의 상상력을 능동적으로 사용할 수 있고, 작가가 이야기하고자 하는 환상의 세계를 자신만의 고유한 의미로 구성할 수 있게 될 것이다. 〈프린스 앤 프린세스〉가 여섯 편의 단편적인 이야기로 구성되어 있는 점이나, 또 이 이야기들이 세 명의 주인공들에 의해 만들어지는 점은 작가가 자신의 관점이나 이데올로기를 관람자에게 주입하기보다는 작품에 대한 관객의 적극적인 개입을 바라는 작가의 의도를 보다 잘 드러내 보이고 있다. 물론 오슬로 또한 2D나 3D 작업을 하기도 하는데, 이러한 작업의 바탕에도 여전히 실루엣 애니메이션 기법이 녹아 있으며, 관람자로 하여금 작품의 의미를 구성하도록 한다는 점은 이미 잘 알려진 사실이다.[4]

부연하자면, 연속적인 움직임을 극히 자제하는 대신 인물의 표정이나

---

[4] 1976년 텔레비전 시리즈물인 〈Gédéon〉과 최초의 단편인 〈세 발명가〉(1980)는 모두 컷 아웃 기법을 사용한 컷 아웃 애니메이션으로 제작되었으며, 이후 〈키리쿠와 마녀〉(1998)는 2D 디지털 애니메이션으로 제작되었다. 그리고 〈프린스 앤 프린세스〉(1999)에 이르러서는 실루엣 애니메이션 기법을 활용하고 있다. 〈키리쿠, 키리쿠〉(2005)에서 다시 2D로 작업하던 감독은 2006년 〈아주르와 아스마르〉에 이르러 3D 애니메이션이 도전한다. 그러나 이후 〈밤의 이야기〉(2011)에서는 실루엣 애니메이션에 3D 애니메이션을 접목시켜 3차원적 실루엣 애니메이션이라는 새로운 지평을 여는, 환상적인 실루엣 애니메이션을 선보이기도 하였다.

눈의 표현을 통한 감정의 전달을 중시하는 오슬로의 작업 방식이 평면적 색채를 통해 원근법을 거부하는 듯 보이는 배경과 어우러져 관객들로 하여금 지금 눈앞에서 펼쳐지고 있는 이미지는 현실이 아니라 일종의 환상동화임을 끊임없이 상기시키는 역할을 하게 된다는 것이다. 비주류로 분류되는 실루엣 애니메이션 기법과 첨단기술을 적절히 접목하고 있다는 점에서 오슬로의 작업은 오히려 주류/비주류로 짝지어진 이분법을 와해시키려는 시도라 이야기할 수 있을 것 같다.

또한 그가 추구하는 형식이 관람자의 적극적인 개입을 염두에 둔 것이고, 그 결과 관람자가 의미작용의 과정에 적극적으로 참여하여 각자 고유의 의미를 얻어낼 수 있기를 의도한 것이라면, 우리는 그의 작업이 작가/관람자라는 이분법을 넘어서고자 한다는 점 또한 지적해볼 수 있을 것이다. 더 나아가 작품의 의미가 작가에 의해 닫혀 있는 것이 아니라 관람자의 개입으로 만들어질 수 있다는 '텍스트성'(textualité)의 실제로 해석될 수도 있을 것이다.

2. 오슬로의 〈아주르와 아스마르〉 분석
: 탈이원론적 성격을 중심으로

〈아주르와 아스마르〉는 2D 애니메이션을 고수해왔던 감독이 처음으로 3D 프로그램을 사용하여 만든 장편 애니메이션 작품이다. 이 작품에는 이국적인 배경 속에서 펼쳐지는 환상적인 이야기가 아름답고 화려한 영상을 통해 전해진다. 〈아주르와 아스마르〉는 단지 작가의 형식적 변화만을 담고 있는 작품이 아니다. 이 작품에서 작가는 둘로 나누어져 반목하는 사람들에 관한 이야기를 직접적인 방식으로 보여준다. 실제로 그는 "다른 편에 서 있는 사람들, 단지 그렇게 교육받았기에 서로를 싫어하는 사람들, 가시철망 밑에서만 사랑할 수 있는 사람들에 대해 이야기하고, 유럽과 이슬람 문화의 화합과 상호이해라는 메시지를 던져주고 싶었다"고 이야기한 바 있다. 작가는 작품 속에서 무겁고 어두운 주제를 특유의 위트와 아름다운 영상으로 적절하게 풀어내고 있다.

1) 내용적 특징

(1) 주체/타자의 이원론을 넘어서 : 반(反)거대서사의 입장에서
우리가 흔히 접하는 애니메이션은 어떤 줄거리를 갖고 있을까? 대부분의 디즈니 애니메이션은 악에 맞서서 세상을 구하는 영웅의 이야기로 구성되어 있다. 디즈니 애니메이션과 어깨를 겨루는 일본 애니메이션의 경우는 소중한 것을 지키기 위해 힘을 기르고, 그 힘을 발휘하여 주인공이 가치 있게 여기는 것을 지켜내는 이야기들이 주를 이룬다. 많은 다른 애니메이션 작품의 경우 영웅의 이야기를 제외한다면, 수많은 시련과 역경을 극복하고 성장해가는 소년·소녀의 이야기, 즉 성장 이야기가 애니메이션 서사의 다른 주된 흐름으로 다루어질 수 있을 것이다. 그렇다면 〈아주르와 아스마르〉의 줄거리는 어떨까? 이 작품은 세상을 구하는 영웅의 이야기도, 소중한 것을 지키기 위해 떠나는 모험의 이야기도, 그렇다고 해서 청소년의 성장 과정을 통해 관람자에게 교훈을 주는 성장 이야기도 아니다. 〈아주르와 아스마르〉는 프랑스 소년인 아주르와 마그레브(maghreb) 소년인 아스마르가 그저 요정을 구출해서 결혼에 이르는, 그야말로 동화 같은 이야기이다.

금발머리에 파란 눈을 가진, 성주의 아들인 아주르는 일찍 어머니를 여의고 유모인 제난의 손에서 자란다. 제난에게는 아주르과 같은 또래의 아들이 있었는데, 검은머리에 검은 눈을 가진 아스마르가 바로 제난의 아들이다. 두 아이는 함께 유년기를 보내는 동안 제난에게서 늘 같은 이야기를 듣고 같은 꿈을 꾼다. 제난이 들려준 이야기는 요정 '진'에 관한 것이었다. 아름다운 요정 진은 지금 마법에 걸린 채 아주 먼 곳의 검은 산 속에 갇혀 있는데, 마법의 열쇠 세 개를 찾아 빨간 사자와 무지개 날개를 가진 새를 물리쳐야만 구할 수 있다고 한다. 제난의 이야기를 들으며 두 소년은 서로 먼저 요정 진을 구하겠다고 맹세한다. 그러나 이민족인 제난 모자와 가까이 지내는 아들을 못마땅해하던 아주르의 아버지는 결국 아주르를 시내의 기숙학교로 보내고, 제난과 아스마르를 자신의 성에서 쫓아낸다.

훌륭한 교육을 받아 멋진 청년이 된 아주르의 머릿속엔 그러나 여전히 요정 진을 구해서 결혼해야겠다는 생각뿐이었고, 아버지에게 겨우 허락을 얻어 어릴 적 유모가 들려준 요정의 나라를 찾아 바다를 건넌다. 하지만 여행길에 오르자마자 폭풍우에 배가 난파되면서 아주르는 낯선 해안으로 밀려오게 되는데 그곳 사람들은 아주르의 천사 같은 푸른 눈을 "저주받은 눈"이라 욕하면서 쫓아내려고 한다. 아주르는 결국 자신의 푸른 눈을 감추기 위해 장님 행세를 하며 구걸을 시작한다. 아주르는 낯선 도시에서 성공한 상인이 되어 있는 제난과 재회하고 아스마르와 함께 요정 진을 찾아 모험을 떠난다.

요정과 마법의 열쇠, 비밀의 문, 현자, 공주, 노예사냥꾼, 사막, 궁전, 전설 속 괴물 …. 어린 시절 들었던 동화 속에나 나올 법한 이 이야기를 통해 작가는 무슨 이야기를 하고 싶었던 것일까? 작가는 이 작품을 통해 '올바른 이념과 용기를 가진 영웅의 이야기'를 비틀고자 하는 것처럼 보인다. 올바른 이념과 용기를 가진 영웅은 늘 '서구 백인 남성'이라는 틀을 벗어날 수 없는 것처럼 보이기 때문이다. 영웅이란 늘 선(善)을 행하는 자이고, 선이란 그것을 악(惡)과 구별해내는 기준을 필요로 한다. 우리가 이미 살펴보았던 것처럼 서구에서 선이란 그들의 기준을 통해 판별된 것, 즉 그들의 주체(서구 백인 남성)가 가진 관념에 비추어 판단된 결과물에 지나지 않는 것이다. 이러한 선을 행하는 서구의 영웅들은 이미 많은 애니메이션을 통해 소개되었고, 전 세계의 어린이들에게 하나의 모델이 되었다. 그러나 〈아주르와 아스마르〉는 우리에게 하나의 환상 이야기만 보여줄 뿐 어떠한 영웅 이미지도 제시하지 않는다. 정작 작가가 하고 싶은 이야기는 따로 있는 것 같다.

① 눈을 감다 – 감각의 새로운 발견

서구의 주체 논의를 정립하는 데 단초를 제공한 데카르트는 바른 앎을 얻음에 있어 감각은 도움이 되지 않을 뿐 아니라 믿을 수 없는 것이라 규정했다. 물론 데카르트는 모든 인식이 대상을 감각하는 것으로부터 시작된다는 점은 인정하지만, 감각만으로 바른 앎을 얻을 수는 없다고 말한다. 감각이 대상에 대한 바른 관념을 갖는 것을 방해할 수 있기 때문이었다. 데카르트는 르네상스 이후 교회의 권위가 무너지면서 회의적인 분위기가 사회 전역에 퍼져가던 17세기 프랑스의 철학자이다. 이처럼 혼란스러운 시대적 분위기 속에서 데카르트는 누구도 의심할 수 없는 절대적이고 확고한 진리를 바탕으로 하는 철학의 필요성을 느꼈을 것이고, 그 결과 보편 지식으로서의 학문을 추구하게 되었으리라는 점은 의심의 여지가 없다. 이러한 목적을 위해 데카르트는 기존의 모든 것을 의심하는 방법적 회의를 통하여 그 누구도 의심할 수 없는 절대적 진리를 규명하려 했다. 이런 입장에서 보자면, 시각, 후각, 미각, 청각, 촉각으로 이루어진 이 다섯 가지의 감각을 통해 우리가 얻는 감각 지식은 늘 의심의 대상이 된다. 대상을 감각하는 것만으로는 대상의 본질이나 본성에 대한 관념을 제대로 얻을 수 없기 때문이다. 그나마 시각이 다른 네 개의 감각들에 비해 덜 기만적이라고 여겨져서 감각들 사이에서 특권적 위치를 점해왔을 뿐이다.

그런데 오슬로는 〈아주르와 아스마르〉에서 감각에 대한 서구의 전통적인 이해방식을 교묘히 비틀고 있다. 아주르는 배가 난파되어 흘러들게 된 해안가 마을에서 자신의 파란 눈이 "저주받은 눈"으로 여겨진다는 데에 당황하여 스스로 눈을 감고 장님 행세를 하기로 결정한다. 그런데 아주르의 시각이 자신의 역할을 하지 못하게 되자 다른 감각들이 활성화되는 놀라운 일이 일어난다. 그리하여 지금껏 비하되었던 촉각, 후각, 청각 등이 아주르를 진실(촉각-따뜻한 열쇠의 발견, 후각-향기 나는 열쇠의 발견, 청각-제난과의 재회)로 이끈다. 서구의 합리주의 전통에 따르면, 이성을 사용하지 않고, 게다가 시각마저 포기한 채 진실을 찾아 나선다는 것은 만용에 가깝다. 그러나 전형적인 서구 백인 남성 주체인 아주르는 역설적으로 이성을 중심으로 하는 합리주의적 전통을 과감히 포기한 채 감각에 의지하여 진실에 다다르게 되는 것이다.

② 관습에 따르지 않기

서구의 전통적 사유방식을 탈피하여 진실을 마주하게 되는 보다 극적인 장면은 요정 진을 만나게 되는 장면이다. 마지막 관문인 쌍둥이 문 앞에서 선택을 고민하던 아주르는 습관처럼 오른쪽 문을 택하려 한다. 그가 친숙한 문화권에서는 언제나 왼쪽이 아니라 오른쪽이 옳음을 뜻하는 것으로 여겨졌기 때문이다. 그러나 아주르는 아스마르의 조언을 받아들여 왼쪽 문을 택하고, 결국 그토록 간절히 원하던 요정 진을 마주하게 된다. 요컨대,

금발에 푸른 눈을 가진 고귀한 신분의 아주르, 다시 말해 전형적인 서구 백인 주체는 작품 속에서 오로지 감각에만 의지해서 진실을 마주할 수 있게 되었던 것이다. 이것이 바로 작가가 의도했던 지점이라 할 수 있다.

오슬로는 이성에 의해 폄하되었던 감각을 복권시키는 한편, 이성을 중시하는 합리주의 또한 하나의 담론(discours)일 뿐이었음을 보여주고자 했던 것이다. 주류담론(이 경우는 합리주의)에 의해 배제되었던 비주류담론(감각을 중시하는 입장)은 중심이 옮겨가면 언제든지 담론의 층위로 뛰어올라 자신의 의견을 의미 있는 것으로 만들게 된다. 실제로 우리는 이 작품을 보면서 이러한 전개가 난센스라거나 감각론에 입각한 말도 안 되는 이야기라고 분개해하지 않는다. 그저 재미있는 이야기 또는 발상의 전환이라며 즐거워할 뿐이다.

그런데 아주르와 아스마르의 꿈이자 목적인 요정 진의 입장에서 보면 이야기는 조금 다르게 이해될 수 있다. 모든 동화 속 여주인공처럼 진은 정말 마법에 걸린 채 백마 탄 왕자님의 구원을 기다릴 수밖에 없었을까?

(2) 남성/여성의 이원론을 넘어서 : 페미니즘의 입장에서

오슬로는 초기작 〈프린스 앤 프린세스〉를 통해 이미 전통적인 성역할에 대해 비판적 태도를 보인 바 있다. 여섯 개의 에피소드로 이루어진 〈프린스 앤 프린세스〉의 마지막 에피소드인 '왕자와 공주'는 동화 '개구리 왕자'에서 모티브를 따온 작품이다. 이 에피소드에서 결혼을 약속한 왕자와 공주는 키스로 사랑을 확인하려 하지만, 키스를 할 때마다 개구리, 나비, 코뿔소, 코끼리, 애벌레, 사마귀, 거북이, 벼룩, 기린, 고래, 황소 등 각종 동물로 모습이 바뀌며 서로 당황해한다. 두 사람은 원래 모습으로 돌아올 때까지 키스를 반복하려 하지만 왕자는 공주가 되고 공주는 왕자의 모습으로 바뀐 채 키스를 그만두게 된다. 동물이 아닌 인간의 모습으로 돌아왔다는 사실에 안도한 두 사람은 이 모습으로 궁궐로 돌아갈 수 있겠다고 말하지만, 이 이야기는 여자의 모습으로는 살 수 없다고 탄식하는 왕자의 모습으로 끝맺고 있다. 여자로 산다는 것, 즉 여성에게 부과된 전형적 이미지로서의 '여성성'(féminineté)을 내재화하고 그것을 실천하는 일이 얼마나 힘든 것인지를 함축하는 한 마디가 바로 왕자의 탄식인 것이다. 이에 대해 공주는 "왜 못해요? 나도 하는데…"라며 왕자의 걱정을 일축하는데, 바로 이 점이 오슬로가 관객에게 전달하고자 하는 메시지일 것이다.

이 에피소드는 왕자와 공주의 역할 바꾸기로 마무리되면서 그들이 원래의 모습으로 되돌아갈 것이라는 관객의 예상을 완전히 뒤엎어버리는데, 이러한 반전은 불쾌감보다는 유쾌한 반성을 불러일으킨다. 여성에 대한 작가의 이러한 입장은 〈아주르와 아스마르〉에서 보다 구체적인 인물들을 통해 전개되고 있다. 이러한 점을 세 명의 등장인물들을 통해 살펴보자.

① 제난

아주르의 집에서 유모로 일했던 제난은 아주르의 아버지에게 쫓겨난 후 고향인 북아프리카로 돌아와 상업으로 커다란 성공을 얻는다. 그녀는 자신이 거상이 될 수 있었던 까닭을 다음과 같이 설명한다. "나는 두 개의 언어, 두 개의 문화, 그리고 두 개의 종교를 경험하였으므로 다른 이들보다 두 배를 알아." 이상과 같은 제난의 대사로 유추해볼 수 있는 것은 상이한 두 문화를 있는 그대로 받아들인 그녀에게 일방적인 기준이란 존재할 리 없으며, 따라서 편협한 시각이나 편견으로 인한 실패도 있을 수 없다는 사실이다. 지혜와 현명함을 갖춘 제난에게는 언제나 분쟁보다는 조화로운 해결책이 우선시 되었을 것이고, 그 결과 그녀는 엄청난 부를 축적할 수 있게 되었을 것이다. 실제로 제난은 극중에서 자신을 찾아온 푸른 눈의 아주르를 반가이 맞이하며, 푸른 눈에 대한 미신으로 불편해하는 하인이 있다면 당장 내쫓을 것이라 엄포를 놓는다. 뿐만 아니라 장님 행세를 하던 아주르를 도시까지 안내했던 협잡꾼 크라푸의 푸른 눈에 대해서도 개의치 않는 모습을 보인다.

전통적인 입장에서 보면, 현명함이나 지혜, 강인함은 언제나 남성의 덕목으로 여겨져왔다. 나아가 이를 바탕으로 한 사회적인 성공이나 영향력의 행사 또한 남성의 전유물로만 생각되었고, 많은 애니메이션들이 이러한 시각을 여과 없이 담아내었다. 그리하여 작품들 속 많은 여성 인물들은 남성 주인공을 보조하는 역할로 축소되거나 또는 여성성을 한없이 강조하여 '남성적인 시선'(male gaze)에 주어진 하나의 볼거리로 다루어졌다. 이와 비교해볼 때 제난이라는 인물은 기존의 남성 인물들에 국한되었던 특권적 역할을 담당하는 특이한 인물로 다루어져야 할 것이다.

② 샴수 사바 공주

극중에서 왕족 가운데 유일한 생존자라 설명되는 샴수 사바 공주는 '아름답고 현명한' 공주로 묘사된다. 모든 공주가 그러하듯이 샴수 사바 공주 또한 매우 아름다운 여성으로 설명된다. 그런데 샴수 사바는 현명하기까지 하다. 학문이 매우 발달했던 중세 이슬람 문화에서는 여유가 있는 집안의 여성 또한 교육의 대상이 되었다고 하니 최상류층의 일원인 샴수 사바 공주가 태어나면서부터 훌륭한 선생님들로부터 여러 나라의 학문과 여러 언어를 배우고 익혔다는 것은 단순한 상상의 산물만은 아닌 듯하다. 그러나 이러한 묘사가 우리에게 불러일으키는 공주에 대한 환상은 공주의 등장과 함께 무너지는데, 이때의 느낌은 실망감이나 분노가 아니라 실소이

샴수 사바 공주와 아주르

다. '아름답고 현명한' 샴수 사바 공주는 어린 여자아이였던 것이다.

우리는 왜 공주라고 하면 자연스럽게 성인형의 아름다운 여성의 이미지를 떠올리게 되는 것일까? 이에 대한 설명으로 우리는 가부장제와 가부장제가 규정했던 규범으로서의 성역할[5]에 대해 살펴볼 필요가 있을 것 같다.

---

5   초기 페미니스트들은 모두 가부장제 이데올로기가 여성과 남성에게 전통적인 성역할을 부여하고 지속시키는 방법을 분석하고 비판하려 했다. 그들의 입장을 다음과 같이 간단히 정리해볼 수 있다. ① 여성들은 가부장제에 의해 경제적·정치적·사회적·심리적으로 억압받는다. 가부장제 이데올로기는 그러한 억압을 지속시키는 주요 수단이다. ② 가부장제가 지배하는 영역에서 여성은 타자(other)다. 여성은 남성적 규범 및 가치와의 차이를 통해서만 규정되는데, 이때 남성적 규범과 가치는 남성에게는 속해 있는 것으로, 여성에게는 결핍되어 있는 것으로 정의된다. 타자로 규정된 여성은 주변부 내지는 물건으로 취급받게 된다. ③ 서구의 모든 문명에는 가부장적 이데올로기가 자리 잡고 있다. 고대 신화에 등장하는 무수히 많은 여성 괴물들, 이브를 죄와 죽음으로 해석하는 입장들, 여성을 비합리적 존재로 표상하는 서구 전통 철학, 교육·정치·법·비즈니스를 관장하는 제도가 의지하는 남근 로고스 중심적(phallogocentric) 사유 등이 이에 대한 예시이다. ④ 생물학이 성(sex)을 결정한

일반적으로 페미니즘이 비판의 대상으로 삼는 가부장제의 규범과 가치는 어떤 것일까? 가부장적인 것이란 쉽게 말해 전통적 성역할을 조장함으로써 남성에게 특권을 부여하는 문화라고 말할 수 있다. 전통적 성역할에 따르면, 남성은 합리적이며 강인하고 무엇인가를 보호하고 결정하는 존재인데 반해, 여성은 감정적·비합리적이고 연약하며 보호가 필요한 순종적인 존재이다. 이 같은 성역할은 오늘날까지도 남아 있는 불공평을 정당화하는 데 매우 효과적이었다. 이는 정치, 학계, 기업뿐 아니라 가족 안에서도 영향력을 발휘하여 의사결정권이나 지도력을 갖는 지위에 오를 기회를 여성에게 동등하게 부여하지 않거나, 동일한 업무를 수행함에도 여성에게는 남성보다 낮은 임금을 지급한다거나, 여성은 기술 분야에서 경력을 쌓는 것이 적합하지 않다고 여기는 등의 많은 형태로 나타난다.

오늘날에도 여전히 우리 사회에서 그 영향력을 잃지 않는 가부장제의 성역할에 의하면, 여성은 규범이 정해놓은 성역할을 수행하는 인물이고, 이는 곧 '감정적·비합리적이고 연약하며 보호가 필요한 순종적인 존재'로서의 여성을 의미한다. 이러한 여성의 전형이 바로 동화 속 공주 이미지이다. 이에 덧붙여 여성은 자손 번식을 위한 생식력을 갖춘 존재여야만 했으므로, 동화 속 공주님은 늘 온순하고 순종적이며 감정적인 성격을 가진 성인형 여성으로 보일 수밖에 없었던 것이다.

성인형의 아름다운 공주에 대한 우리의 기대를 저버린 샴수 사바 공주를 보면서 우리는 다시 한번 놀라게 되는데, 그것은 바로 공주의 태도 때

다면, 문화는 젠더(gender)를 결정한다. 대부분의 영어권 페미니스트들에게 젠더는 사람의 해부학적 신체가 아니라 사회적 차원에서 남성과 여성으로 길들여지는 행위를 의미한다.

문이다. 범상치 않은 문제해결능력과 용기를 보여주는 어린 공주는 삶과 권력에 대한 강한 의지를 보인다. 샴수 사바 공주는 어린 여자아이라는 이유로 적들이 자신에게 신경을 쓰지 않는 동안 스스로 강하게 자라 권력을 되찾고 정적들을 제거하겠다는 다짐과 함께 평생을 궁에 갇혀 지내야만 하는 공주들의 처우를 개선하겠다는 포부를 밝힌다. 작가는 매우 영리한 방식으로 전형적인 '공주 이미지'를 비튼다. 작품 속 공주는 남성 시선에 대한 대상(하나의 볼거리)으로 존재하는 아름다운 여성도, 자신을 구원해줄 왕자님을 기다리는 순종적이고 가련한 비극의 주인공도 아니다. 스스로의 힘으로 자신의 운명에 맞서 나아가고자 하는 의지를 가진 자율적인 여성 인물이 바로 샴수 사바 공주인 것이다.

③ 요정 진

요정 진은 마법에 걸려 깊은 산 속에 갇혀 있다. 누군가 진에게 걸려 있는 마법을 풀면 진을 구한 그 누군가는 세상에서 가장 아름다운 요정 진과 결혼할 수 있다. 이를 위해 수많은 남성들이 모험에 나섰지만 아쉽게도 다들 실패하고 죽음을 맞이하였다. 그럼에도 불구하고 용감한 주인공인 아주르와 아스마르는 진을 구하기 위한 모험을 떠난다. 이러한 이야기는 동화에서 가장 쉽게 접할 수 있는 스토리라인이다. 앞서 살펴본 것처럼, 가부장제가 규범화한 여성 이미지는 동화 속에 녹아들어 많은 어린 소녀들을 꿈꾸게 했다. "내가 위험에 처했을 때 나를 구해줄 백마 탄 왕자님! 왕자님께 구원을 받기 위해 나는 아름답고 순종적인 여성으로 자라야 해." 이러한 스토리라인을 가진 가장 일반적인 사례로 마법에 걸린 채 어딘가에 갇혀서 구출을 간절히 기다리는 공주 이야기를 들 수 있다. 높은 탑에 갇혀 평생 구원의 손길을 기다리는 라푼젤이야말로 전형적인 동화 속 공주의 모습이다. 백설공주는 어떠한가? 마녀의 마법에 의해 독 사과를 베어 물고 죽음의 문턱에 선 그녀는 자신의 힘으로는 삶의 세계로 되돌아올 수 없다. 누군가의 도움이 필요한 것이다. 잠자는 숲 속의 미녀에 등장하는 공주님도 마찬가지이다. 공주가 100년 동안의 잠에서 깨어나기 위해서는 누군가의 구원의 손길이 필요하다. 그런데 동화 속에서 그 누군가는 언제나 백마를 탄 왕자님이다. 지나가던 노인이나 산적, 비렁뱅이가 공주를 구해서는 안 되는 것일까? 바로 여기에서 다시 한번 가부장제가 미리 결정해둔 성역할의 이데올로기가 작동한다.

가부장적 성역할은 사실 남성과 여성 모두에게 악영향을 미친다. 그런 대표적인 사례가 바로 신데렐라 이야기이다. 신데렐라 이미지는 소녀들에게 가정 학대를 견디고 자신을 구출해줄 남성을 묵묵히 기다리게 하는데, 이 이야기는 왕자님과의 결혼과 영원한 행복으로 끝을 맺는다. 신데렐라의 내러티브는 결혼이야말로 올바른 행실에 뒤따르는 가장 바람직한 보상이라 여기도록 어린 소녀들을 독려함으로써 그들에게 여성성을 순종과 일치시키게끔 하는 역할을 한다. "그 후로 신데렐라와 왕자님은 영원토록 행복했답니다"라는 상황을 책임져야 하는 부유한 구원자로서의 남성에게 요구되는 근사한 왕자님의 역할 또한 남성에게 해롭기는 마찬가지이다. 이러한 구원자로서의 남성의 역할은 지칠 줄 모르는 특급 부양자여야 한다는 믿음을 소년들에게 조장하기 때문이다. 이처럼 여성과 남성을 이분법으로 구분하여 각각에 알맞은 이미지를 제공하고 유년기부터 우리를 전형적 남성/여성의 이미지에 노출시켜 길들이는 가부장제 이데올로기가 곳곳에 만연해 있으며, 우리는 우리도 모르는 사이에 이러한 이미지들에 길들여져 왔다는 것을 일깨워주는 것이 바로 페미니즘적 독해의 사례들이다.

그렇다면 이 작품 속에서 진은 어떠한가? 진은 아주르와 아스마르에게 매우 의미심장한 말을 한다. 진을 구하기 위한 마지막 관문인 쌍둥이 문은 둘 다 모두 같은 방으로 이어져 있지만, 구원자가 진의 마음에 들지 않을 경우 진은 그의 구원을 청하는 대신 그가 죽음에 이르도록 내버려두었다는 것이다. '어둠의 동굴'과 '빛의 방'은 동일한 방의 다른 이름이었을 뿐, 그 방에 차이를 부과하는 것은 불을 켜거나 켜지 않거나를 선택하는 진의 의지였다. 아주르와 아스마르가 빛의 방에서 진을 구할 수 있었던 것은 실제로는 진의 의지이자 진의 선택의 결과였을 뿐이다. 여성이 자신의 의지로 자신의 배우자를 선택하는 것. 여성의 성적 자기결정권의 문제가 진이라는 인물을 통해 제기되고 있다.

이상에서 살펴본 바와 같이, 제난, 샴수 사바 공주, 요정 진 모두는 가부장제가 규정해놓은 전형적인 여성 이미지, 즉 주체의 주변부에 위치한 타자로서 여성 이미지를 넘어선 인물들이라 말할 수 있을 것이다. 이들은 감정적이지도 비합리이지도 않으며, 순종적이고 소극적인 여성 이미지와는 거리가 멀다. 이처럼 남성/여성을 이분법적으로 구분하여 규범적인 남성성과 여성성으로 인간을 길들이려는 전통적인 시각에 대해 비판적 시각을 보여주었던 오슬로는 나아가 문화라는 영역에서도 주체/대상의 이분법을 무너뜨리려 한다.

2) 형식적 특징

(1) 서구/비서구의 이원론을 넘어서 : 탈문화제국주의의 입장에서

〈아주르와 아스마르〉는 이야기의 전개를 따라 공간적 배경이 바뀐다. 아주르와 아스마르가 함께 유년기를 보내던 프랑스의 어느 성으로부터, 이후 청년이 된 아주르가 진을 찾아 길을 떠난 뒤 난파하여 흘러든 마그레브의 어느 해안을 거쳐 아주르가 제난 모자를 다시 만나게 되는 마그레브의 어느 도시가 주된 배경을 이룬다. 물론 진을 구하는 여정에 등장하는 공간적 배경 또한 작품에서 중요한 요소가 될 수 있을 테지만, 서구와 비서구를 바라보는 시각을 분석해보려는 필자의 의도에 따라 여기서는 작품에 나타나는 현실 공간만을 분석의 대상으로 삼고자 한다.

우선 아주르와 아스마르가 유년기를 보내는 프랑스의 성은 파스텔 톤 위주의 자연이 두드러진다. 회색의 모노톤이 주조를 이루는 실내의 분위기는 간혹 나무색의 가구들과 어우러져 밋밋한 느낌을 주다가 가끔 붉은색의 휘장 등으로 포인트를 줄 뿐이다. 유년기를 지나 성장(盛裝)을 한 아주르의 옷도 흰색이다. 그러나 척박해 보이는 마그레브의 해안을 거쳐 도시로 가는 길은 그야말로 환상 그 자체이다. 도중에 만난 크라푸의 안내로 도시로 향하는 길은 야자나무 숲을 거치면서 원색들이 향연을 펼치는 색채의 공간으로 변해간다. 주된 배경을 이루던 무채색의 색조는 시장에 이르러 붉은색과 노란색의 따뜻한 색채들로 훨씬 따뜻하고 생기 있는 느낌을 준다. 작가는 시장 장면에서 당시 마그레브 인들의 삶을 매우 현실적인 방식으로 보여주고 있다. 색색으로 염색된 양모와 방직술, 정교한 세공을 자랑하는 은식기, 향신료 등은 당시 마그레브인들의 삶의 수준을 여과 없이 담아내고 있다. 재회하게 된 제난의 저택은 프랑스에 있는 아주르의 집과 좋은 대조를 이룬다. 기하학적 형태의 문양을 가진 타일로 장식된 저택의 내부와 수로와 분수를 갖춘 내정(內庭)은 모두 실제 마그레브의 저택의 모습을 구현한 것이다.

아주르가 해안가에서 제난의 저택에 이르는 도중에 듣게 되는 음악과 악기, 아주르가 제난의 집에서 먹게 되는 음식, 의상과 가재도구 또한 모두 중세 이슬람의 문화를 반영한다. 오슬로는 작품을 위해 당시 마그레브 지역의 역사와 문화뿐 아니라 건축과 음악에 이르기까지 철저한 조사와 연구를 했다고 한다. 애니메이션은 실제로 시청각매체를 활용하는 까닭에 공간적 배경, 색채, 음악, 음향효과 등이 관람자에게 즉각적인 효과를 주게 되기 때문이다. 특히 오슬로처럼 산업화되지 않은 방식으로 작업하는 작가에게 작품에서의 시청각 요소는 모두 감독에게 맡겨진다. 생각해보면, 작가가 철저한 조사와 고증을 통해 이미지와 음악을 구성해낸다는 것은 단순히 정확한 재현을 위한 것만은 아닌 것 같다. 의미작용을 하는 모든 예술 작품은 작가가 하고 싶은 이야기, 즉 작가의 의도를 갖는다. 물론 오슬로의 경우 작가가 일방적으로 의미를 완결시키기보다는 관람자가 스스로 의미를 완성하도록 많은 여지를 남겨두긴 하지만, 그럼에도 의미를 향해 나아가기 위한 계기들은 작품 속에 마련되어 있다. 그리고 그 계기들은 어떤 방식으로든 이데올로기와 관계를 맺고 있다.

〈아주르와 아스마르〉는 일반적으로 문화상대주의의 차원에서 다루어져왔다. 하지만 필자는 문화상대주의라는 이론적 입장으로 오슬로의 의도를 잘 파악할 수 있으리라는 점에 대해 의문을 갖는다. 문화상대주의는 상대주의가 갖는 원천적인 오류들 즉, 문화에 대한 전체적인 통일성을 가정한다는 점, 문화에 본질이 있을 것이라는 본질주의의 가정, 자기논박성 및 문화권 내 메타 비판의 존재를 인정하지 않는 점 등의 문제를 피할 수 없기 때문이다. 자기중심적인 시각에서 벗어나 타자의 시선으로 자신을 볼 때 우리는 비로소 자신의 본모습을 마주하고 진정한 반성을 하게 되며, 이를 바탕으로 타자를 향한 소통과 타자에 대한 이해가 시작된다. 작품 속에서는 크라푸라고 하는 독특한 인물이 전형적인 서구인의 시선으로 아랍 문화를 대하고 있는데, 우리는 역설적으로 크라푸의 태도를 통해 우리가 어떤 존재인지에 대해 깨닫기 시작하고 자신의 본모습을 마주하게 된다.

20여 년 전 요정 진을 찾아 프랑스에서 건너온 크라푸는 요정 진을 찾는 데 실패하고 그곳에 정착한다. 그러나 푸른 눈을 가진 그는 자신의 '저주받은' 눈을 가리기 위해 20여 년 간 색안경을 쓰고 특정한 직업이나 거처 없이 동냥에 의지해서 살아왔다. 아주르를 만난 크라푸는 이슬람 문화에 대해 설명하면서 투덜거리지만 내심 그동안 그곳에서 사람들의 도움으로 큰 어려움 없이 삶을 영위할 수 있었음에 감사하고 있다. 하지만 필자가 보기에 눈여겨보아야 할 점은 크라푸의 투덜거림이다. 아주르를 도시로 안내하면서 크라푸는 이슬람 문명에 대한 설명을 해준다. 그러나 언제나 자문화중심적인 입장(크라푸에게는 모국인 프랑스의 문화에서 보는 입장)에서 비아냥거린다. 예를 들면, 야자수 숲에 대한 설명을 한 다음, "이 나라에는 소나무도 없어"라고 딴죽을 건다거나, 가젤을 설명하면서 토끼가 없다고 불평을 하거나, 원색이 찬란한 풍경을 보면서 회색이 없다고 툴툴대고 지천에 널린 엄청난 종류의 향신료를 설명하다가 머스터드가 없다고 구시렁대는 등. 이러한 크라푸의 태도를 보면서 우리는 서구라는 좁은 틀로 세상을 가늠하는 것이 얼마나 바보 같은 일인지를 깨닫게 된다. 분명 마그레브인들의 도움을 받으며 평안한 삶을 유지하는 가운데도 크라푸는 자문화중심주의의 틀에 갇혀 그들의 문명을 있는 그대로 받아들이거나 그 문명의 가치를 제대로 평가할 수 없었던 것이다. 주체/타자라는 이분법을 근간으로 서구/비서구를 구분하고자 하는 서구인들의 문화적 태도를 작가는 크라푸라는 인물을 통해 보여주고 있는 것이다.

우리는 늘 제3의 인물을 통해 자신의 모습을 마주함으로써 우리 자신의 모습이 어떤 것이었는지를 알게 된다. 이는 비단 서구인들의 문제만이 아니다. 경제적으로 우리보다 낙후된 국가의 문화에 대해 우리는 어떤 태도를 취하고 있을까? 우리의 태도는 크라푸의 그것과 얼마나 다른 것일까? 오슬로의 문제의식이 보편적으로 다가오는 것은 그가 겨냥하고 있는 것이 누구나 갖고 있는 자문화중심주의이기 때문일 것이다. 이에 대한 진정한 반성이 있을 때 우리는 비로소 타자의 문화를 우리의 문화와 동등한 것으로 바라볼 수 있고, 그것을 있는 그대로 인정할 수 있게 될 것이다. 제난이 서구 문화와 아랍 문화 양자에 대해 동등한 입장을 취하는 것처럼.

(2) 주류/비주류의 이원론을 넘어서 : 3D와 실루엣 애니메이션의 만남

오슬로 작업의 형식적인 특징을 살펴보면서 언급한 것과 같이 〈아주르와 아스마르〉는 실루엣 애니메이션을 바탕으로 3D 기법을 받아들이는 독특한 형식적 구성을 따르고 있다. 반대쪽에서 빛을 투과시켜 역광을 이용하여 실루엣을 얻는 실루엣 애니메이션은 단색의 캐릭터와 실루엣, 그리고 2차원적 배경을 이용하기 때문에 공간 표현이나 캐릭터의 움직임, 다양한 색채의 표현에 한계가 있다. 그러나 오슬로는 3차원의 디지털 기법을 접목함으로써 형식의 차원에서도 새로운 지평을 열어 보인다. 한편으로는 3D 기법인 클로즈업을 실루엣 애니메이션에 적용함으로써 실루엣 애니메이션의 한계라 여겨졌던 정적인 성격을 다른 차원으로 이끌었다. 다른 한편으로는 화려한 색채를 덧입혀 회화적인 이미지의 공간을 구성해냄으로써 밋밋하던 실루엣 애니메이션의 단점을 극복하는 동시에 환상세계를 구체적으로 구현해냈다.

① 클로즈업을 통한 정적인 이미지의 활용

〈아주르와 아스마르〉에서는 눈에 띄는 두 번의 클로즈업이 있는데, 그것은

바로 아주르가 스스로의 의지로 눈을 감고 뜨는 장면이다. 아주르는 푸른 눈을 가진 자신에게 호의적이지 않은 세계를 더 이상 보지 않기 위해, 그리고 그 세계의 사람들이 자신의 푸른 눈을 보도록 하지 않기 위해 스스로 눈을 감고 장님 행세를 한다. 시각을 포기하는 선언처럼 보이는 이 장면은 "이제부터 나는 장님이야"라는 대사와 함께 아주르의 얼굴을 클로즈업하는 것으로 이루어진다. 다음으로 제난을 만나게 된 아주르가 자신을 믿어주지 않는 제난에게 자신의 푸른 눈을 보여주며 "나는 장님이 아니에요"라고 말하며 어린 시절의 노래를 부르는 장면 또한 아주르의 얼굴을 클로즈업함으로써 시각이 아닌 청각만으로 꿈에도 그리던 제난을 찾아내는 데 성공한 아주르의 영웅적 모습을 보여준다. 오로지 얼굴만을 보게 됨으로써 관람자는 아주르의 심적 상태와 그의 의지에 보다 집중할 수 있게 되는데, 이는 인물의 전체 모습이나 대사를 내뱉는 행위 등을 강조하는 기존의 입장, 즉 인물의 움직임을 사실적으로 표현하여 의미를 전달하려는 제작방식과는 확연히 구분된다. 오슬로는 기존의 실루엣 애니메이션의 특징인 이차원성에 클로즈업이라는 3차원의 기법을 적용함으로써 일방적인 의미작용의 방식을 넘어서고자 하는 듯 보인다. 클로즈업을 활용한 정적인 이미지는 관객이 자발적으로 의미작용에 참여하는 계기로 작용하고 있는 것이다. 이는 아주르가 샴수 사바 공주와 함께 몰래 도시의 밤풍경을 감상하는 장면에도 그대로 적용된다.

　태어나서 한 번도 궁 밖에 나가본 적 없는 공주의 부탁으로 몰래 공주의 밤 외출을 도와주게 된 아주르가 커다란 나무 위에서 공주와 함께 도시의 밤 풍경을 보게 된다. 밤을 나타내는 짙푸른 색을 배경으로 검은 실루엣만 비춰지는 나무 위에 올라앉은 아주르와 공주. 주위를 날아다니는 반딧불이들에 의해 한층 더 신비로운 분위기를 갖게 된 나무 위에서 아주

나무 위의 공주와 아주르

르와 공주는 도시의 밤풍경을 바라본다. 현실에 신비롭고 환상적인 분위기를 덧입힌 것 같은 이 장면은 아마도 이 작품 전체를 통틀어 가장 아름답고 시적인 장면이 아닌가 생각된다.

밤늦도록 불이 켜진 도서관, 여러 종교 사원들의 평화로운 공존, 그리고 가난하고 아픈 사람들을 돌봐주는 기관들…. 이상적인 국가의 모습이 그려진 이 장면은 미동도 없는 나무 위에서 도시를 내려다보는 공주의 설명을 통해 구체화되는데, 이 설명은 아주르뿐 아니라 관객 모두를 위한 것으로 보인다. 실루엣 애니메이션의 특징인 정적인 이미지로 구성된 이 신비로운 정경에 작가는 3차원 공간을 훑는 듯한 기법을 활용하여 현실감을 더하고 있다.

② 화려한 색채를 통한 환상세계의 묘사

극중 환상세계는 진을 구하기 위한 원정길과 함께 그 모습을 드러낸다. 진을 구하기 위한 여정에는 시무르그(saimourh) 새와 붉은 사자가 무시무시한 장애물로 나타나는데, 무지갯빛 깃털을 가진 시무르그 새나 붉은 사자를 표현하기 위해 작가는 화려한 색채를 동원한다. 아스마르가 시무르그 새의 깃털을 이용하여 시무르그를 타고 날아가는 모습은 아름답고 강렬한 원색의 색채들이 만들어내는 또 하나의 아름다운 장면을 구현한다. 길을 막아선 붉은 사자의 모습 또한 그야말로 환상적이다. 짙은 푸른빛의 발톱에 불타오르는 듯한 붉은 털을 가진 사자의 움직임은 하늘을 나는 시무르그의 움직임만큼이나 자연스러워서 관람객들은 마치 실제로 환상공간에 빠져든 것 같은 느낌을 갖게 된다. 화려한 색채와 3D의 적극적인 활용은 관람자의 상상력을 극대화하여 상대적으로 밋밋해 보이는 인물들이 정녕 환상 공간 속에 있다고 믿게끔 한다.

그런데 여기서 간과하지 말아야 할 점이 있다. 야수와 대화를 할 수 있게 해주는 사탕을 먹은 아주르가 붉은 사자와 대화를 하는 장면이 바로 그것이다. 일반적으로 영상물에서 극중 인물이 인간이 아닌 대상과 대화를 할 때, 그 대화는 인간의 언어로 진행된다. 아마도 인간인 관객을 염두에 둔 전개방식일 것이다. 하지만 아주르가 붉은 사자와 나누는 대화는 사자의 언어로 이루어진다. 이에 대한 설명을 제공하는 자막도 없다. 관객에게 미루어 짐작하라는 식이다. 인간을 중심으로 하는 주체(인간)/타자(동물)의 이분법이 허물어지는 순간이다.

지금까지 우리는 이원론이 작동하는 여러 층위에서 이원론을 넘어서기 위해 오슬로가 시도했던 내용적·형식적 특징들에 대해 살펴보았다. 이상과 같은 분석을 통해 우리는 어떤 이야기를 끌어낼 수 있을까? 작가가 하고자 했던 이야기는 무엇일까? 마지막으로 적극적인 관람자의 입장에서 그의 의도를 재구성해보는 일만 남은 것 같다.

3. 오슬로가 제시하는 화합

이상의 분석을 통해 필자는 오슬로의 작업이 중심과 주변부라는 이원론의 핵심 원리를 넘어서기 위한 반성을 우리에게 촉구하려는 의도를 가진 것이라는 사실을 알게 되었다. 그런데 마지막에 이르러 또 다른 의문을 갖게 된다. 오슬로는 단순히 비판이나 반성만을 이야기하고자 한 것일까? 필자가 보기에 오슬로는 작품들을 통해 은근한 방식으로 해법을 제시하고 있는 것 같다.

오슬로는 자신이 유년기를 보낸 아프리카를 떠나 프랑스로 돌아와 성장하며 느꼈던 이질적인 두 문화의 차이에서 비롯한 혼란과 그러한 혼란이 빚어내는 문화적 불일치의 경험을 그의 작품들 속에 담아내왔다. 특히 2001년 미국 뉴욕의 세계무역센터 테러 이래로 가장 논란이 되고 있는 그리스도교 문화권과 이슬람 문화권 사이의 갈등을 은근히 담아내고 있는 〈아주르와 아스마르〉는 대립과 분쟁 속에서도 화합의 가능성이 있음을 암시하고 있다. 작가가 제시하는 실마리는 명시적으로는 아주르와 아스마르가 진과 진의 사촌인 엘프와 하게 되는 결혼 속에서 찾아볼 수 있다.

요정 진은 자신을 구하러 온 아주르와 아스마르가 마음에 들어 방에 불을 밝히지만, 여전히 문제는 남아 있다. 아주르와 아스마르가 동시에 들어왔던 까닭에 둘 중 먼저 도착한 사람과 결혼을 해야 한다는 주술의 조건을 만족시킬 수 없었던 것이다. 제난과 샴수 사바 공주, 현자 야도아와 크라푸까지 동원했지만 해법을 찾을 수 없게 되자 진은 유럽에 있는 사촌 언니 엘프에게 도움을 청한다. 시간을 갖고 생각해보자는 엘프의 말에 다들 춤을 추며 서로에 대해 알아가던 차에 진은 아주르에게, 엘프는 아스마르에게 연정을 느끼게 되고, 그리하여 이슬람과 유럽 사이에 다문화 커플

이 생겨나게 된다. 극중의 인물들은 이러한 결정을 기뻐하며 "미래를 위한 해법"이라 말한다. 하지만 이러한 극적인 결말보다 더 중요한 지점, 또는 오슬로가 진정 하고 싶었던 이야기는 사실 극의 중반부에 나오는 것 같다.

예의 그 밤풍경 장면에서 샴수 사바 공주는 도시의 주요 기관들을 아주르에게 설명해주는데, 도서관과 병원 옆에 이슬람 사원, 유대교 사원, 그리스도교 사원이 함께 있는 모습이 보인다.[6] 공주는 당연한 듯 이야기를 하지만, 그 장면을 보는 관람자들의 대다수에게는 그 부분이 전혀 자연스럽게 느껴지지 않는다. 지금은 견원지간이 되어버린 이 종교들이 예전에는 평화롭게 함께할 수 있었다는 사실을 오슬로는 아름다운 영상을 통해 이야기하고 있다. 오슬로는 보여줄 뿐 아무런 이야기를 하지 않는다. 역시 오슬로에게 있어 작품의 의미를 완결 짓고, 그를 통해 반성하고 깨닫고 나아가는 것은 여전히 관람자의 몫이다.

---

6   실제로 이슬람 점령지였던 안달루시아는 이슬람교, 유대교, 그리스도교가 평화롭게 공존했던 지역이었다.

제13강

미야자키 하야오, 예술을 가장한 프로파간다?[1]

미야자키 하야오(宮崎駿)는 단순한 애니메이션 작가를 넘어서 이미 거장의 반열에 올라선 듯 보인다. 〈미래소년 코난〉(1978)으로 데뷔한 이래 그가 만들어낸 수많은 작품들이 오래 전부터 명작으로 분류되고[2] 그가 1985년 설립한 스튜디오 지브리는 명작 애니메이션의 산실로 여겨진다.[3] 그의 작품들이 전 세계인의 관심을 받고 찬사의 대상이 되었던 것은 그 나름의 이유가 있을 것이다. 일반적으로 그의 작업들은 전쟁에 대한 반대나 전쟁용 살상무기를 제작하는 데 도움을 주었던 인간문명에 대한 반대, 또는 반제국주의, 반전체주의 나아가 생태주의를 표방하는 것으로 이해되고 있기 때

---

[1] 이 글은 필자의 논문 「미야자키 하야오, 예술을 가장한 프로파간다? : 일본 선불교와의 비교를 통하여」, 『애니메이션 연구』 제12권 4호 (통권 제40호), 2016을 바탕으로 한 것이다.

[2] 실제로 〈바람계곡의 나우시카〉(1984)와 〈이웃집 토토로〉(1988)를 비롯하여 〈모노노케히메〉(1997), 〈센과 치히로의 행방불명〉(2001), 그리고 〈하울의 움직이는 성〉(2004)에 이르기까지 그의 애니메이션은 높은 작품성을 지닌 것으로 평가받고 있다.

[3] 아버지 미야자키 하야오가 일선에서 물러나고 그의 아들인 미야자키 고로(宮崎吾朗)가 계승한 후 스튜디오 지브리의 활동은 예전만 못한 것으로 평가받아왔으며, 최근 제작부문 해산결정을 선언한 바 있다.

문이다. 그런데 필자는 그의 작업들의 이면에서 보이는, 때로는 작품 속에서 두드러지는 일본 신화적 요소들과, 거의 모든 작품에서 나타나는 어린 시절 순수한 정신성으로의 회귀 같은 요소들이 앞에서 열거된 가치들과 어떤 관계에 있는지 늘 궁금했다. 이런 이유로 필자는 이러한 물음에 대한 답을 찾기 위해 일본 신화와 그들의 종교인 신도(神道) 및 미야자키 하야오와의 관계를 파헤치기 시작했다.

일본은 서세동점(西勢東漸)에 맞서 동아시아의 어떤 나라보다 발 빠르게 움직였고, 그 결과 동아시아 국가 중 가장 먼저 서구화되었다. 특히 19세기에 가공할 만한 군사력을 앞세워 개항을 요구하는 서구인들 앞에서 무너져버렸던 중국이나 한국과 비교해본다면, 메이지 유신으로 대표되는 일본의 대응은 매우 현실적인 성격을 갖는 것이었다. 이러한 상황에서 일본의 지식인들은 내적으로는 서구화된 교육을 통해 스스로를 현대화하는 한편, 외적으로는 자신들의 우월함을 알리기 위해 노력해왔다. 일본인들의 우월함은 그들의 정신성을 중심으로 만들어진 일종의 보편성으로 포장된 것이었으며, 그들은 이 보편적 정신성을 바탕으로 아시아의 맹주뿐 아니라 전 세계를 이끄는 일본의 이미지를 구체화했다. 그러나 태평양전쟁의 패전과 신성시되던 일본 천황의 항복 선언은 일본인들에게 적지 않은 충격을 주었으며, 이후 그들은 두 가지의 극단적 모습을 보이게 된다.

그들은 신속한 경제 복구를 통해 다시 한 번 세계무대의 중심이 되기 위해 노력하는 한편, 철저히 내면으로 침잠하는 은둔자의 모습을 보이기도 한다. 그러나 과학의 발전을 통해 경제적 주도권을 잡는다는 입장과, 내면으로의 침잠을 통해 만들어진 일본 고유의 환상세계를 문화에 접목시켜 세계에 널리 알리겠다는 이 두 모습은 모두 일본의 우월함을 내세우기 위한 일종의 이데올로기와 관련이 있는 듯하다. 1980년대 소니가 만든 전자

제품의 전 세계적 인기는 경제대국으로서의 일본의 면모를 확실하게 했고, 이후 그들의 과제는 일본 문화의 우월함을 알리는 쪽으로 방향을 틀었다. 자신만의 상상세계에서 불가능과 가능의 경계를 허물게 된 일본의 젊은이들은 고급문화뿐 아니라 대중문화에서도 자신만의 독특한 색깔을 드러내기 시작했다. 대중음악, 영화, 드라마 등 전 방위적인 일본 대중문화의 약진은 일본식 상상력의 총아로 보이는 만화(Manga, マンガ, 漫畵)[4]에서 꽃을 피우게 된다.[5] 그리고 성숙된 일본 만화의 역량은 애니메이션이라는 장르에서 일본 작가들의 눈부신 성장으로 이어졌다. 이에 필자는 일본인들이 사랑하는 만화와 애니메이션의 어떤 특성이 세계인의 마음을 사로잡았는지, 그리고 그러한 특성은 그들의 주장처럼 보편적인 것인지에 대한 물음을 갖게 되었다. 이와 같은 질문에 대한 답을 찾기 위해 필자는 미야자키 하야오의 작품을 관통하는 고유한 정서의 정체성과 그 의도를 밝히고자 한다.

---

4   '망가'라는 단어가 본격적으로 쓰이기 시작한 것은 메이지 시대부터라고 알려져 있으며, 현재의 코믹스, 카툰과 같은 의미로 사용한 것은 19세기 후반부터라고 알려져 있다. 역사적으로는 조수희화(鳥羽絵), 희화(戱画), 광화(狂画) 등이 그 원류라 알려져 있으나 『뽄치』라는 만화 잡지 이후 망가로 부르기 시작했다고 한다. 일본은 태평양 전쟁 이후 데즈카 오사무 비롯해 일군의 만화가들이 나오고 만화 잡지가 발간되면서 세계적인 만화대국이 되었다.

5   1990년 1월 『소년 점프』는 최대부수인 530만 부를 자랑했고 1989년의 만화잡지 발행본의 추정 발행 수는 19억 부에 달했으며 추정 매출액은 4,692억 엔 정도로 이는 출판계 전체의 각각 30%, 20%에 달했다.

1. 미야자키 하야오 애니메이션의 문화적 배경 : 신도와 일본 선불교

전 세계에서 고유명사로 사용되는 '망가'는 일본인들의 전폭적인 사랑에 힘입어 발전해왔다. 우리는 흔히 어린이나 청소년층이 만화를 즐겨본다고 생각하지만, 일본의 상황은 이와 다르다. 일본에서는 회사원들이 처세에 관한 책이나 경제 서적 대신에 만화를 즐겨 읽는다.[6] 각종 청소년잡지와 주간지를 읽으며 자란 일본의 기성세대는 대학 시절에 '한 손에는 만화잡지, 다른 한 손에는 마르크스'를 쥐고 지냈던 전공투[7] 세대로서 오늘날 사회 지도층으로 성장한 이후에도 여전히 만화책을 즐겨 보고 있다. 이러한 분위기에 힘입어 일본에서 인기 있는 만화들은 이내 애니메이션과 극장판 만화영화로 제작되며[8] 만화 주제가 또한 만화의 인기와 함께 각종 음원차트를 석권하기도 한다. 물론 지금은 만화를 보는 성인만큼이나 많은 이들

---

6   이에 대해 『신동아』 2001년 1월호 기사 "만화가 점령한 일본열도"는 다음과 같이 설명하고 있다. "도쿄 지하철은 승객들의 독서 열기로 유명하다. 그런데 실상 지하철 승객들이 보는 책은 70% 이상이 만화책이다. 실제로 도쿄 시내에서 지하철을 타면 멀쩡하게 신사복을 차려입은 회사원들이 만화책을 읽고 있는 광경을 매번 볼 수 있다."

7   전학공투회의(全学共闘会議)의 줄임말. 전공투(全共闘)는 1960년대 일본 학생운동 시기에 나타난 학생조직으로 특히 1968년에서 1969년에 걸쳐 각 대학에 결성된 주요 각파의 전학련이나 학생이 공동 투쟁한 조직을 일컫는다.

8   일본 내외적으로 재패니메이션의 시조로 불리는 사람은 데즈카 오사무(手塚治虫)이다. 패전의 아픔에 신음하던 일본 사회에 희망을 준 일본 애니메이션의 대부로 불리는 데즈카는 1963년 출판용 만화를 텔레비전으로 옮긴 〈우주소년 아톰〉을 선보이며 두각을 나타냈다. 〈우주소년 아톰〉에 이어 1965년 방송을 시작한 일본 최초의 컬러텔레비전 애니메이션 〈밀림의 왕자 레오〉 역시 큰 성공을 거두며 재패니메이션의 전성기를 열었다. 출판 만화를 텔레비전으로 옮기는 이러한 전통은 〈마징가 Z〉, 〈은하철도 999〉 등의 작품으로 이어졌다.

이 게임에 빠져 있는 것이 세계적인 추세이긴 하지만, 전 세계에 마니아층을 두텁게 형성하고 있는 일본 애니메이션에 대해 살펴보는 일이 의미 없는 작업은 아닐 것이다. 이미 만화와 함께 제9의 예술로 자리 잡은 애니메이션이 문화산업의 일부가 된 지 오래이기 때문이다. 산업화의 총아로 각종 테크놀로지의 산물이 되어버린 미국 애니메이션이나 작가주의를 표방하는 듯 보이는 프랑스의 애니메이션과 달리, 일본 애니메이션의 어떤 특성이 사람들을 빠져들게 하는 것일까? 우리는 일본 애니메이션을 왜 '재패니메이션'(Japanimation)이라는 별칭으로 부르는 것일까?

2000년대 중반 일본 애니메이션은 문화산업과 결부되면서 로리콘,[9] 소년동성애 등 소위 오타쿠 담론을 중심으로 재정비되었다. 완전히 성숙하지 않은 신체를 가진, 그야말로 미성년으로 보이는 소녀를 주인공으로 내세우지만 실제로는 소녀에 대한 성적 취향을 담아내고 있는 로리콘에 대한 논의는 주로 일본 애니메이션의 표현양식으로서의 스타일을 다루는 데 한정된다. 이와 달리 오타쿠 진영에서 일본 애니메이션의 내용을 다루는 담론은 주로 내셔널리즘적 입장을 보인다. 2차 대전에서의 패전과 미국이라는 높은 벽의 존재에서 기인하는, 현실문제에 대한 비틀린 인식을 허구세계를 통해 해소하려 하는 특징을 갖는 오타쿠 담론은 세계적으로 영향력을 행사하기 시작한 일본 대중문화의 약진과 더불어 힘을 얻게 되었다. 이러한 담론 속에서 일본 애니메이션은 점차 일본의 근현대사와 애니메이션을 결부시키려 하였고, 현실의 문제와 허구를 연결하는 데에 능숙하게 되었다.

실제로 일본 애니메이션에서는 윤회나 환생 같은 불교적 요소 이외에도

---

9   로리콘은 미성년 소녀에 대한 성적인 관심을 의미하는 롤리타 콤플렉스(lolita complex)의 일본식 줄임말이다.

초월적인 시공간의 설정이나 카오스의 상태가 많이 등장한다. 게다가 파편화된 신체의 이미지[10]라든지 사물과 사람, 또는 사람과 다른 생물이 하나가 되는 '융합'이라는 설정[11]이 나타나기도 한다. 일반의 상식으로 볼 때, 절단된 신체 이미지라거나 사람과 다른 생물의 융합이란 기괴하게 느껴지는 것이 당연할 것이다. 유독 일본 애니메이션에서 이러한 장면이 자주 등장하는 것은 우연인 것일까? 이러한 상황을 자연스러운 것으로 받아들이기 위해서는 우선 일본 문화에 대한 이해, 더 정확히 말해서 그들의 신화에서 보이는 특성에 대한 이해가 선행되어야 할 것 같다.

김후련에 따르면, 일본인들에게 우리가 살고 있는 '현세'와 죽은 자들의 세계로서의 '타계', 즉 생과 사의 경계가 명료하지 않으며, 그 관계는 상호보완적이다. 말하자면, 일본 신화에 등장하는 타계는 "결코 죽은 자들이 가는 사(死)의 세계가 아니라 현세를 활성화하고 보증하는 힘을 내재하고 있는 생(生)의 세계"[12]라는 것이다. 생과 사가 중첩되어 있는 일본 신화의 이미지는 다양한 일본 만화와 애니메이션들에서 나타나고 있다. 이는 미야자키 하야오의 작품들에서도 마찬가지인데, 여기에서는 일본 전통의 종교이자 한때는 국교로 지정되기도 했던 신도와의 비교를 통해 이 점을 살펴보도록 하자.

---

10 이런 이미지들은 최근 전쟁이나 모험을 다루는 만화뿐 아니라 〈새벽의 연화〉(쿠사나기 미즈호, 2009년부터 잡지 『꽃과 꿈』에 연재) 같은 소녀만화에까지 등장하고 있다.

11 가장 최근작으로는 〈기생수〉(이와아키 히토시)를 들 수 있다.

12 김후련(2006), 『타계관을 통해서 본 고대일본의 종교사상』, 제이앤씨, 41쪽.

1) 신도는 무엇인가? : 『고사기』 신화로부터 국가신도에 이르기까지

전 세계적 인기를 누리는 일본 만화 〈나루토〉[13]의 곳곳에는 일본의 신들 가운데에서도 『고사기(古事記)』에 등장하는 신들의 이름이 많이 등장한다. 『고사기』는 인간의 역사 이전에 존재했던 신들의 역사를 기술하고 있는데, 이는 일반적으로 천황가의 신성함을 주장하기 위한 설정으로 여겨진다.[14] 『고사기』에 등장하는 신화는 하늘과 땅과 바다로 이루어진 우주를 통합하는 천신의 자손이 태어나고, 그 천신의 자손이 초대 천황이 된다는 줄거리로 구성되어 있다. 이는 '우주적 질서'의 확립으로부터 천황을 중심으로 하는 '인간 세계의 질서' 확립으로 나아가는 특정한 방향성을 갖는다. 요컨대 이 신화의 핵심 내용은 바로 천신강림(天神降臨)의 태양신앙(아마테라스 신앙)을 배경으로 하는 고대 왕권이 통일국가를 이루는 과정에 대한 신화적 표현이라 할 수 있다. 더 눈여겨보아야 할 점은 천황가의 시조로 여겨지는 태양신 아마테라스가 여성이라는 사실이다.

물론 전 세계 거의 모든 문화권에서는 자신들의 기원을 설명하는 신화가 있다. 우리도 단군신화를 바탕으로 우리 민족의 정체성을 확립해왔다. 그러나 일본인들에게 『고사기』는 단순한 신화가 아니다. 우리에게 단군신

---

[13] 1999년 『주간 소년 점프』에 연재를 시작하여 2015년 연재를 종료한 〈나루토〉는 키시모토 마사시의 원작 만화로 이후 텔레비전 애니메이션으로 제작되어 전 세계적인 인기를 끌었다. 지금은 나루토의 아들 보루토의 이야기를 담은 만화와 애니메이션이 연재중이다. 'TV도쿄' 계열 여섯 개 방송국을 비롯해 전국 28개 방송국에서 방영되었고, 2004년을 시작으로 극장판 영화들이 제작되기도 했다.

[14] 박규태는 『고사기』에 대해 다음과 같이 설명하고 있다. "『고사기』에 기술된 신화는 왕권의 기원을 중심으로 한 신화이며, 그것은 고대 왕권의 확립기뿐만 아니라 현대에 이르기까지도 일본인의 자기 정체성 형성에서 지속적이고 강렬한 영향력을 행사해왔다." ; 박규태(2001), 『아마테라스에서 모노노케 히메까지-종교로 읽는 일본인의 마음』, 책세상, 15쪽.

화는 단순히 상징 또는 은유로 받아들여질 뿐인데 반해, 일본인들에게 『고사기』 신화란 일본 신도의 경전과도 같은 것이기 때문이다. 원래 신도는 교의나 경전이 없는 자연종교로서 신사와 의례만을 갖춘 형태였다고 한다. 그러던 것이 백제로부터 불교가 공식적으로 전해진 긴메이(欽明) 천황 때(528)부터 본격적인 종교의 모습을 갖추기 시작했다. 실제로 불교의 전래 때문에 일본인들은 일본 고유의 신을 모시는 자신들의 종교를 지칭할 단어를 찾아야만 했고, 이후 자신들의 종교를 신도라 부르기 시작했던 것이다. 뿐만 아니라 불교 사상을 받아들인 신도는 스스로를 체계화해나가기 시작하는데, 이 과정을 일본종교사에서는 '신불습합'(神佛習合)이라 부른다. 외래종교와의 관계 속에서 자신의 정체성을 구축하려 했던 일본 신도는 신불습합의 말기에 일체의 외래사상을 배제하는 순수한 신도를 주장함으로써 신도를 일본만의 고유한 종교로 내세우려는 시도를 하게 된다. 이러한 입장을 고수하는 이들은 천신(天神)인 이자나기와 이자나미에 의해 시작되어 태양신 아마테라스로 계승되어온 것이 바로 신도이며, 그러므로 신도는 불교나 유교 같은 외래적인 사상이 배제된, 순수한 일본의 종교라는 점을 분명히 했다. 이러한 주장은 통치의 입장에도 그대로 수용되어 1868년 메이지 유신 이후 신불분리(神佛分離)라는 정책으로 나타나게 되었다.

　메이지 정부는 외부적으로는 서구의 근대문명을 흡수하여 근대화를 추구하는 한편, 내적으로는 왕권강화를 위해 제정일치라는 고대적인 이데올로기를 채택했다. 제정일치의 결과 일본은 국가신도를 국교로 지정한다. 국가신도란, 민족종교에 기원을 가진 집단 종교인 신사신도를 국가의 규모로 확대한 종교로 일본 국토와 일본 민족에 한정된 국교를 일컫는다. 말하자면, 국가신도는 일본에 존재하는 종교들 가운데 불교와 그리스도교 이외의 거의 대부분의 민간종교를 통합하여 그것들을 총괄하는 형태로, 천황이 지배하는 국가체제에서 국민을 교화하고 통치하는 데 커다란 역할을 수행하기 위한 것이었다. 실제로 근대 천황제 국가의 모습으로 전개된 근대 일본은 불교, 음양도, 유교와의 상호적인 영향관계 속에서 발전해왔던 신사신도의 특성을 버리고 국가와 민족의 안위를 보살피고 국가의 제사를 담당하는 국교로서의 신도를 만들어냈다. 일본 최상위의 종교로 자리 잡은 국가신도는 천황을 아마테라스의 후손인 동시에 하늘로부터 합법적인 통치권을 부여받은 인물이자 일본인들에게 정신적인 구심점 역할을 하는 상징으로 내세우기에 이른다.

게다가 국가신도는 메이지 정부가 표방하는 일본 근대 천황제 신민(臣民) 국가의 근원이 초대 천황인 진무의 건국정신에서 발원한다고 주장했다. 이러한 주장은 온 국민이 하나가 되어 근대국가를 건설하는 데 매진하자는 '진무창업'(神武創業)의 슬로건으로 이어져 당시 상당한 효과를 보였다. 실제로 메이지 정부의 '진무창업' 슬로건은 밀려드는 서구 열강의 막강한 군사력과 그 군사력을 뒷받침해주는 산업화 및 눈부신 과학기술의 발전에 위축되어 있던 국민들에게 정신적 정체성을 부여함으로써 근대국가 건설이라는 범국가적 과업을 효과적으로 수행할 수 있었을 뿐 아니라 천황을 중심으로 하는 국가의식을 고취시키는 데에도 커다란 영향력을 발휘했다. 이처럼 하나의 이데올로기로 작동했던 신도는 이후 일본의 선불교를 보편성이라는 이름으로 포장하여 세계에 널리 알림으로써 일본인들의 우월한 정신성을 강조하고 그들의 제국주의, 적어도 대동아공영권(大東亞共榮圈)에 대한 그들의 주장을 정당화하는 데에 활용하고자 했다.

2) 프로파간다로서의 일본 선불교 : 스즈키와 교토학파

스즈키 다이세쓰(鈴木大拙)에 의해 유럽에 소개된 일본의 선불교는 20세기 후반에 이르러 많은 비판을 받고 있다. 사실 불교는 자신의 뿌리인 인도로부터 출발하여 중국과 한국, 그리고 일본을 거쳐 다양한 성격의 종파로 분화되었다. 특히 20세기에 들어 불교가 서구에 널리 알려지게 되었는데, 이때의 불교는 사실 종교라기보다는 철학의 형태로서였다. 이성중심주의로 대표되는 서구의 사유전통은 2차 대전 이후로 많은 지식인들에 의해 비판받기 시작했고, 그중에서도 융이나 프롬처럼 정신분석학 분야를 공부하던 이들이 불교로 눈을 돌리게 되었다. 그들은 당시 비판의 표적이 되었던 이성중심주의에 대한 대안으로 불교를 받아들였는데, 그 불교는 일본의 불교학자인 스즈키에 의해 틀이 잡힌 것이었다. 그런데 스즈키의 불교는 중국이나 한국의 선불교와는 달리 현실과는 동떨어진 신비로운 정신성을 추구하는 종교의 형태를 띤 것으로 전통적인 일본 선불교와도 다른 것이었다. 왜 하필 스즈키의 선불교가 유럽 지식인들에 의해 받아들여졌을까?

사실 불교에서는 인간의 모든 고통이 환영적인 '자아'에 대한 믿음에서 기인한다고 본다. 인도에 기원을 둔 정통 불교는 세상 삼라만상 모든 것에 실체(substance)가 없으며 인간도 마찬가지라고 보는데, 실제의 세상은 공(空) 위에 서 있고 그렇기 때문에 세상은 실체도 없으며 영원하지도 않다는 것이다. 불교의 시각에서는 우리가 '자아'라고 믿는 것도 실은 허상일 뿐, '자아'를 '자아'라고 믿는 주체도 '자아'라고 동일시할 대상도 없다. 결국 불교가 말하는 세상의 모든 존재는 상호의존적일 뿐 영원하지 않다. 이 세상의 모든 존재들은 전생에 쌓은 선업이나 지은 죄를 현생에서 받게 된다는 인과법칙에 따라 움직이며 그것을 바탕으로 윤회한다. 인간이 수행을 통해 이러한 사실을 깨닫게 될 때, 인간은 그 삶의 기저에 깔려 있는 덧없음의 의미를 깨닫게 되고, 평온한 상태, 즉 해탈에 이르게 된다. 이것이 바로 석가모니 부처의 가르침이다.

그러나 유럽과 미국의 정신분석학자들에 의해 받아들여졌던 일본의 선불교는 이와 다르다. 일본 선불교의 이론화 작업은 스즈키와 교토학파에 의해 이루어졌는데, 그들에 의해 유럽에 소개된 일본의 선불교는 현재 그들의 불순한 의도 때문에 많은 비판을 받고 있다. 우리는 스즈키와 교토학파가 정리한 일본 선불교를 보편주의, 포스트 오리엔탈리즘, 내셔널리즘의 입장에서 간단히 비판해볼 수 있을 것 같다. 우선 스즈키와 교토학파는 선(禪)의 본질이 신비로운 정신성의 경험에 있는 것처럼 설명함으로써 그들의 선불교를 정파를 넘어선 정신적 경험, 더 나아가 종교적인 것조차도 넘어선 보편적인 정신성의 체험인 것으로 만들고자 했다. 우리는 스즈키와 교토학파가 주장하는 보편적인 정신성을 일본 신도, 특히 국가신도와의 관계 속에서 살펴볼 수 있다. 메이지 정부는 신도와 불교, 그리스도교, 이 세 개의 종교 위에 존재하는 최상위 종교로서의 국가신도를 확립했는데, 이는 곧 모든 종교의 보편적 특징 혹은 보편적 정신성이 바로 국가신도임을 뜻한다. 스즈키와 교토학파는 그들이 주장하는 보편성을 더 논리적이고 설득적인 논조로 설명해내기 위해 노력했지만 이는 오히려 일본 선불교를 종교와 철학 그 어느 진영에도 속하지 못하도록 만드는 계기가 되고 말았다. 스즈키와 교토학파는 왜 이런 입장을 취할 수밖에 없었을까?

스즈키가 보편주의의 입장에서 일본 선불교를 포장하려 했던 데에는 나름의 이유가 있었다. 우선 그들이 가졌던 학문적 입장에서 보면, 그것은 서구의 논리적 철학에 대해 그들이 가지고 있었던 열등감에서 기인한 것이었다. 서구의 침략기 동안 아시아의 지식인들은 우월한 정치력·기술력·군사력으로 무장한 서구인들의 제국주의 앞에서 어쩔 줄 몰라 했고, 엄청난 자괴감에 시달릴 수밖에 없었다. 이러한 상황에서 서구적인 교육을 받고 자란 일본의 1세대 지식인들은 그들 고유의 사상을 서구적인 이론의 틀로 설명하는 것을 초미의 관심사로 삼을 수밖에 없었을 것이다. 그리고 이러한 상황에서 스즈키와 교토학파가 택한 길은 일본 선불교를 보편주의의 입장에서 논리적으로 정리하고 그것을 서구에 알리는 일이 되었던 것이다.

물론 그들의 야심이 단지 일본 선불교를 보편주의로 포장하는 데에만 그치는 것은 아니었다. 그들의 진정한 목적은 일본 선불교를 신도를 바탕으로 하는 일본인들의 우월한 정신성의 정수로 둔갑시켜 전 세계에 선전하는 데에 있었다. 하지만 그들은 여기서 또 다른 오류를 낳게 된다. 그들은 일본 선불교의 핵심을 신비로운 정신성의 경험이라고 설명하는데, 그들은 서구와 비서구의 대립, 즉 물질과 정신의 대립이라는 이분법적 낡은 틀로 자신들의 입장을 정리하고 결국 보편적 정신성의 우위를 입증해냄으로써 그들의 우월함을 증명하려 했다. 우리는 이러한 지점을 포스트 오리엔탈리즘의 입장에서 분석해볼 수 있을 것이다.

포스트 오리엔탈리즘의 성격을 갖는 입장은 여러 가지가 있을 수 있다. 하지만 스즈키와 그의 동지들이 선택한 입장은 서구의 정신 또는 이성에 비해 가치가 없는 것으로 여겨졌던 일본의 정신성이 갖고 있는 장점을 논리적으로 잘 설명하여 서구/비서구, 우월함/저열함이라는 이분법적 가치체계를 전복시키고자 하는 것이었다. 실제로 스즈키와 교토학파는 일본 선불교가 주장하는 정신성이 지극히 보편적인 것이어서 기존의 종교에서 이야기되던 정신성뿐 아니라 철학적 진리와 도가사상의 도(道)마저도 포함한다는 점을 분명히 했다. 결국 이 보편적인 정신성은 물질을 포함한 모든 것이 되는 것이므로, 스즈키와 그의 동료들은 이러한 점을 구체적으로 부각시킴으로써 서구 지식인들에게 그들 종교, 나아가 보편적 정신성의 뛰어남을 증명하려 했다. 그러나 보편적인 정신성을 설명하기 위해 비논리적 상황을 논리적으로 증명해내려고 했던 그들의 노력은 또 다른 잘못을 낳고 말았다. 여태껏 저열한 것으로 여겨졌던 비서구적인 것이 서구적인 것보다 우월하다는 점을 서구의 논리로 설명하는 것은 불가능했기 때문이다. 이것이 바로 스즈키와 그의 동료들이 하려고 했던 작업의 핵심이며, 현대의 이론가들은 스즈키와 교토학파가 취했던 이러한 입장을 포스트 오리엔탈리즘의 입장에서 분석·비판한다.

그러나 스즈키와 교토학파는 일본 선불교를 일본인들의 우월한 정신성의 정수라는 미명 하에 전 세계에 선전하는 데에 그치지 않고 동아시아뿐 아니라 전 세계를 대상으로 하는 그들의 패권주의를 정당화하는 데에도 이용했다. 그들은 일본 선불교가 설명하는 것처럼 우월한 정신성을 갖춘 일본 민족이야말로 아시아를 선도할 만한 자격이 있으며, 아시아의 다른 형제국들은 일본의 가르침을 받아 마땅하다는 일본식 내셔널리즘을 합리화하는 데 자신들의 선불교를 이용했고, 결국 일본의 선불교는 스즈키에 의해 하나의 이데올로기로 전락하고 말았다.

이상에서 살펴본 것과 같이, 일본 선불교는 일본의 국가신도의 색채를 덧입힌 다음, 보편주의, 포스트 오리엔탈리즘, 내셔널리즘의 성격을 가미한 이데올로기 또는 프로파간다의 성격을 갖는 것으로 설명할 수 있다. 일본 선불교를 종교의 형태를 띤 프로파간다로 규정할 수 있다면, 전체주의에 반대하는 반전주의이자 평화주의의 이미지로 잘 포장된 미야자키 하야오의 작품들은 어떨까? 문화의 형태를 띤 또 다른 프로파간다라고 할 수 있지 않을까? 초기 작품들에서 늘 서구적인 풍경을 담아내던 미야자키 하야오가 〈모노노케히메〉를 앞두고 가진 인터뷰에서 "일본적인 것을 담아낼 것"이라고 선언했던 부분은 언뜻 보기에도 스즈키와 교토학파의 행보와 매우 유사해 보인다. 교토학파의 구성원들은 서구식 교육을 통해 서구의 방법론으로 자신들의 정신성을 비판적으로 검토한 후, 서구의 정신성이 결여하고 있는 듯한 부분을 서구식 논의 방법으로 포장하여 세계무대에 내놓았다. 이와 유사하게 미야자키 하야오의 작업은 서구에 대한 알 수 없는 열등감으로 인해 서구적인 이야기를 담아내던 초기 작업을 거쳐 일본 고유의 것을 작품에 담아내고자 했는데, 〈모노노케히메〉 이후의 작업은 생태주의 또는 반전 이데올로기 등이 표방하는 보편성이라는 포장을 통해 일본 고유의 것을 작품에 담아 전 세계에 알리고자 했다는 점에서 교토학파의 그것과 매우 유사한 방식으로 전개되고 있는 듯하다. 지금부터는 보편주의와 내셔널리즘 사이에서 동요하는 미야자키 하야오 작품들의 숨겨진 의미를 살펴보기로 하자.

2. 미야자키 하야오의 작업 분석 : 일본 선불교와의 비교를 중심으로

출판용 만화를 텔레비전용 애니메이션으로 만들어 커다란 성공을 거두었던 데즈카와는 다른 방식으로 거장의 반열에 오르게 된 미야자키 하야오는 1978년 다카하다 이사오와 공동으로 연출한 〈미래소년 코난〉으로 텔레비전 애니메이션계에 등장했다. 미야자키 하야오는 텔레비전용 애니메이션을 제작하는 데에 머물지 않고 극장판 애니메이션을 제작하면서 일본 애니메이션의 전성시대를 열었다. 철저한 수작업으로 장인의 면모를 강조하는 미야자키 하야오는 1941년 일본 도쿄에서 태어났다. 그의 아버지는 태평양전쟁 내내 전투기의 방향타를 제작하는 비행기 공장을 경영했고,

그 덕에 그는 유복한 어린 시절을 보낼 수 있었다. 어린 시절에 대한 그의 추억은 사실 전쟁과 일본 군국주의와 결부되어 있는 것으로 보이며, 청년기에 마르크스주의자이자 무정부주의자였던 그가 점점 우익의 길로 들어서게 된 것도 어린 시절에 대한 노스탤지어와 관계가 있는 듯하다.

1) 서구문명에 대한 비판적 시각 : <바람계곡의 나우시카>, <천공의 성 라퓨타>, <이웃집 토토로>, <붉은 돼지>

기계문명과 물질문명에 반대하여 자연으로 돌아가기를 주장하는 듯 보이는 <바람계곡의 나우시카>(1984)와 <천공의 성 라퓨타>(1986)을 통해 자연과의 교감을 중시하는 일본의 전통적 정신성의 중요성을 깨닫게 된 미야자키 하야오는 이후 <이웃집 토토로>(1988)를 통해 그의 시각을 구체화한다. 아픈 엄마의 빈자리에 힘겨워하는 주인공 어린 자매의 수호신인 토토로는 커다란 녹나무의 정령으로, 이는 그가 이미 일본 애니미즘의 영향을 충분히 수용하고 있다는 점을 잘 보여준다. 그러나 일본 애니미즘의 본격적인 활용은 작가의 강한 의지를 필요로 했던 것 같다. 작가 자신이 서구문명을 어떻게 규정할 것인지에 따라 그에 대한 대안으로서의 이후 작품 내용이 크게 달라질 것이기 때문이다.

이후 미야자키 하야오는 <붉은 돼지>(1992)[15]를 통해 자신의 입장을 밝

---

15 이 작품은 미야자키 하야오가 월간 『모델 그래픽스』에 연재하던 <비행정 시대>를 원작으로 하여 1992년에 장편 애니메이션으로 만든 작품이다. 작가는 이 작품의 주인공 마르코가 중년의 자신의 투영이라 말하고 있다. 작품 속 돼지는 나태하고 게으르다는 돼지에 대한 일반적인 통념을 거부하고 자신의 의지에 따라 동료들을 지키기 위해 희생도 불사하는 존재로 그려진다.

히고 있다. 정신적으로 성숙한 자신의 모습을 그려내는, 일종의 자화상의 성격을 띠는 이 작품은 당시의 유고내전이나 소련 붕괴와 같은 긴박한 정치 상황을 배경으로 전쟁 때문에 황폐화된 인간들의 인간성 회복이라는 문제를 다루고 있다. 이 작품에서 작가는 이성을 근간으로 하는 서구문명이 만들어낸 결과가 전쟁이라는 폭력에 불과하다는 메시지를 전하고 있다. 끔찍한 전쟁을 떠나 더 인간적인 삶을 살기 위해서는 어떻게 해야 하는 것일까? 이에 대한 작가의 대답이 바로 자연과 인간 사이의 교감, 나아가 인간과 인간 사이의 교감 또는 새로운 공동체의 가능성이다. 그런데 소년이나 소녀가 중심인물이었던 다른 작품들에 비해 〈붉은 돼지〉는 조금 다른 특징을 갖는다.

이탈리아의 최우수 파일럿으로서 1차 대전에 참전하여 많은 동료들의 죽음을 목도하고, 전쟁을 일으킨 인간에 대한 혐오감을 감당할 수 없었던 마르코는 스스로에게 돼지가 되는 마법을 걸어 무인도로 향한다. 무인도에서 해적을 잡아 그 포상금으로 생활하던 그는 그에 맞서기 위해 미국의 조종사 도널드 커티스를 고용한 해적들과 결전을 벌이고 결국 화해에 이른다는, 다소 동화 같은 이야기를 담고 있는 이 작품은 흔히 반제국주의나 무정부주의를 담고 있는 작품으로 평가되어왔다. 그러나 필자는 이 작품을 다른 시각으로 살펴보고자 한다.

"붉은 돼지"(Porco Rosso)라고 불리는 마르코는 왜 붉은색으로 나타나야 했을까? 김화영은 이 붉은색의 의미를 동료와 친구를 위한 "희생"이라 주장한다.[16] 새로운 공동체의 근간이 되는 것이 바로 이 "희생"이라는 것이다.

---

16   김화영 (2016), "미야자키 하야오의 〈붉은 돼지〉론", 『일본근대학연구』, 53호, 179쪽.

<붉은 돼지>의 한 장면

그러나 이러한 해석과는 별개로 전통적인 일본의 정서에서 붉은색은 태양의 신인 아마테라스의 색이다. 일본의 국기인 일장기나 욱일기의 붉은색이 바로 그러한 상징을 담고 있다. 붉은 비행기를 타고 스스로를 "붉은 돼지"라 부르며 전쟁으로 황폐화된 세계의 대안을 찾는 마르코는, 무정부주의를 추구하는 인물이라기보다는 인간의 이성만을 중시했던 서구문명에 종말을 고하고 자유를 향해 한 발을 내딛기 위해 새로운 공동체를 꿈꾸는 지도자의 모습으로 그려지는 듯하다. 그리고 그 공동체는 동료애라고 하는 전형적인 일본적 특징을 바탕으로 한다. 동료애를 근간으로 하는 공동체는 사실 미야자키 하야오의 작품들에서뿐 아니라 일본 만화나 애니메이션에서 흔히 볼 수 있는 전형적 이미지다.

결국 마르코가 미야자키 하야오 자신의 분신이기도 하다는 그의 말은 이탈리아인의 신체에 깃든 일본의 정서, 즉 동경과 열등감의 대상이던 서구문명을 비판하고 보편적인 정신성으로서의 일본 고유의 정신성을 대안으로 확립해나가는 작가의 입장을 잘 드러내는 지점이라 하겠다. 이러한 지점은 서구와 비서구를 물질과 정신의 대립이라는 이분법적 낡은 틀로 정리하고 일본 고유의 정신성을 보편성으로 포장하여 전 세계에 알리려했던 스즈키와 교토학파의 입장과 유사하다. 요컨대 미야자키 하야오는 서구문명을 자연파괴와 동일시하는 한편, 일본의 정신성을 그에 대한 대안으로 더 적극적으로 활용하고자 했던 것이다. 자연과 인간 사이의 우호적인 관계 회복을 그려내기 위해 일본 애니미즘을 적극적으로 수용하고 새로운 인간 공동체의 이미지를 동료애와 희생으로 구현해내는 그의 시도는 이후 더욱 구체화한다. 환경 파괴에 대한 경고의 메시지를 담은 작품에는 일본 신도를 바탕으로 하는 일본 고유의 정신성이 핵심적 요소로 작용한다.

2) 일본 고유의 정신성의 보편화와 내셔널리즘의 변주 : <모노노케히메>, <센과 치히로의 행방불명>

<모노노케히메>(1997)는 일본에 철기 문화가 도래하는 무로마치 시대를 배경으로 하여 자연과 문명 사이의 드라마틱한 대결을 보여준다. 수많은 고다마(숲의 정령)들과 들개신, 멧돼지신, 사슴신 등 일본 고대의 거신들과 함께 문명에 맞서 자연을 지키는 중심인물로 등장하는 산은 인간이지만 들개신의 딸로 키워진 독특한 존재다. 인간에 대한 적대감으로 인해 인간을 보면 늘 분노를 드러내는 산은 작품 속에서 초자연적인 힘을 지닌 여성 영웅의 모습으로, 인간과 자연을 조화롭게 만들기 위해 노력하는 모습으로 그려진다. 모든 것에 신이 존재한다는 일본식 애니미즘은 이 작품의 곳곳에 등장하는데, 이는 아름답고 웅장한 영상과 어우러져 많은 관객들의 호

들개신의 딸 모노노케히메

응을 이끌어냈다. 많은 이들은 이 작품에서 미야자키 하야오가 문명과 자연의 조화에 대한 비전을 제시한다고 생각했고, 이 작품을 생태주의 또는 에코페미니즘과 연결하여 설명하기도 했다. 이것이 바로 이 작품이 일본적인 정서의 보편화라는 맥락에서 의미를 갖는 지점이다. 하지만 여기에서는 이것의 이면에 가려져 있는 내셔널리즘의 지점을 지적해보고자 한다.

　이 작품의 중심인물인 산은 철기문명을 위해 산을 훼손하려는 무리뿐 아니라 영생을 얻기 위해 산신인 시시가미의 목을 노리는 무리에 맞서 자연과 자연신을 지키려 애쓴다. 결국 산은 시시가미의 목을 시시가미에게 돌려줌으로써 죽음으로 물들어가던 숲에 다시금 생명을 불어넣는다. 그런데 자연과 인간을 잇는 존재인 산은 아마도 하늘과 인간을 잇는 존재인 아마테라스와 관계가 있는 것으로 보아야 할 것 같다. 신들의 세계인 타계

제13강 │ 미야자키 하야오, 예술을 가장한 프로파간다? 341

와 인간들의 세계를 연결하여 이 세계를 화합의 공간으로 만드는 소녀 산의 역할은 여신 아마테라스의 그것과 매우 유사해 보이기 때문이다. 성과 사를 관장하는 공간으로서의 타계(시시가미의 숲)와 현세를 잇는 산과 아마테라스의 이미지가 오버랩 되는 이 부분을 어떻게 생각할 수 있을까? 일본인들에게 산은 서구의 물질문명에 맞서 일본인들을 이끄는 존재로 비춰질 것이다. 그러나 이는 비단 일본인들에게만 해당하는 것은 아니다. 이 작품의 관람자라면 누구에게나 자연을 훼손하는 이기적인 문명에 맞서기 위해 지구상의 모든 생명체들이 산의 지도 아래 구원의 길로 나아가야 할 것이라는 점은 타당해 보일 것이다. 이러한 입장에서 본다면, 이 작품의 의미는 일본의 우월한 정신성이 전 세계를 이끌어야 한다는 일본 선불교의 주장과 묘하게 공명한다.

미야자키 하야오는 이후 일본의 고유한 정신성의 의미를 더 강한 어조로 작품에 담아낸다. 〈센과 치히로의 행방불명〉(2001)은 일본의 전통문화를 더욱 구체적으로 시각화하고 있다. 단순히 10살짜리 꼬마 여자아이의 모험담으로 보이는 이 작품은 일본의 다양한 신들의 이미지를 구체적으로 담아내는 데에 더욱 열중하는 듯하다. 사실 근대화와 더불어 일본에 불어 닥친 이성중심주의와 메이지 시대의 정치 이데올로기였던 국가신도는 소박한 민간신앙 속에 존재하던 신들, 소위 잡신의 존재를 부정했다. 게다가 급속한 산업화는 일본식 애니미즘을 구태로 여기도록 하여 사물을 사물로만 여기도록 대상화하고 그에 깃든 정령들의 존재를 망각하도록 만들었다.

정령들의 존재를 망각한 현대인들은 강의 오염이나 생태계의 파괴에 무뎌지고, 이러한 상황에서 인간들에게 버림받은 일본의 잡신들은 아마도 소외감과 피로감 속에 지쳐갔을 것이라는 견해가 바로 미야자키 하야오가 그려내는 〈센과 치히로의 행방불명〉 속 세계관일 것이다. 그런 까닭에 작가가 그려내는 유바바의 온천장은 우선 인간의 사랑을 잃고 힘들어하는 귀신들을 위한 '재생과 치유의 공간'으로서 기능하도록 만들어져 있으며, 이번에는 어린 치히로가 잡신들의 시중을 들고 그들을 위로하는 역할을 담당한다. 문명으로부터 자연을 지키기 위한 투사의 모습을 한 산으로부터 외로움과 절망에 괴로워하는 잡신들을 달래고 보살피는 치히로에 이르는 중심인물의 성격변화는 일본 고유의 정신성의 보편화만이 이성중심적인 서구 물질문명이 낳은 폐해를 막는 대안이 될 수 있다는 주장과 호응하고 있다.

이처럼 일본 고유의 정신성을 물질문명의 폐해에 대한 보편적인 대안으로 제시하는 동시에 우월한 정신성인 일본의 그것이 문명과 자연의 화해로 우리를 이끌 것이라는 그의 입장, 즉 그의 작품 속에서 드러나는 소위 보편주의와 내셔널리즘의 변주는 잃어버린 순수한 정신성으로 표상되는, 과거에 대한 그리움의 정서 속에서 극에 달한다.[17]

3) 잃어버린 것에 대한 노스탤지어 : <바람이 분다>

<바람이 분다>(2013)는 아름다운 영상에도 불구하고 많은 우려와 질타의 대상이 되었던 작품이다. 우선 이 작품의 주인공인 호리코시 지로는 일본 천황 히로히토의 치세 시대에 실존했던 제로센 전투기 설계자 호리코시 지로와 동시대 유명 소설가 호리 다쓰오를 종합한 인물로 알려져 있다. 제로센 전투기는 1941년 하와이 진주만 기습에 사용되어 미국 태평양함대를

---

[17] 이후 <하울의 움직이는 성>(2004)을 발표하기도 하지만, 대외적으로 알려진 바와는 달리 미야자키 하야오가 이 작품을 외부적인 압력에 의해 떠맡아 제작하게 되었음을 감안하여 이 글에서는 분석의 대상으로 삼지 않고자 한다.

무력화시켰을 뿐 아니라 가미카제(神風, 자살특공대) 작전에 사용되었던 전투기로, 이 비행기를 만든 인물을 주인공으로 삼아 작품을 만들었던 점이 많은 우려의 대상이 되었다. 특히 이 문제의 전투기가 당시 강제 징용된 한국인과 중국인들이 동원된 강제노역 수용소에서 만들어졌다는 사실과, 가미카제 작전에 투입되어 수많은 목숨을 앗아갔다는 사실을 전혀 언급하지 않는다는 점은 이미 여러 차례 비판받은 바 있다.

이 작품에서 미야자키 하야오는 오로지 비행기를 완성하기만을 간절히 바라는, 군용 전투기 디자이너 지로의 순수한 꿈과 열망만을 다루고 있다. 그러나 우리의 시각에서 볼 때, 이 작품이 2차 대전에서 일본이 주도적 역할을 할 수 있도록 했던 일본의 항공사업을 배경으로 하고 있다는 점은 단순히 흘러 넘길 수 있는 부분이 아니다. 미야자키 하야오는 어떤 이유로 이러한 이야기를 하고 싶어졌을까? 아니 왜 이런 이야기를 해야만 했을까?

그의 유년 시절 일본은 아시아의 맹주를 자처하며 군국주의를 뒤에 업은 채 세력 확장에 매진하고 있었다. 이때 그의 아버지는 바로 이 비행기, 제로센 전투기의 부품을 만들면서 전쟁을 통해 부를 얻었고, 그 부의 열매는 어린 미야자키 하야오의 몫이기도 했을 것이다. 사실 미야자키 하야오뿐 아니라 대부분의 일본인에게 그 시절은 영광스러운 한때로 여겨질 것이다. 특히 지난 10여 년 이상 지속된 경제적 침체와 그로 인한 심리적 위축은 지난날의 군국주의적 팽창에 대한 일본인들의 향수를 더욱 강화했을 것이다. 힘겨운 현실을 벗어나 푸른 하늘로 날아오르기. 미야자키 하야오의 작품 속에 나타나는 비행의 이미지는 단순한 자유의 추구가 아니라 잃어버린 어린 시절의 기억들, 그립지만 죄의식 어린 과거의 단편이 아니었을까?

<바람이 분다> 속 비행기

태평양전쟁에 사용되었던 제로센 전투기

영광스러운 과거에 대한, 그러나 드러내놓고 이야기할 수는 없는, 일본인들의 죄의식어린 향수가 문화의 영역에서 어떻게 나타나고 있는가? 필자는 이제 미진하나마 이에 대한 답을 제시할 수 있을 것 같다. 전범국가라는 수식어와 더불어 패전의 상처를 안고 살아야 했던 일본은 잠시나마 경제대국으로서의 위상을 유지했지만, 이후 10년 이상의 경제 불황으로 심리적 무능함을 떠안을 수밖에 없었다. 이에 일본인들은 무력감에 빠져들게 되었고 무의식적으로라도 다시 한 번 강한 일본의 이미지를 꿈꾸게 되었을 것이다. 미야자키 하야오의 작업은 일본 선불교와 유사한 방식으로 일본 고유의 정신성을 보편화하는 한편 일본식 내셔널리즘을 부추긴다.

3. 위험한 프로파간다를 경계해야

앞서 살펴본 바와 같이 〈바람계곡의 나우시카〉와 〈천공의 성 라퓨타〉, 그리고 〈이웃집 토토로〉를 통해 자연과의 교감을 중시하는 일본의 전통적 정신성이 서구 물질문명의 폐해에 대한 대안이 될 수 있음을 깨닫게 된 미야자키 하야오는 〈붉은 돼지〉를 통해 자신의 입장을 더 구체화한다. 그는 이후 〈모노노케히메〉와 〈센과 치히로의 행방불명〉을 통해 일본 고유의 정신성을 생태주의의 이름으로 보편화하여 이를 서구 물질문명의 폐해에 맞서는 구심점으로 제안하기에 이른다. 그러나 이와 동시에 이 두 작품은 내부적으로는 우월한 정신성을 가진 강한 일본만이 세계를 평화와 안녕으로 이끌 수 있다는 점을 암시함으로써 내셔널리즘을 표방하고 있다.

특히 미야자키 하야오의 작품에서 흔히 보이는, 문명과 자연 사이에서 벌어지는 엄청난 스케일의 전투장면들에 압도된 다른 나라의 관람자들은 은연중에 일본의 특이한 정서에 완전히 동화되는 특별한 경험을 하게 되고, 이후에도 일본 특유의 정서에 대한 묘한 동질감을 느끼게 될 것이다. 〈모노노케히메〉의 성공 후 더더욱 일본적인 것을 추구하는 그의 작품 속에서 우리는 기이하게도 일본 고유의 것을 보는 동시에 갖은 시련에 맞서 자신의 목적을 향해 나아가는 주인공들의 정서에 쉽게 동화된다.

　미야자키 하야오의 작품들이 영향력 있는 프로파간다로 작동하는 까닭이 바로 여기에 있다. 일본 고유의 종교인 신도와 깊은 관계를 맺고 있으면서도 이를 보편적인 정서로 포장해내는 것. 〈모노노케히메〉에서 미야자키 하야오는 생태주의라는 보편적 이념을 통해 자연을 관장하는 일본 신들의 이미지를 구체화한 이후 〈센과 치히로의 행방불명〉에서는 이를 극대화하는 방식을 보여주었다. 이와 동시에 이 작품들의 주인공인 산과 치히로는 묘하게도 신과 인간을 중재하고 세계를 올바른 모습으로 인도하는 듯한 모습을 보여줌으로써 자연과 공명하는 일본의 '우월한' 정신성을 표상해냈다. 이것이 바로 스즈키와 교토학파가 간과했던 부분인 동시에 미야자키 하야오의 탁월한 역량을 보여주는 지점이 아닐까?

　서구 지식인들을 그 대상으로 하는 일본 선불교가 종교학의 영역에서 보편적인 정신성을 근거삼아 일본의 정신성이 우월하다고 주장했던 데에 반해, 미야자키 하야오의 작업은 반전이나 반문명, 생태주의와 같은 동시대적 이념을 바탕으로 전 세계의 대중을 사로잡는 동시에 일본 특유의 정서를 매력적인 것으로 느끼도록 한다.

　이러한 점을 간과하지 않는다면, 우리는 신도에 등장하는 신화의 세계를 배경으로 하는 그의 작품들 속에 일본적 자의식이 깊이 자리 잡고 있으며 이것이 하나의 이데올로기를 전달하는 강력한 도구가 되어 전 세계로 나아가고 있다는 점을 부인할 수는 없을 것 같다. 그리고 이러한 작품들이 대중적 문화상품이 되어 전 세계로 팔려나가게 될 때, 이는 새로운 제국주의를 열망하는 일본의 젊은이들로 하여금 그들의 이데올로기를 문화 속에 담아내어 타자들의 문화를 종속시키는 문화제국주의를 추종하도록 하지는 않을까? 미야자키 하야오의 작업들은 스즈키와 교토학파의 일본 선불교보다 훨씬 위험해 보인다.

제14강

〈돼지의 왕〉

- 부조리한 세계, 불협화의 미학[1]

한국 애니메이션영화 역사에서 일대 전환기로 일컬어지는 2011년[2]에 개봉된 〈돼지의 왕〉은 주로 사회비판적 담론을 중심으로 설명되어왔다. 여러 논자들은 이 작품이 구조화된 권력과 그것이 만들어내는 계급사회의 민낯을 드러내는 고발적 성격을 갖는 것으로 평가했고, 이후 이 작품은 이러한 합의를 중심으로 논의되었다.[3] 그러나 이러한 논의는 모두 〈돼지의 왕〉이 갖는 내용적 특징을 설명하는 데에 그치고 있다. 실제로 많은 관람자들은 이 작품의 형식이 보여주는 특징에 대해 불만을 토로하고 있는데, 그중 두드러지는 점은 매끄럽지 않은 그림, 그리고 그림 속 인물들의 표정과 성우들의 연기 사이의 불일치에 대한 지적이다.

---

[1] 이 글은 필자의 논문 「〈돼지의 왕〉: 부조리한 세계, 불협화의 미학」, 『미학』 제83권 3호 (2017년 9월)를 바탕으로 한 것이다.

[2] 〈마당을 나온 암탉〉(오성윤), 〈소중한 날의 꿈〉(한혜진, 안재훈), 그리고 〈돼지의 왕〉의 잇단 개봉으로 한국 애니메이션 관계자들뿐 아니라 한국 애니메이션을 사랑하는 많은 관람자들에게도 많은 기대감을 불러일으켰다.

[3] 대표적으로 라제기, 「계급사회, 한국현실에 대한 정밀보고서」, 『플랫폼』 제31호 (2012, 인천문화재단)를 들 수 있다.

몇몇 관람자들은 거친 그림체나 매끄럽지 않은 장면 전환이 모두 턱없이 부족한 제작비 탓이라고 말하기도 한다. 그들은 일본 애니메이션의 하청을 받아 우리가 작업했던 작품들과 비교해볼 때 〈돼지의 왕〉의 작업의 질이 현저히 떨어진다는 점을 그 근거로 들고 있다. 성우들의 연기와 작품 속 인물들의 불일치에 대한 지적은 오롯이 감독의 무능함으로 이어진다. 작품 속 인물들의 행위를 보여주는 이미지와 대사 사이에 불일치가 있다면, 그것은 감독이 불일치를 의도했거나 아니면 통일성을 이끌어낼 능력이 없다고밖에 생각되지 않기 때문이다. 이 작품에 성우로 작업했던 배우들이 실제로 뛰어난 연기를 선보였던 배우(오정세)이거나 배우 겸 감독(양익준)이라는 점을 떠올려볼 때, 극중 인물들과 그 목소리 사이의 부조화가 있다면 사실 그 문제는 감독의 몫으로밖에는 여겨지지 않았을 것 같다. 이 작품에 대한 비판적 입장을 견지하는 입장들은 크게 이미 언급된 두 가지, 즉 거친 그림체와 목소리 연기와 그림 사이의 불일치로 분류될 수 있을 것 같은데, 이 작품을 분석하는 이론의 영역에서는 여태껏 이러한 점에 대한 어떠한 검토나 설명도 이루어진 바가 없다. 뿐만 아니라 내용적 특징에 대한 선행 연구 또한 대부분이 계급사회에 대한 비판을 중심으로 이루어질 뿐이어서 이 작품의 내용을 구성하는 다른 특징들에 대한 분석과 조망 또한 꼭 필요해 보인다.

따라서 필자는 〈돼지의 왕〉의 내용적 특징을 보다 깊이 있게 설명할 수 있는 이론적 근거를 마련하고, 그러한 설명과의 관련 하에서 이 작품이 갖고 있는 형식적 특징을 일관적으로 분석하고자 한다. 내용과 형식을 동시에 아우르는 깊이 있는 고찰만이 〈돼지의 왕〉이 갖고 있는 가치와 그것이 우리에게 안겨줄 미적 경험을 보다 잘 설명해줄 수 있을 터이기 때문이다. 이러한 목적 아래 필자는 〈돼지의 왕〉의 내용적·형식적 특징을 동시에 조망하고자 한다.

1. 〈돼지의 왕〉 분석의 이론적 근거 : 보들레르 미학

내용을 분석하는 데에만 치우쳤던 기존의 입장과는 달리 필자는 이 작품을 종합적으로 이해할 수 있는 하나의 시각을 제시하고자 하는데, 이를 위해 이 글에서는 부조리와 불협화를 중심으로 논의를 진행하고자 한다. 따라서 분석은 다음 세 단계로 진행될 것이다. 첫째, 부조리한 세상에서 존재의 이유도 모른 채 살고 있는 실존으로서의 인간들에게 통일적인 의미작용이 불가능하다는 사실에 대한 검토. 둘째, 부조리한 세상을 살아가는 실존으로서의 인간의 모습을 나타내기 위한 형식적 특징으로서의 불협화의 미학 제시. 마지막으로 이러한 내용과 형식적 특징이 관람자에게 주는 불편함과 불쾌한 감정에 대한 고찰. 요컨대, 필자는 이 작품을 이해해오던 일방적인 방식, 즉 계급간의 투쟁에서 비롯되는 폭력과 연대의 불가능성이라는, 내용적 측면에만 국한된 기존의 논의를 벗어나서 작품 속에 담겨 있

해외에 소개된 〈돼지의 왕〉 포스터

는 모든 것이 사실은 관람자로 하여금 우리가 살아가고 있는 이 세상의 민낯을 보도록 하고, 그 민낯의 모습을 깨닫게 된 이들이 불편함을 느끼도록 만들어진 의도적인 구성물이라는 점을 밝히고자 한다.

하지만 이러한 구체적인 작품 분석에 앞서 분석의 틀을 뒷받침할 수 있는 이론적 근거가 필요할 터인데, 여기에서는 이 작품이 전체적으로 보아 파편적인 의미작용을 추구함으로써 통일된 의미를 거부한다는 점, 그리고 부조리한 인간 실존의 모습을 불협화를 특징으로 하는 독특한 재현의 방식으로 드러내고 있다는 점에 주목하여 보들레르의 미학을 분석의 주된 근거로 삼고자 한다.

1) 보들레르와 재현의 문제

보들레르에게 있어 언제나 옳은 것 혹은 언제나 참인 것은 없다. 우리가 늘 참이라 여겨왔던 것은 임의적으로 정해진 특정한 태도에서 기인한 것이기에 참이란 언제나 바로 그 특정한 입장에서만 참일 뿐이다. 따라서 보들레르의 시각으로 보면, 지난 2천여 년 간 인간의 이성 또는 합리성을 중심으로 진행되어온 서구의 전통철학은 모두 하나의 입장에서 제기된 질문에 대한 대답일 뿐이다. 특히 데카르트 이래로 인식 주체와 그 대상으로 작동되는 이분법은 언제나 지성과 이성이라는 매개에 의해서만 참을 도출해낼 수 있다고 설명해왔다. 이러한 참은 우리의 삶이 아니라 그것을 넘어서서 그 어딘가에 있는 초월적인 것으로 여겨졌기에 우리의 삶의 모습은 가치가 없는 것으로 평가되었고, 그 결과 실존의 의미는 간과되었다. 우리 삶의 의미가 초월적인 것과 관계있다고 믿었던 예술 실제들 또한 실존의 모습을 소거하고 인간을 이상화하는 것을 진정한 예술의 임무로 여겼다. 철학과 예술 모두 소위 진리라는 이름 아래 작동하는, 하나의 고정된 시스템에 의거한 의미작용을 통해 단일하고 보편적인 의미를 전달하려 했던 것이다.

이에 반해 보들레르는 고정된 의미작용 시스템에 균열을 내는 방식을 채택한다. 이성을 바탕으로 하는 철학의 논리가 아니라 예술이 가진 정신의 힘으로 우리 삶의 민낯을 보여주는 것이 바로 우리 삶의 참모습을 그려내는 예술의 임무라고 보았기 때문이다. 이것이 바로 보들레르가 말하는 "사유(la pensée)에 대한 정신(l'esprit)의 승리"[4], 그리고 "일반적인 미"(le beau général)에 대한 "제한적인 미"(le beau restreint)의 승리가 가리키는 지점이다.

(1) 상상력(imagination)

보들레르는 "정신"과 "제한적인 미"의 승리를 위해 상상력을 제안한다. 보들레르의 상상력은 우선 이성을 중심으로 하는 고정된 시스템을 와해시키기 위한 장치, 즉 도취(ivresse)와 상응(correspondance)을 통한 역전가능성(réversibilité)으로 기능한다. 보들레르에게는 모든 것이 역전가능한데, 심지어 그는 역전가능성마저도 역전가능하다고 본다. 보들레르의 예술가는 대도시, 즉 인공적이기에 자연에 비해 덜 유기적인 환경 속에서 전혀 예상하

---

[4] 보들레르에게 이성을 통한 진리에의 도달이란 불가능해 보인다. 우선, 그에게 진리란 임의적인 하나의 입장에서의 물음에 대한 하나의 대답일 뿐이며 또한 논리적 정합성도 없는 것이다. 바로 이러한 점 때문에 보들레르는 일상적인 삶의 참모습을 발견하여 그것을 작품에 담아내는 것을 사명으로 하는 당대 회화가 사유(la pensée)가 아닌 정신(l'esprit)의 산물이기를 희망했다. 이에 대해 보들레르는 다음과 같은 언술을 통해 자신이 상상력으로 이루고자 하는 바를 천명한다. "나는 나의 정신으로 사물을 조명하여 그것들의 반향을 다른 정신들에 투사하고자 한다." ; Charles Baudelaire (1975~76), OEuvres Complètes II., Gallimard, 「1859년 살롱」(Salon de 1859), 627쪽.

지 못했던 만남을 통해 예술을 만들어낸다. 예술가가 대도시의 뒷골목을 떠돌다 발견하게 될 이미지는 일상의 이면에 숨겨져 있던 기이하고 충격적인 어떤 것이다. 이런 이미지는 이성의 작용이 느슨해진 상태에서 일어나는 도취, 혹은 감각작용의 경계가 무너진 상태의 경험인 상응을 통해 우리와 하나가 된다. 말하자면 이때의 이미지는 주체-대상의 이분법적 관계를 무너뜨린 채 나를 엄습해오는 어떤 것, 즉 나와 대상의 역전을 통해 일어나는 것이다. 이러한 경험을 통해 예술가는 이성이라는 틀로 만들어진 동질적인 시스템이 무너지는 경험을 하게 된다.

그러나 상상력은 재구성의 원리이기도 하다. 상상력은 기존의 질서나 시스템을 해체함으로써 상응에 이르는 동시에 해체된 요소들(éléments)을 완전히 새로운 구조 속에서 재결합시키는 능력이다. 하지만 이때의 재구성의 원리는 사전(dictionnaire)의 구성방식을 따른다. 요컨대 상상력은 역전가능성으로 이성적 시스템을 와해시킴으로써 유기적으로 작동하던 구성요소들을 연결고리가 끊어진 요소들로 만든 다음, 다시 이것들을 구성요소로 삼아 (통일적인 의미작용을 하는 책이 아니라) 마치 사전과도 같이 일관적이지 않은 시스템으로 하나의 세계를 재구성하는 능력이다.[5] 그런데 보들레르의 상상력은 의사소통의 과정에도 일정한 역할을 한다.

도취와 상응을 거쳐 사전적 구성방식을 따라 만들어진 예술 작품은 통

---

5 "인간에게 색채, 윤곽, 소리, 그리고 향기에 대한 도덕감을 가르쳤던 것은 바로 상상력이다. 태초에 상상력은 유비와 은유를 창조했다. 상상력은 모든 창조를 해체하며, 영혼의 가장 깊은 곳에서만 찾아낼 수 있는 기원이 갖는 원칙들에 따라 수집되고 배열된 재료들을 가지고 상상력은 새로운 세계를 창조하고 새로움의 감각을 만들어낸다."; Baudelaire, OEuvres Complètes II., 「1859년 살롱」(Salon de 1859), "Le gouvernement de l'imagination", 621쪽.

일된 의미를 갖지 않는다. 기존의 유기적인 시스템을 허물고 일시적이고 비유기적인 시스템에 의거해서 작동하는 보들레르의 예술 작품은 그것을 보는 관람자에게도 동일한 경험을 요구하게 된다. 말하자면 관람자는 작품을 통해 하나의 단일한 의미를 얻어내는 대신 주체와 대상, 예술가의 외부세계와 예술가 자신을 동시에 포함하는 '암시적인 마술'에 의해 작품과 하나가 되는 경험을 하게 된다. 예술가-주체와 관람자-주체 모두는 '암시적인 마술'에 의해 자신에게 부과되었던 경계를 무너뜨리게 되고, 그 결과 대상으로서의 예술 작품과의 역전가능성을 경험하게 되는 것이다. 일순간일지언정 만약 관람자-주체가 예술 작품과의 역전가능성을 경험하게 된다면, 그는 그 작품을 통해 예술가-주체가 말하고자 했던 것을 짐작하는 계기를 얻게 될 것이다. 그런데 보들레르가 제안하는 짐작(conjecture)은 이미지와만 관계하는 정신의 능력으로 이성과는 무관하며, 이성을 중심으로 하는 통일적인 의미작용의 방식을 따르지 않기에 하나의 의미로 한정될 수 없다. 이처럼 보들레르가 관람자의 소통 방식으로 제시하는 짐작은 이성이 아니라 '정신'의 소유자에게만 제한되는 능력으로 기존의 주체 개념으로는 설명할 수 없다. 말하자면, 보들레르의 미학에서 예술가를 자처하는 모든 이들이 예술가-주체가 될 수 없듯이 모든 관람자가 관람자-주체가 될 수는 없다.

  기존의 시스템을 해체하고 재구성하는 정신의 능력인 보들레르 상상력은 어떠한 고정된 의미도 생산하지 않는다. 오히려 그것은 고정된 의미의 불가능성을 보여주는 방식으로 작동한다. 상상력을 통한 의사소통은 예술 작품과 관람자-주체의 만남, 더 나아가 예술 작품을 통한 예술가-주체와 관람자-주체의 조우, 즉 역전가능성을 통해서만 이루어지며, 통일적이지 않은 의미의 생산, 말하자면 파편적인 의미작용을 통해 예술가-주체, 예술 작품, 관람자-주체 사이에 일시적으로만 의미를 전달할 수 있도록 한다.

(2) "재현의 현재화"(la présentification de la représentation)

상상력에 의해 와해되었다가 재구성된 예술 작품이 비유기적이고 일시적인 시스템을 통해 의미작용을 하는 만큼, 그러한 의미작용은 파편적이고 요소나열적인 성격을 갖는다. 특히 산업화가 가져온 대도시에서의 삶의 모습을 있는 그대로 담아내기를 요구하는 보들레르의 미학은, 그것이 대도시라는 비유기적인 삶의 모습과 관련되는 만큼 어떤 하나의 완결된 이야기를 추구하지 않는다. 현실에서 우리가 영위하는 일상적인 삶의 참모습이 기이하고 충격적이며 파편적인 것이라면, 그것들을 담아내는 예술의 형식은 어떠해야 할까?

예술가가 대도시에서 발견한 삶의 참모습은 하나의 이미지 또는 언어를 통해 재-현된다(re-present/re-présenter). 그러나 보들레르가 원하는 재현은 전통적인 의미에서의 재현과는 명백히 다르다. 전통적인 재현이 단일하고 완결된 의미를 전달하기 위해 이성의 도움을 필요로 했던 데 반해,[6] 보들레르의 재현은 이성을 필요로 하지 않는다. 보들레르의 재현은 오히려 비이성적인 방법을 통해 혹은 이성의 작용을 교란시키는 방식을 통해 삶의 참모습을 담아내는 작업이다. 전통적인 재현은 관람자로 하여금 재현된 대상이 무엇인지 인식하고 그 인식을 기반으로 단일한 의미작용 시스템을 거침으로써 종합적인 의미를 파악하도록 한다.

재현을 담당하는 예술가-주체와 그 재현을 통해 정해진 의미를 파악하는 관람자-주체 사이에는 이미 정해진 규칙, 또는 의미작용의 시스템이 주어져 있다. 그러나 보들레르의 재현은 우리가 교육을 통해 습득한 지식이

---

6   고전적 예술이 충, 효, 신의 등의 가치를 전달하기 위해 신화나 문학작품의 한 장면을 활용했던 점을 예로 들 수 있다.

나 특정 사건에 대한 기억(역사)에 말 걸지 않는다. 지식이나 역사는 철저하게 이성과 관련되어 있는 것이기에 보들레르의 입장에서 보면 이러한 것들은 우리 삶의 참모습이 아니며 따라서 예술의 대상이 될 수 없다. 보들레르의 예술가는 그가 경험했던 급작스럽고 끔찍한, 현대적 삶의 이면이 드러내는 기이함(l'insolite)을 관람자들 또한 그와 동일한 방식으로 경험할 수 있게끔 예술 작품 속에 재-현해야 한다. 관람자가 작품을 대면하는 순간, 예술가가 그러했듯 일상적인 삶의 참모습인 기이함을 충격적으로 경험할 수 있는 장치를 작품 속에 마련해야 한다는 것이다. 요컨대 보들레르의 재현은 과거와 관계 맺는 것을 거부한다.

보들레르의 재현은 오로지 현재와 관계한다. 재현과 현재는 일반적으로는 과거와 현재라는 상반된 시간성으로 이해되기에 현재와 관계를 맺어야 하는 보들레르의 재현은 다분히 역설적이다. 보들레르는 시적인 재현을 통해서만 재현과 현재의 관계 맺기가 가능하다고 말하는데, 이러한 보들레르식의 재현에 대해 보들레르 연구자인 꼬뱅(Covin)은 '재현의 현재화'(la présentification de la représentation)라는 개념으로 설명한다. 늘 현재와 관계를 맺는 재현, 즉 재현의 현재화는 과거나 이성과의 어떠한 관계 맺기도 거부하는데, 이를 위해 필요한 몇몇 장치들이 있다. 여기에는 미완성, 파편화, 전체성의 부재, 예술의 자율성 같은 것들이 거론될 수 있다. 보들레르에 의하면, 마치 사전처럼 구성된 작품을 통해 우리는 파편적인 이야기를 하는 각각의 기이한 이미지와 내가 하나 되는, 말하자면 대상과 나 사이의 경계가 무너지는 경험을 하게 된다. 그저 "지금, 여기"(ici et maintenant)서만 경험할 수 있는, 삶의 참모습에 대한 재현들은 그래서 언제나 현재일 뿐이다.

한편 단일한 의미작용의 시스템에서 벗어나 일회적인 시스템을 통해 의미를 만들어내는 보들레르의 예술은 그것의 내용이 삶의 참모습인 기이함을 담아내는 한에서 재현일 수밖에 없다. 그런데 그 재현이 "지금, 여기"라는 시간·장소 특정적 경험이라는 점에서 그것은 과거가 아니라 현재와 관계할 뿐이다. 기이함을 담아내며 현재와만 관계를 맺는 예술. 이러한 예술은 일상적 삶의 참모습을 담아내고 있다는 점에서는 실존과 맞닿아 있으며, 매번 바로 "지금, 여기"라는 형식을 통해서 바로 그 기이함을 경험하게 한다는 점에서 전통적인 방식의 재현에 관한 논의를 벗어나게 된다. 이것이 바로 "재현의 현재화"가 갖는 특성이자 보들레르가 재현을 완전히 부정할 수 없었던 이유가 될 것이다.

2. 〈돼지의 왕〉 분석

1) 내용적 특징 : 단일하고 고정된 의미작용의 부재

〈돼지의 왕〉은 두 인물이 과거 학창 시절로 거슬러 올라가면서 잊고 싶었던 사건을 기억해내고, 그 사건의 진실을 대면하도록 강제하는 이야기 구조로 이루어져 있다. 부유한 아버지의 도움으로 젊은 사업가로 살아가다 사업 실패로 인해 아내를 살해한 경민은 치유될 수 없는 생채기로 남은 '그날'의 사건을 정면으로 마주하기 위해 중학교 동창이자 단짝이었던 종석을 수소문하여 저녁 약속을 한다. 유복했던 경민과 달리 생활고에 시달리던 종석은 대필작가로 근근이 연명하고 있다. 졸업 후 15년 만에 만난 이들은 서로의 현실을 숨긴 채 떠올리고 싶지 않았던 중학교 시절 기억의 파편들을 회상이라는 이름으로 맞추어간다. 그들의 기억은 크게 권력의 언저리에서 체제를 지키기 위해 노력하는, 소위 지배계급인 "개"들과 그 "개"들 앞에 한낱 먹잇감에 불과한 피지배계급으로서의 "돼지"들이라는 두 개의 패거리를 중심으로 재구성된다. 제도화된 이 두 계급 사이의 질서에 균열을 일으키려고 하는 철이가 바로 경민과 종석이 마주해야만 하는 생채기의 근본적인 원인이다. "개"들의 폭력에 시달리는 경민과 종석 앞에 나타나 "개"들을 무릎 꿇게 만드는 철이는 과연 "돼지"들의 영웅인가?

언뜻 보아 제목 "돼지의 왕"은 철이를 영웅으로 보아야 한다고 주장하는 듯 보인다. 그러나 철이의 도전은 학교라는 제도를 관장하는 또 다른 권력(교권)에 의해 폭력으로 규정되고, 결국 철이의 퇴학으로 마무리된다. 이에 철이는 공개자살이라는 새로운 도전을 기획한다. 그러나 철이는 학교 밖 사회에서 또 다른 모습의 "돼지"로 사육되는 어머니의 모습을 본 후 마음을 돌리고 다시 "개"들이 지배하는 학교로 되돌아와 순종적인 "돼지"가 되기로 다짐한다. 약속되었던 공개자살의 그날, 철이는 조회 시간에 옥상에서 뛰어내리는 원래의 계획 대신 뛰어내리는 척만 해서 모두에게 겁을 준 다음, 예상되는 학교 측의 제의를 받아들여 학교로 되돌아오는 것으로 계획을 수정하고 수정된 계획이 잘 실행될 수 있도록 경민에게 도움을 청한다. 그러나 "돼지의 왕"이 왕관을 벗어던지려 하는 바로 그 순간, 수정된 계획에 대해 우연히 알게 된 종석은 철이를 옥상 난간에서 밀어버리고, 그렇게 죽음을 맞이한 철이는 숭고한 희생자의 모습으로 "돼지"들의 영웅이된다. 충격적인 사건을 바탕으로 하는 이 작품에 대해 기존의 연구들은 일제히 '계급사회'나 '학교폭력' 같은 한국 사회의 만연한 문제들을 고발하는 반성적인 성격으로만 이해하고자 했다.[7] 이러한 일률적인 해석에 대해

---

7   이러한 입장의 연구로는 라제기(2012), 「계급 사회, 한국의 현실에 대한 정밀 보고서 : 영화 〈돼지의 왕〉」, 『플랫폼』 31호, 류유희, 이승진(2014), 「사회극 이론의 구조를 가진 애니메이션 리얼리즘에 관한 연구」, 『애니메이션 연구』, 서동수(2013), 「학교라는 시뮬라크르와 폭력의 시스템-영화 〈돼지의 왕〉을 중심으로」, 『동화와 번역』 제25집,

이의를 제기하는 곽영빈은 우리가 작품을 통해 읽어내야 하는 지점은 영웅주의가 아니라 반영웅주의라고 주장한다.[8]

그러나 문제는 바로 여기에 있다. 이 작품이 모든 논자들의 지적처럼 부조리한 우리 사회의 단면을 있는 그대로 보여주는 것이라면, 과연 이 작품은 영웅주의나 반영웅주의라는 이분법적 입장의 어느 한쪽으로밖에는 설명될 수 없는 것일까? 다시 말해, 철이라고 하는 인물은, 적어도 경민이나 종석의 시각에서는 죽음으로써 왕권과 백성을 지켜내려는 순교자의 모습(영웅적 이미지)이거나 아니면 왕관을 벗어던지고 현실에 순응하려는 모습(반영웅적 이미지)으로만 규정되어야 하는 것일까? 또한 철이의 이미지를 대하는 경민과 종석의 입장은 피지배계급이 보이는 연대의 불가능성으로만 읽혀야 하는 것일까?

(1) 내러티브의 특징 : 영웅주의/반영웅주의의 이분법을 넘어서

필자는 철이의 이미지를 둘러싼 경민과 종석의 서로 다른 입장이 실제로는 공존 가능한 것이라는 점에서 이 작품의 내용에 관한 논의를 시작하고자 한다. 철이로 대변되는 "돼지의 왕"은 사실 시스템에 속하지 않기를 바라지만 그렇다고 해서 시스템에 균열을 낼 수도 없는 존재, 어쩌면 바로 우리들의 모습일 것이다. 어떠한 논리도 없고 어떠한 삶의 방향도 제시되지

서수정(2014), 「'타자'들의 잔혹사 : 연상호 애니메이션」, 『만화 애니메이션 연구』, 안영순(2013), 「상석권의 세계 : 주네의 『엄중한 감시』와 연상호의 〈돼지의 왕〉」, 『세계문학비교연구』 42호 등을 들 수 있다.

[8] "그[감독]에게 진정한 문제는 오히려 영웅, 보다 정확하게 말해, 영웅에게 사회적 피지배층이 보여주는 거의 맹목적인 의존 그 자체이다."; 곽영빈 (2014), 「연대는 (불)가능하다 : 연상호 애니메이션의 '바닥없는 표면'」, 『만화애니메이션연구』, 469쪽.

않는 이 참혹한 세상에 던져진 우리는 때로는 세상의 모습에 절망해서 영웅주의를 꿈꾸기도 하다가 때로는 삶의 무게에 지쳐 시스템의 일원으로 사는 것에 대한 저항을 멈추기도 할 것이다. 따라서 필자는 이 작품에서 제시되는 철이의 이미지와 철이를 영웅화하려는 종석의 시도를 영웅주의/반영웅주의라는 이분법 대신에 우리 모두가 갖고 있는 영웅주의와 반영웅주의의 공존 상태, 즉 역설로 이해하고 〈돼지의 왕〉에 대한 분석을 하고자 한다.

악마적인 것의 숭고한 형태가 바로 영웅주의라고 주장하는 보들레르는 사실 영웅주의라는 용어를 통해 다음의 두 가지를 주장하려 했다. 첫째, 제도화 또는 관습화된 모든 것에 저항하기. 둘째, 철저한 자기탐구를 통해 일시적으로만 존재하는 새로운 시스템을 구성하기. 사회를 구성하고 그 시스템을 유지할 권리를 갖는 지배계급으로서의 부르주아를 비판하기 위해 보들레르는 우선 의사소통을 위한 기존의 시스템을 벗어나서 기존의 시스템으로는 포착되지 않는 새로운 의미망을 일시적으로 운용하고 그 새로운 의미망 내에서 일시적인 의미작용을 하기를 요청한다. 이러한 일을 담당하는 모던한 영웅은 한편으로는 댄디이거나 예술가일 수 있으며, 다른 한편으로는 부르주아의 시스템을 벗어나는 존재들인 넝마주이나 매춘부 또는 부르주아의 법을 어기는 범죄자일 수도 있다.

보들레르의 시 속에 자주 등장하는 인물들인 매춘부, 넝마주이, 범죄자 등은 부르주아가 만들어놓은 사회의 시스템을 벗어나 있는 존재들, 즉 실재로는 존재하지만 존재한다고 여겨지거나 승인받지 못하는 존재들이다. 그러나 그들이 동시에 사회를 좀먹거나 사회에 해를 끼치는 존재라는 부정적인 이미지를 가진 탓에 부르주아들은 그들을 자신들의 시스템 내로 편입하여 길들이려고 하였다. 굳이 푸코를 언급하지 않더라도, 갱생원이나 교정기관 등의 사회 시스템을 생각해보면 이러한 부분은 분명해 보인다. 그런데 시스템 밖의 존재들인 이들의 입장에서 살펴보면, 이들은 아마도 자의적으로 시스템 밖에 머물고 싶어 하는 것 같다. 마치 그들의 존재 자체가 사회의 시스템에 균열을 내고 있다는 사실, 혹은 시스템에 속할 수 없는 잉여적인 존재들이 존재한다는 것을 널리 알림으로써 부르주아의 시스템이 완결된 것이 아니라는 사실을 고발하려는 듯 말이다.[9] 아마도 작품 속 주인공들은 언뜻 보아 보들레르의 모던 영웅과 그 성격을 같이 하는 것처럼 보인다.

 우선 "돼지의 왕"이 되고자 했던 것처럼 보이는 철이는 학교라고 하는 고정되고 단일한 시스템에 균열을 내기를 원했던 것 같다. 하지만 그렇다고 해서 새로운 고정적 시스템을 만들어서 자신이 학교를 지배하기를 원했던 것 같지는 않다. 그렇기에 철이는 학교라는 현실과의 적당한 타협을 통해 시스템의 내부로 엉거주춤하게 발을 들여놓으려는 반영웅적 시도를 하게 되었을 것이다. 하지만 철이의 이러한 이중적 행태는 결국 종석을 절망으로 몰아넣게 되었고, 이후 비극적 사건의 계기로 작용하게 된다. 그러나 경민의 모습은 철이나 종석과는 다르다. 철이의 영웅놀이와 반영웅적 태도 그 어느 쪽에도 완전히 동조할 수 없었던 경민은 사실 어떠한 시스템에도 속할 수 없는 존재이다. 그러나 그는 시스템에 균열을 내거나 시스템 밖의 삶을 긍정적으로 받아들일 수도 없는 존재이다. 결국 그는 스스로의

---

[9] 작가 연상호의 작업은 늘 이러한 인물들을 중심으로 전개된다. 〈사이비〉(2013)에서는 마을이 수몰위기에 처하자 사이비종교에 내몰린 인간 군상이, 〈서울역〉(2016)에서는 노숙자, 가출 청소년 등 사회 시스템의 외부에 존재하는 인물들이 마치 잉여적 존재인 듯 그려지고 있지만, 사실 작가에게는 이들이야말로 작품을 이끌어나가는 중심인물들이다.

삶을 포기하는 모습을 보이게 된다. 마지막으로 종석은 "돼지의 왕"이라는 영웅의 탄생을 계기삼아 기존 시스템의 와해 및 새로운 시스템의 성립을 꿈꾸었던 인물로 보인다. 그러나 새로운 시스템을 구성하는 과정에서 종석이 행한 엄청난 폭력은 스스로를 처절하게 무너뜨렸을 뿐이다.

필자의 견해로는 이들 모두가 모던한 영웅인 것으로 보인다. 우선 철이는 영웅의 모습과 반영웅적인 모습 사이에서 동요한다. 규칙을 지키는 모범시민의 이미지(착한 아들의 이미지)와 범죄자의 이미지(돼지의 왕 이미지) 사이의 경계에서 요동치는 철이가 우리에게 보여주는 태도, 즉 현실을 부정하고 싶으면서도 현실과의 타협을 통해 적당한 거리를 유지하려고 하는 그의 모습이야말로 우리가 현실에서 마주하게 되는 우리의 참모습과 유사한 것이기 때문이다. 사회순응적인 모습으로 스스로를 포장했지만 결국 아내와 자신을 죽음으로 몰아넣을 수밖에 없었던 경민과 사회라는 시스템 내에서 성공하기를 꿈꾸었지만 결국 잉여적 존재에서 벗어날 수 없었던 종석 역시 같은 맥락에서 다루어볼 수 있다. 이들의 모습을 통해 우리가 깨닫게 되는 것은 바로 부조리한 현실 속을 살아가는 실존으로서의 우리의 실제 모습이다.

그렇다면 댄디 또는 예술가가 보여줄 수 있는 모던한 영웅의 모습은 이 작품에서 찾아볼 수 없을까? 사실 작가는 실존으로서의 우리의 모습, 즉 현대사회를 살아가는 인간들의 참모습을 극중 인물들의 관계를 통해 구체적으로 보여주고자 했던 것 같다. 철이와 경민, 종석 이 세 명의 인물들이 맺는 관계를 통해 현실의 민낯, 다시 말해 현실의 기이함을 관객들에게 직접적으로("지금, 여기"의 방식) 재현해내는 방식 그 자체가 우리 일상의 모습을 정확히 보여주는 지점이 아닐까? 우리는 모던한 영웅에 대한 논의를 시작하면서 보들레르가 말하는 영웅주의의 특징을 두 가지로 요약한 바 있다. 제도화 또는 관습화된 모든 것에 저항하는 것으로부터, 그리고 철저한 자기탐구를 통해 일시적으로만 존재하는 새로운 시스템을 구성하는 것으로부터 시작되는 영웅의 모습은 이 작품에서는 세 인물을 통해 독특한 이야기를 담아내는 작가의 의도와 관련된 것으로 보아야 할 것 같다.

영웅주의와 반영웅주의를 섞어놓은 듯한, 그래서 역설적으로 보이는 이 작품의 내러티브는 처음부터 작가의 의도라고 보아야 할 것이다. 작가는 이를 통해 기존의 영웅주의 또는 반영웅주의로만 특징지어지는 단일한 시스템에 균열을 일으키고 통일적인 의미작용을 방해함으로써 관람자 개개인에게 일회적이고 독특한 의미작용을 일으킨다. 기존의 논의가 이 작품을 영웅주의나 반영웅주의라는 단일한 틀로 해석해낼 수 없었던 것은 사실 이 작품이 갖는 의미작용의 방식을 제대로 이해하지 못했기 때문일 것이다. 삶의 목적이나 의미를 알지 못한 채, 주어진 현실을 살아낼 수밖에 없는 실존들의 이야기는 처음부터 단일한 시스템에 의거한 의미작용에 반하는 것이었다. 이러한 일시적이고 독특한 의미작용의 방식은 인물들 사이에서 일어나는 의미작용을 통해 보다 구체적으로 살펴볼 수 있다.

(2) 파편화된 의미작용 : 인물들 사이의 소통가능성의 부재

일시적이고 독특한 의미작용 방식이라는 점에 주목해서 작품 속 인물들을 살펴보면, 우리는 사실 그들 사이에 어떠한 소통도 제대로 이루어지지 않았다는 사실을 발견할 수 있다. 철이는 철이의 이야기를, 경민은 경민의 이야기를, 종석은 종석의 이야기를 할 뿐 그들 사이에는 처음부터 제대로 된 의사소통도, 또 의사소통을 통한 진정한 합의도 없다. 철이가 "개"들에 맞서기 위해 괴물이 되자고 말했을 때에도, 괴물이 되기 위해 고양이를 칼로 찔러 죽이자고 말했을 때에도, 철이의 이야기와 그 이야기를 듣는 종석

과 경민의 입장은 늘 다른 것이었다. 철이를 "돼지"들의 왕으로 받아들이게 된 모든 아이들에게도 철이의 이미지는 개개인마다 차이를 갖는 것이었을 터이다. 실제로 경민이 왕의 퇴위를 어쩔 수 없이 받아들였던 데 반해, 종석은 자신만의 왕의 이미지를 완성하기 위해 철이를 옥상 난간에서 밀어버리고 만다. 이 사건을 받아들이는 종석과 경민의 입장 또한 다르다. 철이를 밀어뜨려 죽게 만든 장본인인 종석은 스스로를 폭력 가해자로 내몰게 되고[10] 종석이 철이를 밀어뜨리는 장면을 목격했으나 이를 함구했던 경민은 철이를 배신했던 죄의식과 자신의 무능함을 탓하며 스스로를 자기 파괴의 상황으로 몰고 간다. 이는 어른이 된 후 각자에게 정신적 외상으로 남은 이 사건을 이야기하는 방식에서도 커다란 차이로 나타난다.

인간들의 의사소통이란 원래 합의에 도달할 수 없는 것이라 주장하는 리오타르는 우리들 각자가 처음부터 각각 다른 규칙을 갖는 개인어(idiolecte)를 사용하여 의사소통을 시도하기 때문에 개인어들이 갖는 이질성(hétérogénéité)은 언제나 통약불가능(incommensurable)한 것으로 남을 뿐, 이상적인 의사소통은 처음부터 불가능하다고 주장한다. 특히 어떠한 끔찍한 사건에서 살아남은 생존자들은 궁극적으로 자신들이 겪은 참상을 정확하게 진술하거나 재현할 수 없는데, 그 사건의 실상은 언제나 그들이 생각할 수 있는 한계를 넘어서기 때문이며, 기억한다고 해도 정확하게 인식할 수 없거나 또는 자신은 그 사건을 기억하고 정확하게 인식한다고 해도 다른 사람들에게 정확하게 인식시킬 수 없기 때문이다. 이 작품의 중심이자 세 인물의 연결고리가 되는 끔찍한 사건들은 처음부터 기억되거나 인

---

10   동거녀를 폭행하는 장면이 이를 잘 보여준다.

식되거나 인식시킬 수 없는 참상, 말하자면 애초에 재현이 불가능(전통적 재현의 의미에서)하며, 소통가능성도 없는 '끔찍한 어떤 것'일 뿐이었다. 부조리한 세상에 내던져진 실존들은 어쩌면 처음부터 어떠한 의사소통의 가능성도 없이 자신의 이야기만을 늘어놓을 뿐인지도 모른다. 그리고 아마도 이러한 모습이 우리 삶의 참모습일 것이다. 이를 제대로 전달하기 위해 작가는 파편화된 의미작용 방식을 통해 일회적인 의미작용을 추구하는 모습, 즉 보들레르의 예술가와 유사한 모습을 보이게 되었다.

이처럼 진술이나 재현의 범위를 넘어서는, 어쩌면 재현 자체가 불가능한 사건을 재구성하여 누군가에게 전달하기 위해서는 어떤 형식이 필요한 것일까? 말하자면, 보들레르가 주장하는 것처럼 일상적 삶의 참모습인 기이함을 관람자에게 전하기 위해 작가는 어떤 형식을 취해야만 하는 것일까?

2) 형식적 특징 : 불협화를 통한 새로운 재현의 가능성

전통적 방식의 재현으로 담아내기에 불가능한 사건을 보여주기 위해 작가는 기존의 작품들과는 다른 방식을 찾아야만 했을 것이다. 특히 이 사건이 부조리한 세상에서 빚어지는 실존들의 관계에 관한 것이라면, 이 사건에 대한 인물들의 심리적 반응에 초점을 맞추려는 작가의 입장에서는 기존의 재현과는 다른 방식이 필요했을 것이다. 흔히 비재현적인 특징, 보다 정확하게는 반재현적인 특징을 갖는 형식으로는 표현주의를 들 수 있을 것인데, 〈돼지의 왕〉의 형식상의 특징을 표현주의적 경향으로 볼 수 있을까?

필자가 보기에 이 작품은 표현주의로만 해석해내기에는 훨씬 다양하고 복잡한 양상을 띠는 듯하다. 재현에 반대하는 입장에서 출발한 표현주의가 비재현적인 방식을 주로 추구하는 특징을 갖는 데 반해, 이 작품은 표현주의적인 특징을 갖는 동시에 재현적 요소들 또한 포기하지 않기 때문이다. 따라서 필자는 왜곡과 과장이라는, 일반적으로 표현주의적 특징으로 다루어지는 지점들을 불협화의 요소들로 규정하고, 거친 표현방식과 동시성의 왜곡이라는 불협화의 요소들에 집중하여 작가가 보여주는 독특한 재현방식의 특징을 이야기해보려 한다.

그런데 이 작품에서 드러나는 불협화의 요소들은 우리가 앞서 살펴보았던 "재현의 현재화"와 관련해서 설명할 수 있을 것 같다. "재현의 현재화"가 과거와 현재의 공존으로 인해 빚어지는 역설로 설명되었듯이 이 작품 속에 나타난 불협화의 지점들 또한 상반된 요소들 또는 서로 이질적인 특성들의 공존인 역설로 이야기될 수 있기 때문이다.

(1) 첫 번째 불협화 : 사실적인 내러티브와 비사실적인 그림체의 공존으로서의 역설

연상호 작가는 탄탄하고 사실적인 내러티브를 구사하는 것으로 잘 알려져 있다. 그러나 그와는 대조적으로 거칠고 비사실적인 그림체로 악명을 떨치기도 한다. 디즈니 식의 미국 애니메이션이나 미야자키 하야오로 대표되는 일본 애니메이션에 익숙한 이들이라면 누구나 〈돼지의 왕〉의 그림체가 불편하게 느껴질 것이다. 더군다나 그 그림체를 통해 전개되는 이야기가 무겁고 사실적인 것이라면 그 불편함은 훨씬 더 할 것이다. 작가는 도대체 왜 그토록 탄탄한 내러티브에 이렇듯 거친 그림체를 입혀둔 것일까?

앞에서 논의한 바 있는 '재현의 현재화' 개념을 바탕으로 〈돼지의 왕〉을 살펴보면, 작가의 거친 그림체는 다분히 의도적인 것으로 보인다. 세부의 생략이나 거친 표현들, 다시 말해 일반적으로 완결되지 않은 작품에서나 보게 될 이러한 특징들은 미완성의 표지로 읽힐 수 있고, 이러한 특징은 내러티브와의 대조를 통해 이 작품이 파편적이라는 인상을 강하게 준다. 파편적으로 보이는 이 작품은 결국 하나의 이야기로 수렴되지 않는 것으로 보이게 되고, 전체성이 상실된 것처럼 느껴지게 되는데, 미완성, 파편화, 전체성의 결여와 같은 특징들은 우리가 이미 다루었던 '재현의 현재화'의 특징들이기도 하다.

결국 〈돼지의 왕〉은 전체성, 통일된 의미작용 등을 강하게 주장했던 전통적 재현으로부터 멀리 떨어진 것으로 여겨지게 된다. 실제로 세부가 생략되고 거칠게 표현된 이미지들은 저마다의 이야기를 할 뿐 하나의 서사로 수렴되지 않으며, 이를 통해 관람자는 전체성이 결여되어 있음을 느끼게 될 것인데, 이 모두는 단일한 시스템에 의거한 통일된 의미작용을 와해시키는 요소로 작동한다. 바로 이러한 점에 주목하면, 각각 자신의 이야기를 할 뿐인 등장인물들 사이에는 처음부터 어떠한 의사소통도 불가능하도록 한 것이 작가의 의도였다는 사실을 다시 한 번 확인할 수 있게 될 것이다.

특히 이 작품이 크게 호평을 받았던 부분과 많은 논의의 대상이 되었

거칠지만 사실적인 〈돼지의 왕〉

던 부분이 모두 사실적인 내러티브에 대한 주목과 궤를 같이 한다는 점을 생각해보면, 매우 현실적인 이야기 속으로 관람자가 몰입되지 않도록 하기 위해서 작가가 의도적으로 마련한 장치가 바로 덜 사실적으로 보이는 그림체라고 생각된다. 만일 탄탄한 구성을 가진 내러티브에 누가 보아도 사실적인 그림체가 더해진다면, 우리는 작품 속 주인공이나 화자에 동화되어 작품 속 사건을 직접적으로 체험하는 느낌을 갖게 될 것이다. 말하자면, 작품 속으로 완전히 몰입하는 경험을 하게 되고, 그 결과 내 안의 무엇인가가 해소되는 느낌, 소위 카타르시스를 느끼게 될 지도 모른다. 하지만, 작가가 작품을 통해 우리에게 보여주고자 하는 것이 우리가 살아가는 이 사회의 민낯, 즉 가려진 진실이라면, 우리는 작품 속 이야기에 빨려 들어가 극중 인물과 자신을 동일시하기보다는 작품과의 비판적 거리를 유지해야만 한다.

특별한 이유나 근거 없이 삶의 현실로 내몰린 실존으로서의 극중 인물들이 자신의 삶에 아무런 의미도 부여하지 못한 채 우왕좌왕하는 모습을 있는 그대로 담아내고자 하는 이 작품은 관람자가 철저히 비판적 거리를 유지할 때에만 그 의미가 드러나게 될 것이다. 매우 사실적인 내러티브 덕분에 관람자들은 이 작품을 감상할 때 쉽게 몰입하게 된다. 그러나 작가는 이러한 서사구조를 통해 아이러니하게도 일상의 민낯, 즉 기이함을 관람자에게 전달하려 하였고, 그러한 의도를 바탕으로 작가는 작품과 관람자 사이의 동일시를 방해하기 위한 독특한 형식적 요소들을 작품 속에 배치했다. 독특한 형식적 구조의 첫 번째 지점은 바로 사실적인 내러티브와 매우 비사실적인 그림체가 자아내는 역설, 즉 내러티브가 구성해내는 과거와 관람자가 지금 경험하는 기이함이 자아내는 불쾌함에서 찾아볼 수 있다. 그런데 이 작품이 갖는 어긋남의 지점은 그림체와 목소리 연기의 관계에서도 그대로 드러난다.

(2) 두 번째 불협화 : 투박한 그림체와 사실적인 목소리 연기의 공존으로서의 역설

이 작품을 관람할 때 관람자가 느끼게 되는 또 하나의 불편함이 있다. 거친 그림체와 커다란 대조를 보이는 실감나는 목소리 연기가 바로 그것이다. 애니메이션은 그 특성상, 무성 애니메이션이 아니라면, 그려진 인물들에 덧입혀지는 대사, 즉 목소리 연기가 필수적이다. 그런데 이 작품은 귀로 듣는 목소리 연기와 눈으로 보는 그려진 인물 사이에 묘한 부조화가 있다. 거칠게 그려지고 세부가 생략되어 마치 그리다 만 것 같은 그림체의 문제와는 달리 이 작품 속 목소리 연기는 매우 사실적이다. 만약 우리가 목소리 연기만을 듣게 된다면, 우리는 마치 라디오극을 청취하는 것처럼 사건의 진행이나 인물들의 감정선을 좇아갈 수 있을 것이다. 그러나 이처럼 생생한 목소리 연기와 투박한 그림 사이의 불일치는 그림이 보여주는 작품 속 장면의 진행과 목소리 연기가 동화되지 않음을 관람자가 감지하게 될 때 극대화된다.

그려진 인물의 행위와 목소리 연기 사이의 부조화 및 불일치는 불협화를 낳고, 그 불협화는 관람자의 몰입을 방해하는 또 다른 요소로 작용하는데, 이때 관람자는 단순히 불편함을 넘어서 불쾌함을 느끼게 된다. 칸트 이래로 근대미학에서 미적 경험의 특징이 쾌(pleasure)로 규정되어 왔다는 점에 비추어볼 때, 〈돼지의 왕〉은 미적 경험이라기보다는 추함에 대한 경험이라 설명되어도 무방할 법하다. 사실 이 작품의 경우 이야기의 내용 자체가 갖는 불편함도 고려되어야 할 것이지만, 실제로 이 작품을 보게 되었을 때 얻게 되는 즉각적인 불쾌함은 형식적인 불협화에서 비롯되는 불쾌감이다. 과거를 재현해내는 거친 이미지는 지금 내 위에 꽂히는 실감나는 목소리와 묘한 불일치를 만들어내고 이는 곧 불쾌감으로 이어진다. 관람자로 하여금 불쾌를 경험하도록 하는 작가의 의도는 과연 무엇일까?

필자는 작가 고유의 상상력이라는 점에서 이를 살펴보고자 한다. 다시 한번 보들레르를 따르자면, 예술가가 보통의 사람과 다른 까닭은 바로 그가 상상력을 소유하고 있다는 점이다. 부르주아의 통치원리인 이성주의를 혐오하는 보들레르는 그의 미학을 통해 예술가가 기존의 의사소통 시스템을 뒤엎고 상상력으로 소통하기를 바란다. 상상력으로 이루어지는 소통은 물론 일종의 의사소통을 위한 시스템이 될 터이지만, 이는 늘 일회적일 뿐이다. 항상 새로운, 그러나 일회적인 시스템을 만들어 다른 방식의 의사소통을 꿈꾸는 자야말로 보들레르가 주장하는 예술가일 것이다. 보들레르의 예술가는 현대적 삶의 기저에 놓여 있는 진실, 즉 일상적인 것들의 이면을 발견하고 그것을 전하기 위해 이성이 아니라 상상력을 사용해야 한다. 인간의 정신 능력 가운데 가장 고차원의 능력인 상상력을 통해 그가 깨닫게 된 일상의 참모습이 예술가를 넘어 관람자에게도 전해지게 된다.

이처럼 예술가가 발견해낸 일상의 민낯은 그의 상상력을 통해 작품으로 만들어지고 또다시 관람자의 상상력을 통해 일회적으로 소통된다. 이를 위해서 작가는 일상적인 의사소통 또는 의미작용 시스템에 균열을 내야 하는데, 작가는 목소리 연기와 그려진 인물의 행위 사이의 불일치를 통해 애니메이션에서 작동되는 기존의 의미작용 방식에 균열을 일으킨다. 요컨대 작가는 이 작품 속에 사실적인 내러티브와 거칠고 비사실적인 그림체의 공존, 그리고 거친 그림체와 실감나는 목소리 연기의 공존이라는 2중의 불협화의 계기를 의도적으로 마련하고 있는 것이다. 작가는 이러한 불협화의 계기를 통해 관람자의 몰입을 방해하고 반성적 거리를 유지하게끔 하는 한편, 다른 한편으로는 기존의 미적 경험의 특징인 쾌적함 대신 불쾌를 경험하도록 한다. 그렇다면 이러한 불쾌의 감정이 갖는 의미와 가치는 무엇일까?

3. 왜 불쾌하게 만드는가 : 부조리한 현실 속 실존에 대한 진정한 경험의 결과

우리는 이상의 논의를 통해 작품 속 인물들이 영웅주의/반영웅주의의 이분법을 벗어난다는 점을 살펴보았다. 동시에 그 인물들은 기존의 의미작용 방식으로는 설명되지 않는 유형의 인물, 즉 보들레르가 말하는 모던한 영웅 이미지로 이해될 수 있다는 것도 알게 되었다. 뿐만 아니라 사실적인 내러티브와 거친 그림체의 공존 및 투박한 그림과 생생한 목소리 연기의 공존이 빚어내는 역설의 상황이 보들레르식 재현, 즉 '재현의 현재화'의 사례로 설명될 수 있다는 점도 분석해보았다. 그런데 보들레르는 단일한 시스템이나 통일적인 의미작용으로부터 완전히 벗어나는 예술은 자율적이 될 것이라고 주장한다. 예술이 문학이나 철학에 종속되어 있다는 것은 지배층의 이익을 재생산하기 위한 담론을 구성해내야 하는 임무를 담당하는 것이기에 예술은 문학적이거나 철학적인 내용을 전달하지 않음으로써 비로소 지배적인 이데올로기의 작동에서 벗어날 수 있을 것이기 때문이다. 바로 이러한 점이 보들레르가 말하는 '예술의 자율성'의 기본 성격을 이루게 된다.

실제로 이 작품은 그 내용상 학교라는 제도 내에서 작동되는 시스템과 권력관계, 그리고 권력을 둘러싼 힘겨루기의 문제를 매우 사실적인 방식으로 다루고 있다. 그러나 이 내러티브는 자살한 경민을 보며 절규하는 종석의 모습으로 끝을 맺는데, 이 마지막 장면은 관람자들에게 지배적인 시스템에 대한 항거는 아무런 결과도 맺을 수 없다는, 잔혹한 현실의 모습만을 대면하게끔 한다. 저항은 무의미한 것일까? 그것이 과연 작가가 하고 싶었던 말일까? 필자는 이 부분을 작가와 관람자가 상상력으로 소통하는, 파편적이고 일회적인 의미작용의 시스템으로 설명한 바 있다. 이러한 의미작용은 사실 '재현의 현재화'를 통해 이루어진다. 내용과 형식사이의 불일치가 가져오는 첫 번째 불협화(내러티브-그림 사이의 불협화)와 형식적 요소들 간의 불일치가 만들어내는 두 번째 불협화(그림-목소리 연기 사이의 불협화)는 기존의 일반화된 미적 경험의 방식으로는 설명되지 않는다. 이러한 경험은 지성이나 이성의 힘을 빌려 이해하기에는 아귀가 맞지 않고, 그저 쓸데없는 것이라고 웃어넘기기에는 무언가 불편함이 남는다. "현재의 삶, 특히 일상적인 삶의 모습을 포착하여 형상화한 보들레르의 예술은 현재성을 담보하고 있지만, 그것에 대한 경험은 어디에도 속하지 않고 기존의 어떠한 체계로도 설명할 수 없으므로 자신만의 고유한 잣대를 필요로 하게 된다. 그것이 단지 일시적인 것일지라도 말이다."[11] 바로 이러한 경험으로부터 시작되는 예술을 두고 보들레르는 자율적이라 부른다.

불쾌는 말하자면 기존의 방식으로는 이해되지 않는 것, 또는 하나의 의미로 환원되지 않는 것에 대한 경험일 뿐 그 자체로 부정적인 것은 아니다. 오히려 쾌와 미의 논리가 지배적이었던 예술 시스템에 대한 항거이자 그러

---

[11] 예술과 사회의 관계와 예술에 의한 사회비판에 대한 보다 자세한 논의를 위해서는 정성철 (2009), 「예술사회학으로서의 아도르노 미학」, 『미학』 제58집, 63~64쪽을 참고하라.

한 시스템에서 벗어난 자율적인 예술이 만들어내는 고유한 효과라고 보아야 할 것이다. 부조리한 현실을 아름답게 담아낸다는 것은 과연 가능할까? 부조리한 현실 속에 내던져진 채 우왕좌왕하는 실존들의 모습을 담아내는 예술이 쾌를 유발할 수 있을까? 당연하고 자연스러운 메시지를 전달하기를 멈춤으로써 비로소 지배 이데올로기에서 벗어날 수 있게 된 예술은 이제 기존의 의미작용의 형식을 무너뜨리고 새로운 의미작용의 형식을 취하게 된다.

그리고 바로 그 시스템을 통해 만들어지는 의미는 시스템이 가진 일시적인 성격처럼 영원하지도 고정적이지도 아름답지도 않다. 우리의 현실을 여과 없이 보여주려는, 새롭지만 일회적인 시스템의 예술은 우리를 "지금, 여기"의 방식으로 우리의 일상과 대면하도록 한다. 바로 이것이 보들레르가 주장했던 '자율적 예술'의 임무이며, 이러한 자율적 예술의 효과는 관람자에게 쾌가 아닌 불쾌를 가져다줄 수밖에 없다. 그리고 이때의 불쾌는 관람자가 예술 작품에의 몰입을 방해받음으로써 생겨나는 감정으로, 말하자면 대상과 관람자 사이의 거리두기를 통해 관람자가 예술 작품이 담아내고 있는 현실의 참모습을 직시했을 때 얻게 되는 필연적인 효과라 할 수 있다.

불쾌와 예술의 자율성 사이의 관계에 관심을 갖는 또 다른 이론가로 우리는 아도르노를 들 수 있다. 아도르노에 따르면, 고통으로 가득 찬 이 세계는 더 이상 개념적 사유의 영역에서는 재현불가능한 것이 되어버린 터, 이 세계의 고통을 표현할 수 있는 것은 예술뿐이다. 그렇다면 고통스러운 이 세계는 어떻게 예술을 통해 표출될 수 있을까? 아주 거칠게 이야기하면, 아도르노는 예술이 사회를 미화해서는 안 된다고, 즉 예술은 사회를 비판하는 성격을 가져야 한다고 주장한다. 하지만 이 또한 다음의 두 계기를 만족시켜야만 한다. 첫째, 사실적인 재현의 미학을 거부해야 한다. 둘째,

내용을 통한 직접적인 비판이 아니라 형식적 미메시스를 통한 사회비판을 수행해야 한다. 요컨대 아도르노는 현실에서의 불편함이 예술이라는 가상에서 해소되지 않기를 요구한다. 특히 추하고 고통스러운 현실에 대한 경험이 불쾌감을 주는 예술 형식을 통해 오롯이 전해지는 그러한 예술이 바로 형식적 미메시스를 통한 사회비판의 성격을 갖는 '자율적 예술'이라 그는 설명한다. 그리고 이러한 '자율적 예술'이 되기 위하여 예술 작품은 현실과 구별되는 특징, 가상으로서의 성격을 가져야만 한다.

가상으로서의 성격을 갖기 위해 작품은 다음의 두 가지 조건을 만족시켜야만 한다. 첫째, 통일성 없이 분산되고 모순을 이루는 것들의 구성물이 되기. 이러한 작품은 부조리한 세계를 있는 그대로 반영한다. 둘째, 부조화 또는 불협화라는 표현적 특징을 갖기. 이러한 특징 하에서만 하나의 작품은 고통으로 가득 찬 세계를 드러내 보일 수 있다. 이처럼 보들레르와 아도르노가 말하는 '자율적 예술'은 결국 관람자가 작품 속에서 어떠한 대리만족이나 환영적인 화해의 경험의 가능성도 주지 않는, 말하자면 몰입을 방해하는 파편적인 구성 방식과 부조화라는 특징을 갖는 작품이 될 것이다. 이러한 작품을 통해 관람자는 작품과의 반성적 거리를 유지하게 될 것이고, 거리두기를 통해서 삶의 참모습을 "지금, 여기"의 방식으로 대면하게 될 때 비로소 진정한 의미에서 작품을 통한 사회비판에 도달하게 될 것이다. 바로 이 점이 〈돼지의 왕〉을 통해 우리가 얻게 되는 불쾌함의 진정한 의미가 될 것이다.

맺음말

"예술, 나와 작품이 하나가 되는 것"

이 책은 필자의 오랜 고민인 모더니티와 포스트모더니티, 그리고 이미지의 관계에 관한 문제로부터 시작되었다. 모더니티와 포스트모더니티는 완전히 대립되는 것일까? 모던한 이미지와 포스트모던한 이미지는 명백히 다를까? 만약 그렇지 않다면 무엇이 문제일까? 모더니티에 대한 기존의 이해가 잘못된 것일까? 기존의 이해가 잘못된 것이라면, 우리는 모더니즘 미술론의 모든 설명을 재검토해야 한다. 이미지를 충실히 읽어내기 위해서는 모더니즘 이론이나 포스트모더니즘 이론에 관한 정확한 이해가 뒷받침되어야하기 때문이다.

아마도 독자들은 이 책을 읽으면서 필자의 의도가 이분법적 시각을 넘어서는 데 있음을 눈치 챘으리라 생각한다. 이분법의 논리는 데카르트 이후 근대 철학의 기본적인 견해이다. 이 시각을 고수하는 한 그 누구도 역설을 그냥 넘길 수 없다. 이분법의 논리는 데카르트에게서 칸트로, 그다음에는 아방가르드를 신봉하던 이들과 그린버그에게로 이어져 모더니즘 미술론을 탄생시켰다. 본래 모더니티에 내재하던 역설을 억지로 해소한 후 진보와 미래라는 단일한 방향을 향해 달려가는 그들만의 이론을 완성했던 것이다. 하지만 그들의 주장은 언제나 막다른 골목으로 치달았을 뿐이라는 사실을 이 책을 통해 살펴보았다. 또한 그들의 주장과는 달리 이분법을 무너뜨리려 노력했던 예술가들이 존재했다는 사실도 알게 되었다.

이 책은 영국과 미국을 중심으로 전개되었던 모더니즘 미술론을 비판적으로 검토하고 그 대안으로 프랑스의 논의들을 소개하여 이미지를 보다 풍부하게 설명하고자 했다. 이런 방식으로 현대미술을 이해하면 어떤 장점이 있을까? 우선 이분법에 얽매이지 않는 논의들을 통해 역설을 가진 모더니티의 본래 모습을 회복할 수 있다. 또한 모더니즘 미술론으로 설명할 수 없던 작품이나 작가들에 관해서도 충분히 이야기할 수 있다. 나아가 역설의 상황은 제한이나 배제가 없기에 역설을 고려하는 이해방식은 무엇이든 가능한 듯 보이는 오늘날의 예술에 편견 없이 다가갈 수 있도록 한다는 점에서도 매우 큰 도움이 된다. 다음으로 모더니즘의 기획들, 예를 들어 진보를 가정하는 아방가르드 미학이나 새로움을 숭배하는 '새로움의 미학' 등의 한계를 보여주고, 기존의 모더니즘 논의가 매우 편협한 것이었음을 드러내 보일 수 있다.

마지막으로 모던이나 포스트모던 모두가 당대 사람들이 살아가는 "지금, 여기"의 모습들을 비판적 시각으로 담아내어 우리에게 반성을 촉구하는 예술을 긍정하는, 연속적인 하나의 입장이라는 사실을 확인할 수 있게 한다는 점에서도 큰 의미를 갖는다. 말하자면 역설을 배제하는 논의 방식이 모더니티에 대한 오해를 낳고 모던과 포스트모던의 대립을 가져왔다는 것이다.

어쩌면 우리가 보들레르의 모더니티 정의를 제대로 이해했더라면, 그래서 나와 작품이 단지 하나가 되는 것이 예술을 즐기는 법이라는 사실을 알았다면 상황은 달라지지 않았을까? 기존의 정해진 감상법을 넘어서서 누구나 예술과 스스럼없이 친해질 수 있다면, 이렇게 어려운 설명은 처음부터 필요 없는 것이 아닐까.

주체와 대상으로 이루어진 이분법에 기초한 예술 감상법은 근대 미학의 성립과 함께 완성되었다. 그렇기에 우리가 당연한 것으로 여기는, 예술작품을 관조의 대상으로 보는 관람 태도 또한 사실은 그리 오래 되지 않은 일이라 할 수 있다. 근대 미학이 비판의 대상이 된 오늘날, 아름다움/추함, 주체/타자, 남성/여성, 서구/비서구로 이야기되는 이분법의 세계는 흔들리고 있다. 적어도 이미지의 세계에서는 이분법이 구분했던 모든 것의 경계가 허물어지고 있다. 그래서 우리는 이미지를 다른 방식으로 읽어낼 수 있어야 한다!

찾아보기

도서·논문·작품

『감각의 논리 : 프랜시스 베이컨』 261~2
『고사기』 329~30
『꿈의 해석』 171
『데어 슈투름』 131~2
『라신과 셰익스피어』 142
『맹인』 206
『모더니즘 회화』 101, 193
『모더니티의 다섯 개 역설』 187, 199
『문명과 불만』 172
『문화와 무질서』 189
『미학(Aesthetica)』 45~6
『방법서설』 39
『성욕에 관한 세 편의 에세이』 171
『순수이성비판』 48~9
『시뮬라크르와 시뮬라시옹』 246
『시와 회화에 관한 비평적 성찰』 37
『시학』 31
『실천이성비판』 48~9
『아방가르드의 이론』 203
『악의 꽃』 221
『에밀』 221
『에스테티카』 73

『오리엔탈리즘』 296
『인간 불평등 기원론』 74
『일상생활의 정신병리학』 171
『자아와 원초아』 172
『차이와 반복』 260
『철학이란 무엇인가』 260
『청기사』 133
『쾌락 원칙을 넘어서』 172
『파르티잔 리뷰』 190
『판단력 비판』 37, 48~50, 52, 57
『학문예술론』 74
『현대적 삶의 화가』 92, 220
『화론』 33
『환상의 미래』 172

「기계복제시대의 예술 작품」 246
「더 새로운 라오콘을 향하여」 194, 222, 232
「라오콘」 194, 228
「리처드 머트씨의 경우」 206
「모더니즘 회화」 101
「생시몽이 법관들에게 보내는 편지」 202
「아방가르드와 키치」 190

<10년 후 아버지와 아들들> 210

<3등 열차> 84
<L.H.O.O.Q.> 182~3
<가을 리듬: 넘버 30> 198
<가죽 끈에 끌려가는 강아지의 역동성> 165
<거리의 불빛> 166
<건초마차> 62
<계단을 내려오는 누드 No.2> 180~1, 205
<골든 마릴린 먼로> 251
<교황 이노센트 10세의 초상> 272
<구성 8> 136
<군인으로 그려진 자화상> 130
<그랑드 자트 섬의 일요일 오후> 147~9
<꿈> 176, 180
<꿈의 열쇠> 215
<나루토> 329
<나무 밑의 소녀들> 127
<눈보라-알프스를 넘는 한니발> 63
<달러 사인> 256
<달리는 말> 164
<돌 깨는 사람들> 80~1
<돼지의 왕> 10, 349~51, 358~63, 366~8, 370, 375
<등나무가 있는 정물> 159
<로즈 셀라비> 184~5
<마릴린 먼로> 6, 249~51, 253
<막시밀리안의 처형> 111
<만져보세요> 185
<말을 탄 연인> 135
<면도한 L.H.O.O.Q.> 183~4
<모나리자> 181, 183, 191, 254
<모노노케히메> 323, 336, 340~1, 346

<모자를 쓴 여인> 124~5, 155
<모자를 쓴 여인의 누드> 125~6
<미래소년 코난> 323, 336
<밀담을 나누는 세 명의 변호사> 85~6
<바람계곡의 나우시카> 323, 337, 346
<바람이 분다> 344~5
<바이올린과 파이프> 159~60
<백마> 60
<뱀에게 물려죽은 남자가 있는 풍경> 61
<베를린의 거리풍경> 129
<벨라스케스의 교황 이노센트 10세의 초상을 따른 연구> 272
<별이 빛나는 밤> 277
<볼라르의 초상> 156~7
<불쌍한 꼽추> 292
<붉은 돼지> 337~9, 346
<사르다나팔루스의 죽음> 64~5
<샘> 6, 182, 205~8
<생트 빅투아르산> 153, 285
<서른이 하나보다 낫다> 254
<세 발명가> 292
<센과 치히로의 행방불명> 323, 340, 342, 346~7
<아비뇽의 아가씨들> 125~6, 152, 154~5, 179
<아주르와 아스마르> 292~4, 300~2, 304~5, 307, 313, 315, 317, 321
<아테네 학당> 23
<에스타크> 125, 152~4
<오늘날의 가정을 그토록 색다르고 흥미롭게 만드는 것은 무엇인가?> 193

찾아보기 381

<오르낭에서의 장례> 82

<올랭피아> 89, 102~8, 110, 112, 155, 177

<우르비노의 비너스> 102~7, 177

<의자 앞의 프란치> 123

<이미지의 배반> 124

<이웃집 토토로> 323, 337, 346

<자동 드로잉> 213

<자전거 타는 사람의 역동성> 167

<자화상>(반 고흐) 279~80

<자화상을 위한 습작> 265, 281

<절규> 116~7

<제3인터내셔널 기념탑을 위한 모형> 211~2

<조지 다이어> 269

<조지 다이어에 관한 습작> 269

<질주하는 말> 164

<차 안에서> 259

<천공의 성 라퓨타> 337, 346

<최후의 심판> 134

<캠벨 수프 캔> 252~3

<키리쿠와 마녀> 292

<퇴폐미술가의 자화상> 132

<튈르리의 음악회> 92~3, 97

<파리스의 심판> 99, 100, 110

<풀밭 위의 점심> 99, 100, 109, 110, 112

<프랜시스 베이컨> 265

<프린스 앤 프린세스> 294, 297~300, 306

<하울의 움직이는 성> 323, 343

<해바라기> 276

<화상 앙브루아즈 볼라르의 초상> 156

<화실에서의 점심> 91, 109

인명, 항목

ㄱ

가미카제 344

가타리 260

갈릴레이 27

감성적 인식 46

경험론 40~1, 43, 332

계몽주의 48, 60, 71~7, 208, 237~8, 295~6

고갱 116, 129, 154, 179

고야 99

고전주의 33, 37~8, 58~9, 62, 65, 114, 141~2, 145, 176, 194~5, 232~3, 245

곤차로바 166

공공사업진흥국(WPA) 200

공통감 56~7

교토학파 332~6, 340, 347~8

구축주의 203, 211~2, 217

그리스도교 24~6, 70, 76, 138, 251, 293~4, 321~2, 330, 333

그린버그 9, 88~9, 97, 101, 145, 187~90, 192~7, 199~202, 218~25, 227~32, 236~8, 261, 264, 377

근대미학 8, 37, 39, 44~5, 59

기호가치 242, 249, 253

김후련 328

꼬맹 357

ㄴ

나이브 아트 179

나치(즘) 132~3, 137, 198

나폴레옹 65, 72, 146

낭만주의 8, 37~8, 59, 60, 63~5, 75~7, 95, 141~2, 229

노에시스 46

눈속임의 환영 145

눈으로 만지기 265, 275, 287

눈의 독재 227

니체 76, 165, 227

ㄷ

다다이즘 160, 166, 202~5, 207, 213

다리파 127~9, 131, 133

다비드 오베르 25

다이어그램 262, 266, 268~70, 276~8, 281~2, 285~7, 290

대동아공영권 331

데카르트 27~9, 39, 40, 44~5, 69, 71, 73, 237, 205, 304, 352, 377

데포르마시옹 129

도미에 83~7

동시성 165~6, 180, 367

동체사진법 164

뒤보스 37

뒤샹 5, 132, 180~6, 203~8

드 메스트르 73, 76

드 필르 33

들라크루아 64~5, 87, 279

들뢰즈 10, 260~71, 273~8, 281~3, 288~90

디자인 31, 55, 211, 255

ㄹ

라이프니츠 40, 45, 48

라파엘로 23, 59, 99, 110

레디메이드 183, 205, 206

레싱 194, 228

레오나르도 다 빈치 59, 181~3, 191

로베르 들로네 176

로크 40~1

루솔로 163

르네상스 24, 26~7, 34~5, 37, 44, 59, 71, 98, 114, 125, 155, 194, 232, 245, 294, 304

리버럴 아트 33

리시츠키 211

리처드 해밀턴 192~3

리히텐슈타인 259

ㅁ

마그리트 214~6

마네 9, 88~94, 96~113, 144, 155, 177, 195~6, 199, 233

마레 164~5

마르크 132~4

마르크스주의(자) 198, 201, 223, 230, 337

마리네티 161, 163~4

마케 127, 133~4, 136

마티스 115, 124~5, 152, 154~5

막스 펙슈타인 115

만 레이 212

만화 10, 259, 325~9, 336, 339, 360

말레비치 166, 211

망가 325~6

매튜 아놀드 189~90

모더니즘 88~9, 99, 101, 140, 151, 168, 175, 187~8, 193, 195~6, 207, 218~20, 224, 230, 232~4, 236, 238, 261, 377~8

모더니티 9, 69, 71~3, 77~80, 102, 139~40, 145, 188, 225~6, 229, 378

목적론적 역사주의 188, 231

무관심성 41~2, 50

뭉크 116~8, 129

뮌터 133~4

미래주의 9, 131, 134, 138, 146, 151, 161, 163~7, 180, 205

미셸 오슬로 10, 292~4, 297~8, 300~1, 305~7, 313, 315, 317~8, 320~2

미야자키 하야오 10, 323~5, 328, 335~48, 367

미적 경험 22, 36, 75, 96, 196, 235, 350, 370, 372~3

미적 모더니티 9, 69, 77~9, 229

ㅂ

바움가르텐 39, 44~8, 73

바타이유 88, 111~2

반 고흐 115~7, 129, 154, 276~81, 287, 289~90

반영웅주의 360~1, 364, 372

반예술 182, 184

발덴 131

발라 163, 165~6

발생론적 역사주의 188, 231

베르나르 139, 141

베이컨(프랜시스, 철학자) 39, 40

베이컨(프랜시스, 화가) 10, 250, 260~2, 264~7, 269~73, 279~83, 287~90

벤야민 246

벨라스케스 99, 272

벨룸 35

변조 262, 270, 273~5, 282, 285, 288~90

보드리야르 9, 241~7, 249, 253, 256~7, 259

보들레르 9, 76~80, 86~99, 101~2, 108~9, 111~3, 118, 143~5, 168, 187~8, 218~38, 351~8, 361~3, 366, 371~5, 378

보치오니 163, 166~7

본질주의 231, 315

부르주아 모더니티 77, 229

부정의 전통 145

뷔르거 9, 187~8, 202~3, 207, 217

브라크 125~7, 134, 152~5, 158~60, 287

브루넬레스키 245

빌헬름 보링거 245

뿌리기 기법 275

ㅅ

사드 76

사르다나팔루스 64~5

사르트르 121~2

사실주의 80, 82, 99, 137, 145, 198, 201

사회주의 리얼리즘 212, 223

산업혁명 9, 77, 245~6

색채론 10, 260, 262, 274, 278

샤갈 132

섀프츠베리 41~2
선불교(일본) 323, 326, 331~6, 342, 346~8
세베리니 163
세잔 115~7, 126, 152~4, 157~8, 196, 204, 271, 273, 282~9
셸링 75~6
쇠라 78, 147~8, 150
쇼펜하우어 76
쉴러 74~5
슈투름파 128, 131~2
스즈키 다이세쓰 332~5, 340, 347~8
스탕달 141~4
스톱모션 애니메이션 298~9
승화 9, 170, 174~5, 178, 183, 186
시몽동 273, 288
시뮬라시옹 243~4, 246~8, 257
시뮬라크르 9, 241, 243~4, 246~8, 253, 257~9, 359
신고전주의 194~5, 232~3
신구 논쟁 33~4, 44~5, 138, 140
신도(神道) 324, 328~331, 333~5, 340, 342, 347
신불분리(神佛分離) 330
신불습합(神佛習合) 330
신인상주의(자) 78, 115~6, 143, 146, 148, 150
신플라톤주의(자) 23, 41
실루엣 애니메이션 298~301, 317~9
실존주의 72, 120~2
실증주의 71, 80, 120, 227, 234, 236, 295
실크스크린 248, 250, 252, 254~5
십자군전쟁 24~7, 294

ㅇ

아도르노 72, 373~5
아라스 88, 97, 102, 104~6
아리스토텔레스 21~4, 31, 273
아마테라스 329~31, 339, 341~2
아방가르드 9, 101, 131~2, 138, 143, 145~8, 150~1, 161, 167~9, 187~90, 193~4, 198, 202~3, 205, 207, 216~8, 222~4, 231~4, 237, 377~8
아카데미시즘 195, 233
안티쿠스 70
앙드레 마송 213
앙드레 브르통 212~3
앙리 루소 134, 175~7, 179
앵데팡당전 176
야블렌스키 113~4
야수주의 129
야스퍼스 121
야우스 70, 138
에드워드 사이드 296~7
에스테티카 39, 46, 73
엘 그레코 99
엘렌 식수 295
역사적 모더니티 69, 77~9
역사적 아방가르드 9, 187~8, 202~3, 205
역설(paradoxe) 73, 79~80, 94, 138, 140~2, 145, 168~9, 187, 200, 226, 231~4, 361, 367, 369~40, 372, 377~8
영미 형식주의 236
영웅주의 93, 360~1, 363~4, 372

예술의 자율성 9, 102, 108, 110~2, 218~20, 223~4, 228, 234~8, 357, 372, 374
오이디푸스 콤플렉스 173~4
워홀 6, 241, 248~58
원근법 32, 103~5, 125, 127, 154~5, 158, 161, 194, 232, 245, 257, 272~5, 284~5, 301
원시주의 154~5, 179~80
음성시 204, 208~9
이데아 22, 243
이성중심주의 69, 71~2, 118~9, 205, 208, 229, 295, 332, 342
이슬람(교도) 25, 294, 302, 308, 314, 316, 321~2
인상주의(자) 61~2, 78, 101, 114~6, 129, 148, 150~1, 155, 180, 195~6, 233, 264, 271, 278~9
입체주의 9, 125~7, 129, 131, 136, 138, 146, 151~2, 154~6, 158~61, 164, 179~80, 196, 205, 287

ㅈ

자동주의 213
장 자크 루소 60, 73~6
재패니메이션 326~7
재현의 현재화 356~8, 367~8, 372~3
잭슨 폴록 198
전통의 부정 145
점묘파 116
존 디킨 264, 269
존 하트필드 209~10
"지금, 여기" 72, 357~8, 363, 374~5, 378

ㅊ

천재예술가 38, 58~9, 255, 257
청기사파 128, 131, 133~7
초현실주의(자) 160, 198, 201, 203, 205, 212~5
추상표현주의 196~202, 264, 269, 275
추상회화 196~7, 234, 261, 264, 269, 284
취미론 40~1, 43, 48
침대의 이데아 22

ㅋ

칸딘스키 133~6, 211, 264
칸트 37~8, 43~59, 74~5, 227, 236, 370, 377
컨스터블 60~2
컷 아웃 애니메이션 298~300
코기토 28, 71, 73, 295
코코슈카 131~2
코페르니쿠스 27
콩파뇽 79, 89, 94, 108, 111, 187~8, 199, 200, 231
콰트로첸토 71, 294
쾌(lust) 52, 74, 196
쿠르베 80~2, 99
클레 132~4, 263
클리셰 266~8, 270, 233~4
키르히너 123, 125~6, 128~30
키치 189~93, 222

ㅌ

타타르키비츠 35~6
타틀린 221~2
탈승화 170, 174~5, 180, 1834, 186

테크네 29~31
퇴폐미술(전, 가) 132~3, 137
트로츠키주의 198, 201, 223~4, 231

ㅍ

파인 아트 29
파키비아의 원숭이 204
파피에 콜레 158~60
팝아트 9, 192, 248, 257~8, 265
페미니즘 162, 174, 295, 306, 310, 312, 341
펙슈타인 115, 129
평면성 101, 104, 106, 108, 161, 194~6, 227, 230, 233~4, 237, 264
포스트 오리엔탈리즘 333~5
포스트모더니즘 334, 377
포토몽타주 209~10
표현주의 114~6, 118, 120, 122~3, 127~8, 131, 133~4, 136~7, 154, 179, 366~7
푸생 61
푸코 88, 215, 361
프로이트 9, 170~6, 178, 183, 186, 213
프로파간다 323, 332, 335, 346~7
프리드 92, 97~102
플라뇌르 95
플라톤 21~3, 30, 43, 243
피카소 125~7, 152, 154~60, 179, 196, 282, 297

ㅎ

합리론 24, 27~9, 40, 44
합리주의 120, 204, 208, 295, 305~6

해석적 상대주의 89
헤켈 128
현대회화(론) 87~8, 90, 93~4, 98, 108, 111~3, 144, 228, 231, 264, 274
형태뒤틀기 270~1, 273~4
호라티우스 32
호리 다쓰오 344
호리코시 지로 344
홉스 40
후고 발 204, 208~9
후기인상주의(자) 115~6, 118, 152, 196
흄 데이비드 43
흑사병=페스트 26, 189
히틀러 133